经管类创新型实验实训系列教材

商业银行经营模拟实训

主　编　宋　坤
副主编　张之明

中国人民大学出版社
·北京·

前　言

随着我国金融市场对外开放步伐的加快，企业化经营的商业银行面临着国内及国际同业更加激烈的竞争和较量，这对高校金融人才的培养提出了新的挑战。但面对金融财务相关课程较为枯燥的理论知识，学生毕业进入银行后较难将之迅速应用到实际工作当中。如何改变传统的教学模式，把教育与商业银行经营实践相结合，以缩短学生在银行工作的适应期，尽快独立地胜任工作？这需要积极尝试一种全新的金融课程结构和人才培养模式。

商业银行经营模拟实训正是适应不断变化的新要求的尝试性成果，它完全不同于传统的课堂灌输授课方式，有着独特的教学设计理念和新颖的教学模式：将复杂抽象的商业银行经营管理理论、金融市场监管理论、企业投融资决策理论融合起来，以最直观的方式把学生置身于一个几近真实的商业大环境中，面对严格执法的监管机构和良莠不齐的客户，学生需要切实地将所学的金融财务相关理论付诸实践。这种创新的教学模式可以使学生身临其境地感受到一家商业银行在经营过程中所面临的金融市场竞争的精彩与残酷，并在此过程中体会商业银行经营管理的关键所在。

本书的前四篇对商业银行、中国人民银行、银监会以及房地产企业的相关知识点进行了介绍，第五篇详细说明了“商业银行经营模拟实训”的基本规则、流程安排以及评分标准。本书实务部分注重具体业务的处理，理论部分注重基本原理的阐述，知识点明确、清晰，且有大量案例和习题，力求在较短时间内使学生掌握商业银行经营管理的理论知识，达到有效学习的目的。本书无论对于参加“商业银行经营模拟实训”的学生，还是对于想了解“商业银行业务与经营”的自学者来说，均有较高的实用价值。

本书主编为宋坤，主要负责大纲的拟订和总纂定稿，并编写了第一至第十二章以及第十五章的内容，高峻峰编写了第十三章和第十四章的内容。张之明老师对本书的编修工作给予了热情的指导和帮助。

本书是我国高校教育改革大潮中的一朵浪花，希望它能够为我国金融教育事业做出贡献。但由于编者水平有限，书中难免有疏漏或错误之处，恳请同行和读者多提宝贵意见。

目　录

第二篇　中央银行篇

第三篇　银监会篇

第四篇　宏观政策与房地产企业篇

第五篇　实训相关规则与要求

序　言

商业银行模拟经营实训采用沙盘模拟推演的形式，让全班学员分组模拟银行、企业高管和监管团队，以体验真实的商业银行和企业经营，体验央行和中国银行业监督管理委员会（简称银监会）的监管职责。它以《商业银行经营管理》、《金融市场学》、《银行会计》、《财务管理》、《投资学》、《微观经济学》和《宏观经济学》等学科知识为基础。它既可以作为经济学课程或金融市场学"2+1"或"3+1"课程实验课，也可以作为经济与金融专业毕业前的综合实训课。

沙盘模拟实训源自西方军事上的战争沙盘模拟推演。战争沙盘模拟推演通过红、蓝两军在战场上的对抗与较量，发现双方战略战术上存在的问题，提高指挥员的作战能力。沙盘模拟实训已成为大多数世界500强企业中高层管理人员经营管理培训的主选课程。在本实训中，学员将分组经营数家企业和银行，学生的每一步决策对整体经营的影响将在沙盘上一一展现……

本实训假定宏观经济由产品市场、资本市场及监管层组成，房地产企业代表产品市场，商业银行代表资本市场，央行和银监会代表监管层。实训中土地用黄色筹码表示（大中号筹码分别表示10亩和1亩），现金用红色筹码表示（大中小号筹码分别表示亿、千万、百万），现金按四舍五入以百万为单位取整（配套的实训沙盘联系方：金蝶国际软件集团有限公司培训教育事业部（Kingdee International Software Group Co.，Ltd.），Tel：+86-755-86595729，Fax：+86-755-26615016）。

模拟经营分为若干年度的经营周期，每个周期要经历三个阶段：

（1）制定和实施商业计划。

（2）参与市场竞标，争取资源，实战经营，每个年度编制该周期经营报表。

（3）总结经验教训，讲师适时点评，解读管理决策要点。

竞争到最后，有的银行无力回天，被接管清算；有的银行苦苦支撑，平庸依旧；有的银行则力挽狂澜，起死回生。起点是一样的，不同的结果，带来不同的反思……

第一篇

商业银行篇

第一章 商业银行的负债业务及管理

负债业务是商业银行通过对外负债方式筹措日常工作所需资金的活动，是商业银行资产业务和中间业务的基础，主要由自有资本、存款和借款构成。其中存款和借款属于吸收的外来资金，另外联行存款、同业存款、借入或拆入款项或发行债券等，也构成银行的负债。

【本章要点】

我国存款种类的划分；

存款准备金对商业银行的影响；

如何化解存款的风险；

如何对存款进行定价；

除存款外，商业银行还有哪些筹资方式。

【导入案例】

“尊敬的客户，为提高您的资金收益率，建议您将多余资金转回我行享受×××产品的收益，5 万起存，收益近活期 4 倍——×××银行。”这不是诈骗消息，而是某银行的促销短信。每到月末、季末和年末，商业银行都要为拉存款而铆足马力做冲刺。2011 年上半年，央行将存款准备金率提高到了 21.5%的历史最高点，银行手头越来越紧，部分银行甚至推出“100 万存 1 天利息就给两三千”的资金“一日游”或“多日游”方案。之所以会出现这样的情况，主要在于银行的存款越多，则可放贷的额度就越大，毕竟存贷款利差收益是我国商业银行最重要的利润来源。但受制于银监会规定的 75%的“存贷比”警戒线（指贷款占存款的比重），各商业银行为应对上级考核，不得已开展送礼品、账号升级为

VIP、高额贴息等“拉存款”大战。

另据银监会的消息，2011 年 6 月起，银监会将按照日均存贷比考核各大银行，并对银行日均存贷比设定 75%的监管红线。日均存贷比监管的提出，意味着银行每天都要向银监系统报告存贷比情况，进而实现存贷比实时动态监测，如果某银行连续出现存贷比超标，则可能引发监管部门对其信贷规模等各方面更为严格的监管。一方面，采用日均存贷比监管，会对银行的资金管理提出更高的要求，银行如果做不好就要到银行同业市场去拆借，这样成本是很高的，另一方面，日均存贷比监管要求银行信贷发放速度更加均衡，否则会出现当日超标的情况。

第一节　存款业务

存款业务是银行传统的负债业务，是银行的主要负债，约占银行资金来源的 80%以上，在会计报表上记载在负债这一栏。可是这种负债数量的多少、实际负债期限的长短并不取决于银行，而是取决于存款人乃至社会客观经济形势的变化，因此商业银行的存款是一种被动型的流动性很强的负债业务。

一、存款的分类

对商业银行存款的种类划分，各国不尽相同，实践中可以根据需要自主划分，一般而言有按支取方式、存款人、存款的信用性质等几种划分方法。

（一）按存款支取方式划分，可分为活期存款和定期存款

1. 活期存款

指存户不需任何事先通知，可随时存取的一种银行存款。存款契约的信息载体有：存折、账户、电子芯片卡等，具体的存款业务有：支票户存款、信用卡存款、存折存款等。

活期存款是商业银行开发最早至今仍是最重要的负债业务，数量占一国货币供应和流通量的最大部分，而且无论其活动性如何，众多存款人的此取彼存，形成了一个数量较大的稳定余额。但由于活期存款流动性很大，存取频繁，现代的商业银行提供了记账、对账和自动取现、自动转账（如 POS 机、银证通、电话银行、网络银行）服务，导致银行此项存款成本很高，所以西方国家的银行一般不支付活期存款利息，有的还要收取一定的手续费。美国的法律则禁止银行向活期存款人支付利息。也正因为不付息，银行在争取活期存款方面存在着竞争。由于现在保留活期存款账户的主要是经营性机构，因此银行可以通过加快结算速度、降低结算过程的交易费用从而提高自身盈利以及向开户企业提供贷款承诺等方式争取更多的存款。

2. 定期存款

指存款人和银行预先约定存款数量、期限和利率的存款方式。短期的为 1 个月、3 个月、6 个月、12 个月，长期的有 3 年、5 年、8 年等。存款人需到期才能向银行提取存款本金或提前若干天通知银行提取固定期限存款。存款契约的信息载体有：存单、存折、存款协议等，具体的存款业务有：整存整取、零存整取、存本取息、整存零取、通知存款、

大面额定期存款等。

定期存款一般不可转让，不得提前取款，因而具有较强的稳定性，可以用来支持银行的中长期贷款、投资业务，而且银行在这方面的存款准备金也相应降低，提供的服务较少，相对经营成本较低，所以作为对存款人的回报，银行支付的利息也随着存款期限的延长而逐步提高。

按照我国《储蓄管理条例》第二十六条的规定，自 1993 年 3 月 1 日起，定期储蓄存款在存期内遇有利率调整，按存单开户日挂牌公告的相应的定期储蓄存款利率计付利息。定期储蓄存款包括整存整取、零存整取、存本取息等存款品种，均按上述规定计算利息。即在原定存期内遇利率调整，不论调高或调低，均按存单开户日所定利率计付利息，不分段计息；全部提前支取和部分提前支取的部分，均按支取日挂牌公告的活期储蓄利率计息，未提前支取的部分，仍按原存单所定利率计付利息。

定期存款支取方式有以下几种：

（1）到期全额支取，按规定利率本息一次结清。

（2）全额提前支取，银行按支取日挂牌公告的活期存款利率计付利息。

（3）部分提前支取，若剩余定期存款不低于起存金额，则对提取部分按支取日挂牌公告的活期存款利率计付利息，剩余部分存款按原定利率和期限执行；若剩余定期存款不足起存金额，则应按支取日挂牌公告的活期存款利率计付利息，并对该项定期存款予以清户。

（二）按存款人划分，可分为工商企业存款、财政存款、同业存款、个人存款

1. 工商企业存款

资金来源是工商企业在生产流通过程中暂时闲置的资金和各项累计准备基金。它是商业银行最重要的存款资源和结算业务基础。我国现行法律允许工商企业的活期存款以基本账户、一般账户、临时账户、专用账户四种形式开户保有；工商企业的定期存款则应与银行以协议存款方式保有。

2. 财政存款

指各级财政金库存款和由财政拨款的机关、部队、团体、学校等事业单位的预算资金存款，它是由国家财政集中的待分配和待使用的国民收入部分。该类存款分为金库存款、基建存款和经费存款三类。国有银行对吸收的财政存款既不支付利息也不收取转账、监管和服务费用。

3. 同业存款

指以其他银行或央行许可的其他金融机构名义存入本行的具有周转性质和结算保证金性质的存款。因商业银行的存款筹集都要支付一定的利息，所以中央银行专门规定同业存款利率标准可高于其他存款人。同理，本行因业务经营需要也有部分资金以活期存款形式存放在其他银行，这是该行的资产业务而非存款业务，通常称之为“存放同业”。

4. 个人存款

指存款人为自然人，属于个人货币资产的储蓄性质存款。我国现行法律规定：个人存款实行实名制，凭存款人身份证件开设储蓄或结算两种账户；银行应为个人储蓄存款保密，除司法机关依法办案需要外，银行不得接受他人的查询，不得冻结和擅自扣划个人存款；银行破产、终止清算时应当优先支付个人储蓄存款的本金和利息。

（三）按存款的信用性质划分，可分为原始存款、派生存款

1. 原始存款

指存款人以现金或其他货币资产转账方式存入银行的存款，是银行从事资产业务的基础。这部分存款不会引起货币供给总量的变化，仅仅是流通中的现金变成了银行的活期存款，存款的增加正好抵消了流通中现金的减少。

原始存款对于银行而言，是现金的初次注入，是银行扩张信用创造存款通货的基础。由于现金和中央银行签发的支票都属于中央银行向流通中投入的货币量，所以，商业银行能吸收到多少原始存款，首先取决于中央银行发行多少货币，其次取决于商业银行对中央银行发行货币的吸收程度。

原始存款同派生存款相比具有如下特点：在原始存款量的变化中，商业银行处于被动的接受地位；原始存款是创造派生存款的基础；吸收原始存款可增加商业银行的支付准备金，增强银行的清偿能力。

2. 派生存款

专指由银行贷款转入借款人账户未使用的，因贷款衍生的那部分存款。派生存款产生的过程，就是商业银行吸收存款、发放贷款，形成新的存款额，最终导致银行体系存款总量增加的过程。派生存款具备的基本条件：

（1）部分准备金制度。

准备金的多少与派生存款量直接相关。银行提取的准备金占全部存款的比例称作存款准备金率。存款准备金率越高，提取的准备金越多，银行可用的资金就越少，派生存款量也就相应减少；反之，存款准备金率越低，提取的准备金越少，银行可用资金就越多，派生存款量也就相应增加。

（2）非现金结算制度。

在现代信用制度下，银行向客户贷款是通过增加客户在银行存款账户的余额进行的，客户则是通过签发支票来完成他的支付行为的。因此，银行在增加贷款或投资的同时，也增加了存款额，即创造出了派生存款。如果客户以提取现金方式向银行取得贷款，则就不会形成派生存款。

二、创新存款业务

20世纪中期，美国金融监管当局颁布Q条例禁止银行向活期存款人支付利息以后，为了应对非银行金融机构及其同业的竞争，美国商业银行纷纷推出了自己既能规避Q条例法律限制，又能为客户提供多种灵活方便，且可得到一定固定收益，并有更多选择的创新存款金融商品。

（一）可转让定期存单（negotiable certificate of deposit，CD）

可转让定期存单是一种固定面额、固定期限、可以转让的大额存款凭证，对居民个人发行，不分段计息，存单到期后一次还本付息，逾期部分不计付利息。采用记名方式发行，可以转让。

可转让定期存单的发行方式有两种：一是零售式发行，即银行按投资者的需要随时发行；二是批发式发行，由银行确定存单的面额、期限、利率并予以公布，供投资者选购。利率由发行银行根据当时的货币市场的利率水平自定，多是固定利率。

在我国，根据《中国人民银行关于大额可转让定期存单管理办法》的规定，大额可转让定期存单的发行单位限于各类银行。非银行金融机构不得发行大额可转让定期存单。大额可转让定期存单的发行对象为城乡个人和企业、事业单位。购买大额可转让定期存单的资金应为个人资金和企业、事业单位的自有资金。

经中国人民银行批准，储蓄机构可办理大额可转让定期存单，这是存款人在储蓄机构存入一笔固定数额的货币，按与银行约定的利率计算利息的存款方式。大额可转让定期存单的面额不得低于500元，以500元的倍数，即1 000元、1 500元、2 000元等发行。大额可转让定期存单的期限为1个月、3个月、6个月、9个月和12个月五个档次。它与整存整取定期储蓄基本相同，不同的是，大额可转让定期存单可以转让，但不提前支取，也不分段计息，到期一次还本付息，不计逾期息。大额可转让定期存单的利率经中国人民银行省分行批准可以在同档次利率基础上最高上浮5%。

（二）可转让支付命令账户（negotiable order of withdrawal accounts，NOW账户）

原先美国的银行储蓄账户是禁止提供支票服务的，为规避此项限制以争取更多的居民和非营利机构客户，1972年美国马萨诸塞州的储蓄机构创办了该项面向个人客户的既能向第三者支付款项，又可获得一定利息收入的不使用支票的活期存款账户。该创新存款产品用支付命令书取代了支票，存款人可以随时开出支付命令书，其仍能像支票一样可用来提款，还可以背书转让，十分方便。1980年美国《放宽对存款机构管理和货币管理办法》颁布后，美国所有银行存款机构都获准开办此项新存款业务。

（三）超级可转让支付命令账户（super NOW）

这是可转让支付命令账户的创新发展。1982年根据《加恩-圣吉曼存款机构法案》产生的超级可转让支付命令账户，起初设置了法定最低开户金额和平均余额为2 500美元的标准。当存款金额低于2 500美元时，按NOW账户同样的存款利率计息，利率每周调整、每天计复利，月底计入存款账户；超过2 500美元时，利率不受管制。该账户客户每月发出的支付指令次数不限，但银行要收取一定手续费，而且银行要为超级NOW账户准备较高的存款准备金。与普通可转让支付命令账户相比，其特点是：可以像一般支票账户一样，无限制地开出支付命令，银行常对开立此种账户的存户提供一定的补贴或奖励，成本高于可转让支付命令账户；有最低存款余额的限制，金额起点为2 500美元，日常平均余额不得低于起存额，否则按普通可转让支付命令账户的较低利息水平计息；无最高利率限制，银行每周调整一次利率，利率高于普通可转让支付命令账户的利率。超级可转让支付命令账户的出现使得该账户的使用更加灵活，并且收益率更高。

（四）货币市场存款账户（money market deposit account，MMDA）

货币市场存款账户也起源于美国。由于银行活期存款不付利息，在利率上限规定的"Q条例"尚未取消的情况下，商业银行存款的吸引力受到考验。美国货币市场基金会于20世纪70年代末开办了货币市场存款这种新型的活期存款。

其性质介于储蓄存款和活期存款之间，主要特点是：要有2 500美元的最低限额；没有利率上限，其存款利息是以公布的每日利率为基础随时计算的；10万美元的存款额可得到联邦存款保险公司的保险；存款者每月可办理 6 次自动转账或电话转账，其中 3 次以下可使用支票，但个人取款不受限制；对存款不规定最低期限，但银行有要求客户提款时应提前 7 天通知的权利。

（五）自动转账服务账户（ATS）

这是美国商业银行于 1978 年推出的创新存款种类，与电话转账服务相类似。在这种存款业务中，客户在银行要开设两个账户，一个是储蓄存款账户，另一个是活期存款账户，同时保证在活期存款账户上的余额在 1 美元以上。当客户开出支票后，银行会自动将必要的数额从储蓄存款账户转到活期存款账户上，按支票进行必要的付款，这样可以保证款项在开支票前仍能在储蓄存款账户上获得相应的利息。自动转账服务账户结合了储蓄存款账户和活期存款账户的优点，该账户的客户要向银行支付服务费。

（六）协定账户（negotiable account，NA）

指款项可以在活期存款账户、可转让支付命令账户、货币市场存款账户之间自动转账的存款种类。对于客户开设的活期存款账户和可转让支付命令账户，要分别规定需保持的最低存款余额要求，如果账户上的存款数额超过了需保持的最低存款余额要求，则超过的部分会由银行自动转入该存款人的货币市场存款账户中，以取得较高的利息；如果账户上的存款数额低于需保持的最低存款余额要求，则银行会自动从该存款人货币市场存款账户中调出相应的部分以补足活期存款账户和可转让支付命令账户上所要求的余额。协定账户结合了活期存款账户、可转让支付命令账户和货币市场存款账户这三种账户的优点。

第二节　存款准备金

存款准备金是指金融机构为保证客户提取存款和资金清算需要而准备的在中央银行的存款，中央银行要求的存款准备金占其存款总额的比例就是存款准备金率。

一、存款准备金制度

存款准备金制度，是指中央银行依据法律所赋予的权力，要求商业银行和其他金融机构按规定的比率在吸收存款总额中提取一定的金额缴存中央银行，并借此间接地对社会货币供应量进行控制的制度。

在存款准备金制度下，金融机构不能将其吸收的存款全部用于发放贷款，必须保留一定的资金即存款准备金，以备客户提款的需要，因此存款准备金制度有利于保证金融机构对客户的正常支付。随着金融制度的发展，存款准备金逐步演变为重要的货币政策工具。当中央银行降低存款准备金率时，金融机构可用于贷款的资金增加，社会的贷款总量和货币供应量也相应增加；反之，社会的贷款总量和货币供应量将相应减少。

二、法定存款准备金

法定存款准备金，是依据建立的存款准备金制度，商业银行所吸收的存款按照中央银行规定的准备金率缴存中央银行的准备金。在正常情况下，法定存款准备金一般不能动用，银行能用于存款支付和新增贷款的只能是超额准备金。法定存款准备金作为中央银行调节信用规模的一种政策手段与工具，具有强制性。

三、超额存款准备金

超额存款准备金有两种含义：广义的超额准备金是指商业银行吸收的存款中扣除法定准备金以后的余额；狭义的超额准备金则是指在存款准备金账户中，超过了法定存款准备金的那部分存款。这部分存款是商业银行在中央银行账户上保有的用于日常支付和债权债务清算的资金。由于超额准备金是商业银行的可用资金，因此，其数量多少也直接影响着商业银行的信贷扩张能力。在银行准备金总量不变的情况下，超额准备金与法定存款准备金之间存在此消彼长的关系。即当存款准备金率提高时，法定存款准备金增加，商业银行的超额准备金减少，其信用或信贷的扩张能力下降；反之，存款准备金率下降，商业银行的信贷扩张能力就增强。因此，超额存款准备金是货币政策的近期中介指标，直接影响社会信用总量。

存款准备金、法定存款准备金、超额准备金之间的数量关系：

存款准备金＝库存现金＋商业银行在中央银行的存款 (1.1)

法定存款准备金＝法定存款准备金率×存款总额 (1.2)

超额存款准备金＝存款准备金－法定存款准备金 (1.3)

四、存款准备金的影响

（一）银行

若存款准备金上调，则资金会减少，贷款利润会减少，一方面，这对于目前仍然以存贷利差为主要利润来源的银行的业绩有一定影响；另一方面，这会催促银行更快地向其他利润来源跟进，比如零售业务、国际业务、中间业务等，这样也会进一步加强银行的稳定性和盈利性。

（二）企业

若存款准备金上调，则资金会紧张，银行会更加慎重地选择贷款对象，倾向于选择规模大、盈利能力强、风险小的大企业，这会给一部分非常依赖于银行贷款的大企业和很多中小企业的融资能力造成一定影响。强者更强。

（三）股市

对房地产板块影响明显，若存款准备金上调，则多数房地产股都会有不同程度的下跌。一方面，房地产企业对银行贷款的依赖程度很高，调高存款准备金率将使银行收缩放贷，房地产企业贷款的成本和难度将进一步增加，从而将影响房地产企业的经营利润和项目的拓展；另一方面，提高存款准备金率，居民购房按揭贷款会减少，居民住房购买能力会下降。此外，提高存款准备金率，银行股将受到较大的负面影响，因为这将直接导致银行的盈利能力下降。

（四）基金

没什么影响，基本上是随股票市场和债券市场走的。

（五）期货

如果存款准备金上调，则资金可能会抽离期货市场，从而引发短期的剧烈波动。

五、存款准备金率的调整过程

中国的存款准备金制度是在1984年中国人民银行专门行使中央银行职能后建立起来的，存款准备金率经历了多次调整。

1984年，中国人民银行按存款种类规定了存款准备金率，企业存款为20%，农村存款为25%，储蓄存款为40%。过高的法定存款准备金率使当时的专业银行资金严重不足，中国人民银行不得不通过再贷款（即中央银行对商业银行贷款）的形式将资金返还给专业银行，并付1.62%的法定准备金利率及0.72%的超额准备金利率给各银行，由此导致了对银行的财务约束不强，使银行的超额准备金过高和银行对实行利率市场化并不热心，甚至是利率市场的一大阻力，还导致央行提高存款准备金的操作成本过高。取消存款准备金利息乃大势所趋。为克服法定存款准备金率过高带来的不利影响，中国人民银行从1985年开始将法定存款准备金率统一调整为10%。

从2007年12月25日起，年内第十次上调存款准备金率到14.5%，达到二十年来的最高点，冻结资金3 924亿元。十次上调存款准备金回笼资金1.8万亿元。

2009年第四季度中国内地银行信贷暂告平稳后，2010年第一周又大幅攀升，放贷已达6 000亿元。2010年1月18日，中国人民银行决定上调存款类金融机构人民币存款准备金率0.5个百分点，即从原来的16%上调至16.5%。为增强支农资金实力，支持春耕备耕，农村信用社等小型金融机构暂不上调。这表明央行已着手处理全球金融危机期间爆炸性信贷增长的副作用。同时为应对通货膨胀预期，中国人民银行从2010年11月16日至2011年6月20日上调存款类金融机构人民币存款准备金率，截至2011年6月20日，已达到21.50%的历史新高，目前为20.50%。

【实例分析】

连续上调存款准备金率，银行很“差钱”

2011年6月大型金融机构的法定准备金率已达到21.5%的历史新高，上调存款准备金率对银行的影响是中性偏负面的。在当前银行超储率已降至低位、高通货膨胀致使银行吸存压力增大的背景下，多次上调存款准备金的累积效应已逐渐开始影响银行主动资产配置的灵活性，静态测算本次上调存款准备金率对银行2011年净利润的影响为−0.8%。同时，在超储缓冲减少后，银行倾向于更多地调拨同业资金甚至债券类投资去满足准备金缴款，但是由于存贷比的监管红线，各家银行纷纷缩减贷款规模，信贷额度的稀缺使银行议价能力有所提高，这会在一定程度上对准备金上调形成的损失进行补偿。

第三节　存款的风险

一、存款风险的定义

通常所说的存款风险，是指存款业务给银行带来损失的不确定性。存款作为存款人与银行利益最大化目的之竞合的结果，对于二者具有同样重要的意义。但高息揽存、挂失止付所存在的风险，以及银行破产倒闭后存款人的利益能否获得保护，又是存款经营中所必须面对的问题。银行在经营中必须尽谨慎注意义务，加强建立存款准备金制度、存款保险制度，以化解存款风险。

二、存款风险的种类

一般来说，存款业务风险主要有以下几种：

（1）存款不稳定性风险。是指因各种原因而使银行应该具有的存款总额减少的风险。

（2）存款规模过度扩张风险。是指因存款过多给银行带来损失的风险。

（3）利率风险。是指因利率的变动或利率结构的不合理给银行带来损失的风险。

（4）流动性风险。是指由于存款的难以预料的提取而导致银行发生流动性危机的可能性。

（5）调节失衡风险。是指由于存款风险的不确定性而削弱甚至使银行失去了其在社会资源优化配置中的调节作用，从而干扰经济的协调发展和结构优化。

三、存款风险产生的原因

影响商业银行存款流动性风险的因素有很多，其中主要的因素有以下几个：

（1）认识上存在误区。片面理解负债管理思想，认为存款越多越好，忽视成本核算。

（2）不良债权掩盖了存款风险。不良债权问题掩盖了银行管理者对存款风险的认识。银行管理者比较注意资产质量问题，这相应地会削弱其对存款风险的认识和研究。

（3）存款的结构。以定期存款为主的存款结构有利于减少存款挤兑风险，而以活期存款为主的存款结构则会使银行面对较大的流动性风险。

（4）银行的实力和信誉。商业银行的资金实力和社会信誉直接影响着存款人对银行支付能力的信心。

（5）同业竞争的状况。银行同业之间的竞争是否有序，直接影响着银行存款的流动性风险。

（6）银行资产的质量。银行资产的质量也直接关系着银行存款风险的大小。

（7）通货膨胀状况。这是影响商业银行存款流动性风险的一个外部的宏观经济因素。

（8）国家的政治形势。国家政治形势对银行存款流动性风险的影响十分大。

四、存款风险的化解途径

1. 理性控制负债规模

控制负债规模，主要是控制存款规模。负债规模的盲目扩张已经对商业银行的经营产生了严重的负面效应，为了保证银行的正常经营，必须对负债规模进行必要的理性控制。

（1）理性控制负债规模是限制负债成本、提高经营效益的需要。一般而言，盲目的负债扩张总是伴随着负债成本的增加，因为在各家银行普遍存在负债扩张动机而社会现有的可动员资金存量又为一定的情况下，任何银行为争取更大的负债份额，往往都不得不付出更高的代价。负债成本的增加必然意味着经营效益的降低。

（2）控制负债规模是提高资本运用效率的需要。银行经营效益的大小，除受制于负债成本外，还取决于资本运用效率的高低。要提高资本的运用效率，就必须最大限度地减少闲置资金的数量，对信贷资金做最充分的盈利性运用。为此，商业银行不能不合理控制负债的规模。此外，合理的负债规模控制由于具有降低负债成本、提高经营效益和效率等功效，因此，它自然也有利于降低银行经营的风险。

（3）对负债规模进行理性控制的实质就是确定最佳负债量。根据最佳负债量确定原理，商业银行对负债规模的理性控制至少应考虑以下两大因素：负债成本与资产回报率差额的大小。负债成本的高低是相对于资产回报率的大小而言的，因此，对负债成本的高低不能做孤立的考察，必须结合资产回报率进行分析，视二者之间差额的大小做出是否继续扩张负债规模的决策。

2. 改善和优化负债结构

负债规模的理性控制只是科学的经营管理必须满足的基本要求之一，在合理控制负债规模的前提下，商业银行还必须注意负债结构的优化调整。

改善负债结构，主要是改善存款结构。要尽可能增加活期存款在全部存款中的比重，以降低变动成本，提高边际效益。要扩大无息负债，无息负债是办理汇兑、信用卡、汇票、本票结算过程中的在途款项，包括汇出款、结算保证金、应解汇款。对这部分资金的占用是无息的，其比重虽小，但不能忽视。

3. 加强存款成本管理

成本风险是存款业务的主要风险，所以，加强存款成本管理、最大限度地降低存款成本，是防范存款风险的重要一环。存款成本主要由利息支出和费用支出两部分构成，因此，加强存款成本管理主要是加强利息和各项费用的管理。

（1）利息支出管理。利息支出是存款成本最主要的构成部分。影响利息成本的主要因素是存款利率的高低和存款结构。从各国的存款利率来看，主要有三种类型：

1）严格的管制利率，即商业银行必须严格执行中央银行或其他金融管理部门制定的各项存款利率。

2）浮动利率，即在不突破金融管理当局制定的存款利率最高限的条件下，商业银行的存款利率可以自行浮动。

3）自由利率，即商业银行可以自行制定存款利率，利率的高低由市场因素决定。

在第一种情况下，商业银行由于必须严格执行中央银行制定的利率水平，因此其在利息支出管理中的机动性和灵活性较小。在后两种情况下，特别是在自由利率的情况下，商业银行的存款利息支出管理具有较大的余地。此时，在存款利率确定和利息支出管理上，商业银行既要考虑是否有利于吸引客户和是否有利于进行存款竞争，又要考虑自身的利息成本负担。那种不顾利息成本高低，一味通过提高或变相提高存款利率来进行存款竞争的做法是不可取的。

存款结构对存款的利息成本也具有重要影响。一般来说，定期存款利率高于活期存款利率；在定期存款中，长期存款利率又高于短期存款利率。因此，若仅从降低存款利息成本的角度出发，则商业银行无疑应提高低利率存款在存款总额中的比重，即多增加活期存款。当然，活期存款的比重也不能过大，否则对提高存款的稳定性、减少存款的流动性风险会产生极为不利的影响。

（2）各项费用管理。各项费用是指银行花费在吸收存款上的除利息以外的一切开支。银行的存款费用多种多样，其中有的有实际受益者（如为存户提供转账结算、代收代付以及电子计算机自动化服务等所需的开支，实际上就代表着银行对存户支付的利息之外的报酬），有的则没有实际受益者（如广告、宣传、外勤费用等）。为了降低存款成本，商业银行必须加强存款费用管理，最大限度地节约费用支出。一般来说，在存款业务中，每笔存款的金额越大，存款的费用率相应就越低，这种规模效应要求银行应将发展、巩固存款大户作为存款经营的重点。另外，存款种类对存款费用也有不同的影响，活期存款存取频繁，银行支付的服务和成本费用比定期存款要多，因此，银行对不同种类的存款在管理上要有所区别。

4. 努力建立稳定的客户群

商业银行在存款风险管理中，要保持较稳定的存款规模和资金来源，减少存款的流动性风险，既必须与原有客户建立良好的合作关系，又必须挖掘潜力，争取新的存款人。其中最关键的是商业银行必须有一定规模的优质客户群。为此，商业银行在激烈的竞争中，必须在充分研究自己、竞争对手、市场状况的基础上，对自己的发展方向进行适当的定位，并制定相应的策略。在金融自由化的条件下，商业银行也能够自由选择自己的战略定位。

从业务发展区域来看，商业银行分为全球性（或区域性）银行和地区性银行。全球性商业银行一般要凭借其综合优势、较高的国际声誉、发达迅捷的信息网络，提供由“基础型”到“知识型”的大量的产品和服务；地区性商业银行往往要采取以地区为基础的战略，尽量满足地方的各种需求，并积极参与当地的开发项目等，而且在经营中经常同大的商业企业结盟，以增强其竞争力。

从业务特征看，商业银行分为全能型银行和专业型银行。前者业务领域广泛，涉及传统银行业务、证券业务、保险业务等，它们往往采用无差异化策略，通过提供多样化的服务来占领市场，或者只是对某些特定的客户提供服务，或者只提供某些特定的产品和服务。后者往往采用差异化策略或密集性市场营销策略，增强自己的特色服务，集中资源投入最有利的领域，以竭力增强其在特定业务领域的竞争力。

5. 进行业务创新

商业银行应推进存款业务创新，发展负债工具。存款业务创新使负债工具多样化，既能吸引公众，增加负债总量，又能减少存款风险，应作为我国银行提高存款质量的主要形式。存款创新可大致分为三类：

（1）增强流动性的存款业务创新，即增强存款方式的流动性、变现性和可转让性。

（2）增加服务便利的存款业务创新，即增加各种附加服务，便于客户存取款。

（3）增加客户安全性的存款业务创新，即采取措施保障客户存款的合法利益不受损失。

存款业务创新不是针对某一种风险设立的，主要是从市场经济和合法竞争的角度来考虑的，目的是减少风险，稳定存款。

6. 实施存款保险制度

商业银行存款的最大风险是流动性风险。对于这种风险，商业银行除可通过增强资金实力、优化存款结构、规范存款竞争、提高资产质量等来防范外，还可通过参加存款保险来解决。

存款保险制度是一种金融保障制度，是指由符合条件的各类存款性金融机构集中起来建立一个保险机构，各存款机构作为投保人按一定存款比例向其缴纳保险费，建立存款保险准备金，当成员机构发生经营危机或面临破产倒闭时，存款保险机构向其提供财务救助或直接向存款人支付部分或全部存款，从而保护存款人的利益，维护银行信用，稳定金融秩序的一种制度。

美国在20世纪30年代最早建立了存款保险制度。此后，不少国家纷纷引入这一制度。尤其是在20世纪80—90年代世界上许多国家出现较严重的银行危机或金融危机以后，存款保险制度进入了快速发展阶段。到2006年6月，全球共有95个国家和地区建立了这一制度，此外还有20多个国家正在研究、计划或准备实施之中。

长期以来，我国实际上实行的是隐性存款保险制度。在经营不善的金融机构退出市场的过程中，往往是由中央银行和地方政府承担个人债务清偿的责任。但随着经济的快速发展和金融体制改革的深化，由各级政府或中央银行"买单"的缺陷和弊端日益显现出来，这种模式不仅给各级财政带来了沉重负担，而且导致中央银行货币政策目标的严重扭曲。

在我国的金融业中，有关建立存款保险制度的讨论已有10余年的时间，不过因为出台时机及条件等问题一直存在争议，所以至今未能建立起来。而近年来，社会上呼吁建立存款保险制度的声音日益高涨。

【实例分析】

英国诺森罗克银行挤兑事件透视

金融全球化同时伴随着风险的全球化，远在美国的次级债危机殃及了英国的诺森罗克银行（Northern Rock Bank），储户挤兑和股价暴跌的打击接踵而至，央行和财政部的注资和担保虽然拯救了该银行，但这次的银行挤兑事件值得我们深思。

2007年，受美国次级债危机导致的全球信贷紧缩的影响，英国第五大抵押贷款机构——诺森罗克银行发生储户挤兑事件。自2007年9月14日英国全国范围的挤兑发生以来，截止到9月18日，仅仅几天的时间就有30多亿英镑从诺森罗克银行流出，占该行240多亿英镑存款总量的12%左右，其电话银行和网上银行业务一度出现崩溃。受此影响，几天来，诺森罗克银行股价下跌了将近70%，创下7年来新低，成为英国遭遇本次信贷危机以来的最大受害者。为防止系统性银行危机的出现，英国财政部、英格兰银行（英国央行）与金融管理局先后采取了注资以及存款账户担保等救助措施，至9月18日，诺森罗克银行的储户挤兑情况才有所缓解，各大银行的股价也出现不同程度的上涨，银行体系的恐慌局面才得以控制。这就是英国银行挤兑事件的简单回顾，而其背后的缘由更值得我们去透视。

（一）诺森罗克银行遭受挤兑的原因

诺森罗克银行始建立于1850年，其早期只是一家住房贷款协会，1997年变成一家银行并上市。2007年发生挤兑危机前，该行是英国第五大抵押贷款机构，拥有150万储户，向80万购房者提供房贷，可谓规模庞大。2007年上半年，诺森罗克银行新增的抵押贷款额占全国新增总量的18.9%，排名居英国第一。然而，曾经是房贷市场佼佼者的诺森罗克银行，缘何会陷入挤兑危机呢？除了上述英国经济金融环境的不利因素之外，可能是以下几个因素造成的：

1. 融资过于依靠批发市场

与其他银行的资金主要来自储户不同，尽管诺森罗克银行在1997年已经转变为一家上市银行，但是其大部分资金仍来源于金融机构。在诺森罗克银行的资金中，通过零售存款业务所获的资金不足全部的1/4，而超过3/4的资金来自批发市场，即通过同业拆借、发行债券或卖出有资产抵押的证券来融资（见表1—1）。

表1—1　　诺森罗克银行的资金来源及其占比

项　目	金额（亿英镑）	占比（%）
零售存款	244	23.2
资产证券化	457	43.6
非零售存款	267	25.5
备兑债券	81	7.7
合计	1 049	100

注：表中数据为四舍五入的结果，其他同此。

资料来源：摘自诺森罗克银行2007年上半年的资产负债表。

超过75%的比例远远高于英国其他几大抵押贷款公司。其中，英国最大的抵押贷款机构——HBOS的这一比例也仅为43%。鉴于零售存款融资的稳定性，资金绝大部分来源于批发市场的诺森罗克银行也就更容易受到市场上资金供求的影响。

2. 资产负债的利率缺口过大

批发市场和住房贷款市场不同的定价机制，又加大了诺森罗克银行的利率缺口。无论是发行债券还是住房贷款的资产证券化，它们都是依据市场上3个月的伦敦银行同业拆借利率（LIBOR）来定价的。然而，诺森罗克银行的住房抵押贷款则是按照英格兰银行的基准利率来发放的。这种投融资的定价方式在货币市场利率大幅高于官方利率时会造成银行的损失。在诺森罗克银行的资产中，发放给消费者的抵押贷款达967亿英镑，占总资产的85.2%（见表1—2）。据估计，在这960多亿英镑的抵押贷款中，有120亿英镑是直接暴露在这种利率缺口风险之下的。这也就是说，LIBOR每超过基准利率一个基点，诺森罗克银行每年将多支付1 200万英镑。

表1—2　　诺森罗克银行的资产结构

项　目	金额（亿英镑）	占比（%）
消费者贷款	967	85.2
有价证券	80	7.0
金融衍生品	14	1.2
现金及央行头寸	7.68	0.7
其他	66.32	5.9
合计	1 135	100

资料来源：摘自诺森罗克银行2007年上半年的资产负债表。

3. 银行原有的融资渠道受阻

更糟糕的是，2007 年 7 月份以来，受美国次贷危机造成的全球货币市场流动性紧张的影响，主要靠批发市场来融资的诺森罗克银行已经很难再获得稳定的融资渠道。市场分析人士指出，为了达到年初预定的增长目标，在接下来的 12 个月里诺森罗克银行需要筹资 100 亿英镑并再融资 80 亿英镑。这些资金只能通过抵押贷款资产的证券化来筹集，但问题是，由于美国次级债危机的影响，投资者已经对抵押资产失去了兴趣。而且，即便是没有受到美国次级债危机的影响，英国次级债市场上的恐慌也会逐渐暴露。事实上，英国投资者的流动性恐慌在西布朗明奇房贷协会（West Bromwich Building Society）事件上已经表露无遗，后者此前发行的资产证券化产品因为无人购买而不得不被取消。可以看出，英国信贷市场的大门已经开始关闭。而这对于主要依靠信贷市场来融资的诺森罗克银行来说是致命的打击。

4. 投资美国次级债券带来损失

事实上，诺森罗克银行在美国次级债券市场上的投资并不多，仅占其全部资产的 0.24%，大约有 2.75 亿英镑，其中 2 亿英镑投资在美国的债务抵押债券（CDO）上，0.75 亿英镑投资于房产抵押担保证券（HEMBS），而且这些有价证券的持续期小于两年，不会对 2006 年或 2007 年的放贷产生影响。尽管相对于总体的资产来说损失不大，但这在诺森罗克银行的有价证券投资中已占 40%的份额，而这对市场上投资者的心理影响效应可能更大。

（二）挤兑事件对中国的启示

英国的银行挤兑恐慌最终得以平息，这次危机给我们的警示之一便是，如何设计合理的存款保险制度。

存款保险制度设计的初衷就是要保护存款人的利益，防范银行挤兑，进而维护金融体系的稳定。但是，在英国这次银行挤兑事件中，我们并没有发现存款保险机构在发挥作用，存款保险对存款人信心的提升作用也无从体现，银行存款挤兑是在得到财政部的全额偿付的承诺后才得以缓解的。虽然如此，但财政部对储户存款全额偿付的承诺无疑会增大市场中的道德风险，为以后的金融稳定埋下隐患。分析存款保险缺位的原因，主要是因为英国的存款保险制度仅仅是一种“付款箱”机制，它并没有金融检查权和防范金融机构倒闭的及早干预机制，只能在金融机构倒闭后来收拾残局。可见，这一“付款箱”机制在提升储户信心、防范银行挤兑方面是无效的或者说是效果不大的。因此，在我国建立存款保险制度时，应考虑给予存款保险机构一定的监管和救助职能。

第四节　存款的定价

一、存款成本的构成

（一）利息成本

利息成本是指银行按约定的存款利率与存款金额的乘积，以货币形式直接支付给存款者的报酬。存款利率有固定利率和浮动利率之分。固定利率是指在一定的存款期内存款利率按约定利率计息并保持不变。我国的存款一般都按固定利率计息；浮动利率是指在一定的存款期内存款利率以市场上的某种利率作基准并在一定范围浮动计息。

（二）营业成本

营业成本也称为其他成本或服务成本，指利息以外的其他所有开支。包括：柜台和外勤人员的工资、广告宣传费、折旧摊销费用、办公费用以及为存户提供其他服务的费用等。营业成本又可进一步划分为变动成本、固定成本和混合成本等。在我国由于利息成本基本由国家统一规定，因此营业成本就成为银行成本控制的重点。

（三）资金成本

资金成本指为服务客户存款而支付的一切费用，包括利息成本和营业成本两部分。资金成本率计算公式如下：

$$资金成本率=\frac{利息成本+经营成本}{吸收的存款}\times 100\% \tag{1.4}$$

（四）可用资金成本

银行吸收的存款资金不能全部用于贷款和投资业务，必须进行扣除。扣除的部分是法定存款准备金和必要的超额准备金部分。经扣除后的资金才是可作为盈利性资产来源的资金。而可用资金成本是指银行可用资金所负担的全部成本。如果说资金成本是确定资金价格的基础的话，那么可用资金成本就是资金的另一种价格形式，通常称为资金的转移价格，它是确定银行可用资金（盈利性资产）价格的基础，因而决定了银行盈利性资产的收益率，利润是资金转移价格的溢价。可用资金成本是银行信贷中资金成本分析的重点。可用资金成本率计算公式如下：

$$可用资金成本率=\frac{利息成本+经营成本}{吸收的存款额-法定存款准备金-超额准备金}\times 100\% \tag{1.5}$$

（五）相关成本

相关成本只与增加存款有关，但是未包括在以上四种成本之中的支出，主要有以下两种：

（1）风险成本。指因存款增加引起银行风险增加而必须付出的代价。如：利率敏感性存款增加会增加利率风险；可变利率存款取决于市场利率变动的风险；保值储蓄贴补率取决于物价上涨的风险；存款总额增长提高了负债与资本的比例，从而会增加资本风险等。

（2）连锁反应成本。指银行为吸收新存款而增加服务和利息支出所引起的对原有存款增加的开支。如提高定期储蓄存款利率，不仅包括提高新增存款的利率，而且还包括提高原有定期存款的利率，从而增加了银行的利息支出。

（六）加权平均成本

加权平均成本是指存款资金的每单位平均借入成本。计算公式如下：

$$加权平均成本=\frac{\sum 每种存款的资金来源量\times 每种存款的单位平均成本}{各种存款资金来源总量}\times 100\% \tag{1.6}$$

（七）边际存款成本

在经济数学中，边际的概念考察的是某种经济因素后一项减前一项后所实现的经济效果，因此边际存款成本就是指银行在吸收的存款达到一定规模后，再新增一个单位的存款所要增加的经营成本。计算公式如下：

$$边际存款成本=\frac{新增利息+新增经营成本}{新增存款数量}\times 100\% \tag{1.7}$$

二、存款定价

（一）成本加利润存款定价法

也叫目标利润定价法，它是在银行存款成本的基础上，加上银行的既定目标利润率。计算公式如下：

$$\begin{matrix}每项存款服务\\的单位价格\end{matrix}=\begin{matrix}每单位存款\\的经营费用\end{matrix}+\begin{matrix}银行存款应负\\担的间接费用\end{matrix}+\begin{matrix}出售每单位\\存款的计划利润\end{matrix} \tag{1.8}$$

该方法要求银行计算：

（1）每种资金来源的成本比率。

（2）每一成本比率乘以每种资金来源占银行资金的相对比重。

（3）加总各项乘积，得出银行资金的加权平均成本。

成本加利润存款定价方法有利于管理者计算银行筹资成本或存款价格变化的影响。银行的管理者可以改变存款的一些项目（如利率等），来计算它们对资金成本的影响。

（二）存款的边际成本定价法

当利率频繁变动时，银行使用平均成本为存款定价是不合时宜的，此时应当使用边际成本的方法进行定价。

如当利率下降时，筹集新资金的追加成本低于平均成本，某些贷款和投资根据平均成本看起来是不盈利的，但以更低的边际成本计算则是相当盈利的；相反，如果利率上升，筹集新资金的边际成本大于平均成本，按照平均成本看应提供贷款，但按更高的边际成本看则可能是完全不盈利的。

$$\begin{matrix}总成本\\的变动\end{matrix}=新利率\times\begin{matrix}以新利率筹\\集的总资金\end{matrix}-旧利率\times\begin{matrix}以旧利率筹\\集的总资金\end{matrix} \tag{1.9}$$

$$边际成本=总成本的变动 \tag{1.10}$$

$$边际成本率=\frac{总成本变动额}{筹集的新增资金额} \tag{1.11}$$

当银行的边际成本小于边际收益时，存款的定价是可行的。这种定价方法使银行管理者明白存款扩张到什么程度，银行利润开始下降，银行这时要以更低的边际成本筹集资金，或提高资产收益率才能盈利。

【例题】 某银行通过7%的存款利率吸引25万元新存款。银行估计，如果提供利率为7.5%，则可筹集存款50万元；提供8%的利率可筹集存款75万元；提供8.5%的利率可筹集存款100万元；提供9%的利率可筹集存款125万元（见表1—3）。假设银行投资资产的收益率为10%，由于贷款利率不随贷款量的增加而增加，贷款利率就是贷款的边际收益率。存款为多少时，银行可获得最大的利润呢？这里需要把握两个关键因素：边际成本与边际成本率，后者由流入银行的资金增量的百分比计算。

表 1—3　　利用边际成本选择存款利率

存款利率（%）	存款量（万元）	边际成本（万元）	边际成本率（%）	边际收益（%）	利润＝总收益－总成本（万元）
7.0	25				
7.5	50	2.00	8	10	1.25
8.0	75	2.25	9	10	1.50
8.5	100	2.50	10	10	1.50
9.0	125	2.75	11	10	1.25

在边际收益大于边际成本时，银行可以不断增加其利润，直到存款利率达到8.5%。

8.5%的利率是银行存款利率的最好选择，通过8.5%的存款利率吸收资金，再以10%的贷款利率贷出，银行可得到最大利润。

边际成本方法告诉银行其存款基础应扩大到什么程度。当银行利润开始下降时，银行必须以更低的边际成本筹集资金，或寻找边际收益更大的新的投资。

（三）价格表定价法

银行在日常经营活动中会有一定比例的小额客户，这些客户的存款金额小，活动频繁，对银行来讲常常是成本大于收益。价格表定价法就是针对这种情况设计的。银行为降低成本开始逐步向客户收取一定的相关费用。银行公布不同业务的收费范围和标准，客户可以根据自己对账户的使用情况来确定存取款的次数、账户余额及挑选适合自己的开户银行，以使支付最少的费用，获取最大的收益。

（四）市场渗透定价法

这是银行为迅速扩大市场份额，暂时不强调利润对成本的弥补的一种定价方法。采取这种策略的银行通常提供高于市场平均水平的利率或收取低于市场平均水平的费用来吸引客户。高利率的政策可能因为客户的忠诚度而获得成功，也可能因为客户的忠诚度而失败。银行推出较高的利率吸引来客户以后，通过提高服务质量、增加服务品种，会培养客户对银行的忠诚度，即使以后银行推出较低的利率，客户也会由于不愿意承担变换银行多带来的一系列代价，而继续忠诚于该银行。这种忠诚在某种情况下也是银行高利率政策失败的原因，因为对原来开户银行的忠诚，使得一些客户不愿为获得利率差额收益频繁更换开户银行，使推出高利率或低费用的银行吸引客户的计划失败。

（五）差别定价法

即针对不同客户差别定价，主要是按存款余额水平确定价格。银行为客户规定一个存款的平均余额最低限额，若客户的存款余额保持在最低限额以上，则支付很低的费用或不付费用，但是当平均余额降到最低限额以下时，就要支付较高的费用。对不同的存款余额实施不同的定价，有利于客户挑选存款账户，为银行提供存款变动的资料。

（六）关系定价法

关系定价法以银行与客户的关系为定价依据，即对与银行业务往来较多的客户收取较低的费率；反之，则收取较高的费率。关系定价的理由很简单：客户享受一家银行的服务越多，对此银行的依赖越强，离开这家银行另择其他行开户的可能性也就越小。因此，采取关系定价法，对增加客户对银行的忠诚度，降低客户对其他银行存款价格变动的敏感性，有着积极的意义。

第五节　非存款性的资金来源

虽然存款构成银行主要的资金来源，但仍有存款无法满足贷款和投资增长需求的可能，此时，银行便需要寻求存款以外的其他资金来源。

一、同业拆借

同业拆借是指商业银行（及其他金融机构）之间的短期资金融通，即借贷双方都可根据自身的头寸情况利用资金的时间差、空间差、行际差，通过货币市场或其他方式与同业对方进行资金头寸和贷款头寸的借贷业务。在银行每天资金结算轧差后，为了资金的平衡，头寸不足的银行会向头寸盈余的银行拆入资金，两主体中前者为拆入行，后者为拆出行，拆借的资金总额实际就是各拆出银行的超额准备金的总和。

拆借的期限很短，最短的是隔夜拆借，最长的不超过 6 个月。同业拆借起初是通过电话或电传个别进行的，随着科技的不断进步和中央银行货币宏观调控的需要，目前银行同业拆借都是通过市场进行操作。我国银行的同业统一拆借市场设在上海的中国外汇交易中心内，拆借契约都是标准化的，除成交价外，其他的条款都是货币市场管理部门事先拟订的，按时间长短共分 7 个标准品种，最长的品种为 120 天，价格随行就市，实行信用化交易，会员银行必须向市场交存一定数量的保证金滚动使用。

我国对银行间同业拆借的资金用途有着严格的规定，拆入的资金只能用于解决调度头寸过程中的临时资金困难，而不能把拆借资金用于弥补信贷缺口而长期占用，更不能把拆借资金用于固定资产投资。

在同业拆借市场上，主要的拆借方式有隔夜拆借和定期拆借两种。前者是指拆借资金必须在次日偿还，一般不需要抵押。后者是指拆借时间较长，可以是几日、几个星期或几个月，一般有书面协议。

在西方国家，由于对商业银行的存款准备金中央银行不支付利息，同时，商业银行对一部分活期存款也不支付利息，因此这就更加刺激了商业银行将闲置的资金头寸投放到同业拆借市场以获取盈利。只有当拆借资金的投资所得高于中央银行的存款准备金利息时，拆借用于投资才是合算的。

二、从中央银行的借款

商业银行向中央银行借款的主要形式有两种：一是再贷款；二是再贴现。再贷款是中央银行向商业银行的信用放款，也称直接借款；再贴现指经营票据贴现业务的商业银行将其买入的未到期的贴现汇票向中央银行再次申请贴现，也称间接借款。在市场经济发达的国家，由于商业票据和贴现业务广泛流行，再贴现就成为商业银行向中央银行借款的主要渠道；而在商业票据信用不普及的国家，则主要采取再贷款的形式。

中央银行通过调整再贴现的利率来调节商业银行的流动性，以达到实施宏观政策的目的。

目前我国商业银行向中央银行借款主要采取再贷款这一直接借款形式，今后随着我国票据贴现市场的不断扩大，逐步以再贴现取代再贷款，将是历史发展的趋势。

三、回购协议

回购协议，指商业银行在出售证券等金融资产时签订协议，约定在一定期限后按约定价格购回所卖证券，以获得即时可用资金的交易方式，这实际上是一种用出售金融资产的形式取得短期资金的行为。

回购协议通常是隔夜回购，但也可以是较长时期。回购协议的操作通常是签订协议以后，由商业银行向购买方出售证券等金融资产以换取即时可用资金，协议期满后，再以即时可用资金作相反交易。

交易方式一般有两种：一种是交易双方同意按相同的价格出售和回购，回购时其金额为本金加双方约定的利息金额；另一种是购回证券时的价格高于原出售价格，其差额就是即时资金提供者的收益。

利用回购协议进行资金融通，不仅可以使银行充分利用这些优质资产，而且由于回购协议利率较低，因此如果银行以此融资用于收益较高的投资，则会带来更高的盈利。但是，回购协议并不是绝对安全的，有时也会发生违约风险。

四、国际金融市场融资

国内金融市场利率受本国货币政策的影响，而国际金融市场的利率则一般完全由资金的供求决定。因此当国内资金紧缺时，商业银行可转向国际金融市场寻求资金来源。目前最具规模、影响最大的是欧洲货币市场。欧洲货币市场由于限制少、利率低、金额大、手续简便灵活，吸引了无数资金需求者，不少商业银行，尤其是一些大的跨国银行更是将其当作自己的常用资金来源渠道。

五、发行中长期债券

发行中长期债券是指商业银行以发行人的身份，通过承担债券利息的方式，直接向货币所有者举借债务的融资方式。

银行发行中长期债券所承担的利息成本较其他融资方式要高，好处是可以保证银行资金的稳定。但是资金成本的提高又促使商业银行不得不去经营风险较高的资产业务，这从总体上增大了银行经营的风险。

一般说来，西方国家鼓励商业银行发行长期债券，尤其是资本性债券；而我国则对此有非常严格的限制。商业银行通过发行中长期债券获得的融资比例很低。

六、非存款性资金来源规模的确定

由于银行的资金来源可以分为存款性资金来源和非存款性资金来源，因此，非存款性资金来源的确定实际上就取决于存款性资金来源能否满足银行的贷款和投资需求，差额的部分为非存款性资金来源，可以用资金缺口来衡量，即当前和预计未来的贷款和投资需求与当前和预计的存款量之差。

$$\begin{matrix}\text{银行的}\\\text{资金缺口}\end{matrix}=\begin{matrix}\text{当前和预计未来}\\\text{的贷款和投资需求}\end{matrix}-\begin{matrix}\text{当前和预计}\\\text{的存款量}\end{matrix} \tag{1.12}$$

银行非存款性资金规模取决于存款量和投资与贷款需求量之间的对比关系。尽管如此，银行在筹集非存款性资金时，仍要考虑许多问题，如非存款性资金来源的成本、它们的风险程度、政府的法规限制等。在进行了综合权衡比较后，才能对非存款性资金来源的具体结构进行确定。从成本角度看，中央银行的贴现借款成本较低，而发行中长期金融债券的成本则较高；从风险来看，采用固定利率的融资方式面临的利率风险较大，而采用浮动利率的融资方式则利率风险较小。

【本章小结】

1. 银行负债是银行在经营活动中产生的尚未偿还的经济义务。商业银行作为信用中介，负债是其最基本、最主要的业务。在商业银行的全部资金来源中，90%以上来自负债。商业银行的负债结构最主要由存款、借入款项和其他负债三个方面的内容组成。银行负债的规模和结构，决定了整个银行的经营规模和方向；而负债结构和成本的变化，则极大地影响着银行的盈利水平和风险状况。

2. 存款工具的经营由研究确定客户的金融需要、规划新的服务和改善原有服务、定价及促销等环节构成。存款工具的定价，既要考虑客户的需要，又必须顾及银行的经营效益。商业银行要在满足客户和确保银行经营效益之间寻求一个均衡点。

3. 商业银行的短期借款渠道主要有同业拆借、向央行借款、转贴现、回购协议、大面额存单及欧洲货币市场借款等。商业银行的长期借款主要指各种类型的中长期金融债券。要掌握金融债券的经营管理重点，包括债券发行和资金使用的衔接，注意利率变化和货币选择，掌握好发行时机，研究投资者心理等。

【关键术语】

存款准备金；存款保险制度；存款定价；同业拆借；再贷款；回购

Deposit Reserve Requirement Ratio; Deposit Insurance System; Deposit Pricing; Inter-bank Market; Central Bank Lending; Repurchase Agreement

【习题】

一、单选题

1. （　　）是商业银行最基本也是最能反映其经营活动特征的职能。

A. 信用中介　　B. 支付中介　　C. 清算中介　　D. 调节经济的功能

2. 商业银行的经营对象是（　　）。

A. 金融资产和负债　B. 一般商品　C. 商业资本　D. 货币资金

3. 商业银行的（　　）是整个银行体系创造存款货币的基础。

A. 资产　B. 负债　C. 所有者权益　D. 资本

4. 商业银行最主要的负债是（　　）。

A. 借款　B. 发行债券　C. 各项存款　D. 资本

5. 银行系统吸收的能增加其存款准备金的存款，称为（　　）。

A. 派生存款　B. 原始存款　C. 现金存款　D. 支票存款

6. 法定存款准备金应该等于（　　）。

A. 存款准备金率×存款总额　B. 存款准备金率×法定存款总额

C. 法定存款准备金率×存款总额　D. 法定存款准备金率×原始存款总额

7. 某银行通过5%的利率吸收100万元新存款，银行估计如果提供的利率为5.5%，则可筹资150万元存款，若提供6%的利率可筹资200万元存款，若提供6.5%的利率可筹集250万元存款，若提供7%的利率可筹300万元存款，而银行的贷款收益率为8.5%，贷款利率不随贷款量的增加而增加，贷款利率是贷款边际收益率。问存款利率为（　　）时，银行可获最大利润。

A. 5%　B. 6%　C. 6.5%　D. 7%

8. 某商业银行共筹集5亿元资金，其中以8%的资金成本率可筹集支票存款1亿元，以12%的资金成本率可筹集定期存款、储蓄存款等3亿元，而资本性债券为1亿元，成本率为16% 。如果存款运用于非盈利资产的比重分别为：支票存款为15% ，定期与储蓄存款为5%；资本性债券全部用于盈利性资产上，则该行的税前平均成本率为（　　）。

A. 10%　B. 12%　C. 15%　D. 12.66%

9. 商业银行存放在中央银行的一般性存款的作用之一是用来满足结算的需求，另一作用是（　　）。

A. 扩大贷款规模　B. 调剂库存现金余额

C. 增加资本金　D. 提高收益

10. 商业银行的同业拆借资金可用于（　　）。

A. 弥补信贷缺口　B. 解决头寸调度过程中的临时资金困难

C. 固定资产投资　D. 购买办公大楼

二、多选题

1. 商业银行经营管理的原则有（　　）。

A. 安全性　B. 流动性　C. 盈利性　D. 准备金比例

2. 商业银行存款成本由（　　）部分构成。

A. 利息成本　B. 营业成本

C. 银行资金成本　D. 银行连锁反应成本

3. 商业银行的负债包括（　　）。

A. 吸收的短期存款　B. 借入短期资金

C. 吸收的长期存款　D. 长期借款

4. 商业银行负债的流动性是通过创造主动负债来进行的，主要手段包括（　　）。

A. 向中央银行借款　　B. 发行大额可转让定期存单

C. 同业拆借　　D. 利用国际货币市场融资

5. 下列单位申请开立基本存款账户时，向银行出具证明文件正确的是（　　）。

A. 机关和实行预算管理的事业单位，出具政府人事部门或编制委员会的批文或登记证书和财政部门同意其开户的证明

B. 外地常设机构，出具其驻在地政府主管部门的批文

C. 独立核算的附属机构，出具其主管部门的基本存款账户开户许可证和批文

D. 村民委员会，出具主管部门的批文和证明

6. 存款人申请开立一般存款账户，应向银行出具其开立基本存款账户规定的证明文件、基本存款账户开户许可证和（　　）。

A. 存款人因其他结算需要而出具的有关证明

B. 因证券交易结算资金存放需要而出具的证券公司或证券管理部门的证明

C. 存款人因向银行借款需要而出具的借款合同

D. 因财政预算外资金存款需要而出具的财政部门的证明

7. 开户单位提现账户，可以使用现金的情况有（　　）。

A. 工资、奖金、津贴、福利费、住房补贴以及其他社会保障支出

B. 个人劳务报酬

C. 出差人员随身携带的差旅费

D. 向个人收购农副产品和其他物资的价款

8. 下列（　　）可以支取现金。

A. 基本存款账户　　B. 一般存款账户　　C. 专用存款账户　　D. 临时存款账户

9. 下面做法属于“使用不正当手段吸收存款”的有（　　）。

A. 以散发有价馈赠品为条件吸收储蓄存款

B. 发放各种名目的揽储费

C. 利用不正确的广告宣传吸收存款

D. 利用汇款、贷款或其他业务手段强迫储户存款

10. 任何单位不得将公款转为储蓄存款，公款的范围是（　　）。

A. 凡列在国家机关、企业及事业单位会计科目的任何款项

B. 各保险机构、企事业单位吸收的保险金存款

C. 属于财政性存款范围的款项

D. 私营企业取得的贷款

三、简答题

1. 简述商业银行经营管理的目标。如何理解？

2. 简述商业银行短期借入负债的渠道以及管理重点。

3. 简述如何加强存款准备金的管理。

四、计算题

银行筹集总数为 4 亿元的资金，包括 1 亿元的企业存款，2 亿元的储蓄存款，5 000 万

元的货币市场存款和 5 000 万元的权益资本。如果利息与非利息成本率分别为：10%、11%、11%、22%，而非盈利资产的比重为：15%、5%、2%、0%，则税前成本率为多少？

【答案】

一、单选题

1. A 2. D 3. B 4. C 5. B 6. C 7. C 8. D 9. B 10. B

二、多选题

1. ABC 2. ABCD 3. ABCD 4. ABCD 5. ABCD 6. AC 7. ABCD 8. ACD 9. ABCD 10. ABC

三、简答题

1. 商业银行经营管理的目标是银行价值最大化，即股东权益最大化。股东对银行收益具有剩余要求权，这就要求股东对银行的权利、义务、风险、收益都大于银行的债权人、经营者和其他员工。因此，在确定银行管理的目标时，应从股东的利益出发，选择股东财富最大化。

2. 渠道：同业借款、向中央银行借款、回购协议、发行短期金融债券、欧洲货币市场借款。

管理重点：

(1) 控制借贷金额与借贷期限，主动把握借款期限和金额，有计划地把借款到期时间和金额分散化，以减少流动性需要过于集中的压力。

(2) 尽量使借款到期时间和金额与存款的增长规律相协调，把借款控制在自身承受能力允许的范围内，争取利用存款的增长来解决一部分借款的流动性需要。

(3) 分散短期借入负债的借款对象和金额，通过多头拆借的方法，力求形成一部分可以长期占用的借款余额。

(4) 要保证到期借款的偿还与衔接，就要正确统计借款到期的时机和金额，以便做到事先筹集资金，满足短期借入负债的流动性需要。

3. 存款准备金是商业银行现金资产的主要构成部分。存款准备金包括两个部分：一是按照中央银行规定的比例上交的法定存款准备金，二是准备金账户中超过了法定存款准备金的超额准备金。因此，存款准备金的管理，包括满足中央银行的法定存款准备金要求和超额准备金的适度规模控制两个方面。

法定存款准备金是根据商业银行的存款余额，由商业银行按照法定的比率向中央银行交存的准备金。法定存款准备金起初是出于防范商业银行流动性危机的需要而建立的，发展到现代，其目的已不仅限于此。它已作为中央银行调节商业银行的信用规模和信用能力的一项重要工具，纳入货币政策的操作体系。商业银行对于中央银行的法定存款准备金要求只能无条件地服从。因此，对存款准备金的管理，首先是应当满足法定存款准备金的要求。主要是准确计算法定存款准备金的需要量和及时上交准备金。

超额准备金是商业银行在中央银行准备金账户上超过了法定存款准备金的那部分存款。超额准备金是商业银行最重要的可用头寸，是银行用来进行投资、贷款、清偿债务和提取业务周转金的准备资产。商业银行在中央银行的超额准备金虽然也能获得一定的利息收入，但与其他盈利资产和投资相比，属于微利资产。因此，银行在超额准备金账户保留的存款不宜过多。银行超额准备金管理的重点，就是要在准确测算超额准备金需要量的前提下，适当控制准备金规模。

四、计算题

$$
\begin{aligned}
\text{税前成本率} &= [10\,000/40\,000\times 10\%/(100\%-15\%)] \\
&\quad +[20\,000/40\,000\times 11\%/(100\%-5\%)] \\
&\quad +[5\,000/40\,000\times 11\%/(100\%-2\%)] \\
&\quad +[5\,000/40\,000\times 22\%/100\%] \\
&= 12.88\%
\end{aligned}
$$

第二章 商业银行的资产业务及管理

资产业务是商业银行最重要的核心业务，是商业银行利润的主要来源。一家银行的资产总额，代表了这家银行的经营规模。著名的英国《银行家》杂志每年6月都要刊登上年世界最大500家商业银行的排名表，该排名表的依据之一就是每家银行的资产总额的大小。因此商业银行资产业务经营的状况、管理的优劣将直接影响其经济效益和银行未来的发展。

【本章要点】

我国贷款种类的划分；

如何对企业贷款进行信用分析；

如何对企业贷款确定合适的利率；

如何发现和处理问题贷款。

【导入案例】

作为某行某支行客户部经理，袁先生的工作繁杂，应酬也多。客户部一项重要的工作就是负责贷前调查，这是整个贷款流程的第一道关口。不过自2011年4月以来，袁先生的工作寂静了许多，原因就是该行贷款业务目前基本已暂停，上级行一直未给信贷指标，目前已有1 000多万元的贷款已全部走完贷前调查、审贷委员会审批的流程而未发放，因为最近上级的要求是贷款规模只降不增。

不放贷款，袁先生的工作重心自然就转变成了拉存款和挖掘并稳定优质贷款客户。

随着全行对公存款直线下降，行长要求把大客户聚拢来宴请一下，希望通过联络感情，让这些客户尽尽力。其宗旨只有一条，即目前贷款不能放，但希望他们能多开点承兑汇票。因为根据票据法的规定，承兑汇票的保证金不能低于20%，对于银行来说，只办全额承兑就等于拉存款。

目前对于细杂烦琐的个人贷款，商业银行基本已经“一刀切”停掉了，仅需管理存量；至于法人客户，则是提高准入标准、提高贷款利率。以往对法人客户的准入标准是信用评级在A+级就行，但现在必须是AA级以上，并且利率由过去的上浮30%改为上浮40%，如一民营企业此前的授信是3 000万元，而2011年信贷闸门一紧，该企业的贷款余额仅为500多万元。对于这些银企合作多年、双方彼此已建立互信关系的客户，信贷资金如果断档几个月，则后续到期的贷款将会面临很大的偿还风险。

这在商业银行系统不是个别现象，现在商业银行对信贷指标的控制越来越严格，之所以出现这种状况，一是资金方面的原因；二是资本充足率的压力。

第一节　贷款的管理

一、贷款的种类

银行贷款就是商业银行作为贷款人按照一定的贷款原则和政策，以还本付息为条件，将一定数量的货币资金提供给借款人使用的一种信用行为。这种信用行为由贷款的对象、条件、用途、期限、利率和方式等因素构成，而这些因素的不同组合，就形成了不同的贷款种类。

从银行经营管理的需要出发，可以对银行贷款按照不同的标准进行分类。

（一）按贷款期限分类

可分为长期贷款、中期贷款和短期贷款。

（二）按贷款的保障条件分类

可分为信用贷款、担保贷款和票据贴现。

信用贷款是指银行完全凭客户的信誉而无须提供抵押物或第三人保证而发放的贷款。

担保贷款是指具有一定的财产或信用作还款保证的贷款。又可分为：抵押贷款（借款人或第三人的不动产，不改变占用形态）、质押贷款（动产、有价证券、金融资产，移交给银行保管）和保证贷款（第三人的信誉）。

票据贴现是贷款的一种特殊方式，它是指银行应客户的要求，以现款或活期存款买进客户持有的未到期的商业票据的方式发放的贷款（保障条件是未到期的票据）。

（三）按贷款的目的分类

可分为工商业贷款、农业贷款、个人贷款、其他金融机构贷款、房地产贷款和其他贷款。

（四）按贷款的质量分类

可分为正常贷款、关注贷款、次级贷款、可疑贷款和损失贷款。

正常贷款是指借款人能够履行借款合同，有充分把握按时足额偿还本息的贷款。

关注贷款是指贷款本息的偿还仍然正常，但是发生了一些可能会影响贷款偿还的不利因素。如果这些因素继续下去，则就有可能影响到贷款的偿还。需要予以关注。

次级贷款是指借款人依靠其正常的经营收入已经无法偿还贷款的本息，而不得不通过重新融资的办法来归还贷款，表明借款人的还款能力出现了明显问题。

可疑贷款是指借款人无法足额偿还贷款本息，即使执行抵押或担保，也肯定要造成一部分损失，它具有次级贷款的所有特征，但程度更加严重。

损失贷款是指在采取了所有可能的措施和一切必要的法律程序之后，本息仍然无法收回，或只能收回极少部分。这类贷款银行已经没有意义将其继续保留在资产账面上，应当在履行必要的内部程序后立即冲销。

（五）按银行发放贷款的自主程度分类

可分为自营贷款、委托贷款和特定贷款。

自营贷款是指银行用其以合法方式筹集的资金自主发放的贷款。

委托贷款是指由政府部门、企事业单位及个人等委托人提供资金，由银行根据委托人确定的贷款的对象、用途、金额、期限、利率等代为发放、监督使用并协助收回的贷款。

特定贷款是指经国务院批准并对可能造成的损失采取相应的补救措施后责成国有独资商业银行发放的贷款。

二、贷款的政策与程序

（一）贷款的政策

每一家银行都有自己成文的贷款政策，集中反映了银行管理层的信贷理念以及实施这些理念的正式程序。银行的贷款政策文件为本行的各项贷款工作提供了一个制度框架，所有的信贷人员都必须反复阅读并不断参考这份文件。由于任何严重偏离银行信贷政策的行为都有可能给银行造成损失，所以，必须审查所有贷款工作服从信贷政策的情况。必须找出那些超越贷款审批权限、违反信贷政策对可接受贷款的界定（从贷款的类型、期限、定价抵押要求、文件制作等方面考虑）而发放的贷款以及其他偏离良好的信贷工作惯例的贷款，要求有关责任人员做出适当的解释。此外大多数银行还提出了自己的评价政策和环境政策，它们都可以被视为信贷政策的组成部分。（评价能否对一个企业发放贷款的基本标准是A级以上。）

大多数商业银行的贷款政策中都包含以下一些内容：对银行审批贷款的制度的描述（审贷分离、三级审批、集体会办）；对贷款权限的解释（包括信贷业务人员可以自行审批的贷款金额的上限）；需要经过董事会审批的贷款的不同等级（并不是所有超过一定限额的贷款都必须报经董事会审批，只是一些特别的贷款如对股东的大额贷款）；对银行审查、评定和审计贷款的制度所做的解释（对信贷工作的检查、评价其工作质量）；对贷款标准、标准的例外情况以及贷款批准权限的描述；对银行欢迎和不欢迎的贷款类型、条件、抵押品、定价、地理区域和文件制作方式的描述；对良好的信贷工作方式的一般性描述（贷款三查制度的具体要求、规范化的格式）；要求依照法律和规则来开展信贷工作的声明（严禁以贷谋私、人情贷款）。

（二）贷款的程序

信贷业务人员必须准确理解和掌握贷款业务的操作程序。虽然信贷过程能够给银行和企业带来互惠的利益，但并非每一笔贷款都能如此。无论是银行还是客户，都无法从一笔无法偿还的贷款中获益。为了从各式各样的贷款申请中区分出应当批准的贷款申请和不应当批准的贷款申请，银行必须依赖一个完整的过程，这个过程始于商业银行家和未来的客户之间的面谈。在第一次会面之后，商业银行家需要做的工作是：信用调查、现场参观、损益表和资产负债表的分析、抵押品估价、文件制作、与客户谈判、销售其他银行产品、向银行信贷委员会汇报以及证明债权债务关系。从表面上看，贷款过程似乎显得过于复杂，但是，如果不这样做的话，则由此而导致的贷款损失和取消抵押品赎回权是任何一方都不希望发生的。对每一个信贷员来说，都希望放出去的贷款能及时收回，但要做到这一点，就必须依靠平时的努力，按照程序认真做好每一个环节。

要成交一笔良好的贷款，信贷业务人员首先必须收集与贷款项目相关的事实。与客户之间的面谈、现场参观和信用调查能够提供开始评估一项贷款申请所需要的大多数信息。

接下来就是任何信用评估过程的核心——财务报表分析，主要的经营指标有：资产负债总额、负债率、应收账款状况、资产流动性、存货、所有者权益、盈利能力等。这项工作能够帮助商业银行家勾勒出一家企业的经营和财务绩效的图景。通过分析过去和目前的财务记录，如损益表和资产负债表，信贷业务人员可以对客户偿还贷款的能力做出比较准确的评价。

即使在进行完认真而详尽的贷款面谈、信用调查和财务分析并且得出结论认为客户完全有资格获得贷款之后，信贷业务人员仍然可能做出不良的贷款决策。比如，假设一位借款者在申请一笔为期 30 天、金额为 5 万美元的贷款时低估了短期负债的需要以及高估了自己在如此短的时间内偿还贷款的能力，那么没有认识到这一点的商业银行家就可能成交一笔不良贷款。（我国的一些企业，为了骗取银行贷款，往往在开始时申请的数量比较少，这样容易通过银行的审批。）更好的安排可能是发放一笔 10 万美元的贷款额度或期限再长一些的贷款。合理安排贷款的数额、偿还期限和抵押要求是商业信贷的关键。

通过上述工作程序后，借款者体现了一种可以接受的信用风险，而且，一种结构合理、定价适当的贷款方式也已经设计出来了（包括贷款的金额、期限、担保方式、用款时间安排）。下一步就是设法使借款者和银行（在一般情况下，信贷业务人员就可以代表银行，但是如果贷款数额超过了商业银行信贷业务人员的审批权限，则银行的代表就只能是信贷委员会）都同意拟议的贷款条件，如果其间产生了不同意见，则信贷业务人员应当能够通过谈判找到双方都可以接受的条件。

在有关各方都已经就贷款的期限和条件达成一致之后，这种共识必须用文字记录下来。一项相关文件齐全的贷款可以使商业信贷业务人员不必对银行的法律顾问说："但是借款者曾经说过……"贷方和借方的义务都应当用书面形式准确记录下来。现在，在支付资金之前就只剩下贷款成交仪式了，在这个步骤中，已经批准的贷款的期限和条件得到重申，双方在贷款文件上留下适当的签名。

在贷款成交和资金支付之后，剩下的事情就是监督贷款的如约偿还。此时，贷款工作中的大多数职责都已经完成，但良好的贷款工作惯例还要求进行一年一度或者更频繁一些的财务报表审查和其他检查，以了解客户的业务进展情况。良好的业务惯例可以帮助银行建立更强有力的客户关系。

如果采取了所有的这些防范措施之后，某一项贷款仍然变成了问题贷款，则银行信贷业务人员就可以有许多选择来帮助银行把损失减少到最低程度。

（三）贷款的具体流程

信贷业务的重要岗位包括主办客户经理、辅办客户经理、客户经理主管、专职审批人、审批秘书、放款审核员、放款复核员、档案管理员、贷后管理员、异地支行行长、分行行长、五级分类初分员、预警管理员、预警管理主管和信贷审批小组。

各岗位应严格按照各项规章制度办理信贷业务，包括信贷业务的受理、贷前调查、授信申报、贷款发放、档案整理与移交、贷款回收、贷后管理等环节。在办理业务的过程中应做到尽职尽责，严格遵守信贷从业人员道德规范。贷款的具体流程包括以下几点：

1. 信贷业务的受理

通过对申请人的资格进行初步审查，对申请人提出的信贷业务需求从合规性、合法性的角度进行初步判断，确定是否受理该笔信贷业务。

2. 贷前调查

业务受理后，应对借款申请人、保证人或抵（质）押物等进行全面、细致的调查，应严格实行主辅调查、双人四眼的调查制度，贷款调查应以实地调查为主、间接调查为辅，坚持分类处理、真实有效和累计授信的基本原则。

实地调查中应通过现场核实抵（质）押物状况、核实抵质押人对押品的所有权或处分权、复测押品价值、核实财产保险等方式，严格调查押品的真实性、完整性、合法性和有效性。

应充分调查借款人提供的贷款用途证明文件的合法性、合规性、真实性，并在信贷系统中进行详细、全面的分析。在担保足值的前提下，根据贷款用途、还款来源和还款能力确定贷款金额、期限和还款方式。

应通过上述调查掌握贷款情况，在信贷管理系统中对贷款的风险点进行分析，对贷款的效益进行评价，阐述风险管控措施，在风险可控的前提下方可签署同意贷款的调查意见。

应根据调查情况对借款人进行信用评分，且借款申请人及保证人的信用初评结果必须符合相关贷款品种的要求。在信贷管理的申请材料中须扫描信用初评的结果。

应将贷款调查信息及时、全面、详细、完整地录入信贷管理系统，并在3个工作日内出具贷款调查报告。

3. 贷款审批

在进行贷前调查的同时，须将贷款信息如实、准确、完整地录入信贷管理系统，复核后逐级申报审批。

支行权限内的贷款业务由支行行长审批；支行权限外、分行权限内的贷款业务由分行信贷专职审批人双人审批，分行行长（或受权副行长）确认；超过分行权限的贷款业务直接由分行行长推荐后报总行信贷专职审批人双人审批，总行受权副行长确认。

审批人独立地在系统中签署审批意见，明确提出贷与不贷以及贷款的金额、期限、利率、还款方式等意见；对审批秘书汇总的审批结论、审批意见和编辑的业务信息进行复核，确认汇总意见并承担审批责任。专职审批人审批的规则设置如下：

（1）若二人意见均为“同意”，则系统自动将任务发送至行长（或受权副行长）。

（2）若二人意见均为“否决”，则审批流程结束，系统将任务返回给主办客户经理。

（3）若二人意见均为“变更条款”，则系统将任务发至审批秘书，秘书汇总二人意见后录入系统，以任务形式发送二人确认。二人确认后系统将任务退回主办客户经理，由其对申请的业务要素和条件进行变更，重新提交审批。

（4）若二人意见不一致，则系统将任务发至审批秘书，由其协调二人意见。二人意见经协调达成一致的，由审批秘书将协调后的意见录入系统，发送二人确认；二人意见未能协调一致的，由审批秘书取审批意见较低者作为审批结果，发送二人确认，确认后由系统将任务返回主办客户经理（审批意见从高到低的顺序为：同意、变更条款、否决）。

参加贷审会议的小组成员达到规定人数才能召开，会议内容包括授信额度、最高成数、最长期限、执行利率、担保方式、保证金比例及其他条件等。

4. 贷款发放

（1）签订合同。

依据贷款有关制度和信贷管理系统的审批结果，落实放款条件，与客户面签借款合同、担保合同等法律文书，确保文件内容完整准确，签章齐全有效，与审批结果严格一致。

（2）保险。

设定为抵押的财产，在有效控制风险的前提下，可以根据实际情况自主选择是否要求客户办理财产保险。办理保险的，必须确定银行为第一受益人，保险期限不短于贷款期限。

（3）抵（质）押品登记。

业务审批应到抵押物登记管理机关办理抵押登记手续，取得他项权利证明。以质押方式担保的须在柜台办理质押冻结止付及质押品入库保管等手续。

（4）审核信息。

核查业务项下贷款种类、贷款用途、金额、期限、利率、扣款账号、还款方式等信息的准确性。上述信息审核无误后，负责签署放款意见、提出放款申请，意见应明确、具体，与审批结果和放款条件一致。

5. 放款

审核放款申请，确保放款条件已落实，审核抵押登记、质押止付、保险、公证等文件是否完备，合同填写是否正确、完整、规范，签章是否齐全、清晰、有效，确保放款申请与授信审批结果一致。

贷款发放后应按《信贷业务档案管理实施细则》中的有关规定整理档案，将借款凭证及其他档案资料移交放款审核员审核并向档案管理员移交。

6. 档案整理与移交

贷款档案管理应做到科学整理、及时入档、集中存放、安全保管、高效使用、为客户保密。

客户经理应按照银行规定，定期进行贷后检查工作，形成贷后检查报告等资料，在工作完成后次月向档案管理岗移交。

借款人贷款逾期后，将逾期贷款催收通知书等逾期和催收资料及时报贷款中心档案管理岗，以便其及时将资料插卷，并另类归档管理。

当借款人贷款结清后，应将最后一期还款凭证和抵（质）押物释放等凭证及时报送贷款中心档案管理岗，以便其及时将资料插卷，并另类归档管理。

7. 贷款回收

应按照借款合同约定的还款方式、还款金额、还款时间，从借款人还款账户中扣收贷款本息。

8. 贷后管理

贷后管理包括贷后检查、风险预警、五级分类、不良贷款管理等。

(1) 贷后检查包括贷后监控、重检和首次提款检查。

贷款发放后，客户经理应按月督促借款人按期偿还贷款本息，借款人未按合同约定偿还贷款视为逾期，客户经理应积极督促借款人偿还，并对抵（质）押物变现价值、保证人偿还能力进行重新确认，做好风险防范措施。

首次用款后，客户经理须在一定工作日内对贷款金额超过一定数额的客户进行检查，了解借款人资金用途以及最新经营状况。

需要变更授信要素或账户要素的贷后检查任务通过重检功能实现。借款人提出变更贷款期限、还款方式、利率等方面的申请时，客户经理须对借款人既往还款情况进行调查，同意变更的在信贷管理系统上录入贷款变更申请，经辅办客户经理复核后提交客户经理主管审核，并按原审批权限和程序报送审查审批。

(2) 风险预警。

预警信号包括以下几点：借款人（保证人）经济状况发生重大不利变化，涉及法律诉讼等；借款人没有按照合同规定用途使用贷款；借款人（保证人）提供虚假信息；无法根据客户提供的联系方式联系到客户；未经银行同意，抵押人擅自将抵押品转让、处置；抵（质）押品损毁、灭失；抵（质）押品的价值下降，导致抵（质）押率可能或已经超过银行规定的最高值；借款人所购住房未能按时办理产权抵押手续等。

(3) 五级分类。

部分银行的五级分类标准还主要按逾期天数进行设置，比如：

正常类贷款：最近 180 天内曾经逾期还款累计天数在 30 天（含）以内的贷款。

关注类贷款：连续逾期 30 天（不含）至 90 天（含）的贷款。

次级类贷款：连续逾期 90 天（不含）至 270 天（含）的贷款。

可疑类贷款：连续逾期 270 天（不含）至 540 天（含）的贷款。

损失类贷款：连续逾期 540 天（不含）以上的贷款。

(4) 不良贷款管理。

不良贷款管理主要包括逾期贷款催收、不良贷款移交、资产保全、责任认定和考核等环节。

具体过程如图 2—1 所示。

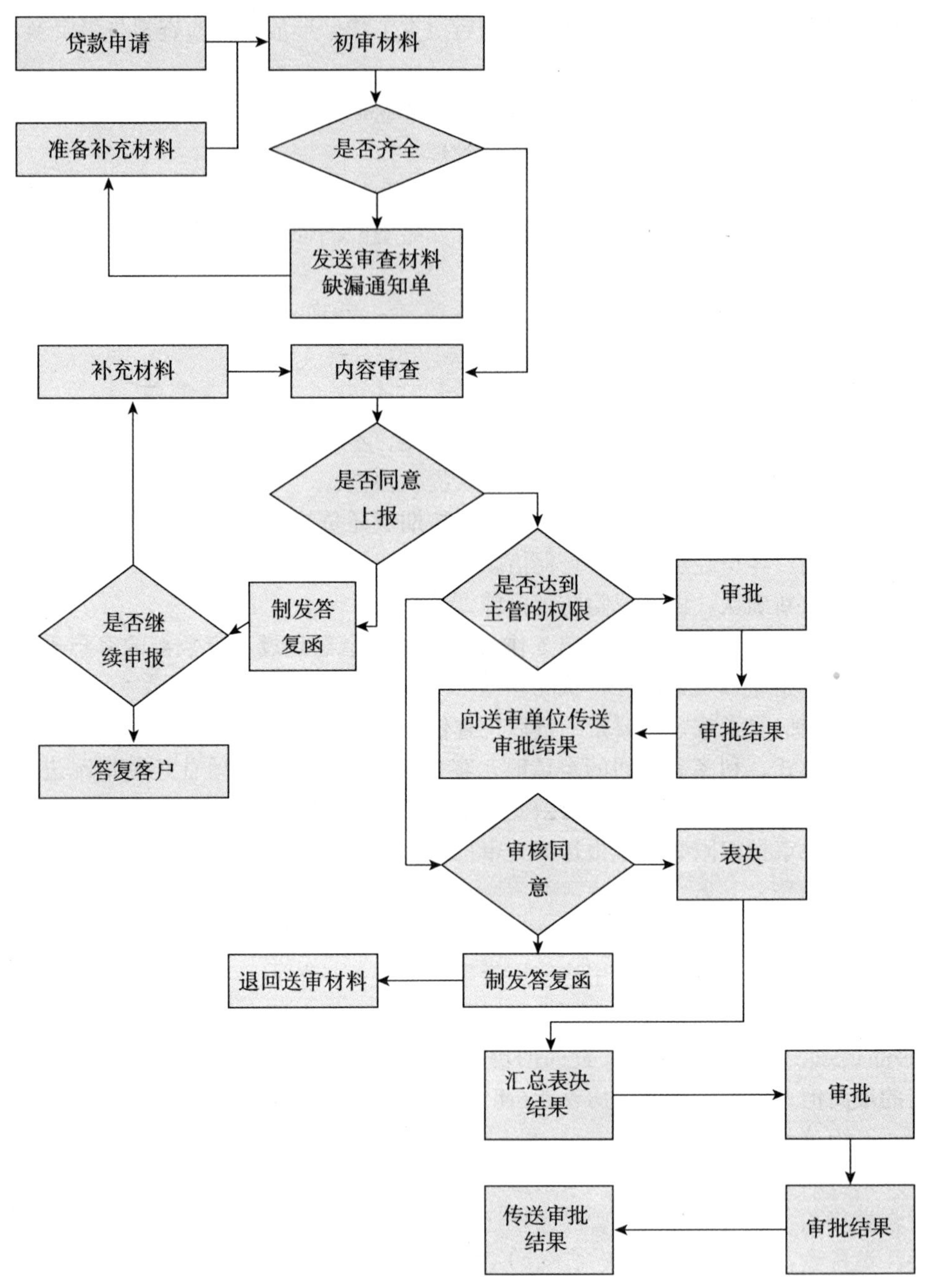

图 2—1 贷款流程图

【实例分析】

慷慨的信贷业务人员

有这样一位信贷业务人员，认为上面说的一些过程，如现场参观、贷款面谈、财务分析和贷款过程中的所有其他步骤都是可以放弃的繁文缛节。这位慷慨的信贷业务人员决定把贷款发放给任何一位写下欠条、答应在某年某月某日偿还本息的商业客户。

在这种思想指引下，这位商业信贷人员成了一位成功的金钱支付者。由于摆脱了正式的贷款程序所必须涉及的时间和文件约束，这位商业银行家在一天之内就可以处理几十份贷款的申请，而且这位先生门前的借款者积极踊跃，门庭若市、川流不息，哪怕他所收取的利息高于市场上的利息标准。如果按照成交的贷款项目的数量和总的贷款金额来衡量，则似乎他的工作很有效率，客户也很满意，这位信贷业务人员远远超过了他的同事们，无疑是一位优秀的信贷人员。

但是，到了第一笔贷款的偿还日，只有少量的资金返回。此刻，这位商业银行家便要开始操心了。几天以后，他打电话给一位拖欠债务的借款者——一家快餐店的老板，并且发现这笔贷款被用来买了两辆用于私人用途而不是商业用途的汽车。但借款者却说自己“无法立刻偿还欠款，也许等几个星期以后，生意会有一些起色，到时候才能够还款”。挂上电话之后，这位慷慨的信贷业务人员心想：“企业业主怎么能用贷款来购买非营业用的汽车呢？我还以为借款者会用这些钱来增设更多的座位或者改造餐厅设施呢。下一次再有客户来申请贷款的时候，我一定会准确地了解他想用这笔钱来做什么。”（后悔之一）

由于预感到贷给快餐店的款项有可能成为一笔彻底的坏账，这位信贷业务人员决定亲自造访另外两家拖欠贷款的客户。他首先来到一家儿童服装店，令他感到沮丧的是，这家商店里面堆满了存货，但却见不到一位客户，在他见到店主之后，他了解到贷款被用来支付员工的工资了。商业银行家要求店主提供商店最新的财务记录，通过查阅这份记录，他发现该店75%的资产是过时的存货，而只有25%是现在流行的存货，当他走出这家商店的时候，他心想：“要是我当初对这家企业的财务状况进行了分析就好了。”（后悔之二）

接着这位慷慨的商业信贷人员驱车前往他的下一个目标——一家拖欠短期负债的糖果批发公司。当他想把自己的车停到该公司的露天停车场中去的时候，发现这个停车场似乎已经被废弃了，只有两位工人正在往一辆卡车上搬运货箱。当他问这两位工人是不是糖果公司的雇员时，他们大笑，并且回答说：“幸亏我们不是！我们为一家供货商工作。这家公司几个月前就已经停止支付账单了，所以我们的老板让我们来取回我们的糖果。现在我们已经快完工了。”（后悔之三）

当这位信贷员返回银行的时候，他责备自己在做出贷款决策之前没有进行信用调查。回到办公室以后，他发现自己的办公桌上有一张便签，要求他出席当天晚些时候的一次会议。主题是他所负责的贷款中有90%未能如期偿还，银行想要知道为什么。

这一个例子显然是过于简单化了，它以极端的方式说明了商业信贷业务人员的粗心大意所可能导致的结果。归根到底，信用调查对于所有贷款来说都是一项基本的要求。上面这一例子是从反面来说明贷款程序的必要性，任何想不按程序办事的后果都将是非常严重的。

三、企业贷款的信用分析

（一）非财务因素分析

贷款到期能否及时偿还，在很大程度上取决于借款人的信誉。商业银行在贷款之前能否对借款人的信誉进行深入和准确的分析，关系到贷款信用风险的大小。商业银行对借款人的信用分析主要包括六个方面的内容，即品质（character）、能力（capacity）、资本（capital）、抵押品（collateral）、环境（conditions）、连续性（continuity），也就是人们通常所说的“6C”标准。

1. 品质

对借款人品质的考察，主要是判断借款人对贷款本息偿还的意愿。如果借款人是个人，则品质主要表现在此人的道德观念、个人习惯和偏好、经营方式、经营业务、个人交往以及在社区中的地位和声望等；如果借款人是企业，那么品质就是企业在管理上的完善性、在同行和金融界的地位和声望、经营方针和政策的稳健性等。不论是个人还是企业，履行借款合同的历史记录，在其品质的评价中，都起着非常重要的作用。

2. 能力

借款人的能力包含了法律和经济两个方面的内容。从法律方面讲，借款人的能力是指借款人能否承担借款的法律义务。企业法人的合法性，目前比较严重的就是抽逃注册资本，形成一个空壳公司。当商业银行贷款给合伙企业时，银行必须确认签约的合伙人具有代表合伙企业的权利；在贷款给公司时，商业银行必须确认谁是公司的法定代表人。从经济的角度讲，借款人的能力，是指借款人是否具有按期偿还债务的能力。企业还款能力的图示见图 2—2。

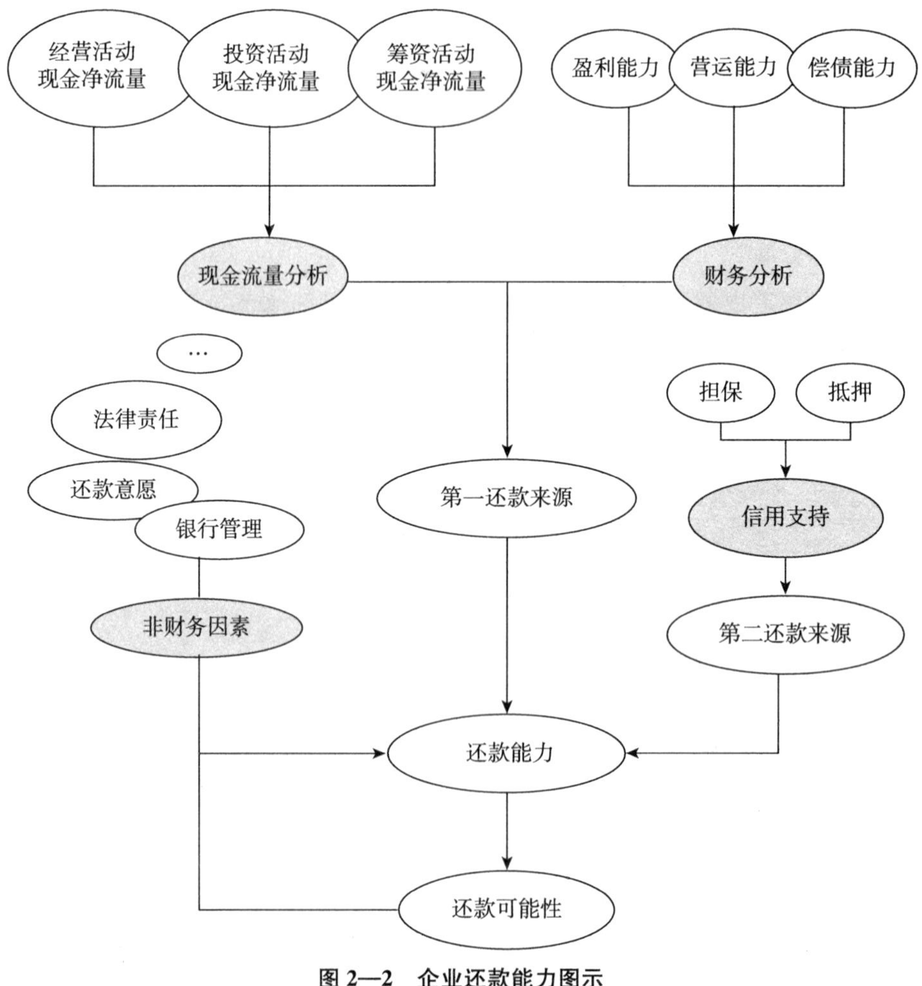

图 2—2　企业还款能力图示

分析企业借款人能力的主要方法是分析其现金流量。通过对现金流量的分析，商业银行可以了解借款人的预期财务状况，判断其到期的偿还能力；如果借款人是个人，则商业银行要考察其预期的收入能力，而收入能力又取决于借款人的受教育程度、年龄、事业心和精明程度等。

3. 资本

资本的数量也是体现借款人信誉的一项重要因素，借款人的资本越是雄厚，承受风险的能力也就越强，信誉也就越高。借款人购置的资产的质量，是决定该企业的资金实力的重要因素。借款人取得贷款的能力，在很大程度上取决于他所拥有的资产的数量和质量。

4. 抵押品

为了评价贷款申请的抵押方面，信贷员必须询问：借款人的资产净值和资产的质量是否足以支持偿还贷款？信贷员应特别关注借款人资产的以下特征，如年代、状况和专门化程度等，技术在这里也会起到重要作用，如果借款人的资产在技术上已经完全过时了，那么这些资产作为抵押品的价值就十分有限了，因为一旦借款人的收入不足，就很难为这些资产找到买主。

5. 环境

对经济环境的分析主要是分析经济环境对借款人所在行业的影响，分析该行业在国民经济中的比重、市场结构，分析借款企业在该行业中的地位等。

6. 连续性

连续性是指借款人经营前景的长短。由于科学技术更新的日益加快，产品更新换代的周期变得越来越短，市场竞争更加激烈，企业只有能够适应不断变化的市场需求，才能生存与发展。

（二）财务因素分析

1. 贷款偿还来源与现金流量

借款人偿还贷款的资金来源包括三个：现金流量、财产变现、其他融资来源。商业银行通常是根据借款人的现金流量向其发放贷款的，因此银行对借款人的现金流量是非常重视的。从长期来看，借款人的净现金流量应该等于应计利润，即调整后的股利和资本投资总和。但从短期来看，比如在一年内，账面利润与现金流量很少相符，正因为如此，商业银行应该弄清楚现金流量的概念和内容。有许多借款人发生贷款偿还困难，并不是因为投资收益不好，而是因为现金流量发生了问题。现金流量的计算公式如下：

$$现金流量=净利润+折旧-应收账款增加值-存货增加值+应付账款增加值 \tag{2.1}$$

将应收账款和存货的变动纳入现金流量中，是因为应收账款和存货的管理对于企业经营的成败非常重要。现在就有很多好的企业就是被大量的应收账款拖得喘不过气来。

在分析借款人的资信水平时，会计报表的分析方法与技巧应该被商业银行的管理者熟练地掌握，而借款人对流动资本的管理水平更值得商业银行的信贷人员的重视。

2. 现金流量发生问题的信号

在商业银行信贷分析、决策以及日后的监控过程中，银行信贷人员的尽心尽责与工作经验一直扮演着重要的角色。对于一个有经验的信贷人员来说，他应该及时地发现借款人将要发生财务困难的预警信号，而这些信号通常在借款人的财务报表中是查找不出来的。

（1）从企业与商业银行的关系中发现某些信号。这些信号包括：经常进行透支、多种还款来源没有落实、短期负债增减过快、展期债务增加、贷款需求增加但目的不明确、有抵押品价值不充分的抵押贷款等。

（2）从企业的经营状况中发现某些信号。其中包括：企业财务记录混乱、失去了实力雄厚的客户、某一大的用户订货变化无常、存货量增加过快、存货陈旧数额巨大。

（3）从企业的人事变动中发现某些信号。包括：企业管理人员变动较大、企业的某一个人的独裁专制、不断出现劳工问题、关键人物离开企业或死亡、关键人物的行为举止发生异常等。

（4）从企业的财务报表中发现预警信号。包括：存货、应收账款、负债增加，拖欠货款。

如果信贷人员发现了上述信号中的某一个或某几个，那么他就应该向商业银行反映，并由银行管理者做出决定，而后实施某些具体的对策。

3. 财务比率的作用

一般情况下，借款人的财务比率可以反映出借款人过去或当前的财务状况，而这些比率也可以被商业银行用来分析借款人的资信水平，而且借款人的财务比率能对其信用风险起到评估分析的作用。

【实例分析】

清河实业有限公司贷前调查和审查实例

清河实业有限公司是一家有多年生产经验的国有企业，现在A商业银行有620万元短期贷款，2010年4月到期。为了扩大生产规模，现又向A行申请三年期800万元人民币贷款，用以增加新的生产线，并按要求提供了各项资料。A行信贷员通过调查掌握了如下情况：

（1）该公司前些年经营亏损，2008年积极开发新产品，并深受市场欢迎，2008年底已经扭亏为盈，2008年底至2009年6月实现净利润90万元。如果新的生产线建成投产，则年利润将有望达到600万元。

（2）该公司除了在A行借款外，其他借款情况如下：

工商银行：1 600万元，2009年7月到期，并展期至2010年6月。

建设银行：1 800万元，2010年2月到期。

农业银行：932万元，2010年5月到期。

其中工商银行、建设银行的贷款，是在市政府的直接干预下发放的，用于设备更新，实际是“流贷搞固贷”，贷款均由省总公司担保。银行不准备将其转为固定资产贷款，也没有短期内收回的计划。

（3）公司以位于厂区内的2号、3号厂房，4号宿舍楼和办公楼共9 000平方米作为贷款抵押物。

根据以上情况以及表2—1和表2—2的情况，来确定该笔贷款申请是否同意，并提出书面报告。

表 2—1 **清河实业有限公司资产负债表**

2009 年 6 月 30 日 单位：万元

资产	年初	期末	负债	年初	期末
流动资产：			流动负债：		
现金	32	175	短期贷款	1 487	4 952
存货	2 424	2 186	应付账款	1 707	475
应收账款	1 153	2 613	应付票据	119	365
应收票据			应付工资	54	92
减：坏账准备	35	35	应付费用	362	207
其他应收款	269	2 341	应付税金	1	76
预付费用	298	248	其他应付款	320	616
其他流动资产		(11)			
流动资产合计	4 141	7 517	流动负债合计	4 050	6 783
长期资产：			长期负债：		
固定资产	1 456	1 526	长期借款		
减：累计折旧	234	447	长期负债合计		
固定资产净值	1 222	1 079	负债合计	4 050	6 783
在建工程	504	513	所有者权益：		
递延资产	67	55	实收资本	2 463	2 645
			公积金	216	303
无形资产	170	153	未分配利润	(625)	(414)
长期资产合计	1 963	1 800	所有者权益合计	2 054	2 534
资产合计	6 104	9 317	负债及所有者权益合计	6 104	9 317

表 2—2 **清河实业有限公司损益表**

2009 年 6 月 30 日

项　　目	金额（万元）
产品销售收入（净额）	4 065
减：销售成本	3 670
产品销售利润	395
加：其他业务利润	10
减：管理费用	120
财务费用	150
营业利润	135
减：所得税	45
税后利润	90

审查内容及过程：

(1) 计算现金流量。经营活动现金流量计算表见表2—3。

表2—3　　经营活动现金流量计算表

项　　目	金额（万元）
净收益	90
加（现金流入）：存货	238
预付费用	50
折旧	213
应付票据	246
应付工资	38
应付税金	75
其他应付款	296
其他流动资产	11
减（现金流出）：应收账款	(1 460)
其他应收款	(2 072)
应付账款	(1 232)
应付费用	(155)
经营活动现金净流量	(3 662)

结论：目前该公司现金净流量为负值，达到—3 662万元。

(2) 财务报表分析。清河实业有限公司财务分析汇总表见表2—4。

表2—4　　清河实业有限公司财务分析总汇表

项　　目		计算结果	行业标准
偿债能力分析	流动比率	110%	145%
	速动比率	0.76	0.95
盈利能力分析	资产报酬率	1.9%	3%～5%
	资产负债率	72.8%	60%～70%
资产管理能力分析	总资产周转率	0.53次	2～5次
	固定资产周转率	3.53次	7～9次
	应收账款周转率	2.16次	6～9次
	存货周转率	1.59次	3.6～6次
保障能力分析	利息保障比率	1.9	3

(3) 贷前调查情况汇总。

通过对该企业的深入了解，主要掌握了以下情况：

1) 流动资产期末比年初增加了3 376万元，主要表现为应收账款和其他应收款的增加，分别比年初增加了 1 460 万元和 2 072 万元。而应收账款的增加主要是新产品的推出导致的结果，并且其发生的时间不长，到期收回是没有问题的；但是其他应收款的增加则有些问题，主要是其被主管部门占用的资金。

2）流动负债增加了 2 733 万元。其中短期贷款增加了 3 465 万元，而应付账款却减少了 1 232 万元。可以这么认为，企业贷款中的一部分，被用于归还应付账款和增加其他应收款项。这显然是不合理的。

3）从贷款情况来看，都反映在短期贷款上，虽然工商银行和建设银行没有短期收回的计划，但毕竟增加了企业的还贷压力。一旦企业经营出现问题，它们就可能会随时收回贷款。

4）从目前该公司的资金运行情况看，有近 2 000 万元的资金被其主管部门占用，严重影响了企业资金的正常周转，因此，企业应该向主管部门提出这一问题，尽快将这部分资金收回。

5）申请这 800 万元的三年期人民币贷款，用于增加新的生产线。就目前企业的生产经营情况看，还没有必要。重点是把现有的生产线经营好。况且，提供的抵押品中，有厂房、职工宿舍及办公楼，这些都在厂区内，到时候变现比较困难，而且，职工宿舍属于福利设施，不能作为抵押品。

结论：综合上述情况，该笔贷款申请以不贷为好。

四、企业贷款的定价

贷款是商业银行主要的盈利资产，利润的高低与贷款的价格有着直接的关系。贷款价格高，利润就高，但对贷款的需求就会因此而减少；贷款价格低，利润就低，但贷款需求就会增加。因此合理确定贷款的价格，既能为银行取得满意的利润，又能为客户所接受，这是商业银行贷款管理的重要内容。

从目前我国商业银行的现状来看，贷款的定价权仍然集中在中央银行，商业银行几乎没有贷款定价权。但随着中国加入 WTO 后金融业的对外开放，中央银行必然要放松对利率的管制，逐步推行利率市场化。一旦实行利率市场化，各商业银行就获得了贷款定价权，那么我国的商业银行就将不得不考虑如何确定贷款的价格，从而既能赢得更多的客户，又能获得最大的利益，并取得竞争的胜利。

（一）贷款定价的原则

1. 利润最大化原则

商业银行是经营货币信用业务的特殊企业。作为企业，实现利润最大化始终是其追求的主要目标。信贷业务是商业银行传统的主要业务，存贷利差是商业银行利润的主要来源。因此，银行在进行贷款定价时，首先必须确保贷款收益足以弥补资金成本和各项费用，在此基础上，尽可能实现利润最大化。

2. 扩大市场份额原则

在金融业竞争日益激烈的情况下，商业银行要求生存、求发展，必须在信贷市场上不断扩大其市场份额。同时，商业银行追求利润最大化的目标，也必须建立在市场份额不断扩大的基础上。影响一家银行市场份额的因素非常复杂，但贷款价格始终是影响市场份额的一个重要因素。如果一家银行价格过高，则就会使一部分客户难以承受，从而最终失去这部分客户，缩小银行的市场的份额。因此银行在进行贷款定价时，必须充分考虑同业、同类贷款的价格水平，不能盲目实行高价政策，除非银行在某些方面有特别的优势。

3. 保证贷款安全原则

银行贷款业务是一项风险性业务，保证贷款的安全是银行贷款经营管理整个过程的核心内容。除了在贷款审查发放等环节要严格把关外，合理的贷款定价也是保证贷款安全的重要方面。不能不顾贷款的安全而一味追求高价格，有的用心不良的企业，为了获取贷款，会不惜高价，它的目的是不想归还贷款本金。贷款定价最基本的要求是使贷款收益能够足以弥补贷款的各项成本。贷款成本除了资金成本和各项管理费用外，还包括因贷款风险而带来的各项风险费用。如为弥补风险损失而计提的呆账准备金，为管理不良贷款和追偿风险贷款而花费的各项费用。可见，贷款的风险越大，贷款成本就越高，贷款的价格也就越高。因此银行在进行贷款定价时，必须遵循风险与收益对称的原则，以确保贷款的安全性。

（二）贷款定价应考虑的因素

对于银行而言，其用于发放贷款的资金是通过其负债业务而获得的，银行必须为此付出一定的代价，而且在信贷资金的贷放过程中，银行还要面临各种风险，对此银行都要求得到回报，这些都应该作为贷款定价时要考虑的因素：

1. 贷款成本

贷款成本包括贷款资金成本、贷款管理成本以及一般风险费用。其中贷款资金成本是指银行为筹集用于贷款的信贷资金所花费的代价成本，它包括利息成本和各项非利息成本（办公费用、折旧费用等）。贷款管理成本是指对借款人进行信用分析以及各种与贷款发放、管理和回收有关的开支（工资报酬、差旅费等）。所谓一般风险费用是按照贷款的种类、期限、抵押或保证的一般特征所确定的风险补偿。如贷款可能面临损失的风险，银行要根据其历史上贷款的平均损失率情况来确定一个补偿额计入贷款成本（如贷款呆账准备金、坏账准备金）。

2. 基准利率

基准利率是指在整个利率体系中起主导作用的利率。一般把中央银行的再贴现利率或再贷款利率作为商业银行发放贷款的基准利率。就是在自主定价时，也决不是自由定价，也不能偏离基准利率太多。

3. 预期利润

商业银行作为自主经营、自负盈亏、自我发展、自担风险的金融企业，自然要以追求利润的最大化为目标，要按照安全性、流动性和盈利性的原则进行贷款业务的经营，在保证贷款本金和利息安全收回的前提下，尽可能实现利润的最大化。

同时银行贷款利润作为银行经营利润的主要来源之一，也将是股东获得股息收入的重要保证。而根据市场一般法则，银行股东也应根据其投资额按社会平均利润率获取回报。这种预期的股权回报分摊到贷款部分就是银行贷款业务的预期利润，它成为银行定价必须考虑的一个重要因素。

4. 贷款的风险程度

由于贷款的期限、种类、保障程度及贷款对象等各种因素的不同，贷款的风险程度也有所不同。贷款的风险程度不同，银行为此所花费的管理费用或对可能产生的损失的补偿费用也不同，这种银行为承担贷款风险而花费的费用，称为贷款的风险费用，也是贷款的风险成本。银行在进行贷款定价时必须将风险成本纳入贷款价格之中。

一笔贷款的风险程度并由此而引起的银行贷款的风险费用受多种复杂因素的影响，如贷款的种类、用途、期限、贷款保障、借款人信用、财务状况、客观经济环境的变化等。所以，要精确地预测一笔贷款的风险费用显然是比较困难的。在实践中，为了便于操作，银行通常根据历史上某类贷款的平均费用水平并考虑未来各种新增因素后，来确定贷款风险费用率。如过去5年中，对信用一级企业发放一年期信用贷款的平均风险管理费用率为0.6%，并以此作为新贷款的风险费用率，则银行对同类企业发放同类贷款500万元时，就应收取贷款风险费用3万元。

5. 借款人的资信状况及其与银行的关系

借款人的资信状况是银行进行贷款定价必须考虑的重要因素。因为借款人的资信状况表明了借款人的偿债能力和偿债意愿，在很大程度上反映了银行贷款面临的风险程度。一般而言，银行面临的风险越大，它索取的风险补偿就越高，贷款定价一般也就越高；反之则越低。另外，借款人的资信状况往往也揭示了借款人的盈利能力，即借款人将贷款运用于其生产经营之后所能获得的盈利。显然银行贷款定价不能超过借款人的盈利，否则，借款人就会宁愿放弃借款。

而借款人与银行的关系密切程度也是国际金融市场上银行贷款所要考虑的重要因素之一。这种关系主要包括借款人以往在银行的存款情况、使用银行服务的情况以及贷款记录等。对于那些经常有存款、广泛使用银行服务、长期有规律地向银行借款并有良好信誉的借款人，特别是银行希望长期稳住或希望进一步发展关系的借款人，银行在进行贷款定价时一般必须考虑给予适当的优惠。

6. 信贷资金的供求状况

利率本身是资金的价格表现的重要形式之一，自然要受到资金供求状况的影响。根据价格与供求关系的规律，一般来说，若市场资金供不应求，则贷款利率就会提高，反之就会下降。

7. 预期的通货膨胀率

在现代经济社会中，通货膨胀几乎是不可避免的，只是高和低的问题。对于同样的名义贷款利率，在通货膨胀率高时，贷款的实际利率就低；反之在通货膨胀率低时，贷款的实际利率就高。商业银行为了维护自身的经济利益，必然要考虑未来贷款期内的预期通货膨胀率，并对贷款的名义利率作相应的调整。这与贷款的期限也有密切的关系，贷款期限越长，通货膨胀发生的可能性就越大，贷款利率也就会相应地提高。

（三）贷款价格的构成

一般来说，贷款价格中包括贷款利率、贷款承诺费、补偿余额和隐含价格。

1. 贷款利率

贷款利率是一定时期客户向贷款人支付的贷款利息与贷款本金之比率。它是贷款价格的主体，也是贷款价格的主要内容。贷款利率的确定应以收取的利息足以弥补支出并取得合理利润为幅度。银行贷款所支付的费用包括资金成本、提供贷款的费用以及今后可能发生的损失等。合理的利润幅度是指应由贷款收益提供的、与其他企业和银行相当的利润水平。

2. 承诺费

承诺费是指银行对已经承诺给客户而客户又没有及时使用的那部分资金收取的费用。也就是说，银行已经与客户签订了贷款意向协议，并为此做好了资金准备，但客户并没有及时从银行贷出这笔资金，承诺费就是对这笔已做出承诺但没有贷出的款项所收取的费用。承诺费由于是客户为了取得贷款而支付的费用，因而构成了贷款价格的一部分。

银行收取贷款承诺费的理由是：为了应付承诺贷款的要求，银行必须保持一定高性能的流动性资产，这就要放弃收益高的贷款或投资，使银行产生利益损失。为了补偿这种损失，就需要借款人提供一定的费用。支付了承诺费的贷款承诺是正式承诺，当借款人需要贷款时，银行必须予以及时满足，否则，银行要承担经济责任。

3. 补偿余额

补偿余额是应银行要求，借款人保持在银行的一定数量的活期存款和低利率定期存款。它通常作为银行同意贷款的一个条件而写进贷款协议中。要求补偿余额的理由是：客户不仅是资金的使用者，还是资金的提供者，而且只有作为资金的提供者，才能成为资金的使用者。存款是银行业务活动的基础，是贷款的必要条件，银行发放贷款应该成为现在和将来获得存款的手段。从另一方面讲，补偿余额也是银行变相提高贷款利率的一种方式，因此，它成为贷款价格的一个组成部分。补偿余额的计算分为两部分：一是按实际贷款余额计算的补偿余额；二是按已经承诺而未使用的限额计算的补偿余额 。

4. 隐含价格

隐含价格是指贷款定价中的一些非货币性的内容。银行在决定给客户贷款后，为了保证客户能够偿还贷款，常常在贷款协议中加上一些附加条件。附加条件可以是禁止性的，即规定融资限额及各种禁止事项（禁止挪用贷款从事非法经营活动），也可以是义务性的，即规定借款人必须遵守的特别条款。附加条件不直接给银行带来收益，但可以防止借款人经营状况的重大变化给银行利益造成的损失，因此它可以被视为贷款价格的一部分。

（四）贷款定价方法

随着金融自由化的发展，银行业的竞争压力越来越大，竞争已经大幅度缩小了银行从贷款业务中可得到的利润，使得正确的贷款定价变得更为重要。下面将向大家介绍西方商业银行常用的一些贷款定价的方法。需要说明的是，由于贷款费用的收取比例相对而言变化幅度不大，因而这里介绍的主要是贷款利率的定价方法。

1. 目标收益率定价法

这是根据银行贷款的目标收益率来确定贷款价格的方法。在为一笔贷款定价时，贷款主管人员必须考虑发放贷款的预期收益、给借款人提供资金的成本、管理和收贷费用及借款风险等。其计算公式为：

$$\text{税前产权资本收益率}=\frac{\text{贷款收益}-\text{贷款费用}}{\text{应摊产权资本}} \tag{2.2}$$

$$\text{贷款收益}=\text{贷款利息收益}+\text{贷款管理手续费} \tag{2.3}$$

$$\text{贷款费用}=\text{借款人使用的非股本资金的成本}+\text{与贷款相关的费用} \tag{2.4}$$

$$应摊产权资本=银行全部产权资本对贷款的比率\times该笔贷款余额 \tag{2.5}$$

【例题】 某信贷主管人员对某一公司客户以12%的年利率发放了一笔100万元的贷款，并收取5 000元的手续费。银行发放该笔贷款的资金成本率为11%，贷款管理成本为2 000元，银行产权资本对贷款的比率为10%，假定借款人使用的贷款资金净额等于未归还的贷款余额。根据上述公式计算：

$$\frac{12\%\times 100\text{ 万元}+5\ 000\text{ 元}-11\%\times 100\text{ 万元}-2\ 000\text{ 元}}{10\%\times 100\text{ 万元}}=\frac{1.3\text{ 万元}}{10\text{ 万元}}=13\%$$

即该笔贷款的税前预期收益率为13%。将该收益率与银行的目标利润率进行比较，来决定该笔贷款的定价是否合理。

2. 基础利率定价法

基础利率定价法又称交易利率定价法。这种定价方法允许借款额超过某一最低限额（如30万～50万元）的借款人，在几种基础利率中选择，以决定该笔贷款的利率和展期期限。最通行的基础利率是国库券利率、大额定期存单利率、银行同业拆借利率等（见表2—5）。客户可以从银行认可的利率表中选择基础利率，也可以选择到期日。贷款利率是同期市场利率加上一定数额。在到期日，经借贷双方同意，贷款可以展期。而后，客户还必须再作一次同样的选择，即再次选择基础利率和到期日。这样，在一个特定的时间内，利率是固定的，但展期利率是未知数。因为到时候利率又会变动。

表2—5 **基础利率表**

	期限	标价（%）	实际利率（%）
银行同业拆借利率	三个月	11.625	12.375
	六个月	12	12.75
	一年	12.625	13.375
大额定期存单利率	一个月	10.4	11.15
	二个月	10.95	11.70
	三个月	11.10	11.85
	六个月	11.2	11.95
	一年	11.65	12.4
国库券利率	13周	9.99	10.74
	26周	10.27	11.02
	优惠利率	12.5	12.5

现以一个希望借款100万元的客户为例。银行在接到某个公司代表要求贷款和约定面谈的电话以后，信贷人员查阅了该客户的档案，认为该客户具备贷款条件。客户来后，在讲清可选择的基础利率之后，信贷人员告知客户，其公司可以获得基础利率加0.75%的贷款。这家银行的基础利率是银行同业拆借利率、大额定期存单利率和国库券利率。

客户可以根据实际需要的时间及对未来利率变动趋势的判断做出恰当的选择。（1）如果客户希望按一年期的固定利率贷款，那么他就应选择能提供一年最低利率的大额定期存单利率作为基础利率。在上面的例子中，假定借款人认为未来利率要上涨，则上述决定是合算的。(2) 如果借款人认为未来利率不会上升，则选择国库券利率更为合算，因为在贷款展期时，他可以再次选择最低利率。(3) 如果借款人预测未来利率将大幅度下降，那么他最好选择一个月的利率。

3. 成本加成定价法

这种方法也叫宏观差额定价法。它是以借入资金的成本加上一定利差来决定贷款利率的方法。这种定价法的特点在于不考虑承诺费、服务费和补偿余额等因素，贷款价格主要依据资金总成本及一定的利润目标来确定。

$$贷款利率=贷款成本率+利润加成 \quad (2.6)$$

其中，贷款成本包括资金成本、贷款管理成本和风险费用；利润加成则是银行应取得的合理利润，我国商业银行目前使用的主要是这种方法。

4. 风险加数定价法和风险乘数定价法

这两种方法是西方商业银行普遍使用的贷款定价方法。风险加数是在风险利率基础上加上若干百分点而形成的利率；风险乘数则是在风险利率基础上乘以一个系数而形成的利率。

借款人不同，其风险等级也是不同的。银行为控制信用风险，遂根据借款人的风险等级来确定该借款人所适用的风险利率。风险利率不同，风险加数和风险乘数也会不同（见表 2—6）。

表 2—6　　风险加数、乘数表

风险利率水平	风险加数		风险乘数	
	风险等级 A+1%	风险等级 B+2%	风险等级 A×1.1	风险等级 B×1.2
6%	7%	8%	6.6%	7.2%
8%	9%	10%	8.8%	9.6%
10%	11%	12%	11%	12%

风险加数和风险乘数两种定价方法在概念上有点相似，但它们所得出的利率标价是不同的，尤其是在风险利率随市场利率变动而变动时，两种价格之间会有不同的变化。当利率上升时，风险乘数利率会以更快的速度上升，反之则以更快的速度下降。为了避免利率的剧烈波动而给借贷双方带来利率风险，通常可以在协议中限定利率波动的上下限。

5. 保留补偿余额的定价法

这种方法是将借款人在银行保留的补偿余额看作其贷款价格的一个组成部分，在考虑了借款人在银行补偿余额的多少后决定贷款利率的一种定价方法。在这种方法下，借款人的补偿余额不同，贷款利率也会有所不同。

【实例分析】

假定银行正在审查一笔一年期的 100 万元的流动资金贷款申请，并决定承诺这笔贷款，同时以 0.5%的比率收取贷款承诺费。据预测，该借款人在这一年中贷款的平均使用额度为 80 万元，年存款服务费为 10 000 元，其存款的加权边际成本为 12%，贷款的风险管理费用为 9 000 元，银行税前产权资本目标利润率为 18%，在贷款的资金来源中，股权与存款之比为 1∶9，补偿余额的投资收益率为 11.5%，下面我们考察在不同的补偿余额水平下贷款利率的确定。

列举两种定价方案。方案 A 假定借款人保留在账户上的可用于投资的补偿余额为 10 万元，方案 B 假定客户保留在账户上的补偿余额为 6 万元（两者都已经扣除了法定准备金）。在方案 A 中，银行要弥补贷款的各种成本并获得预期收益，除了需要收取贷款承诺费5 000元和补偿性存款余额的投资收入 11 500 元外，还需要收取贷款利息 112 900 元，这样该笔贷款的利率应是 14.11%；在方案 B 中，补偿性存款余额的投资收入为 6 900 元，需要收取的贷款利息为 117 500 元，这样该笔贷款的利率应是 14.69%。这说明，在其他条件不变的情况下，补偿性存款余额从 10 万元下降到 6 万元，贷款利率相应地由 14.11% 上升到 14.69%。贷款定价分析如表 2—7 所示。

表 2—7　　贷款定价分析

费用	金额
存款服务成本	10 000 元
贷款风险管理费用	9 000 元
借入资金利息（80 万元×12%）	96 000 元
小计	115 000 元
目标利润（10%×18%×80 万元）	14 400 元

收益分析（见表 2—8）：

方案 A：可投资的补偿性存款余额为 10 万元。

方案 B：可投资的补偿性存款余额为 6 万元。

表 2—8　　贷款收益分析

项　　目	方案 A	方案 B
手续费收入	5 000 元	5 000 元
补偿性存款投资收入	11 500 元	6 900 元
应收贷款利息	112 900 元	117 500 元
应收贷款利率	14.11%	14.69%

五、贷款风险分类

（一）贷款五级分类制度

我国银行从 2002 年 1 月 1 日起实行新的贷款五级分类办法，即从贷款的偿还的可能性出发，将贷款分为五个档次，并且以此来评估贷款的质量，揭示贷款的真实价值。新的贷款分类的主要标准是：

1. 正常贷款

借款人一直能正常还本付息，银行对借款人最终偿还贷款有充分把握，各方面情况正常，不存在任何影响贷款本息及时全额偿还的因素，没有任何理由怀疑贷款会遭受损失。

2. 关注贷款

借款人偿还贷款本息没有问题，但潜在的问题如果发展下去，将会影响贷款的偿还。这类贷款往往具备以下特征：

（1）宏观经济、市场、行业等外部环境对借款人的经营产生不利影响，并可能影响其偿债能力。

（2）企业改制对银行债务可能产生不利影响。

（3）借款人的主要股东、关联企业或母子公司等发生了重大不利变化。

（4）借款人的一些关键财务指标如流动性比率、资产负债率、销售利润率等低于同行业平均水平或有较大的下降。

（5）借款人未按规定的贷款用途使用贷款。

（6）固定资产贷款项目出现重大的、不利于贷款偿还的调整。如工期延长，概算调整等。

（7）借款人还款意愿差，不与银行积极合作。

（8）贷款抵押品或质押品价值下降，或银行对其失去控制。

（9）贷款保证人的财务状况出现疑问。

（10）银行对贷款缺乏有效的监督；违反贷款审批程序，如越权发放贷款。

3. 次级贷款

贷款的缺陷已经很明显，正常经营收入已不足以保证还款，需要通过出售、变卖资产或对外融资，乃至执行抵押担保来还款。这类贷款的特征有：

（1）借款人不得不变卖抵押品、履行担保等来寻求还款资金。

（2）借款人的支付出现困难，且难以获得新的资金增加。

（3）不能偿还对其他债权人的债务。

（4）借款人的内部管理出现问题，妨碍债务的偿还。

（5）借款人采用隐瞒事实等不正当手段套取贷款。

（6）借款人经营亏损，净现金流量为负数。

4. 可疑贷款

这类贷款已经肯定要发生一定的损失，只是因为存在借款人重组、兼并、合并、抵押品处理和诉讼未决等待定因素，损失金额还不能确定。这类贷款的特征是：

（1）借款人处于停产、半停产状态。

（2）贷款项目，如基建项目处于停建、缓建状态。

（3）借款人已经资不抵债。

（4）企业借改制之机逃避银行债务。

（5）银行已经诉诸法律来收回贷款。

（6）贷款经过了重组，仍然逾期，或仍不能正常归还贷款本息，还款状况仍未得到明显改善。

5. 损失贷款

这类贷款全部或大部分已经损失。其特征是：

（1）借款人和担保人被依法宣布破产，经法定清偿后，仍不能还清贷款。

（2）借款人死亡、失踪，以其财产或遗产清偿后，未能还清的贷款。

（3）借款人遭受重大自然灾害和意外事故，损失巨大，且不能获得保险补偿，确实无力偿还贷款。

（4）经国务院专案批准核销的逾期贷款。

（5）贷款企业虽未破产，工商部门也未吊销其营业执照，但企业早已关停，或名存实亡。

（6）由体制原因和历史原因造成的，债务人主体已消亡而被悬空的贷款。

在上述五级分类贷款中，前两类属于正常贷款，后三类属于不良贷款。

【应用实例】

借款人红星啤酒厂，成立于1986年，是海滨市的第一家啤酒生产企业，生产销售量占到本市啤酒销售的25%，成为市里的重点企业、利税大户。企业为进一步提高产品质量、扩大销售、增加利润，于2006年8月向市某商业银行申请了技术改造贷款1 200万元，期限四年，按季归还贷款本息，还款来源为折旧和销售收入。海滨市东方房地产公司提供700万元的担保，并用红星啤酒厂的一套价值700万元的啤酒生产设备作为抵押。

第一次分类时（时间：2007年1月）借款人的情况：

（1）借款人按约使用贷款，并能按期偿还贷款本息。

（2）借款人2006年末的财务报表资料表明：其财务状况良好，销售收入和经营利润稳中有升，现金净流量为正值，足以偿还贷款本息。

（3）经过技术改造，借款人的产品质量有所提高，产、销量稳中有升，管理层在加强产品质量管理的同时，积极开拓销售市场，市场占有率从上年同期的25%上升到32%。

（4）在管理、行业、市场竞争和经济环境方面不存在影响借款人未来还款能力的不利因素。

【分类结果和理由】

正常贷款。

借款人财务状况良好，现金净流量为正值，有充足的还款来源，还款情况正常。

第二次分类时（时间：2008年1月）借款人的情况：

（1）借款人能按期偿还贷款本息。

（2）借款人的财务状况是可以接受的，现金净流量为正值，但经营净利润和净现金流量等几项财务指标较上年同期有所下降。

（3）经过调查分析，海滨市在2008年度有三家新的啤酒厂投产，其中，一家中外合资企业生产、销售一种世界名牌啤酒，市场竞争十分激烈，借款人的市场份额已经下降到19%，而同时，由于国家大幅度调整农副产品价格，啤酒的原材料成本上涨。

【分类结果及理由】

关注贷款。

从借款人的财务和现金流量分析来看，虽有下降趋势，但目前的还款能力没有问题；但在市场竞争和原材料成本方面存在着一些影响借款人未来经营情况的不利因素，如果这些因素持续下去，则将可能影响借款人的还款能力，需要引起银行的关注。

第三次分类时（时间：2009 年 1 月）借款人的情况：

(1) 在过去的年度中，借款人在还本付息方面出现了三次延迟现象，其中一次拖欠利息达两个多月。

(2) 借款人 2008 年度的财务报表分析显示，从 2008 年 9 月开始，经营利润呈现亏损，年末累计亏损 20 万元，净现金流量为—50 万元。

(3) 受市场竞争和原材料成本上升的持续影响，借款人的生产经营状况较不理想；在上年末，负责生产管理的副厂长被合资啤酒厂高薪聘任为厂长；企业的产品质量有所下降，在市场竞争中处于十分不利的地位，销量严重下降，市场份额只有 8%，产品积压现象较为严重，大量贷款被拖欠。

【分类结果及理由】

次级贷款。

借款人的还款能力出现明显问题，正常生产、经营收入已经不足以归还贷款本息。

第四次分类时（2010 年 1 月）借款人的情况：

(1) 截至 2009 年末，借款人的逾期贷款本息已经达 520 万元，逾期时间达 165 天。

(2) 借款人财务报表表明：亏损严重，净现金流量和资产净值均为负值。

(3) 借款人的大部分生产线已经停工，只保留了原 1/3 的生产能力，产品出现滞销，市场占有率已经降到 2%。

(4) 本市的中外合资啤酒厂有意向兼并收购红星啤酒厂，双方正在磋商过程中，借款人申请对逾期贷款进行重组。

银行贷款管理情况：

银行认为借款人被收购的可能性较小，不愿重组贷款，已经诉诸法律程序，向借款人和担保人追索贷款本息。

担保抵押情况：

(1) 担保人海滨市东方房地产公司，因从事房地产投资失败，企业出现严重亏损，资不抵债，另一商业银行正通过法律手段，向其催收巨额房地产贷款，该房地产公司已无力履行担保人义务。

(2) 借款人的其他资产已经用作应付票据和应付账款的抵押品抵押给其他债权人。

(3) 抵押品由于是专业设备，所以市场变现较难，经过评估，市场价值约为 360 万元，而强迫拍卖价约为 300 万元。

【分类结果及理由】

进行拆分，次级贷款 300 万元，可疑贷款 60 万元，损失贷款 160 万元。

具体到此笔贷款来说，进行拆分是十分必要的，因为，贷款的部分价值有一定的抵押品作为保证，这一部分的偿还性显然要比无抵押部分的可能性更大一些。

由于虽对抵押品价值进行了专业评估，但尚未进行实质性的拍卖，因此抵押品的实际价值尚有待确定。在对 520 万元贷款余额进行拆分时，抵押品的强迫拍卖价为 300 万元，强迫拍卖价与市场价之间的差额 60 万元为可疑贷款，300 万元贷款被划分为次级贷款，贷款余额和贷款评估市场价值的差额 160 万元为损失贷款。

（二）风险拨备管理

拨备覆盖率是银行防范风险、反映其业绩真实性的一个量化指标。拨备覆盖率的高低应适合贷款风险程度，不能过低从而导致拨备金不足、利润虚增；也不能过高从而导致拨备金多余、利润虚降。拨备覆盖率的计算公式为：

$$拨备覆盖率=\frac{一般准备+专项准备+特种准备}{次级类贷款+可疑类贷款+损失类贷款} \tag{2.7}$$

【例题】 某银行的贷款余额为100亿元，其中正常类为90亿元，关注类为2亿元，次级类为5亿元，可疑类为2亿元，损失类为1亿元，则其不良贷款率为（5+2+1）/100=8%。假设不计提特种准备，则按照现行规定，首先应当计提一般准备=100×1%=1（亿元），再按照规定比例应计提专项准备=2×2%+5×25%+2×50%+1×100%=3.29（亿元）。加上一般准备，准备金总额应当达到4.29亿元。假设这家银行真的按规定计提了4.29亿元，则拨备覆盖率为53.63%，如果计提了8亿元，则拨备覆盖率为100%；反之，如果仅计提了4亿元，则拨备覆盖率为50%，且达不到按比例计提的最低要求，拨备覆盖资金严重不足。目前，对于一些银行，中国银监会要求拨备覆盖率达到150%，是比拨备覆盖率充足（100%）更审慎的要求。

不良贷款拨备覆盖率是衡量商业银行贷款损失准备计提是否充足的一个重要指标。该项指标从宏观上反映银行贷款的风险程度及社会经济环境、诚信等方面的情况。依据《股份制商业银行风险评级体系（暂行）》，拨备覆盖率是贷款损失准备对不良贷款的比率，该比率最佳状态为100%。这实际上是从另一个角度来评价贷款损失准备是否充分，从而判断谁的业绩水分最大。

根据我国《银行贷款损失准备计提指引》规定，银行应按季计提一般准备，一般准备年末余额不得低于年末贷款余额的1%；银行可以参照以下比例按季计提专项准备：对于关注类贷款，计提比例为2%；对于次级类贷款，计提比例为25%；对于可疑类贷款，计提比例为50%；对于损失类贷款，计提比例为100%。其中，次级和可疑类贷款的损失准备，计提比例可以上下浮动20%。特种准备由银行根据不同类别（如国别、行业）贷款的特种风险情况、风险损失概率及历史经验，自行确定按季计提比例。

六、问题贷款的发现和处理

形成不良贷款的主要原因是来自借款人方面的因素。虽然在贷款发放时，借款人的情况是好的，但随着各种因素的发展变化，借款人的财务状况和还款能力会发生变化，从而给银行带来风险。在实践中，我们可以看到，大多数借款人在违约之前，往往会表现出各种各样的不正常的现象。如果信贷管理人员能够密切地监测借款人的各方面的变化，那么就能给贷款提供预警信号，及时采取措施，防患于未然。

通常，银行信贷人员可以从以下一些表面现象中分析贷款是否会成为不良贷款（见表2—9）：

表 2—9　　早期预警信号

1. 不能及时报送财务报表	9. 成本上升和利润下降
2. 应收账款的收回发生拖欠	10. 过分依赖于短期借款来满足长期资金需要
3. 存货突然增加	11. 拖欠支付利息和费用
4. 长期债务大量增加	12. 销售和盈利增长低于通货膨胀率
5. 资产负债表结构发生重大变化	13. 销售集中于一些客户
6. 公司大额收费	14. 主要管理人员和所有权发生变化
7. 存在从未实现的计划	15. 厂房和设备未得到很好的维修
8. 不能提供所需要的信息资料	16. 存款余额不断下降

(一) 企业在银行的账户上反映的预警信号

如果企业在银行的账户上出现了以下一些不正常现象，则可能表明企业的还款出现了问题：

经常止付支票或退票；经常出现透支或超过规定限额透支的情况；应付票据展期过多；要求借款用于偿还旧债；要求贷款用于操作本公司的股票或进行投机性的活动；贷款需求的规模和时间变动无常；银行存款余额持续下降；经常签发空头支票；贷款的担保人要求解除担保责任；借款人被其他债权人追讨债务或索取赔偿；借款人不能按期支付利息，或要求贷款展期；从其他机构取得贷款，特别是抵押贷款。

(二) 在企业财务报表上反映的预警信号

企业财务报表上如果出现以下情况，则可能存在影响贷款偿还的因素：

银行不能按时收到企业的财务报表；现金状况恶化；应收款和存货激增；成本上升，收益减少；销售上升，收益减少；销售额下降；不合理地改变或违反会计准则，如折旧计提、存货计价等；主要财务比率发生异常变化；呆账增加，或拒做呆账及损失准备；审计不合格等。

(三) 在企业人事管理方面及与银行有关的方面的预警信号

当企业在人事管理上出现一些异常变化时，也可能影响到贷款的安全。如：

企业主要负责人之间不团结；企业管理人员对银行的态度发生变化，缺乏坦诚的合作态度；在多家银行开户，或经常转换银行，故意隐瞒与某银行的往来关系；董事会、所有权或人事出现重要变动；公司关键人物的健康出现问题，且接班人不明确或能力不足；主要决策人投机心理过重；某负责人独断专行，限制了其他管理人员积极性的发挥；无故更换会计师或高层管理人员；对市场供求变化和宏观经济环境变化反应迟钝，应变能力差；用人不当，各部门之间不能相互协调配合。

(四) 在企业经营管理方面反映的预警信号

在企业的经营管理方面，如果出现下述现象，则当视为不正常现象：

经营管理混乱，环境脏、乱、差，纪律松散；设备陈旧、维修不善、利用率低；销售旺季后，存货仍大量积压；丧失一个或多个主要客户；关系到企业生产能力的主要客户的订货变动无常；企业的主要投资项目失败；企业的市场份额逐步缩小；企业的生产规模不适当地扩大等。

(五）不良贷款的控制与管理

对于已经出现风险信号的不良贷款，银行应采取有效措施，尽可能地控制风险的扩大，减少风险损失，并对已经产生的风险做出妥善处理。

1. 督促企业整改，积极催收到期贷款

银行一旦发现贷款出现了产生风险的信号，就应立即查明原因。如果这些信号表明企业在经营管理上确实存在问题，并有可能对贷款的安全构成威胁，则银行就应当加强与企业的联系，督促企业调整经营策略，改善财务状况。如果查实问题比较严重，则银行信贷人员应及时向银行主管行长汇报，必要时可向上级行汇报。问题原因查清后，银行应与企业一起研究改进管理的措施，并由企业做出具体的整改计划，银行督促其实施。对于已经到期而未能偿还的贷款，银行要督促借款人尽快归还贷款。如果借款人仍未还本付息，或以种种理由为借口拖延还款，则银行应主动派人上门催收。必要时，可从企业在银行的账户上扣收贷款。

2. 签订贷款处理协议，借贷双方共同努力，确保贷款安全

对于已经形成的不良贷款，银行要认真分析企业还款能力不足的原因，与企业共同探讨改善经营管理、增强企业还贷能力的途径。在借贷双方协商一致的情况下，签订贷款延期协议，通过双方的共同努力，来保证贷款的安全。处理不良贷款的措施常见的有以下几种：贷款展期；借新还旧；追加新贷款；追加贷款担保；对借款人的经营活动做出限制性的规定；银行参与企业的经营管理。

3. 落实贷款债权债务，防止企业逃、废银行债务

为了防止企业改制过程中逃、废银行债务，银行应区别企业重组的不同形式，明确并落实相应的债权债务。

4. 依靠法律武器，收回贷款本息

当借款人不能按期偿还贷款，或银行经过努力催收仍不能收回贷款本息时，银行就应当依靠法律武器追偿贷款；而且要及时，一旦失去了有利时机，在借款人转移了有效资产后，再诉讼保全，就无资产可执行了。

通过法律途径解决债务问题，需要花费一定的诉讼成本，因此，银行在诉诸法律以前，应当做出利弊权衡。同时，在诉讼前应当对借款人和保证人的财产和收入情况进行调查，摸清情况，做到有的放矢。

5. 呆账冲销

经过充分的努力，最终仍然无法收回的贷款，应列入呆账，由以后计提的贷款呆账准备金冲销。五级分类中的损失贷款才属于呆账，其余的不得冲销。

第二节　证券投资管理

一、商业银行证券投资的目的与功能

商业银行证券投资是指商业银行为了获取一定收益而承担一定风险，对有一定期限的资本证券的购买行为。它包含收益、风险和期限三个要素，其中收益与风险成正比，期限

则影响着投资的收益率与风险的大小，因此也制约着商业银行对不同环境、不同收益率、不同风险的证券投资的选择。

商业银行作为经营货币资金的特殊企业，其经营的总目标是追求经济利益。与此相一致，银行证券投资的基本目的是在一定风险水平下使投资收入最大化。

围绕这个基本目标，商业银行证券投资具有以下几个主要功能。

（一）获取收益

从证券投资中获取收益是商业银行投资业务的首要目标。商业银行证券投资的收益包括利息收益和资本收益。利息收益是指银行购买一定量的有价证券后，依证券发行时确定的利率从发行者那里取得的利益。资本收益是指银行购入证券后，在出售或偿还时收到的本金高于购进价格的余额。

（二）分散风险

降低风险的一个基本做法是实行资产分散化以分散风险。银行证券投资在分散风险方面有特殊的功效或特殊的作用。第一，证券投资为银行资产分散提供了一种选择。第二，证券投资风险比贷款风险小，更有利于资金运用。第三，证券投资比较灵活，可以根据需要随时买进卖出。

（三）保持流动性

商业银行保持一定比例的高流动性资产是保证其资产业务安全的重要前提。在现金作为第一准备使用后，银行仍然需要有二级准备（指银行的短期证券投资）作为补充。此外，银行购入的中长期证券也可在一定程度上满足流动性要求，只是相对短期证券其流动性要差一些。

（四）合理避税

商业银行投资的证券大都集中在国债和地方政府债券上，而地方政府债券往往具有税收优惠，故银行可以利用证券组合达到避税的目的，使收益进一步提高。

二、商业银行证券投资的主要种类

（一）政府债券

政府债券有三种类型：中央政府债券、政府机构债券和地方政府债券。

1. 中央政府债券

中央政府债券（又称国家债券）是指由中央政府的财政部发行的借款凭证。按其发行对象可以分为公开销售债券和指定销售债券。公开销售债券向社会公众销售，可以自由交易；指定销售债券向指定机构销售，不能自由交易和转移。商业银行投资的政府债券一般是公开销售债券。

国家债券与其他证券相比具有以下几个特点：

（1）安全性高。

（2）流动性强。

（3）抵押代用率高。

国家债券按期限长短可分为短期和中长期国家债券。短期国家债券通常称为国库券；国库券是期限为1年以内的、所筹资金主要用于弥补中央财政预算暂时性的收支不平衡的国家债券。

中长期国家债券通常称为公债券。中长期国家债券是政府发行的中长期债务凭证，2～10年为中期国家债券，10年以上为长期国家债券，所筹资金用于平衡中央财政预算长期缺口（即赤字）。

2. 政府机构债券

政府机构债券是指除中央财政部门以外的其他政府机构所发行的债券，如中央银行发行的融资债券、国家政策性银行发行的债券等。政府机构债券的特点与中央政府债券的特点十分相似，违约风险很小，故在二级市场上的交易亦十分活跃。

政府机构债券通常以中长期债券为主，流动性不如国库券，但它的收益率比较高。它虽然不是政府的直接债务，但通常也受到政府担保，因此债券信誉比较高，风险比较低。政府机构债券通常要缴纳中央所得税，不用缴纳地方政府所得税，税后收益率比较高。

3. 地方政府债券

地方政府债券（又称市政债券）是中央政府以下的各级地方政府发行的债务凭证。地方政府债券有两种基本类型，即普通债券和收益债券。

普通债券一般用于提供基本的政府服务，如教育等，由地方政府的税收作担保，债券本息全部从税收收入中支付，因此安全性高。

收益债券用于政府所属企业或公益事业单位的特定公用事业项目，安全性不如普通债券。

地方政府债券的发行和流通市场不如国家债券活跃。

（二）公司债券

公司债券是公司为筹措资金而发行的债务凭证，发行债券的公司向债券持有者作出承诺，在指定的时间按票面金额还本付息。

公司债券可分为两类：

1. 抵押债券

抵押债券是指公司以不动产或动产做抵押而发行的债券，如果债券到期公司不能还本付息，则债权人就可以依法请求拍卖抵押品，将所得收入偿还债务人。

2. 信用债券

信用债券是指公司仅凭其信用发行的债券。一般来说，只有那些信誉卓著的大公司才有资格发行这类债券，因为大公司实力雄厚，信用度高，容易被投资者所接受；而那些中小型公司由于不具备大公司的优势，因此只能发行抵押债券。

但商业银行对公司债券的投资一般比较有限，其主要原因是：公司债券的收益一般要缴纳中央和地方所得税，税后收益比其他债券低；公司作为私人企业，其破产倒闭的可能性比政府和地方机构大，因此公司债券的风险很大；由于公司债券的税后收益率比较低，风险又比较高，所以公司债券在二级市场上的流动性不如政府债券。

（三）股票

股票是股份公司发给股东证明其投资并凭以领取股息的凭证，是金融市场上的长期投资工具。股票的投资者即为股份公司的股东，股东在法律上有参加企业管理的权利，有权分享公司的利益，同时也要分担公司的责任和风险，但是无权向公司要求退回投资的股金。投资者购买股票后不能退股，但可以通过股票市场转让股权，收回投资的股本。由于工商企业股票的风险比较大，因而大多数西方国家在法律上都禁止商业银行投资工商企业股票。但是，随着政府管制的放松及商业银行业务综合化的发展，股票作为商业银行的投资对象已为许多国家所允许。

股票的种类很多，按股东权益的不同分为普通股和优先股；按股息是否可以积存下来分为累计性股票和非累计性股票；按是否记名分为记名股票和不记名股票；按股票是否标明金额分为票面金额股票和无票面金额股票；按投资者的不同分为法人股、社会公众股和个人股，等等。

股票是代表财产所有权的有价证券，股票的收益除股息、红利外，还有买卖股票的差价收益。股票的市场价格受多种因素的影响，不仅取决于预期的股息率，还受到股份公司的经营状况、国家的政治局势、政府的经济政策和投资者的心态等多种因素的影响。

（四）商业票据

商业票据是在商品交易基础上产生的，用来证明交易双方债权债务关系的书面凭证。

商业票据分为商业汇票和商业本票两种形式。

商业汇票是由债权人签发的要求债务人按约定的期限向指定的收款人或持票人支付一定金额的无条件支付命令书，往往由商品交易的卖方签发。由于商业汇票是由债权人签发的，故必须经过承兑才具有法律效力。所谓承兑，是指在票据到期前，付款人承诺在票据到期日支付票据金额的行为。

商业本票指债务人向债权人签发的，承诺在约定的期限内支付一定款项的债务凭证。商业本票是由债务人本人签发的，因此无须承兑。

三、我国商业银行的证券投资业务

我国金融市场尚处于初级阶段，证券种类发展不完善。目前我国商业银行的证券投资可以选择的品种有国库券、重点建设债券、财政债券和国家建设债券、基本建设债券、特种国债、保值公债和金融债券、国家重点企业债券和地方企业债券、股票等。

在上述可供银行投资选择的证券中，商业银行的投资主要集中在国家债券上。随着国际金融业务向综合化的发展以及我国金融业的发展，我国商业银行业已悄然开展证券投资业务。

（一）我国商业银行从事证券投资业务的发展概况

由于我国金融市场起步晚，银行可投资的证券种类少，因此我国商业银行证券收入的比例低，证券投资占银行总资产的比例低。

（二）美国《金融服务现代化法案》的通过对我国商业银行经营方式的影响

美国《金融服务现代化法案》的通过对我国商业银行混业经营方式在认识上产生了一定的影响。但是，在当前我国金融机构体系改革、金融市场体系改革和金融监控体系改革并举的形势下，短期内还是应该坚持分业经营的方针，在经历一段稳定、成熟的发展以后，再考虑混业经营的问题。

（三）我国商业银行参与证券投资的重要意义

从宏观上讲，商业银行参与证券投资可以适应中央银行宏观调控方式的需要。中央银行进行金融宏观调控的手段由直接向间接过渡的重要一环就是公开市场操作，通过公开市场调节货币供应量。同时，开展公开市场操作的一个重要前提就是商业银行持有一定数量的、交易灵活的有价证券。

从微观上看，商业银行参与证券交易对其发展业务、提高经营效益有重要作用。因为第一，可以促进资产多元化，分散和降低资产风险。第二，有利于增加盈利。第三，有利于银行经营的主动出击。

四、证券投资业务

（一）商业银行的投资收益

1. 投资收益率的计算

投资收益率的计算方法主要有以下几种：

（1）票面的收益率（也叫名义收益率）是指证券票面收益与票面额的比率。附有息票的债券，其名义收益率也是息票率。息票率的计算公式为：

$$\text{息票率}=\frac{\text{息票利息额}}{\text{债券面值}}\times 100\% \tag{2.8}$$

（2）当前收益率是债券到期前按当前市场价格出售或购买时的收益率。它体现出债券市场价格对债券收益率的影响。当前收益率等于债券票面收益除以当前市场价格。

（3）到期收益率是指持券人一直将债券持有到最终期限时的实际收益率，是票面收益率、市场利率、票面价格、购买价格及购买成本等因素综合作用而得到的收益率。

（4）到期税后收益率。在有些国家，投资者购买债券的利息收入也要缴纳所得税，纳税后的收益才是净收益或实际收益。因此，在计算到期收益率时应把资本盈利的差别税率考虑进去，作为一个负因素予以扣除。

2. 证券投资收益曲线

一般来说，发行证券的人都愿意以最低的利率发行更多证券，而证券购买者即投资人则愿意购入的任何证券都有较高的收益率。因此，在证券发行量一定时，证券利率有多高，或当证券利率一定时，能够发行多少证券就要看供求双方的力量对比。一般来说，随着证券需求量（即证券发行量）的增加，证券利率会相应降低；反过来，随着证券需求量的减少，证券利率会逐步提高。

证券投资收益曲线可以为投资选择提供依据。由于不同证券有不同的收益曲线，因此做出投资决策时需要将不同证券的收益曲线综合起来考虑。

（二）商业银行的投资风险

商业银行要获得投资收益，就必须承担相应的投资风险。一般来说，证券投资的收益与风险之间，存在某种函数关系，即证券投资的风险越大，其收益就越高；而风险越小，收益也就越小。这就是所谓的证券投资风险收益同增规律。商业银行投资所面临的风险主要有以下几种：

1. 信用风险

信用风险是指由于证券发行人到期不能付息而使投资人遭受损失的可能性。这种风险主要受证券发行人的经营能力、资本额大小、事业的前途和事业的稳定性等的影响。

一般来说政府债券的信用风险小，特别是中央政府债券，无信用风险可言。对于公司债券和股票，国外有专门的资信评级机构，对公司发行的证券进行评判并将其分为不同级别，供投资人选择。一类是投资级证券，即信誉较可靠、信用风险不高的证券；另一类是投机级证券，指那些信誉较差、存在较大信用风险的证券。

2. 市场风险

市场风险是指由空头和多头等市场条件所引起的投资总收益变动中的相应部分。当证券指数从某个较低点（波谷）持续稳定上升时，这种上升趋势称为多头市场（也称牛市，bull market）。多头市场在市场指数达到某个较高点（波峰）并开始下降时结束。而空头市场（也称熊市，bear market）则是市场指数从较高点一直下降至某个较低点。从这个点开始，证券市场又进入多头市场，多头市场和空头市场的这种交替，导致市场收益发生变动，进而引起市场风险。

需要指出的是，多头市场的涨潮和空头市场的跌风是就市场总趋势而言的。实际上，在多头市场上，证券也可能出现跌势，而在空头市场上，也有些证券呈现涨态。

引起空头和多头市场交替的重要决定因素是经济周期（business cycle），它是整个国民经济活动的一种波动。经济周期包括四个阶段，即高涨、衰退、萧条和复苏，这几个阶段依次循环，但不是定期循环。多头市场是从萧条开始，经复苏到高涨，而空头市场则是从高涨开始，经衰退到萧条。因此，一个较好的投资时期选择应该是这样的，恰好在证券市场价格于多头市场上升前买进，恰好在证券市场价格于空头市场降低前卖出，即买低卖高。

3. 利率风险

利率风险是指市场利率的变动影响证券的市场价格，从而给投资者带来损失的风险。市场利率与证券价格呈反方向变化：当市场利率上涨时，证券价格必然下跌；反之，当市场利率下跌时，证券价格必然上升。当市场利率上涨、证券价格下跌时，固定利率的投资者此时出售证券，价格上受损失；不出售，则利息上受损失。

另外，利率风险对持有不同期限债券的投资者有不同的影响。一般来说，长期债券对利率变动的敏感性要大于短期债券。利率上升，长期债券持有者遭到的损失要大于短期债券持有者；利率下降，长期债券持有者获得的利益要高于短期债券持有者。

4. 通货膨胀风险

通货膨胀风险是指因物价水平发生变化导致投资资本收益的不确定性而造成的损失。物价水平连续上涨后，货币购买力随之下降，致使货币持有者无形中受损；当然，也使投资者承担通货膨胀的损失。在进行购买力风险的分析时，应将名义收益率与通货膨胀率进行比较。名义收益即投资的货币收益。名义收益率是未根据通货膨胀率进行调整的收益率。对投资者来说，更重要的是实际收益率。它是根据通货膨胀调整的收益率。

$$\text{实际收益率}=\text{名义收益率}-\text{通货膨胀率} \tag{2.9}$$

如果名义收益率大于通货膨胀利率，则为正实际收益率，可以避免或减小通货膨胀带来的风险。如果名义收益率小于通货膨胀率，则为负实际收益率，就要承担通货膨胀带来的损失。当然，一般来说，投资者所承担的购买力风险比非投资者承担的购买力风险要小。

5. 流动性风险

它又称流动能力风险或变现能力风险，是指将持有证券变卖为现款的速度的快慢，因此越易变现，就表示流动能力风险越小；反之，流动能力风险就越大。在进行流动能力风险的分析时，应注意上市股票有热门股与冷门股之分，前者交易频繁，极易变现，可谓无流动性风险，后者在几个月内都难以流动一次，流动性风险较大。

五、证券投资组合分析

在证券投资业务中，需要采取一系列的投资策略和方法，以求尽量减少风险和增加收益。商业银行的证券投资活动，应尽可能使投资收益最大化，并尽力使投资风险降低到最低限度。这里主要介绍几种常见的证券投资组合方法。

（一）分散投资法

实行分散投资的意义就在于降低投资风险，保证投资者收益的稳定性。因为一种证券不景气时另一种证券的收益可能会上升，这样在各种证券的收益和风险相互抵消后，投资者仍然能获得较好的投资收益。证券分散投资包括四个方面：

1. 对象分散法

对象分散法就是商业银行在进行证券投资时，应将其投资的资金广泛分布于各种不同种类的投资对象上。具体来说，在证券对象上，可用一部分资金购买政府债券，一部分资金购买公司债券，另一部分资金购买股票。在行业对象上，应避免将资金集中投放在一个行业上，而应分散投资在各种行业上。即使是在同一个行业也应用资金去购买不同的企业或公司的证券，而不应投资购买一个公司的证券。

2. 时机分散法

由于证券市场瞬息万变，人们很难准确把握证券行市的变化，有时甚至会出现失误，因此在投资时机上要分散进行。即商业银行在购买证券时可以慢慢投入，经过几个月或更长时间完成投资。这样可避免由于投资时机过于集中或者把握不准时机而带来的风险。

3. 地域分散法

地域分散法是指商业银行不要仅仅持有某一地区的证券，而应购买国内各个地区乃至于国际金融市场上发行的各国证券。这样做的好处是可以避免由于某一地区政治、经济的动荡而可能出现的投资损失。

4. 期限分散法

市场利率变化是影响证券行市的重要因素。不同时期市场利率的变化方向和变动幅度不同，从而导致不同期限证券的市场的变动方向和变动幅度也大不一样。实行期限分散化，购买不同期限的证券，就可以减少利率变动对商业银行所持有证券的行市的影响，降低利率风险。

（二）有效组合法

有效组合法就是根据上述处理收益与风险关系的一般原则，在证券投资总额一定的情况下，坚持以下两种组合形式：

（1）风险相同、预期收益较高的证券组合。

（2）预期收益相同、风险较低的组合。

（三）梯形投资法

梯形投资法又称“梯形期限”方式，是指银行将全部投资资金平均放在各种期限的证券上的一种保证证券头寸的证券组合方式。目的是使银行持有的各种期限的证券数量相等。

具体的做法是：商业银行先用资金购入市场上各种期限的证券，并且每种证券的数量相等。在期限最短的证券到期而收回投资资金后，银行再将资金用于购买最长期限的证券。如此循环往复，使商业银行每时每刻都有到期日不同的各种证券，且每种期限的证券数量相等。

（四）杠铃投资法

杠铃投资法又称杠铃投资战略，就是指银行将投资资金主要集中在短期证券头寸和长期证券头寸上的一种方法。使用这种方式投资，反映在图上就形成了一个两头大中间小的杠铃，它因此而得名。

在这种投资法中，长短期证券的选择由每个银行自己决定，当然这种方法并不是排除中长期证券，而只是为数极少而已，主要集中在长短期两头。但长短期也不是平均分配，而是根据市场形式由银行自己做出决定。可以是四六开、三七开，也可以是二八开。

杠铃投资法不失为一种灵活有效的投资方法。采用这种方法，只要商业银行对市场利率的动向预测准确，就会获得较高的投资收益。但客观上对商业银行提出了更高的要求，增加了银行投资管理的难度。因为商业银行只有具备了较高的投资分析水平，能准确地把握市场利率的变化趋势，才能获得较好的投资效果。一旦判断预测失误，与实际情况发生偏离，银行就会蒙受较大的损失。

（五）计划投资法

计划投资法是指商业银行根据对证券价格变动趋势的把握，按计划的模式进行投资。此法多用于股票投资，并且遵循高价抛出、低价买进的原则。具体有以下几种计划法：

1. 分级投资计划法

当投资人选择普通股为投资对象时，采用这种方法的第一步就是要确定股价变动的某一等级或幅度（如确定上升或下跌1元、2元或3元为一个等级）。股价每下跌一级，便购进一个单元数量的股票，而股价每上升一级，便卖出一个单位数量的股票。这样，投资人就可使他的平均买进价格低于出售价格。

2. 固定资金计划法

这种方法实际上是把股票的投资金额固定在一定的数量上。严格遵循上升时卖出、下跌时买进的原则。具体的操作步骤是：

（1）投资人分别购买股票和债券。

（2）把投资于股票的资金确定在某一个固定的金额上，并不断地维持这个金额。

（3）在固定金额的基础上确定一个百分比，当股价上升使所购的股票价格总额超过确定的百分比时，就可以出售股票的增值部分来购进债券，同时确定另一个百分比，当股价下跌使股票市价总额低于这个百分比时，就出售债券来购买股票，以弥补不足部分。

3. 固定比率计划法

固定比率计划法是指银行将投资资金分别投放于股票和债券，并使股票和债券的金额的比率保持固定的一种投资方法。

它与固定资金计划法的区别在于：固定资金计划法的立足点是要维持固定的股票市价总额，不考虑股票市价总额与债券市价总额的比率关系；而固定比率计划法则正是着眼于维持这个比率。

实质上这也是一种投资组合法。它把投资组合的构成简单地分为两个部分：一是防御性部分，主要由价格相对稳定的债券组成；二是进取性部分，主要由普通股票组成。两部分在投资总额中各占多少比率，最终由投资者根据自己的目标决定。

4. 变动比率计划法

变动比率计划法是银行随着某种股票价格的平均数的变动，而相应调整投资总额中股票和债券各自所占比率的一种投资方法。

它与固定比率计划法的根本区别在于，固定比率计划法要求股票和债券的投资比率是不变的，而变动比率计划法则要求投资比率是可变的。

采用这种方法的具体操作过程是：当某种股价的平均数上升到一定幅度时，便相应地卖出一定数额的股票，从而使得股票在投资总额中的比率减少；反之，当某种股价的平均数下降到一定幅度时，则相应买入一定数额的股票，使得股票在投资总额中的比率增大。

（六）趋势投资法

趋势投资法又称道氏理论。在股市的行情上，一种趋势一旦确立，一般要保持一个相对稳定的时期，所以趋势投资法所关心的是市场的主要趋势或者长期趋势。

道氏理论将趋势分成三种：

第一种是主要趋势，是指长期的上升趋势，或者长期的下降趋势。

第二种是次要趋势，是指上升的市场中发生的急剧下降，或者下降的市场中发生的急剧上升。

第三种是日常趋势，是指股票价格的日常波动。

按照趋势投资法，当整个股市的主要趋势是上升时，投资者可以购买并持有股票，待到市场出现看跌的信号，即主要趋势开始转向下降时，投资者就出售其持有的股票，转变他的投资地位，持有现金伺机而动。由于主要趋势是会不断变动的，所以当看涨市场与看跌市场交替出现时，投资者顺势而做，就可以获得长期投资的利益。

但趋势投资法也有缺点：若投资者错误地估计了股市的发展趋势，则将给投资者带来灾难性的损失。即使投资者正确地估计了市场发展的趋势，但如果投资者拒绝进行证券组合的调整，则短期的股市波动也会给投资者带来相当的损失，这显然不利于投资者获得最佳利益。

证券投资组合确定后，由于新证券发行时原有证券售出、影响证券价格的新因素出现或其他投资者领到股息或利息后再投资，都会使商业银行的证券投资组合收益及风险发生变化，故商业银行必须及时调整其证券组合中的证券比例或品种，从而维持最优组合水平。

第三节　贴现业务

一、票据贴现的基本概念

票据贴现是指资金的需求者将自己手中未到期的商业票据、银行承兑票据或短期债券向银行或贴现公司（融资公司）要求变成现款，银行或贴现公司（融资公司）收进这些未到期的票据或短期债券，按票面金额扣除贴现日以后的利息后付给持票人现款，到票据到期时再向出票人收款。因此，对持票人来说，贴现是将未到期的票据卖给银行获得流动性的行为，这样可提前收回垫支于商业信用的资本，而对银行或贴现公司来说，贴现是与商业信用结合的放款业务。

贴现市场的交易种类大致可分为两类，一种是票据持有人向商业银行或贴现公司要求贴现换取现金的交易，这种交易占贴现市场业务的大部分；另一种是中央银行对商业银行或贴现公司已贴现过的票据再次进行贴现，为银行和贴现公司融通资金。再贴现是中央银行控制金融与信用规程的一个重要手段。票据贴现的种类还可以根据票据的不同分为银行票据贴现、商业票据贴现、债券及国库券贴现三种。

一般而言，票据贴现可以分为三种，分别是贴现、转贴现和再贴现。

贴现是指客户（持票人）将没有到期的票据出卖给贴现银行，以便提前取得现款。一般工商企业向银行办理的票据贴现就属于这一种。

转贴现是指银行以贴现购得的没有到期的票据向其他商业银行所作的票据转让，转贴现一般是商业银行间相互拆借资金的一种方式。

再贴现是指贴现银行持未到期的已贴现汇票向中央银行的贴现，通过转让汇票取得中央银行再贷款的行为。再贴现是中央银行的一种信用业务，是中央银行为执行货币政策而运用的一种货币政策工具。

二、票据贴现和发放贷款的异同

票据贴现和发放贷款，都是银行的资产业务，都是为客户融通资金，但二者之间却有许多差别。

1. 资金流动性不同

由于票据的流通性，票据持有者可到银行或贴现公司进行贴现，换得资金。一般来说，贴现银行只有在票据到期时才能向付款人要求付款，但银行如果急需资金，则可以向中央银行再贴现。但贷款是有期限的，在到期前是不能回收的。

2. 利息收取时间不同

贴现业务中利息的取得是在业务发生时即从票据面额中扣除，是预先扣除利息。而贷款是事后收取利息，它可以在期满时连同本金一同收回，或根据合同规定，定期收取利息。

3. 利息率不同

票据贴现的利率要比贷款的利率低，因为持票人贴现票据是为了得到现在资金的融通，并非没有这笔资金。如果贴现利率太高，则持票人取得融通资金的负担过重，成本过高，贴现业务就不可能发生。

4. 资金使用范围不同

持票人在贴现了票据以后，就完全拥有了资金的使用权，他可以根据自己的需要使用这笔资金，而不会受到贴现银行和公司的任何限制。而借款人在使用贷款时，要受到贷款银行的审查、监督和控制，因为贷款资金的使用情况直接关系到银行能否很好地回收贷款。

5. 债务债权的关系人不同

贴现的债务人不是申请贴现的人而是出票人即付款人，遭到拒付时才能向贴现人或背书人追索票款。而贷款的债务人就是申请贷款的人，银行直接与借款人发生债务关系。有时银行也会要求借款人寻找保证人以保证偿还款项，但与贴现业务的关系人相比还是简单得多。

6. 资金的规模和期限不同

票据贴现的金额一般不太大，每笔贴现业务的资金规模有限，可以允许部分贴现。票据的期限较短，一般为2～4个月。然而贷款的形式多种多样，期限长短不一，规模一般较大，贷款到期的时候，经银行同意，借款人还可继续贷款。

三、票据贴现的实务操作

在我国，中央银行办理再贴现业务的对象是在当地中国人民银行开立存款账户的银行。银行在对商业汇票办理贴现后需要资金时，可以向中国人民银行申请再贴现。

符合条件的商业汇票的持票人可持未到期的商业汇票连同贴现凭证向银行申请贴现。贴现银行可持未到期的商业汇票向其他银行转贴现，也可以向中国人民银行申请再贴现。贴现、转贴现和再贴现时，应作成转让背书，并提供贴现申请人与其直接前手之前的增值税发票和商品发运单据复印件。

持票人持未到期的汇票向银行申请贴现时，应根据汇票填制贴现凭证，在第一联上按照规定签章后，连同汇票一并送交银行。信贷部门按照信贷办法和支付结算办法的有关规定审查，符合条件的，在贴现凭证“银行审批”栏签注“同意”字样，并由有关人员签章后送交会计部门。

贴现银行向中国人民银行申请再贴现时，必须持已办理贴现但尚未到期的、要式完整的商业承兑汇票或者银行承兑汇票，填制再贴现凭证，并在汇票上背书，一并送交中国人民银行。中国人民银行审查后，对符合条件的予以再贴现。

会计部门在接到做成转让背书的汇票和贴现凭证，按照支付结算办法的有关规定审查无误，且贴现凭证的填写与汇票经核对相符后，按照支付结算办法有关贴现期限和贴现利息计算的规定以及规定的贴现利率计算出贴现利息和实付贴现金额。其计算办法是：

$$\text{贴现利息}=\text{汇票金额}\times\text{贴现天数}\times\frac{\text{月贴现利率}}{30\text{天}} \tag{2.10}$$

$$\text{实付贴现金额}=\text{汇票金额}-\text{贴现利息} \tag{2.11}$$

然后在贴现凭证有关栏目内填上贴现利率、贴现利息和实付贴现金额。

第一联贴现凭证作贴现科目借方凭证，第二、三联分别作××科目和利息收入科目的贷方凭证，第四联贴现凭证加盖转讫章作收账通知交给持票人，第五联贴现凭证和汇票按到期日顺序排列，专夹保管。

贴现、转贴现和再贴现的期限从其贴现之日起至汇票到期日止。实付贴现金额按票面金额扣除贴现日至汇票到期前一日的利息计算。承兑人在异地的，贴现、转贴现和再贴现的期限以及贴现利息的计算应另加3天的划款日期。

贴现、转贴现、再贴现到期，贴现、转贴现、再贴现银行应向付款人（承兑人）收取票款。不获付款的，贴现、转贴现、再贴现银行应向其前手追索票款。贴现、再贴现银行追索票款时可以从申请人的存款账户收取票款。

贴现到期，贴现银行作为持票人，在汇票背面背书栏加盖结算专用章并由授权的经办人员签名或盖章，注明“委托收款”字样，填制委托收款凭证，在“委托收款凭据名称”栏注明“商业承兑汇票”或“银行承兑汇票”及其汇票号码连同汇票向付款人办理收款。对于付款人在异地的，应在汇票到期前，匡算至付款人的邮程，提前办理委托收款。将第五联贴现凭证作第二联委托收款凭证的附件存放。贴现银行在收到付款人开户银行或承兑银行退回的委托收款凭证、汇票和拒绝付款理由书或付款人未付票款通知书后，在追索票据时，对申请贴现的持票人在本行开户的，可从其账户收取票款。贴现申请人账户余额不足时，应按照逾期贷款的规定处理。贴现申请人未在本行开立账户的，对已贴现的汇票金额的收取，应按《票据法》的规定向贴现申请人或其他前手进行追索。

已办理再贴现的银行，应于再贴现到期日前在中国人民银行存款账户内留足资金。在再贴现到期日，中国人民银行从申请再贴现银行存款账户内收取票款。再贴现申请人账户余额不足时，应按逾期贷款的规定处理。

（一）票据的部分贴现业务

在票据贴现实务中，存在着部分贴现的情形。出现部分贴现有以下原因：一是持票人不需要承兑汇票的全部资金，为减少利息支出而申请部分贴现；二是银行作为贴现人审查承兑汇票，从资金安全性考虑，同意给予部分资金融通。我国《票据法》不允许部分转让票据权利，即汇票金额一部分转让的背书无效。这就为在法律上如何确认和处理部分贴现的情形带来了许多问题。

部分贴现中贴现人向贴现申请人提供部分票面金额的款项是法律允许的，贴现申请人依背书转让票据后，贴现人取得完整的票据权利，成为唯一的票据权利人，此时虽然贴现人支付的贴现金额与票据金额全部贴现时不相符，对价不相称，基于双方的约定，贴现人在票据到期前没有义务支付未贴现部分的贴现金额，但这并不影响贴现申请人在票据到期时有权要求贴现人返还剩余部分的票据金额，以使对价最终相称。因此，双方约定持票人背书转让票据，贴现人予以部分贴现的法律后果是：票据到期时，贴现人有权行使票据权利，并将所得票款在扣除已支付的贴现金额及相应利息后，返还给贴现申请人。当票据到期，贴现人请求承兑人付款被拒绝时，贴现人可向包括贴现申请人在内的票据债务人行使追索权，当法院最终确认贴现人享有票据权利时，票据债务人应承担相应的票据责任。贴现人向其他票据债务人行使追索权获得的票据金额及相关利息，在扣除已支付的贴现金额和贴现利息后，应返还给贴现申请人。当票据到期被拒付且法院确认贴现人不享有票据权利时，若贴现申请人为合法权利人，贴现人只是因为不具备贴现资格而不享有票据权利，则贴现人有权要求贴现申请人偿还已支付的贴现金额及相应利息，同时贴现人应当将票据返还给贴现申请人。若贴现人具备贴现主体资格，但贴现申请人不是合法权利人，贴现人基于重大过失而不能取得票据权利，则贴现人有权要求贴现申请人偿还已支付的贴现金额及相应的利息，与此同时，贴现人有义务将所持票据返还给原合法持票人。

（二）银行的自承自贴票据业务

银行的自承自贴票据业务是指银行为自己承兑的商业汇票办理贴现业务，常见的情形是银行的一家分支机构承兑商业汇票后，持票人又持该汇票在该分支机构办理贴现业务，或者是银行的一家分支机构承兑了商业汇票后，持票人持该汇票到该银行系统内的另一家分支机构办理贴现。

银行自承自贴的现象并不少见，主要原因在于办理自承自贴票据有一定的吸引力：对银行而言，为自己承兑的票据办理贴现，可以更便捷地落实并确保该票据的真实性和可靠性，简化查询和验票手续，还可以避免和减少接受伪造、变造票据的风险，也容易吸引和维护客户；对客户而言，在同一家银行申请承兑和贴现，可以大大简化手续，特别是在持票人已是承兑银行信用客户的情况下，可以在很大程度上避免接受重复的信用审查手续。此外，如果持票人已在承兑银行处开立银行账户，则可以避免重复开户的手续。根据中国人民银行制定的《支付结算办法》第 92 条规定，商业汇票的持票人向银行办理贴现必须具备的条件之一是持票人在银行开立存款账户，因此，通常持票人只能向其开户银行申请贴现，银行通常也是将贴现款划入持票人开在本银行的账户中。

票据贴现是一种特殊的票据转让行为，有别于一般的债的转让，也有别于票据的背书转让，因此对于票据贴现的性质，对于特殊的票据贴现如部分贴现、自承自贴等，应更多地从票据的特殊性来考虑，从维护交易安全和提高交易效率的角度分析票据贴现中的相关问题。

【实例分析】

近年来我国金融市场上的票据大案并不罕见，这些大案背后都暗藏着一条灰色的利益链条，揭开这条利益链，是杜绝银行票据案的重要方式。

一笔票据业务的签发往往会带来存贷款两个方面的业绩增长。举例来说：假定某企业向银行申请期限为半年的 1 000 万元贷款，银行可以对其直接发放这些贷款。但这样给银行带来的 1 000 万元派生存款是不稳定的，因为这些派生存款要随着企业的使用而陆续减少。但签发银行承兑汇票则不然，它会带给银行 1 000 万元的定期保证金存款，也就是先让企业存入 1 000 万元定期半年的“保证金”，然后再给企业签发一张面额为 2 000 万元的银行承兑汇票。这样银行给企业的实际贷款仍然是 1 000 万元，不同的是贷款规模增加了一倍，而带来的派生存款又由活期变为了定期，一举两得。

银行骗贷案等很多票据案件的发生根源都在于银行及业务人员过分追求存贷款规模，因为业绩考核无论如何也避不开这两个硬性指标。而在漂亮业绩带来的各种奖励的诱惑下，银行及相关人员放松了对企业资信的审查，忽视了真实的贸易背景，甚至请求企业开票，并配合企业作假。有的银行还给客户开立“光票”，即没有开户资料和合同资料的银行承兑汇票。按照国家的有关规定，如果企业想在银行开票，则必须能提供具有法律效力的购销合同及其增值税发票，而银行必须审核购销合同和增值税发票的真实性，否则就不能开票。还有的银行更为“慷慨”，不仅开“光票”，而且给客户虚开保证金，待开出承兑汇票后，客户再在其眼皮底下进行贴现，然后将应存款额打入银行账上。因此，除正常支付功能外，银行承兑汇票也更多地承载了企业融资工具的角色：企业向银行缴纳50%的保证金，换来100%的承兑汇票，拿着汇票立马就可以到另外一家银行贴现，且只需缴纳一定利息和手续费便可拿到资金。所以相对一般贷款来说，开具承兑汇票是一个较快获得融资的不错选择。因为即使是资信好的企业，直接贷款也不是那么容易，而通过票据贴现融资，很多中小银行都大开绿灯。此外，贴现利率低于一般贷款利率，可以节约融资成本。

据调查，企业开票作假的方式主要有两种：一是骗取银行汇票。如企业A首先与企业B联手，伪造交易合同，然后反复使用同一增值税发票原件，再找一家审核宽松的小银行开立承兑汇票，或者干脆买通银行内部人员在审核上“抬抬手”；还有的企业干脆运用自己的两家公司，或非法购买、借用别的企业的贷款卡、财务专用章等资料，自己和自己做业务，伪造交易合同来开票。二是企业与银行事先达成某种协议，银行给予企业宽松的审核（或基本不审核）条件，而企业除了将保证金存入银行外，还要在银行需要的时候帮忙完成存款考核。在银行的配合下，企业往往会循环开具多张承兑汇票，拆东墙补西墙，票面金额越来越大，甚至可达实际存入保证金的10倍、20倍。而企业若与银行关系很好，银行采取先放票贴现再存款的方式，那么企业就可成功完成“空手套白狼”的融资过程。当然，其危害可想而知，若汇票到期承兑时，企业无法还上贷款，那么它可能就要承担骗贷的法律责任。

【本章小结】

1. 贷款是商业银行最主要的盈利性资产，也是商业银行传统的核心业务。一方面贷款是商业银行实现盈利性目标的主要手段，另一方面贷款又是一种风险很大的资产，因此贷款业务是商业银行的经营重点。

2. 为避免和减少贷款风险，商业银行必须加强贷款过程的内部控制，通过审贷岗位设置、贷款责任制度、贷款质量检测等考核制度的建立和健全，使商业银行的内部贷款管理制度不断趋于完善。

3. 证券投资在银行资产组合中的主要功能是分散风险，提高收益；保持合理流动性；合理避税。由于各国对商业银行风险控制较严，所以商业银行的证券组合中以债券为主，特别是各类国债、政府机构债券和市政债券。

4. 商业银行证券投资的目标强调在控制风险下实现流动性和收益的高效组合。其主要的投资策略有：分散投资法、有效组合法、梯形投资法、杠铃投资法和计划投资法。

【关键术语】

负债业务；信用分析；不良贷款；证券投资；贴现

Liability Business; Credit Analysis; Non-performance Loan; Security Investment; Bill Discount

【习题】

一、单选题

1. 我国银行资产中比例最大的一项是（　　）。

A. 现金　　B. 贷款　　C. 证券投资　　D. 固定资产

2. 借款企业直接用来偿还贷款的只能是（　　）。

A. 存货　　B. 应收账款　　C. 现金　　D. 短期有价证券

3. 下面不可以作为质押贷款的是（　　）。

A. 汇票　　B. 支票　　C. 仓库　　D. 存款单

4. 下面不是对借款人的信用分析的内容的是（　　）。

A. 借款人的品格　　B. 借款人的能力　　C. 借款人的资本　　D. 借款人的职务

5. 银行在进行客户信用评级时应采用（　　）的评定方法。

A. 定性分析

B. 定量分析

C. 定性分析为主，定性分析与定量分析相结合

D. 定量分析为主，定量分析与定性分析相结合

6. 按照（　　）将贷款分类为正常、关注、次级、可疑、损失。

A. 期限　　B. 保障程度　　C. 质量状况　　D. 偿还方式

7. 按贷款风险分类法分类，尽管借款人目前有能力偿还贷款本息，但存在一些可能对偿还产生不利影响的因素，这类贷款应划为（　　）。

A. 正常　　B. 关注　　C. 次级　　D. 可疑

8. 按照贷款五级分类法，当借款人处于停产、半停产状态时，该笔贷款应属于（　　）。

A. 关注类贷款　　B. 次级类贷款　　C. 可疑类贷款　　D. 损失类贷款

9. 某银行在 2010 会计年度结束时，其正常类贷款为 80 亿元人民币，关注类贷款为 15 亿元人民币，次级类贷款为 3 亿元人民币，可疑类贷款为 1 亿元人民币，损失类贷款为 1 亿元人民币，则其不良贷款率为（　　）。

A. 2%　　B. 5%　　C. 20%　　D. 25%

10. 银行以 8% 的利率发放 100 万元的贷款，要求借款人将其中的 10% 存入银行，借款人的实际利率为（　　）。

A. 7.56%　　B. 8%　　C. 9%　　D. 8.89%

11. 一个客户要求银行提供 500 万元的信用额度，但按贷款合同，只使用了 400 万元，利率为 10%，银行对未使用的额度收取 1%的承诺费，而且还要求客户保存实际贷款额度 10%、未使用贷款额度 5%的补偿余额。该行的税前收益率为（　　）。

A. 11.5%　　B. 12%　　C. 11%　　D. 9%

12. A 企业由于经营不善、无力偿债被人民法院宣告破产，A 企业尚有 1 亿元 B 银行贷款未还，该贷款以 A 企业的厂房为担保。A 企业变价后的破产财产为 2 亿元，其中厂房清算价值为 8 000 万元。A 企业的未偿债务还包括欠缴税款 8 000 万元，职工工资及保险费用 4 000 万元，其他普通破产债权 1 亿元。则 B 银行可收回（　　）。

A. 4 000 万元　　B. 6 000 万元　　C. 8 000 万元　　D. 1 亿元

13. 按照商业银行负债比例管理的规定，存贷比例不得高于（　　）。

A. 70%　　B. 75%　　C. 80%　　D. 100%

14. 商业银行发行的用于长期贷款与长期投资的债券是（　　）。

A. 一般性债券　　B. 资本性债券　　C. 国际债券　　D. 政府债券

15. 票据贴现利率一般较同期限的其他贷款（　　）。

A. 高　　B. 一样　　C. 低　　D. 不定

16. 假设某商业银行的业务如下：各项存款 2 000 万元；各项贷款 1 000 万元；库存现金 100 万元；向央行办理票据再贴现 100 万元；开办信托投资业务 150 万元；发行金融债券 300 万元；在央行存款 200 万元；向某化工厂投资入股 70 万元；承诺向水电厂贷款 80 万元。根据上述材料回答下列问题：

该商业银行的负债业务总金额为（　　）万元。

A. 2 000　　B. 2 100　　C. 2 300　　D. 2 400

按规定该商业银行不能办理的资产业务金额合计（　　）万元。

A. 70　　B. 80　　C. 150　　D. 220

该商业银行办理的表外业务金额为（　　）万元。

A. 70　　B. 80　　C. 100　　D. 150

按法定存款准备金率为 7%计算，该商业银行可自由动用的在中央银行的存款金额为（　　）万元。

A. 40　　B. 60　　C. 140　　D. 160

二、多选题

1. 商业银行贷款按期限分类可分为（　　）。

A. 短期　　B. 中期　　C. 贴现　　D. 长期

2. 银行在与借款人签订保证协议时，需要考察（　　）。

A. 保证人的资格　　B. 保证人的财务实力

C. 保证人的保证意愿　　D. 保证人与借款人之间的关系

3. 在借款的“6C”信用分析中，在评价贷款的担保时，要注意的方面有（　　）。

A. 担保品的变现性

B. 担保品的价格稳定性

C. 贷款保证人的担保资格和经济实力

D. 保证人的担保能力是否与担保贷款额度相符

4. 下列可以抵押的财产有（　　）。

A. 抵押人所有的房屋和其他地上定着物

B. 土地所有权

C. 学校、幼儿园、医院

D. 抵押人依法有权处分的国有的机器、交通运输工具和其他财产

5. 偿债能力比率主要包括（　　）。

A. 资产负债率　　B. 流动性比率　　C. 负债权益比率　　D. 速动比率

6. 现金流量表中的现金是指（　　）。

A. 现金　　　　　　　　　　　　　B. 股份
C. 三个月内到期的债券　　　　　　D. 活期存款

7. 下列属于《贷款风险分类指引》划分的不良贷款类别的是（　　）。
A. 关注贷款　　B. 可疑贷款　　C. 损失贷款　　D. 次级贷款

8. 贷款损失准备的计提原则包括（　　）。
A. 审慎会计原则　　B. 及时性原则　　C. 充足性原则　　D. 全面性原则

9. 银行进行证券投资会面临的风险有（　　）。
A. 信用风险　　B. 通货膨胀风险　　C. 利率风险　　D. 流动性风险

10. 商业银行的资产业务有（　　）。
A. 票据贴现　　B. 存款业务　　C. 贷款业务　　D. 证券投资业务

11. 商业银行的现金资产包括（　　）。
A. 库存现金　　　　　　　　　　B. 在途资金
C. 在中央银行的存款　　　　　　D. 存放于同业的款项

12. 商业银行发行中长期债券的特点有（　　）。
A. 利息成本较高　　　　　　　　B. 保证银行资金稳定
C. 可以降低银行的经营风险　　　D. 增加了银行的经营风险

13. 票据贴现商业银行到期不能收回票款时，（　　）。
A. 申请贴现的持票人在本社开户的，可从其账户收取
B. 将贴现票据和付款人拒付理由书或其未付款通知给贴现申请人
C. 贴现申请人账户余额不足时，按照逾期贷款的规定处理
D. 贴现申请人未在本社开户时，向贴现申请人和其他前手追索

三、简答题

1. 商业银行对贷款的审查应包括哪几个方面？
2. 我国商业银行在贷款管理中为什么要实行审贷分离制度？
3. 简述借款人的各种预警信号。
4. 在商业银行贷款五级分类中，损失类贷款的特征有哪些？
5. 简述一下质押与抵押的区别。
6. 银行进行贷款定价应遵循什么原则？
7. 简述商业银行证券投资的主要种类。

四、分析题

1. A公司于2007年11月17日、2009年11月26日分别在B银行贷款300万元、400万元用于研制新产品。2010年7月因计划向全国市场推广该产品，又在B银行申请流动资金400万元。B银行信贷人员到A公司做该笔流动资金贷款贷前调查时，只是询问了一下公司当年是否办理了年检手续，A公司人员回答说已经年检了。由于A公司2007年就在B银行有项目贷款，公司经营状况一直较为正常，双方人员也比较熟悉，所以信贷人员轻信了A公司人员的说法，没有检验企业营业执照的年检记录。当B银行放款后知道A公司当年未办理工商年检手续而督促其尽快补办时，A公司承诺由新注册的C公司承接这笔贷款。2011年7月贷款到期，A公司因经营不善而濒临倒闭，已无力归还贷款，C

公司又迟迟不予承接，银行不能按时收回本金与利息。试分析该不良贷款形成的主要原因。

2. 2010 年 5 月 15 日，A 公司与 B 银行签订借款合同，B 银行贷给 A 公司 80 万元，借款期为一年，自 2010 年 6 月 10 日至 2011 年 6 月 10 日。同时，A 公司的控股股东 C 公司为其提供担保，C 公司在预先拟好的保证书上签上："同意担保至 2011 年 6 月 10 日"；三方单位均加盖公章。2011 年 6 月 10 日，A 公司因经营不善而未能还款。B 银行遂要求 C 公司履行保证责任，先行清偿贷款，C 公司称：保证是三方约定的，现已超过 2011 年 6 月 10 日，本公司不再负担保责任。三方协商未果，2011 年 6 月 20 日，B 银行以 C 公司为被告诉之法院。

法院是否会支持 B 银行要求 C 公司履行担保责任的诉讼请求？

3. 2010 年 9 月，A 公司还处在其辉煌的顶峰，A 公司在此时准备购入一台先进的进口生产设备，需要 550 万元现金。经过董事会决议，以 A 公司下属的一间厂房作为抵押，向银行贷款。因此 A 公司财务部经理李先生于 11 月 10 日向 X 银行提交了贷款申请。

X 银行的王经理负责此项业务，王经理已经同 A 公司的财务经理李先生开展了多项业务，一直保持着良好的关系。当王经理看到 A 公司的抵押贷款申请时，基本上同意这项贷款，但是他对抵押贷款的抵押物有些担忧。A 公司用来作为抵押物的厂房已经有 8 年的历史，其账面价值为 500 万元，该厂房的实际价值要小于其账面价值。但是，王经理通过与 A 公司的几次业务往来，认为 A 公司一直都是一个信用良好、业绩不错的企业，因此，就同意了这项以账面价值为 500 万元的厂房作为抵押物的为期 1 年的抵押贷款。

该笔贷款发放时正值 B 银行进行机构调整分为多个支行之际，该笔贷款调查人办理完此笔业务后调至他行，新接管的信贷员很快发现了 A 公司当年没有办理年检的情况，随即发出了督促企业进行年检的通知，A 公司回复，因公司的发展需要，企业于 2009 年底在原公司的基础上新注册了一家公司，由新公司承担原公司的债权和债务。

2011 年 9 月，A 公司因"欺诈消费者"事件而面临破产，无力偿还 X 银行的 550 万元的抵押贷款本息。因此 X 银行按合同得到了 A 公司下属的这家账面价值为 500 万元的厂房，并准备出售这家厂房来弥补损失。但是，对该厂房重新估值后，X 银行发现这家厂房的市场价值只有 330 万元，X 银行蒙受了损失。

试回答下列问题：

(1) 商业银行抵押贷款中抵押物应具备什么条件？

(2) 根据案例，在 X 银行对 A 公司的这项抵押贷款业务操作中涉及了哪几个操作要点，其存在着怎样的问题？

五、思考题

如何做一名合格的信贷员？

【答案】

一、单选题

1. B　2. C　3. C　4. D　5. D　6. C　7. B　8. C　9. B　10. D　11. A　12. C　13. B　14. A　15. C　16. D D B B

二、多选题

1. ABD 2. ABCD 3. ABCD 4. AD 5. ABCD 6. ACD 7. BCD 8. ABC

9. ABCD 10. ACD 11. ABCD 12. ABD 13. ABCD

三、简答题

1. 商业银行对贷款的审查包括：对借款人的借款用途、偿还能力、还款方式等情况进行严格审查；确定贷款是否符合管理方针和法令规定；批准贷款的主管人员是否按银行贷款政策办事；信贷档案是否齐全；贷款申请书是否说明了抵押物品的种类和金额；全部必要的债券利息是否完整无缺；还款来源是否像清单所列明的那样足以清偿贷款。

2. 所谓审贷分离，是指商业银行在发放贷款时，要将贷款的审查与贷款的具体发放和管理分开的一种管理方法。

审贷分离的目的是要减少贷款过程中的人情与关系贷款问题，增加贷款过程的客观性，从而提高贷款质量，减少不良资产。实行审贷分离制度，既有利于银行管理制度的完善，使之更加科学，减少银行风险，同时又有利于保护信贷员，减少信贷员的贷款压力和减少“以贷谋私”的可能性。

3. 借款人的财务预警信号，可以从两个方面获得。一是通过对借款人的财务报表的全面的、系统的、连续的分析，可以发现借款人的盈利能力、偿债能力、现金流量等方面是否存在问题。二是对借款人的财务活动进行监测，如借款人在银行的存款、从银行取得的贷款及偿还情况、应收账款等信息，了解借款人财务活动中出现的问题。

借款人的非财务预警信号。例如借款人的经营策略改变、经营范围变更、管理层出现问题、公司性质变化、良好客户流失、行业发展前景有变等。

4. (1) 借款人和担保人被依法宣告破产，经法定清偿后，仍不能还清的贷款。

(2) 借款人死亡，或依《中华人民共和国民法通则》的规定，宣告失踪或死亡，以其财产或遗产清偿后，未能还清的贷款。

(3) 借款人遭受重大自然灾害或意外事故，损失巨大且不能获得保险补偿，确实无力偿还的部分或全部贷款。

(4) 经国务院专案批准核销的逾期贷款。

(5) 贷款企业虽然未破产，工商行政部门也没有吊销执照，但是企业已经关停或名存实亡。

(6) 由计划经济体制等历史原因造成的，债务人主体已消亡而被悬空的银行贷款。

5. (1) 担保的标的物不同：抵押贷款的标的物以不动产为主，也可以是特定的动产；质押贷款的标的物只能是动产或财产权利。

(2) 对标的物的占管不同：抵押贷款的标的物由借款人占管，借款人或抵押人要保持抵押物的完整无损；而质押贷款的质物则由银行占管，银行有义务妥善保管质物，但要向质押人收取相应的费用。

(3) 合同生效不同：抵押物经过登记后，抵押贷款合同产生法律效力；在质押贷款中，在多数情况下，质物或其凭证移交于银行时，合同生效，但可转让的股票和一些专有权利需要登记。

(4) 银行实现债权的程序不同：银行实现抵押权可以由银行与借款人双方协议，以拍卖、变卖或折价抵押物所得价款受偿，协议不成的，银行要向法院提起诉讼；而质押贷款中质权的实现，在协议不成的情况下，可由银行直接依法拍卖。

6.（1）利润最大化原则。实现利润是企业追求的目标；贷款收益要确保弥补资金的成本和费用，实现目标利润。

（2）扩大市场份额原则。贷款价格的高低应考虑客户的承受程度，贷款价格过高会失去部分客户。因此，银行在进行贷款定价时，必须考虑同业、同类贷款的价格水平，以充分发挥银行自身的优势。

（3）保证贷款安全原则。进行贷款定价应遵循风险与收益对称的原则，贷款的价格既要能弥补贷款的各项直接成本与费用，又要能补偿风险费用。贷款风险越大，贷款成本有可能越高，贷款的定价必须保证银行资产的安全。

（4）维护银行形象原则。进行贷款定价应遵守法律法规，不搞恶性竞争，不损害金融秩序，不损害银行的整体利益。

7.（1）政府债券。政府债券有三种类型：中央政府债券、政府机构债券和地方政府债券。

（2）公司债券。公司债券是公司为筹措资金而发行的债务凭证，发行债券的公司向债券持有者作出承诺，在指定的时间按票面金额还本付息。

（3）股票。股票是股份公司发给股东证明其投资并凭以领取股息的凭证，是金融市场上的长期投资工具。

（4）商业票据。商业票据是在商品交易基础上产生的，用来证明交易双方债权债务关系的书面凭证。

四、分析题

1.（1）轻信客户的说法，贷前调查不实。

（2）银行没有严格按规定发放贷款。A公司当年未进行工商年检，B银行对不符合《贷款通则》规定的贷款条件的借款人发放贷款，这是典型的违规操作，由此导致新增贷款出现风险。

（3）企业失言，并未马上承接。

一个本可以在贷前发现、在源头就堵住的问题，却由于信贷人员的大意、疏忽、轻信，给银行带来了损失，教训深刻、引人深思。

（1）贷款“三查”是切实防范风险的基本要求。银行虽然加强了贷款管理，对贷前调查的内容、程序和方法有了更为具体的规定，但若在工作中对各项规章制度管理办法执行不到位、有章不循、各行其是，则就必然会导致贷款风险。

（2）贷前调查要实。市场经济条件下的企业经济活动变化较快，一些经营者缺乏信用意识，因此除了要与客户交谈了解企业的经营和管理情况外，还要对企业提交的资料进行核实，不能图省事、走捷径，轻信客户的说法，导致客户有机可乘，银行自吞苦果。

（3）在机构调整、人员变化之时，银行应制定特殊时期办理业务的特别规定，不能因为变化、人心浮动、执行规章制度不到位而给贷款带来风险，从而使银行效益受到影响。

2. 根据《担保法》第19条的规定：当事人对保证方式没有约定或者约定不明确的，按照连带责任保证承担保证责任。本案中，当事人没有约定保证方式，因此C公司应当依法承担连带责任，B银行既可以以A公司为被告，也可以以C公司为被告向法院提起诉讼。由于A公司无力偿还贷款，因此C公司应当代为偿还贷款本息及其他费用。

3.（1）抵押物应具备的条件：第一，抵押物必须是法律允许设定抵押权的财产，并且是可以转让的，法律禁止转让的财产不得抵押。第二，必须是抵押人有权处分的财产。抵押物应是抵押人所有的，或者国有财产必须是抵押人有权处分的。第三，抵押物担保的债权不得超过抵押物的价值；抵押物必须便于管理。第四，抵押物的品质与价格应当易于测定，且相对稳定。

（2）根据案例，在X银行对A公司的这项抵押贷款业务操作中涉及的操作要点有：1）抵押物的审查和抵押物的估值。X银行在发放贷款时，没有对A公司的抵押物进行详细的审查，也没有对其抵押物重新进行估值。2）抵押贷款应确定相应的抵押率，而该银行却以借款人的资产的账面价值作为抵押贷款的担保价值。3）该借款公司还出现了“欺诈消费者”事件。以上几点使得X银行最终不能通过处理抵押物所得价款偿还贷款，从而使X银行蒙受了损失。

五、思考题

略。

第三章 商业银行的中间业务及管理

传统商业银行的主要收入来源是发放贷款和证券投资的利息收入，其利润主要来自于利息收入与利息支出之间的利差。但随着银行竞争的不断加剧，利差出现持续下降，商业银行为了增加利润而积极开拓新兴业务，以增加非利息收入。这些业务统称为中间业务。

【本章要点】

我国对中间业务种类的划分；

如何对各中间业务进行定价。

【导入案例】

在股市楼市双熊、通货膨胀压力加大的格局下，不少曾经的存款资金为了保值，纷纷进入了理财产品领域。数据显示，2011 年前 4 个月银行理财产品的发行数量达到了 5 429 款，同比增加 3 061 款，增幅达到 129%。2011 年 6 月 20 日至 6 月 30 日之间发行的银行理财产品共计 265 款，其中就有 91 款产品的预期年化收益率均超过 5%，有 5 款理财产品超过 7%。

“每年的 6 月底和 12 月底，是买理财产品最合适的时机，主要是此时给客户的收益率较高。银行能够给出那么高的收益，还是为了吸收存款。”某银行一位理财经理说，因为在存贷比考核时，银行在这些时间段内发行的理财产品的预期年化收益率均高于平常。2011 年以来，由于央行多次上调存款准备金率，因而银行体系流动性紧张，如今银行面临的压力就是“日均小考，季度中考，年中大考，年终终考”。为考核达标，商业银行不得不依靠大量发行短期理财产品、提高收益率来留住存款，因为银行理财产品发行是最为直观快捷的渠道。

第一节　中间业务的种类

一、中间业务的概述

中间业务是指商业银行在资产业务和负债业务的基础上，不运用或较少运用银行的资金，以中间人或代理人的身份为客户办理代理、委托、担保和信息咨询等业务。由于商业银行在办理这些业务的过程中不直接作为信用活动的一方出现，不涉及自己的资产与负债的运用，业务发生一般不在资产负债表中加以反映，商业银行的资产、负债总额也不受影响，所以称为中间业务。

中国人民银行于2001年6月21日发布施行的《商业银行中间业务暂行规定》对中间业务的界定是："中间业务是指不构成商业银行表内资产、表内负债，形成银行非利息收入的业务。"这个界定表明，中间业务由两个重要特征：一是不形成商业银行的资产和负债，从而不进入商业银行的资产负债表；二是产生非利息收入。正是因为这两个特征，中间业务也称表外业务或收费业务。"表外业务"的概念是说中间业务是商业银行资产负债表以外的业务，"收费业务"是说银行通常以收取手续费（而不是利息）的形式从这些业务中获得非利息收入。

在上述意义上，中间业务等同于表外业务，商业银行的业务也因此划分为资产业务、负债业务和中间业务（也称表外业务）三大类。这是广义上的使用中间业务和表外业务这两个概念。这里，除非特别指明，我们是在广义上使用中间业务和表外业务的概念。

二、中间业务的分类

中间业务品种繁多，传统的中间业务有汇兑结算、代收代付、票据承兑、代保管及信用证和外汇买卖等。近年来，商业银行为适应国际、国内金融市场的变化，将电子计算机、先进通讯技术充分运用于金融业，促进了中间业务的迅速发展，出现了银行卡、通存通兑、自动柜员机、自助银行、电话银行、企业银行、网上银行、电子货币和商务货币等高新技术品种；由于国际贸易和资本市场的发展，出现了担保承兑、代理融通、债务互换和信息咨询等新业务，它们大多数属于中间业务的范畴。

（一）国际银行业通用的划分

根据巴塞尔银行监管委员会（简称巴塞尔委员会）按是否构成商业银行或有资产和或有负债的要求，中间业务划分为：

1. 或有债权和或有债务类中间业务

或有债权和或有债务在一定条件下会转化为现实资产和负债。主要包括贷款承诺类、担保类和各种金融衍生类中间业务。

2. 金融服务类中间业务

这类中间业务是指商业银行通过为客户提供金融服务，以收取手续费为目的，不承担任何风险，不构成商业银行或有债权和或有债务的业务。即只能为银行带来各种服务性收入，但不会影响银行表内业务质量的业务。主要包括支付结算、代理和咨询等业务。

（二）我国银行业现行的分类方式

根据《中国人民银行关于落实〈商业银行中间业务管理暂行规定〉有关问题的通知》（银发［2002］89号）的规定，中间业务按业务的不同种类划分为九大类：

1. 支付结算类中间业务

即商业银行为客户办理由债权债务关系引起的与货币支付、资金划拨有关的收费业务。包括国内外结算业务。

（1）结算工具。结算业务借助的主要结算工具包括银行汇票、商业汇票、银行本票和支票。

1）银行汇票是出票银行签发的、由其在见票时按照实际结算金额无条件支付给收款人或者持票人的票据。

2）商业汇票是出票人签发的、委托付款人在指定日期无条件支付确定的金额给收款人或持票人的票据。商业汇票分为银行承兑汇票和商业承兑汇票。

3）银行本票是银行签发的、承诺自己在见票时无条件支付确定的金额给收款人或者持票人的票据。

4）支票是出票人签发的、委托办理支票存款业务的银行在见票时无条件支付确定的金额给收款人或持票人的票据。

（2）结算方式。主要包括同城结算方式和异地结算方式。

1）汇款业务，是由付款人委托银行将款项汇给外地某收款人的一种结算业务。汇款结算分为电汇、信汇和票汇三种形式。

2）托收业务，是指债权人或售货人为向外地债务人或购货人收取款项而向其开出汇票，并委托银行代为收取款项的一种结算方式。

3）信用证业务，是由银行根据申请人的要求和指示，向收益人开立的载有一定金额，在一定期限内凭规定的单据在指定地点付款的书面保证文件。

（3）其他支付结算业务，包括利用现代支付系统实现的资金划拨、清算，利用银行内外部网络实现的转账等业务。

2. 银行卡类中间业务

即由经授权的金融机构（主要指商业银行）向社会发行的具有消费信用、转账结算、存取现金等全部或部分功能的信用支付工具。银行卡业务的分类方式一般包括以下几类：

（1）依据清偿方式，银行卡业务可分为贷记卡业务、准贷记卡业务和借记卡业务。借记卡可进一步分为转账卡、专用卡和储值卡。

（2）依据结算的币种不同，银行卡可分为人民币卡和外币卡。

（3）按使用对象的不同，银行卡可以分为单位卡和个人卡。

（4）按载体材料的不同，银行卡可以分为磁性卡和智能卡（IC卡）。

（5）按使用对象的信誉等级不同，银行卡可分为金卡和普通卡。

（6）按流通范围的不同，银行卡还可分为国际卡和地区卡。

（7）其他分类方式，包括商业银行与营利性机构/非营利性机构合作发行的联名卡/认同卡。

3. 代理类中间业务

即商业银行接受客户委托、代为办理客户指定的经济事务、提供金融服务并收取一定费用的业务，包括代理政策性银行业务、代理中国人民银行业务、代理商业银行业务、代收代付业务、代理证券业务、代理保险业务、其他代理业务等。

(1) 代理政策性银行业务，指商业银行接受政策性银行委托，代为办理政策性银行因服务功能和网点设置等方面的限制而无法办理的业务，包括代理贷款项目管理等。

(2) 代理中国人民银行业务，指根据政策、法规应由中央银行承担，但由于机构设置、专业优势等方面的原因，由中央银行指定或委托商业银行承担的业务，主要包括财政性存款代理业务、国库代理业务、发行库代理业务、金银代理业务。

(3) 代理商业银行业务，指商业银行之间相互代理的业务，例如为委托行办理支票托收等业务。

(4) 代收代付业务，是商业银行利用自身的结算便利，接受客户的委托代为办理指定款项的收付事宜的业务，例如代理各项公用事业收费、代理行政事业性收费和财政性收费、代发工资、代扣住房按揭消费贷款还款等。

(5) 代理证券业务，是指银行接受委托办理的代理发行、兑付、买卖各类有价证券的业务，还包括接受委托代办债券还本付息、代发股票红利、代理证券资金清算等业务。此处有价证券主要包括国债、公司债券、金融债券、股票等。

(6) 代理保险业务，是指商业银行接受保险公司委托代其办理保险业务。商业银行代理保险业务，可以受托代个人或法人办理投保各险种的保险事宜，也可以作为保险公司的代表，与保险公司签订代理协议，代保险公司承接有关的保险业务。代理保险业务一般包括代售保单业务和代付保险金业务。

(7) 其他代理业务，包括代理财政委托业务、代理其他银行银行卡收单业务等。

4. 担保类中间业务

即商业银行为客户债务清偿能力提供担保，承担客户违约风险的经营活动业务。包括银行承兑汇票、备用信用证和各类银行保函等业务。

(1) 银行承兑汇票，是由收款人或付款人（或承兑申请人）签发，并由承兑申请人向开户银行申请，经银行审查同意承兑的商业汇票。

(2) 备用信用证，是开证行应借款人要求，以放款人作为信用证的收益人而开具的一种特殊信用证，以保证在借款人破产或不能及时履行义务的情况下，由开证行向收益人及时支付本利。

(3) 各类保函业务，包括投标保函、承包保函、借款保函等。

(4) 其他担保业务。

5. 交易类中间业务

即商业银行为满足客户保值或自身风险管理等方面的需要，利用各种金融工具进行资金交易的经营活动。包括远期外汇合约、金融期货、互换和期权等。

(1) 远期合约，是指交易双方约定在未来某个特定时间以约定价格买卖约定数量的资产，包括利率远期合约和远期外汇合约。

(2) 金融期货，是指以金融工具或金融指标为标的的期货合约。

（3）互换，是指交易双方基于自己的比较利益，对各自的现金流量进行交换，一般分为利率互换和货币互换。

（4）期权，是指期权的买方支付给卖方一笔权利金，获得一种权利，可于期权的存续期内或到期日当天，以执行价格与期权卖方进行约定数量的特定标的的交易。按交易标的分类，期权可分为股票指数期权、外汇期权、利率期权、期货期权、债券期权等。

6. 承诺类中间业务

承诺类中间业务是指商业银行在未来某一日期按照事前约定的条件向客户提供约定信用的业务，主要指贷款承诺，包括可撤销承诺和不可撤销承诺两种。

（1）可撤销承诺附有客户在取得贷款前必须履行的特定条款，在银行承诺期内，客户如没有履行条款，则银行可撤销该项承诺。可撤销承诺包括透支额度等。

（2）不可撤销承诺是银行不经客户允许不得随意取消的贷款承诺，具有法律约束力，包括备用信用额度、回购协议、票据发行便利等。

7. 基金托管业务

基金托管业务是指有托管资格的商业银行接受基金管理公司委托，安全保管所托管的基金的全部资产，为所托管的基金办理基金资金清算、款项划拨、会计核算、基金估值、监督管理人投资运作等业务。包括封闭式证券投资基金托管业务、开放式证券投资基金托管业 务和其他基金的托管业务。

8. 咨询顾问类业务

咨询顾问类业务指商业银行依靠自身在信息、人才、信誉等方面的优势，收集和整理有关信息，并通过对这些信息以及银行和客户资金运动的记录和分析，形成系统的资料和方案，提供给客户，以满足其业务经营管理或发展的需要的服务活动。

（1）企业信息咨询业务，包括项目评估、企业信用等级评估、验证企业注册资金、资信证明、企业管理咨询等。

（2）资产管理顾问业务，指为机构投资者或个人投资者提供全面的资产管理服务，包括投资组合建议、投资分析、税务服务、信息提供、风险控制等。

（3）财务顾问业务，包括大型建设项目财务顾问业务和企业并购顾问业务。大型建设项目财务顾问业务指商业银行为大型建设项目的融资结构、融资安排提出专业性方案。企业并购顾问业务指商业银行为企业的兼并和收购双方提供的财务顾问业务，银行不仅参与企业兼并与收购的过程，而且作为企业的持续发展顾问，参与公司结构调整、资本充实和重新核定、破产和困境公司的重组等策划和操作过程。

（4）现金管理业务，指商业银行协助企业，科学合理地管理现金账户头寸及活期存款余额，以达到提高资金流动性和使用效益的目的。

9. 其他类中间业务

包括保管箱业务以及其他不能归入以上八类的业务。

第二节　中间业务产品的定价

与存贷款产品不同，中间业务提供的主要是服务，并不涉及资金的实际性转移。中间业务产品的价格表现形式既有费率型，也有数值型。不同风险因素、不同风险特质的中间业务产品在定价的原理、程度和方法上有一定的区别。

一、中间业务产品定价的基本原则

（一）收支相抵原则

收支相抵是市场主体市场活动的基本要求，商业银行也是如此。在此收支相抵的基础上，商业银行才能实现经营盈利。对中间业务的收费问题存在着一种误区，认为中间业务是商业银行的附属业务，是为拓展存款或贷款业务服务的，中间业务被当作一种竞争手段而非竞争的内容。因此，中间业务的定价倾向于低廉及至免费服务。这不符合商业银行的效益化经营原则和未来商业银行发展的需求。实现收支相抵，进而扩大盈利，是中间业务产品定价的基本原则。

（二）效益化经营原则

效益性是商业银行管理的基本要求。在我国利率市场化后，利率的变动必将更加频繁，利率风险也将逐步凸显，利差性收入将变得难以预测。从国际发展趋势看，中间业务的盈利在商业银行利润结构中的占比不断提高。因此，通过中间业务产品，提高非利差收入，扩大中间业务盈利在利润结构中的占比，是非常现实和必要的选择。

（三）竞争力协同原则

在市场竞争中，商业银行依据单一产品难以取得竞争优势，但如果将所有的产品加以组合，发展成产品系列，则可以形成产品合力，发挥整体的竞争效应，提高其市场竞争能力。中间业务的不断创新和发展，在满足客户需求、提高市场认识力、增强竞争力等方面发挥着越来越重要的作用，因此，在定价上必须注意与其他产品的协调与配合。

（四）风险性原则

尽管中间业务产品提供的主要是服务，不涉及资金的实际性转移，但并非不存在风险。风险问题在中间业务中是客观存在的，比如，业务收入无法弥补成本支出的经营风险；又如，担保类和承诺类中间业务，包括银行承兑汇票、备用信用证、各类保函、贷款承诺等，商业银行提供的此类业务会形成商业银行的或有负债，在一定条件下将由商业银行代为履行还款责任，商业银行垫款后形成对产品购买者的不良资产，由于商业银行实际垫款通常意味着产品购买者缺乏支付能力，因而银行要回垫款的可能性较正常贷款小，或有项目类业务的信用风险较高。因此，坚持风险性原则是中间业务产品定价的基本原则之一。

（五）考虑政策限定原则

我国商业银行中间业务收费的管理正经历着从严格管制到逐步放松的过程。对执行政府定价的，要求严格按国家价格主管部门制定的价格执行；对执行政府指导价的，由商业银行在国家价格主管部门确定的基准价格和浮动幅度内执行；对执行市场调节价的，由商业银行自行制定和调整。

二、中间业务产品定价的影响因素

（一）成本

提供中间业务产品，虽然不涉及资金的转移，但实质上是一种服务，需要耗费一定的资源。如电子汇划业务，涉及通讯费、人力费用以及其他需要分摊的固定成本等。在提供中间业务耗费的实际成本的基础上，还必须考虑到风险成本。如同 M. A. 兹罗所言，“除非一家企业有充分的理由做出亏本销售的决定，否则，产品和服务的成本就是该企业的价格底线”，在理论上这是中间业务价格的底线。

（二）供求

市场供求关系是决定产品价格的直接因素。中间业务的供求关系，即所有商业银行提供某一中间业务产品的总体能力和社会公众对该项中间业务产品的需求程度。供给与需求的对比关系反映为中间业务的需求弹性，该弹性主要取决于银行所提供服务的互补性、可替代性，以及中间业务相对于客户的价值。

（三）客户心理

客户心理，即顾客对商业银行提供的中间业务的收费及收费水平变化的认可度，它受顾客收入水平、年龄构成、文化程度、价值观念和生活习惯等诸多因素的影响。依据利益定价原理，价格是由客户所感觉的从特定服务中获得的利益决定的，如果一种服务的价值或利益在客户看来较高，则客户就更愿意支付一个较高的价格。由于中间业务产品是一种无形的服务，因此在同等条件下，信誉会影响不同银行所提供同样产品的价格差别。如中国银行在国际上享有盛誉，其所提供的国际业务类中间业务产品的价格可以比国内其他银行高，市场对此也认同。

（四）竞争

商业银行产品在一定程度上有同质性的趋向，可以在短时间内被“克隆”，因而任何中间业务新产品形成的比较优势都是暂时的，产品提供者之间的市场竞争将促使价格走低。因此如果某种中间业务产品在市场上暂时没有相似产品，则其定价会较高。但随着市场竞争者的参与、替代品的出现等，定价会逐步走低。因此，竞争者价格必然成为中间业务定价的一个重要指导。市场竞争除了提供中间业务的商业银行之间的竞争之外，还存在商业银行与客户之间的竞争、客户与客户之间的竞争，这些竞争关系也直接影响到中间业务产品的定价。

（五）政策

商业银行的中间业务定价政策是商业银行中间业务定价的行为空间，国家对中间业务产品价格的控制政策、利率政策等，都在相当程度上影响着商业银行中间业务的定价。如国家发展和改革委员会与银行业监督管理委员会制定颁布的《商业银行服务价格管理暂行办法》规定，人民币基本结算类业务包括银行汇票、银行承兑汇票、本票、支票、汇兑、委托收款、托收承付等，实行政府指导价；商业银行提供的其他服务，实行市场调节价。

（六）技术含量

中间业务是依托一定的专业知识、技术手段、专用设备等开展起来的。因此，技术含量的高低成为影响中间业务产品价格的重要因素。其与产品价格成正方向运动，如果所提供服务需要的专业知识层次高、技术手段先进、专用设备复杂，则其定价就高；反之，则其定价就低。

（七）生命周期

产品所处的生命周期与定价有着密切关系，处于不同的生命周期，其定价是有区别的。产品的生命周期包括萌芽、成长、繁荣、衰退、死亡等过程，在不同的过程中，可以有不同的价格定位。如在萌芽期，产品可能存在市场认知度差以及产品性能不完善等问题，为了把产品推向市场，可以低价推销。随着市场逐步认同、性能逐步完善、用户逐步增加，可以适当提高价格。

三、中间业务产品的定价思路

经过 10 多年的发展，我国商业银行开办的中间业务品种已经超过 260 多个，部分业务品种已经形成一定的市场影响和认同感，比如中国建设银行的委托贷款、工程造价咨询等；中国工商银行的现金管理、本币结算清算等；中国银行的信用卡、国际保理业务等；中信银行的出国留学金融服务等，招商银行的“一卡通”、“财富账户”等。但从总体上分析，我国商业银行中间业务的发展不容乐观。以招商银行为例，2005 年实现中间业务收入 24.07 亿元，增幅 51.29%，占营业收入的比例达 8.46%，提高了 1.39 个百分点，中间业务收入占比已是我国 A 股上市银行中最高的。与发达国家商业银行相比，我国商业银行差距明显。根据 2005 年年报的数据，苏格兰银行中间业务占全部收入的 62%，汇丰银行占 49%，渣打银行占 37%，美国银行占 57%。

立足于我国现行的制度框架和商业银行中间业务的现实状况，我国的中间业务定价思路包括以下内容：

（一）明确中间业务的定价目标

定价目标，即商业银行开办中间业务的价格决策体现的目标。不同规模、不同实力、不同发展阶段的商业银行对中间业务的定价目标是有区别的：（1）商业银行开展中间业务意在协同拓展市场，提升市场知名度等，其定价策略是低价或是免费，这是中间业务发展的初级阶段；（2）商业银行开办中间业务意在实现经营效益，其定价策略是盈利性，这是中间业务发展的成长阶段；（3）商业银行开办中间业务意在实现银行与客户的共同成长，其定价策略是价值创造，这是中间业务发展的高级阶段。

（二）梳理中间业务品种及收费情况

中间业务品种非常丰富，其成本构成不同，定价情况也高低不一，因此，商业银行有必要界定中间业务的界限，梳理中间业务的种类，分析中间业务的成本结构，测算其对商业银行利润的贡献程度等，借以对开设中间业务品种、制定中间业务发展策略、修正中间业务价格体系等决策提供参考。

（三）确定中间业务定价的实施策略

应根据中间业务的定价目标和中间业务市场的现状，在充分进行目标市场细分的基础上，确定中间业务定价的实施策略。若中间业务的定价目标为吸引客户到目标市场，则可实行较低廉的收费标准甚至免费；若中间业务的定价目标是为了实现盈利性，则可依据市场竞争等因素，在充分考虑需求弹性和成本的基础上，确定合理的定价水平；若中间业务的定价目标是实现与客户的共同成长，则在客观评价客户的价值需求的基础上，为客户提供高附加值的中间业务，在助推客户价值的同时，实现商业银行自身的价值。

四、中间业务产品定价的基本公式

中间业务产品的类别和品种繁多。以风险角度划分，中间业务产品可以划分为三类，即一般表外业务类（包括担保类、承诺类和部分结算类产品）、交易类（包括金融期货、金融期权等金融衍生工具）和其他收费类（支付结算类、银行卡类、代理类、基金托管、咨询顾问类和其他类）。以上三类产品的风险、价格确定因素等存在明显差异，其定价方法也有区别。

（一）一般表外业务类中间业务产品的定价

一般表外业务包括银行承兑汇票、备用信用证、各类保函、贷款承诺等。这一类业务的特点是，此类业务可能形成银行的或有负债。因此，对其定价必须考虑信用风险、流动性风险等因素，即在定价时必须考虑风险覆盖问题。定价公式如下：

$$\text{一般表外业务费率}=\text{服务费用率}+\text{风险溢价}+\text{税负成本率}+\text{目标利润率} \tag{3.1}$$

1. 服务费用率

服务费用率，即提供该产品耗费的人力、物力成本。在商业银行内部，对或有项目的管理视同信贷管理。在方法选择上，可以选择活动成本法或平均成本法。

2. 风险溢价

风险溢价，即充分风险因素，在定价报价中必须包括风险覆盖问题。风险溢价的定价受流动性风险、信用风险、保证措施等因素的影响。其定价公式如下：

$$\text{风险溢价}=\left(\begin{matrix}\text{信用}\\\text{风险溢价}\end{matrix}+\begin{matrix}\text{流动性}\\\text{风险溢价}\end{matrix}\right)\times\frac{\text{保证金额}-\text{反担保金额}\times\text{担保调整系数}}{\text{保证金额}} \tag{3.2}$$

（1）信用风险溢价。或有项目的风险与客户的资信状况直接关联，因此，可以参照客户评级来确定信用风险溢价，操作上可以参照贷款的信用风险度量方法，根据对客户或有项目的信用等级评级，把相应级别贷款的预期损失率作为计算信用风险溢价的基础。

（2）流动性风险溢价。一般性表外业务，即担保类和承诺类中间业务，在承诺期内，申请人无法履约时，商业银行必须无条件承担付款义务，即商业银行必须无条件筹措资金以用于付款，如此即面临着流动性风险。这一风险必须在定价中得到补偿，一般而言，承诺期越长，商业银行的流动性风险就越高，流动性溢价定价也就越高。

（3）反担保。商业银行在提供一般性表外业务产品时，也可以要求客户提供保证金或其他抵押物，对商业银行承诺责任起到反担保作用，这一反担保用于抵减商业银行的风险。

（4）担保调整系数。由于抵押物和保证金对反担保的保障程度有区别，即担保物的变现率和变现程度有区别，因此，必须通过一定的系数进行调整。一般商业银行都根据担保物设置担保调整系数，如现金、国债、商业银行存单、央行票据等的调整系数为1，非现金资产的调整系数为0.5。

3. 税负成本率

税负成本率，即中间业务必须承担的营业税及附加税率。

4. 目标利润率

目标利润率，即商业银行对中间业务设定的期限回报率。

（二）交易类中间业务产品的定价

交易类中间业务产品主要包括外汇、债券、远期利率合约、互换、期权、期货等金融交易产品。对该类产品的定价，应该在考虑该交易产品的供求状况、市场价格、对冲成本、风险溢价和目标利润等因素后综合确定。鉴于这一类涉及金融衍生产品的定价非常复杂和专业，商业银行对此类中间业务的开展也集中在一定层次，因此，在此不再详释。

（三）其他收费类中间业务产品的定价

支付结算类、银行卡类、代理类、基金托管、咨询顾问类和其他类产品主要是商业银行依靠自身的技术、网络、信息、人才等优势向客户提供的服务，在这些服务中，商业银行没有承担任何信用风险，只收取一定的费用。计价公式如下：

$$\text{目标费率}=\text{服务费用率}+\text{操作风险溢价}+\text{税负成本率}+\text{目标利润率} \tag{3.3}$$

其中，操作风险溢价即商业银行内部操作不当等可能给收益带来的负面影响，对此风险必须有定价覆盖。

五、中间业务产品定价的主要模式

中间业务产品的价格表现尽管与存款和贷款产品有一定区别，但它们在定价模式上仍有许多相通之处。中间业务产品可以采用的定价模式有以下五种。

（一）客户认知价值模式

中间业务产品在实质上是服务，客户对这种服务的认知和肯定程度直接影响到其价格的定位。因此，可以根据中间业务产品的性能、用途、质量等，确定客户对此的认知价值，由此确定初始价格，通过专家评议、市场试验等方式修正和确定产品的价格。

（二）成本加成模式

该模式直接将提供中间业务产品所需耗费的各种费税汇总出来，再加上预定的目标利益，来确定该产品的价格。用公式表示为：

$$\text{中间业务产品价格}=\text{中间业务产品成本}+\text{目标利润} \tag{3.4}$$

其中，成本包括业务开发费用、宣传费用、人力成本费用、设备费用以及业务风险成本等；目标利润包括直接的佣金、手续费收入，以及间接的由中间业务带来的潜在收益，如代理业务带来的存贷款业务收益等。

（三）分档定价模式

该模式是指根据中间业务产品的生命周期，结合定价原则、经营策略等分档次确定其价格。如对于某项中间业务产品，为了尽快收回开发费用，实现效益，可在推向市场初期即确定高价；随着市场竞争者的加入、产品提供成本的降低，再逐步降低价格；在市场平衡期，维持与市场一致的价格水平；在产品即将出局时，则低价提供，为新产品的入市打造声势。

（四）产品组合定价模式

该模式主要从整合自身资源形成市场竞争优势的角度出发来确定中间业务产品的价格。如在产品组合中，中间业务产品是附属产品，是为主打产品造势的，则可以低价或无偿提供。

（五）基准加成模式

这种模式即以市场上某一家商业银行的该产品价格为基准，考虑自己与该银行在商业信誉、市场地位、竞争实力等方面的差别，再确定与这一基准价格的价差，进而确定执行价格。

【实例分析】

华夏银行提供公司客户资信调查业务

我国某公司是一家从事进出口业务的企业，在国外建立了成熟的客户群，并与国外某些客户保持着良好的相互信任关系，国际结算方式比较宽松。但自2000年以来，在进口贸易中该进出口公司的付款状态不稳定，引起了一些欧美进出口公司的关注。2002年，华夏银行受美国某公司的委托对该公司进行资信调查。

调查结果显示：该进出口公司由于多年来的经营管理不善，于1999年底已经资不抵债，主要的固定资产——办公楼也已经抵押给银行。事实上该公司到1999年的时候，已经只有该公司的总经理、财务主管人员等人留守处理日常的一些事物，而其原有的业务人员已经全部脱离该公司。该公司原有业务人员离开公司后另立门户，仍从事进出口贸易，为利用该公司在行业内的知名度、原有客户关系及其名下的进出口权等，他们并未将该公司当前的实际情况反映给客户，而仍然以该公司的名义进行进出口业务操作，并通过该公司进行业务结算。

华夏银行分析指出：由于地域的不同产生了信息不对称，以及当事方有意屏蔽某些重要信息，因而造成了欧美客户对我国这个进出口公司真实情况的不了解。分析的结果是：该进出口公司名存实亡，资不抵债，已没有能力从事进出口贸易往来；利益和责任主体不统一，大大提高了利益主体通过该公司逃避债务的潜在风险。

实例分析结果：

公司客户资信调查业务是指商业银行开户客户以信函或电文等书面形式提出资信调查请求，或境外金融机构以信函或电文等书面形式向商业银行提出了解商业银行客户资信情况的申请，由商业银行出具客户资信情况证明，并收取一定费用的业务。

商业银行办理该项业务，一般只用于满足企业发展对外贸易关系、参与项目竞标等经营活动的需要，或应企业进行会计报表审计、资本验证的要求以及其他法律法规规定，由银行出具资信证明。

资信调查业务的主要类型：

（1）商业银行客户申请为自己出具资信证明。

（2）商业银行客户申请调查境外客户资信情况。

（3）商业银行客户申请调查商业银行其他客户的资信情况。

（4）境外客户调查商业银行的客户的资信情况。本案例即属于该类型。

【本章小结】

本章内容主要涉及商业银行中间业务及其管理的学习。其中相关内容有中间业务的分类、中间业务产品的定价等。

1. 为了规避资本管制，增加盈利来源，转移和分散风险，并适应客户对银行服务多样化的要求，商业银行利用其自身的优势和高新技术大力发展中间业务。这是在金融国际化、金融自由化和金融证券化的条件下，商业银行追求发展的一种选择。

2. 与存贷款产品不同，中间业务提供的主要是服务，并不涉及资金的实际性转移。中间业务产品的价格表现形式既有费率型，也有数值型。不同风险因素、不同风险特质的中间业务产品在定价的原理、程度和方法上有一定的区别。中间业务产品定价的基本原则：收支相抵原则；效益化经营原则；竞争力协同原则；风险性原则；考虑政策限定原则。

3. 中间业务产品的价格表现尽管与存款和贷款产品有一定区别，但它们在定价模式上仍有许多相通之处。中间业务产品可以采用的定价模式有五种：客户认知价值模式；成本加成模式；分档定价模式；产品组合定价模式；基准加成模式。

【关键术语】

中间业务；定价

Intermediary Bussiness；Pricing

【习题】

一、单选题

1. 商业银行在办理代理业务过程中（　　）。

A. 可以为客户垫款　　B. 可以收取手续费

C. 要承担经济损失　　D. 可以参与利益分配

2. 中间业务是指商业银行为客户办理货币收付和其他委托事项而从中收取手续费的业务，以下各项银行业务中不属于中间业务的是（　　）。

A. 租赁业务　　B. 信托业务　　C. 代理业务　　D. 票据贴现业务

3. 以转让、出售信息和提供智力服务为主要内容的中间业务属于（　　）中间业务。

A. 结算类　　B. 咨询类　　C. 代理类　　D. 信用卡类

4. 买卖双方成交后，按双方签订的远期合同，在未来约定日期进行外汇交割的交易方式是（　　）。

A. 远期交易　　B. 期货交易　　C. 现货交易　　D. 期权交易

5. 汇出行受汇款人的委托，开立以汇入行为付款人的银行即期汇票，交由汇款人自行寄送收款人并凭此向汇入行提取款项的结算方式是（　　）。

A. 电汇　　B. 信汇　　C. 票汇　　D. 信用证

6.（　　）是指商业银行针对消费者（如企业或政府）的融资或并购等业务需求，为客户量身定做的具有高知识含量的个性化金融产品。

A. 企业信息咨询业务　　B. 资产管理顾问业务

C. 私人银行业务　　D. 财务顾问业务

二、多选题

1. 中间业务可能存在的风险包括（　　）。

A. 流动性风险　　B. 市场风险

C. 国家风险　　D. 信用风险

2. 中间业务的发展和创新带来的性质上的变化有（　　）。

A. 从不占用资金到占用资金　　B. 出售无形资产

C. 承担风险　　D. 从不垫付资金到垫付资金

3. 下列属于表外业务的特点的是（　　）。

A. 收取手续费　　B. 业务不反映在资产负债表中

C. 不涉及潜在的资产负债风险　　D. 涉及潜在的资产负债风险

4. （　　）属于商业银行的委托及代理业务。

A. 代理债券业务　　B. 保管箱业务

C. 保证业务　　D. 委托贷款业务

5. 结算业务包括（　　）。

A. 承兑业务　　B. 汇兑业务

C. 信用证业务　　D. 代理业务

6. 商业汇票分为（　　）。

A. 银行汇票　　B. 商业承兑汇票

C. 银行承兑汇票　　D. 银行本票

7. 下面关于支票的表述正确的是（　　）。

A. 支票结算用于同城支付结算　　B. 支票分为现金支付和转账支票

C. 支票可以支取现金也可以转账　　D. 支票无金额起点

8. 出口信贷按对象划分为（　　）。

A. 买方信贷　　B. 混合贷款

C. 卖方信贷　　D. 银团贷款

9. 公司理财业务主要包括（　　）。

A. 零售银行业务　　B. 现金管理业务

C. 理财计划　　D. 资产管理服务

10. 资产管理顾问类业务提供的服务包括（　　）。

A. 企业信用等级评估　　B. 结构性项目融资

C. 投资组合建议　　D. 税务服务

三、分析题

2011 年 2 月 20 日，A 公司财务、出纳员王某利用其保管的公司空白支票、企业法人章和支票专用章，倒签了日期为 2010 年 2 月 20 日、金额×万元、用途为信用卡转账、收款人空白的转账支票一张，当日交 B 银行信用卡部，办理转账业务。信用卡部在支票上加盖背书章，解入开户银行 C 支行委托收款。C 支行和支票付款行 D 银行营业部受理后均未察觉该支票为过期支票，即按正常手续提出交换和付款。信用卡部收妥款项后，即将×万元款项转入王某信用卡账户内。案发后，王某被追究刑事责任。A 公司因其×万元的经济损失而向法院起诉 D 银行营业部、王某、C 支行和 B 银行信用卡部。现该案已通过二审终结。

一审法院认为：B银行信用卡部、C支行、D银行营业部对存在重大缺陷的支票未按规定认真审核即予办理，对造成A公司损失均有过错，故应对王某的赔偿义务在相应份额内分别承担连带责任。

二审法院认为：B银行信用卡部、C支行、D银行营业部对支票未认真审核，存在过错，但A公司起诉时已超过诉讼时效，故撤销一审对B银行信用卡部、C支行、D银行营业部承担责任的判决。

试分析本案之中各相关银行应尽而未尽到的责任与义务。

【答案】

一、单选题

1. B　2. D　3. B　4. A　5. C　6. D

二、多选题

1. ABCD　2. ABCD　3. ABD　4. ABD　5. BC

6. BC　7. ABCD　8. AC　9. BCD　10. CD

三、分析题

本案的风险点在于银行工作人员未认真审核票据，使罪犯利用无效票据骗得巨额款项，经办银行的过错责任是显而易见的。各相关银行应尽而未尽到的责任与义务是：

第一，中国人民银行《支付结算会计核算手续》规定“不在同一银行机构开户的持票人、出票人在处理转账支票时，持票人开户行应按照出票人开户行审查支票的规定审查持票人送交的支票”，因此，无论是托收行还是付款行都负有对票据的审查义务，其审核责任是一致的，没有主次之分。

第二，本案中，导致支票无效的原因是签发日期为一年前，已超过提示付款期限。如此重大缺陷，经办银行为什么都未审核出来？原因之一在于，有的会计人员在审查支票时过于自信，习惯于“审小不审大”，只审日期中的“日、月”而忽略了对日期中“年”的审查。这恰恰被熟悉会计业务的罪犯利用。

第三，本案中，B银行信用卡部实际上处于最后持票人的地位，但法院在判决中，也认定其负有审核责任。因此，银行各经营单位无论是作为托收行、付款行还是最后持票人都要重视严格审查票据，以防范风险。

票据风险无孔不入，银行相关岗位只有严防死守，才能确保安全。

第四章

商业银行的资本管理

资本金对商业银行方面来说具有重要的意义。银行是货币、信用的中介机构，资本金是商业银行稳定经营的重要保障和基础，是保护中小投资者和储户（债权人）利益的基础，是维持金融系统稳定性和减少系统风险的基本手段，是防止由信息不对称引起的金融危机的最终保证。可以说，资本充足率是商业银行抵御风险能力、最终清偿能力、公众信誉、综合实力和竞争力的反映，已经成为整个金融监管的核心和重点。

【本章要点】

《巴塞尔协议》与资本金；

我国商业银行资本金的构成；

资本充足的标准；

《巴塞尔协议Ⅲ》和我国监管部门对资本监管的改革；

如何对资本金进行筹集。

【导入案例】

2010 年 4 000 亿元的天量再融资余热未消，2011 年伊始，部分上市银行就纷纷发布公告称将通过发行次级债、定向增发等方式进行融资，或掀起新一轮再融资潮。最近几年大型银行进行再融资的情况时常发生，银行“缺钱”似乎成为一种常态，市场上也随之不断出现恐慌心理。究其根源，在于 2008 年金融危机爆发以后在适度宽松的货币政策环境下，商业银行放贷增速迅猛，随着逐步紧缩货币政策的执行以及监管要求的提高，银行业资本充足率告急。

第一节　资本金的性质与作用

一、商业银行资本金的一般性解释

（一）商业银行资本金

任何以营利为目的的企业，在业务发展初创时期以及今后进行业务经营都需要筹集并投入一定量的资本金，并在以后的业务经营过程中不断加以补充。商业银行也是如此。商业银行资本金就是指银行从事经营活动必须注入的资金，资本比例增加，银行的安全性也随之提高。商业银行的资本金包括两部分：一是商业银行在开业注册登记时所载明、界定银行经营规模的资金。如各国的中央银行均规定商业银行开业时的注册资本金必须达到的数额。如我国中央银行目前规定，设立商业银行、城市合作银行、农村合作银行的注册资本最低数额分别为 10 亿元、1 亿元和 5 000 万元人民币，而设立城市信用社的注册资本金最低数额为 100 万元。二是商业银行在业务经营过程中通过各种方式不断补充的资金，如股份制银行通过发行股票增资扩股、国家银行通过由国家财政注入资金等方式不断补充的资金。不论各商业银行的资本金如何构成，商业银行资本金的特点却是基本相同的，表现为：

1. 商业银行业务活动的基础性资金

只要不违反国家的相关法律规定，商业银行就可以根据需要，自由支配使用。

2. 无须偿还

在正常的业务营运过程中或者是在一个较长的使用年限（10 年、20 年甚至 30 年）中无须偿还。它既是商业银行形成业务经营能力的物质基础，也是商业银行承担债务、保证信用关系的物质条件。

（二）商业银行资本金与一般企业资本金的区别

1. 从资本金所包含的内容来看，商业银行比一般企业宽泛

企业的资本金是根据会计学的定义来理解的，即资本等于资产总值减去负债总值的净值，这个净值被称为所有者权益或者产权资本，也可称为自有资金；而商业银行资本金的内容较为宽泛，既包括所有者权益部分的资本，也包括一定比例的债务资本，同时不同所有制结构下、不同组织形式的商业银行的资本的构成内容也是有区别的。

2. 资本金在全部资产中所占比例不同，绝对数额相差很大

现代企业都具有负债经营的特点，即经营中都要依赖一定的外源资金。但由于企业发展的性质和特点不同，所以其对外源资金的依赖表现出很大的不同，资本金在全部资产中所占比例也就不同。按国际上通用的惯例，一般性企业的负债率在 66%左右，即自有资金应保持在 34%左右，此外因企业规模大小不同，所以自有资金的绝对数额也不相同；而商业银行作为特殊的金融企业，其 80%～90%的资金是从各种各样的客户手中借来的，也就是说，商业银行的资本金占其全部资产的比例一般为 10%～20%，如此也就形成了商业银行高负债经营的状况。同时，从资产规模看，商业银行一般属于中型以上的大型或超大型

企业，商业银行的资产总额与一般企业的资产总额是无法相比较的。因此，商业银行资本金占其全部资产的比例虽然较一般性企业的比例低，但绝对数额仍然是比较大的。

3. 固定资产的形成能力与其资本金的数量关联性不同

一般企业的固定资产既可以由其资本金形成，也可以由各种借入资金包括商业银行的贷款来形成，与资本金的关联性不大；而商业银行固定资产的形成能力却与其资本金的数量有着非常明显的关联关系。因为银行固定资产（包括商业银行的办公场所、先进的办公设备等等）是商业银行形成较好业务经营能力的必要物质条件，这些设施的资金占用时间比较长，商业银行不能用流动性要求较高的各种借入资金来满足对固定资产的需要，而只能依赖于自有的资本金。此外，为了防止商业银行不顾自身资金状况与清偿能力大小，盲目扩大固定资产的数量，影响商业银行的业务发展或者导致商业银行经营风险加大，各国中央银行对此均有比较明确的控制指标，如要求商业银行的固定资产与其资本金有一定的比例关系，等等。

二、商业银行资本金的作用

商业银行资本金的功能主要有三个：营业功能、保护功能和管理功能。正如美国联邦储备委员会（简称美联储）所述银行资本的定义："资本对不可预见的损失能起缓冲作用；协助维持公众对某一银行的信心；万一发生不能偿债的情况，对提款人提供部分保护；支持银行的合理增长。"

（一）营业功能

资本金是商业银行存在和发展业务的先决条件，是银行维持正常经营活动的必要保证。商业银行资本金的存在，可以保证商业银行开业对资金的需要，可以满足商业银行在经营过程中对房屋、设备和办公用品等日益增加的购置要求，可以满足商业银行在加大科技投入、适应现代化需要方面的要求；同时，商业银行资本金还可以填补银行在业务营运过程中出现的偶发性资金短缺，以保证银行日常业务活动的顺利进行。

（二）保护功能

在商业银行亏损或者破产时，保护存款人和债权人的利益，并维持公众对某一家银行或者银行体系的信心。

贷款的呆、坏账，经营亏损或者由其他一些重大事故或因素等导致的商业银行发生的资产损失，是商业银行在经营过程中比较难以避免的风险因素。银行发生损失以后，要采取相应的补救措施。一般地，首先会用相应的准备金来核销；其次，要用当年或者以往的收益来弥补；最后，动用银行资本金来抵冲。如果资本金不足以抵冲或银行因其他重大原因而难以挽回损失，则银行会宣布破产。在商业银行宣布破产并进行破产清偿时，商业银行的资本金可以用来对银行的存款人或债权人提供一定的补偿，以减少银行存款人或债权人的损失，并维护公众对整个银行体系的信心。当然，在实行存款保险制度的国家，资本金的保护作用会有一定程度的削弱，但它依然可以对超过存款保险金额的大额存款人提供保护。同时，在银行被收购和兼并时，资本金可以使银行资本的所有人得到一定的补偿。此外，商业银行的业务能否顺利开展，银行的重大危机是否会发生或恶化，很多时候、很大程度上取决于社会公众对银行的信心，而充足的资本和良好的信誉是公众判断银行是否可信可靠的基础。

因此，商业银行资本金的意义，并不完全在于表面上的数量大小，而在于通过维持合理、充足的资本，以期使公众树立起对银行乃至银行体系充分的信赖感，促进银行业的健康运行与银行资金的良性循环。

（三）管理功能

由于商业银行的经营活动直接关系到整个社会及各阶层民众的利益，关系到社会各个行业的经济运转，因此各国政府的金融管理部门普遍对商业银行实行一种比一般工商企业更加严格的管制，以保证金融安全，维护社会的稳定。尤其是在目前，多种因素导致国际性金融风险加大，对商业银行风险的控制更是成为各国金融监管当局首要的、重要的工作。对商业银行资本金的有关管理工作是这方面的重要环节。

各国在资本金控制方面的规定很多。如：新建银行的最低资本金要求，新设立分支机构或者兼并另一家银行的最低资本金要求，商业银行的资本充足性管理要求，资本金与存款、各类资产或者全部资产的比例要求，等等。也就是说，商业银行只有首先具备了足够的资本金，才会被容许开业、从事或者扩展银行业务。金融监管部门也可以通过调整或者变更商业银行有关资本金的管理规定，来调整本国的金融秩序和结构。

第二节　资本金的构成

商业银行的资本金有不同的分类方法。可以根据资本金来源渠道与商业银行的关系的不同，将其分为商业银行的外源资本与内源资本。所谓外源资本是指商业银行通过各种方式如发股票、债券的方式从银行外部筹措的资本金；所谓内源资本主要是指商业银行通过留存盈余的方式从银行内部筹措的资本金。1988年7月，国际上第一个有关银行资本标准的协议——《巴塞尔协议》根据资本金对商业银行经营管理的不同影响将资本金分为一级资本与二级资本。2011年12月16日，为避免全球信贷危机重演，加强银行业抵御金融风险的能力，巴塞尔委员会发布《第三版巴塞尔协议》(Basel Ⅲ，《巴塞尔协议Ⅲ》)。下面，分别介绍《巴塞尔协议》以及我国监管部门对资本金具体构成的要求。

一、《巴塞尔协议》对资本金构成的描述

前两版《巴塞尔协议》将银行的资本划分为两类：一类是核心资本（一级资本），另一类是附属资本（二级资本）。

（一）核心资本

核心资本是商业银行可以永久使用和支配的自有资金，包括实收资本、资本公积、盈余公积、留存收益和少数股权。

（二）附属资本

附属资本包括非公开储备、重估储备、普通准备金、混合资本工具和长期附属债务。

1. 非公开储备

该储备不公开标明在资产负债表上，但却反映在损益表内，并为银行的监管机构所接

受。它与公开储备具有相同的内在质量，可以自由地、及时地用于应付不可预料的损失。但由于它缺乏透明度，而且许多国家不承认其为可接受的会计概念，也不承认其为资本的成分，因此不能包括在核心资本的股本成分中。

2. 重估储备

它包括物业重估储备和证券重估储备。资产重估必须由官方认可的专门评估机构进行，并需审慎估价且充分反映价格波动和被迫销售的可能性。考虑到这种重估储备增值收益后可能需要缴纳各种税费，因此对历史成本的账面价值和市场价值之间的差额要打55%的折扣。

3. 普通准备金

指用于防备目前尚不能确定的贷款损失准备。这类准备金最多不能超过风险资产的1.25个百分点，特殊情况下不能超过2个百分点。

4. 混合资本工具

指既有股本性质又有债务性质的混合工具。其明确的范围因国而异，但是它们应该符合下列要求：(1) 它们是无担保的、从属的和缴足金额的；(2) 它们不可由持有者主动赎回，未经监管当局事先同意，也不准赎回；(3) 除非银行被迫停止交易，否则它们要用于分担损失（这不同于常规的次级债券）；(4) 虽然资本工具会带来支付利息的责任，而且还不能消减或延期（不像普通股的股息和红利那样），但是银行的盈利入不敷出时，应允许推迟支付这些利息（类似于累积优先股）。

5. 长期附属债务

包括普通的、无担保的、初次所定期限最少五年以上的次级债务资本工具和不许购回的优先股。其特点一是次级，即债务清偿时不能享有优先清偿权；二是长期，即有严格的期限规定。这类工具作为资本存在一定的缺陷，故其数量只能达到核心资本的50%。

另外，《巴塞尔协议》还规定，在核定银行资本实力时应从核心资本中扣除商誉；从核心资本与附属资本之和中扣除对不合并报表的附属银行和附属财务公司的投资；扣除对其他银行和金融机构资本部分的投资。

二、我国监管部门对资本金构成的描述

2011年5月3日，为推动中国银行业实施国际新监管标准，增强银行体系的稳健性和国内银行的国际竞争力，《中国银行业实施新监管标准的指导意见》出台。该意见提出要严格资本定义，提高监管资本的损失吸收能力。将监管资本从现行的两级分类（一级资本和二级资本）修改为三级分类，即核心一级资本、其他一级资本和二级资本。

（一）核心一级资本

核心一级资本包括实收资本、资本公积、盈余公积、留存收益以及少数股权，具体如下：

1. 实收资本（普通股）

指投资者按照章程或合同、协议的约定，实际投入商业银行的资本。普通股最低要求从2%提升至4.5%，且商业银行的核心一级资本占监管资本的比例不得低于75%的标准，并实施严格的核心一级资本扣除标准。

2. 资本公积

包括资本溢价、接受的非现金资产捐赠准备和现金捐赠、股权投资准备、外币资本折

算差额、关联交易差价和其他资本公积。

3. 盈余公积

包括法定盈余公积、任意盈余公积以及法定公益金。

4. 留存收益

是商业银行在经营过程中所创造的，但由于经营发展的需要或由于法定的原因等，没有分配给所有者而保留在商业银行的盈利。

5. 少数股权

在合并报表时，包括在核心资本中的非全资子公司中的少数股权，是指子公司净经营成果和净资产中不以任何直接或间接方式归属于母银行的部分。

（二）其他一级资本

目前，我国尚无明确的与其他一级资本要求相对应的资本工具。

（三）二级资本

我国的《商业银行资本充足率管理办法》于 2004 年 2 月 27 日正式公布，并于同年 3 月 1 日正式施行。其中规定，符合条件的重估储备、一般准备、优先股、可转换债券、长期次级债券、混合资本债券均可以计入二级资本。

1. 重估储备

商业银行经国家有关部门批准，对固定资产进行重估时，固定资产公允价值与账面价值之间的正差额为重估储备。若银监会认为，重估作价是审慎的，则这类重估储备可以列入附属资本，但计入附属资本的部分不超过重估储备的 70%。

2. 一般准备

一般准备是根据全部贷款余额的一定比例计提的，用于弥补尚未识别的可能性损失的准备。

3. 优先股

商业银行发行的、给予投资者在收益分配、剩余资产分配等方面优先权利的股票。

4. 可转换债券

商业银行依照法定程序发行的、在一定期限内依据约定条件可以转换成商业银行普通股的债券。计入附属资本的可转换债券必须符合以下条件：一是债券持有人对银行的索偿权位于存款人及其他普通债权人之后，并不以银行的资产为抵押或质押；二是债券不可由持有者主动回售；未经银监会事先同意，发行人不准赎回。

5. 长期次级债券

商业银行发行的、本金和利息的清偿顺序列于商业银行其他负债之后、先于商业银行股权资本的负债。次级债具有以下典型特征：属于无担保债务；当银行倒闭或清算时，次级债清偿顺序先于银行股权资本和混合资本工具，但位于银行存款人和普通债权人之后；期限在 5 年以上，除非发债银行破产，否则不能提前兑付（发债时有特殊规定的除外，如中国建设银行就曾发行过有约束可赎回次级债）。

经银监会认可，商业银行发行的普通的、无担保的、不以银行资产为抵押或质押的长期次级债务工具可列入附属资本，在距到期日前最后五年，其可计入附属资本的数量每年累计折扣 20%。如一笔十年期的次级债券，第六年计入附属资本的数量为 100%，第七年为 80%，第八年为 60%，第九年为 40%，第十年为 20%。

6. 混合资本债券

混合资本债券也具有股本资本和债务资本的双重特性：第一，它们是无担保的、从属的和全额的。第二，当银行倒闭或清算时，混合资本债券的清偿先于银行股权资本，但晚于次级债。第三，混合资本债券期限在 15 年以上，自发行之日起 10 年内不得赎回，10 年后银行可以具有一次赎回权，但行使赎回权需得到银监会的批准。第四，可计入商业银行附属资本。第五，当银行核心资本充足率低于 4%时，可以延期支付利息。与次级债相比，混合资本债券的求偿顺序更低，期限更长。这些典型特征使它具有更强的资本属性，对提高银行抗风险能力的促进作用也更加明显。

我国银监会于 2005 年 12 月 23 日下发《关于商业银行发行混合资本债券补充附属资本有关问题的通知》，允许符合条件的商业银行发行混合资本债券，并计入附属资本。2006 年 9 月 6 日，央行也下发了（2006）第 11 号公告，对商业银行混合资本债券进行了说明和规范，并就混合资本债券的发行方式、信用评级、信息披露、风险揭示等方面对商业银行发行混合资本债券进行了规定。

第三节　资本充足性及测定

资本充足性是银行安全经营的要求。存款人均希望银行拥有充足的资本，使他们的债权保障程度得以维护；社会公众及金融管理当局也要求银行资本充足，以防止银行冒险经营，保证金融稳定发展；从银行自身管理要求的角度而言，保持充分的资本是其安全经营、稳定发展的前提。因此，银行持有充分的资本是风险管理的要求，也是在安全经营的基础上追求更多利润的保障。

一、银行资本充足性及其意义

所谓银行资本充足性是指银行资本数量必须超过金融管理当局所规定的能够保障正常营业并足以维持充分信誉的最低限度；同时，银行现有资本或新增资本的构成，应该符合银行总体经营目标或所需新增资本的具体目的。因此银行资本充足性有数量和结构两个层面的内容。

（一）资本数量的充足性

资本数量的充足性受银行经营规模和金融监管部门管理规定等因素的影响，很难对其适度性进行界定。一般而言，金融监管当局规定的开业许可额是最低限额，监管当局从维护银行的安全和银行体系的稳定出发来要求资本数量。存款人及其他债权人对银行资本数量的要求观点不一。比如，小额存款人因其在银行倒闭时能获得全部偿付，因而他们对银行资本是否充足并不关注；而未保险存款人的态度则恰恰相反。稳健型和风险型的银行家对银行资本数量的态度也不一致。资本数量越大，财务杠杆的系数就越小，盈利性就越小。因此，稳健型的银行家为增加公众的信心，乐意保持更多的资本，而风险型的银行家的态度则相反。尽管银行家、银行债权人及金融管理当局对资本数量大小所持的观点不同，但是，银行应该维持金融管理当局所规定的最低限额的资本量，以体现其对金融法规和公众利益的重视。资本量是否充足是银行能否健康、稳定地经营的重要标志。资本量不足，往往是银行盈利性与安全性失调所致。为追求利润而过度扩大风险资产、盲目发展表外业务等，这些现象必然导致银行资本量相对不足，加大银行的经营风险。

然而，商业银行资本量的充足性同时还包括资本适度的含义，保持过多的资本是没有必要的。首先，高资本量会带来高资本成本，特别是权益资本成本不能省税，使得资本的综合成本大大高于吸收存款的成本，由此会降低银行的盈利性；其次，过高资本量反映出银行可能失去了较多的投资机会，缺乏吸收存款和收回贷款的能力。因此，对商业银行而言，资本充足性是资本适度，而非越多越好。

（二）资本结构的合理性

资本结构的合理性是指普通股、优先股、留存盈余、债务资本等应在资本总额中占有合理的比重。从静态而言，资本结构是指企业债务资本与股权资本的比例关系、企业债务资本在总资本中所占的比重。从动态而言，在完善的资本市场中，企业融资手段有一个基本的排序，即融资方式的选择。合理的资本结构可以尽可能降低商业银行的经营成本与经营风险，增强经营管理与进一步筹资的灵活性。

资本有核心资本和附属资本两类。核心资本是银行真正意义上的自有资金。金融管理部门规定的资本最低限额必须由核心资本来满足。因此，核心资本在资本总额中所占的比重直接影响着银行的经营风险。

规模不同的商业银行，其资本结构应该有所区别。小银行为吸引投资者及增强其金融灵活性，应力主以普通股充当资本；而大银行则可相对扩大资本性债券的比例，以降低资本的使用成本。资本结构还受银行经营情况变动的影响。贷款需求和存款供给是否充足会大大影响资本结构。当贷款需求不足而存款供给相对充足时，银行增资的方式应以增加附属资本为主，反之，应采取增加核心资本的做法。

二、银行资本充足性的测定

银行资本充足性评价标准的多样化，使得银行资本充足性的测定是一项非常复杂的工作。随着银行经营、理财目标的变化以及银行资本管理理论和实践的发展，银行资本充足性的测定指标和方法更趋合理、科学。

（一）测定指标

比率在评价银行资本充足性方面最直观，同时，也是最能为分析测试者所理解和接受的指标。目前，最常用的用于测定银行资本充足性的指标及其测定方法为：

1. 资本与存款比率

这是最传统的用来衡量银行资本的指标。它表明银行资本对存款的耐力程度，为防止银行出现流动性风险，银行应保持一定的比率。第二次世界大战前，各国银行普遍要求资本与存款比率保持在10%左右。但是，银行的流动性风险来自贷款和投资的变现能力不足，于是，逐渐改用资本与总资产比率来测定银行资本的充足性。

2. 资本与总资产比率

该比率将银行资本量与全部资产挂钩，简洁明了，能在一定程度上反映银行抵御资产意外损失的能力。该比率一般要求在8%左右。但是，该指标未能虑及资产结构对资本需要量的影响。以短期证券、短期贷款为主的资产结构，其经营风险远在长期贷款、投资占主导的资产结构之上，其对资本的需求不同。资本与总资产比率无法反映上述差异，因此，很难形成一个公认的资本与资产总量比率。

3. 资本与风险资产比率

随着银行资产结构的变化，银行的风险资产增加，原先的资本与总资产比率越来越显示出其不足。于是，商业银行家及金融管理当局设计了资本与风险资产比率，以此来说明商业银行的资本是否充足。这一指标较多体现了资本的“抵御资产意外损失”的功能，该指标比前两个指标更具科学性。

（二）资本充足率

为促进世界各国间的公平竞争，并增强国际金融体系的安全性，1988 年，西方 12 国中央银行在瑞士巴塞尔达成了《关于统一国际银行资本衡量和资本标准的协议》（简称《巴塞尔协议》），规定 12 个参加国应以国际可比性及一致性为基础制定各自的对于银行资本的标准及规定。《巴塞尔协议》对银行资本衡量采取了全新的方法：将银行资产负债表内的资产分为五类，并分别对各类资本规定风险权数，据以计算风险资产；历史性地将银行资产负债表外的资产纳入监督范围，规定了不同的信用转换系数，据此折算成表内风险资产。1999 年《新的资本充足率框架》征求意见稿进一步保持了原资本充足率的要求和地位。表内风险资产和表外风险资产测算是《巴塞尔协议》的关键。

1. 表内风险资产测算

根据资本与风险资产对称的规律，银行最低资本限额应建立在资产的风险等级之上。各国在银行表内资产风险类别与风险权数的判断标准上各不相同，比如美国将表内资产按风险等级区分为四类，其风险权数分别为 1%、20%、50%和 100%。

1988 年 7 月通过的《巴塞尔协议》对资本充足性规定了国际统一的标准。该协议把表内资产分为五类，其风险权数分别为 0%、10%、20%、50%和 100%。资产风险权数的给定依资产风险大小而定，风险越小的资产，其风险权数越小，反之，则越大。

银行在风险权数给定的基础上，利用加权平均法，将各项资产的货币数额乘以其风险等级权数来得到该项资产的风险加权值，然后得到的累加值即为银行表内风险加权资产。它是确定银行资本限额的重要依据之一。表内风险资产的计算公式为：

$$\text{表内风险资产} = \sum(\text{表内资产额} \times \text{风险权数}) \tag{4.1}$$

根据《巴塞尔协议》，风险资产的类别及其相应的权数为：

（1）0%风险权数的资产：

a. 现金。

b. 以本币定值，并以此通货对央行融通资金的债权。

c. 对经济合作与发展组织（OECD）成员国，或对与国际货币基金组织达成同其借款总体安排相关的特别协议的国家的中央政府或央行的其他债权。

d. 用现金或者用 OECD 国家中央政府债券作担保的贷款，或由 OECD 国家的中央政府提供担保的贷款。

（2）20%风险权数的资产：

a. 对多边发展银行的债权以及由这类银行提供担保，或以这类银行的债权作抵押的债权。

b. 对 OECD 国家内的注册银行的债权以及由 OECD 国家内注册银行提供担保的贷款。

c. 对 OECD 以外国家注册的银行余期在 1 年以内的债券和由 OECD 以外国家的法人银行提供担保的、余期在 1 年内的贷款。

d. 托收中的现金款项。

e. 对非本国的 OECD 国家的公共部门机构的债权，以及由这些机构提供担保的贷款。

（3）50%风险权数的资产：完全以居住用途的房产作抵押的贷款归入这一类资产。

（4）100%风险权数的资产：

a. 对私人机构的债权。

b. 对 OECD 之外的国家的中央政府的债权。

c. 对公共部门所属的商业公司的债权。

d. 房屋设备和其他固定资产。

e. 不动产和其他投资。

f. 所有其他的资产。

2. *表外风险资产测算*

随着银行表外业务的迅速发展及其资产风险的增大，银行资本要求也应该包含和体现这类活动可能产生的损失。但表外业务风险测定非常困难。《巴塞尔协议》建议采用“信用转换系数”把表外业务额转换为表内业务额，然后再根据表内同等性质的项目进行风险加权。

《巴塞尔协议》把银行的表外项目分成五大类，并对前四类表外业务分别给定了信用转换系数，第五类则因其与外汇和利率有关而需要作特别处理。表外业务及其信用转换系数如下，各国可根据其市场业务的做法，在有限的范围内将特定的表外业务划入下面所列的业务之内。

（1）100%信用转换系数的表外业务：

a. 直接信用替代工具，如保证和承兑。

b. 销售和回购协议以及有追索权的资产的销售。

c. 远期资产、超远期存款、部分缴付款项的股票和代表承诺一定损失的证券的购买。

（2）50%信用转换系数的表外业务：

a. 某些与交易相关的或有项目。

b. 票据发行融通和循环包销便利。

c. 其他初始期限在 1 年以上的承诺。

（3）20%信用转换系数的表外业务：有自行偿付能力的与贸易有关的或有项目。

（4）0%信用转换系数的表外业务：类似初始期限在 1 年以内的，或可以在任何时候无条件取消的承诺均属此列。

（5）与外汇和利率有关的或有项目：商业银行在这类项目的交易中可能发生的损失仅仅是替换成本，而非交易合同所代表面值的信用风险。为此，《巴塞尔协议》建议利用现时风险暴露法和初始风险暴露法这两种特殊的处理方法。

信用转换系数是表外业务转换为表内资产的前提条件，也是正确计算银行风险加权资产的重要依据。表外风险资产的计算公式为：

$$\text{表外风险资产}=\sum(\text{表外业务}\times\text{信用转换系数}\times\text{表内相对性质资产的风险权数}) \tag{4.2}$$

3.《巴塞尔协议》的实施要求

在对表内资产风险权数及表外项目的信用转换系数讨论的基础上，可以计算银行资本充足性。《巴塞尔协议》中规定的计算公式为：

$$\text{一级资本比率}=\frac{\text{核心资本}}{\text{风险资产总额}}\times 100\% \tag{4.3}$$

$$\text{二级资本比率}=\frac{\text{附属资本}}{\text{风险资产总额}}\times 100\% \tag{4.4}$$

其中，

$$\text{风险资产总额}=\text{表内风险资产}+\text{表外风险资产} \tag{4.5}$$

《巴塞尔协议》有两个重点：银行资本规定及其与资产风险的联系。据此，《巴塞尔协议》有其具体的实施要求。国际大银行的资本对风险资产比率应该达到8%以上，其中核心资本至少要占总资本的50%，即一级资本比率不应低于4%。附属资本内普通贷款准备金不能高于风险资产的1.25%，次级长期债务的金额不得超过一级资本的50%。

三、《巴塞尔协议Ⅲ》关于资本监管的改革

（一）《巴塞尔协议Ⅲ》的主要内容

1. 一级资本金比率

根据《巴塞尔协议Ⅲ》，普通股最低要求，即资本结构中吸收损失的最高要素，将从当前的2%提升至4.5%。这一严格的资本要求将分阶段实施并从2013年1月1日开始，2015年1月1日之前实现。一级资本金（包括普通股和其他符合要求的资本）比率将在同一时间范围内从4%提升至6%。

2. 资本留存缓冲

《巴塞尔协议Ⅲ》引入了2.5%的资本留存缓冲（capital conservation buffer），由扣除递延税项及其他项目后的普通股权益组成。引入这一留存缓冲的目的在于确保银行持有缓冲资金，用于在金融和经济危机时期“吸收”损失。尽管银行在危机期间可以利用这一缓冲，但资本比率越是接近最低要求，受到的限制就会越大。一旦银行的资本留存缓冲比率达不到该要求，监管机构就将限制银行拍卖、回购股份和分发红利等。这一机制可以防止一些银行在资本头寸恶化时也肆意发放奖金和高红利。

3. 反周期缓冲

《巴塞尔协议Ⅲ》还提出了“反周期缓冲”的资本要求，这一新的缓冲比率为普通股或其他能完全“吸收”亏损的资本的0～2.5%，将根据各国情况来具体执行。“反周期缓冲”是基于一项更广泛的宏观审慎目标，要求银行在信贷过分充足的情况下居安思危、未雨绸缪。对一国而言，这一缓冲仅仅在“信贷增速过快并导致系统范围内风险积累”的情

况下才会生效。“反周期缓冲”一旦生效，将作为留存缓冲范围的延伸。

4. 杠杆率要求

除了上述这些基于风险的资本要求，还有一项并不基于风险的“杠杆率”要求作为辅助。《巴塞尔协议Ⅲ》要求各国对3%的一级杠杆率在同一时期进行平行测试。基于平行期的测试结果，再于2017年上半年进行最终调整，并希望在2018年1月1日进入新协议的第一支柱部分。

5. 系统重要性银行

对系统重要性银行提出1%的附加资本要求，降低“大而不能倒”带来的道德风险。同时，巴塞尔委员会与金融稳定局（FSB）正在研究一项针对具有“系统重要性”的银行的综合方案，可能包括资本附加费（capital surcharges）、或有资本（contingent capital）、保释债（bail-in debt）等。此外，有关清算制度的工作也将持续进行。

6. 引入流动性监管指标

《巴塞尔协议Ⅲ》将引入流动性覆盖比率（LCR）和净稳定融资比率（NSPR），对银行的流动性进行监管。其中流动性覆盖比率用来确定在监管部门设定的短期严重压力情境下，银行所持有的无变现障碍的、优质的流动性资产的数量，以便应对此种情境下的资金净流出；而净稳定融资比率主要用于确保各项资产和业务融资至少具有与它们的流动性风险状况相匹配的满足最低限额的稳定资金来源。

（二）《巴塞尔协议Ⅲ》主要规则的实施时间安排

所有成员国的执行期将从2013年1月1日开始，而且必须在此日期之前将协议规则转化为国家法律规范。新协议的严格要求将于一系列不同的过渡期分阶段执行，这也有助于确保全球银行业能在满足更高要求的同时保持合理的盈利水平并进行融资，为经济发展提供信贷支持。各项规则的最终达成一致的落实期虽有所不同，但最晚均至2019年1月1日。具体时间安排如表4—1所示：

表4—1　《巴塞尔协议Ⅲ》各项规则分阶段实施时间安排

指标＼时间	2011年	2012年	2013年	2014年	2015年	2016年	2017年	2018年	2019年起
杠杆率	监管监测期		过渡期为2013年1月1日—2017年1月1日，从2015年1月1日开始披露					纳入第一支柱	
普通股充足率最低要求			3.5%	4.0%	4.5%	4.5%	4.5%	4.5%	4.5%
资本留存缓冲最低要求						0.625%	1.25%	1.875%	2.5%
普通股充足率加资本留存缓冲最低要求			3.5%	4.0%	4.5%	5.125%	5.75%	6.375%	7.0%
扣减项的过渡期				20%	40%	60%	80%	100%	100%
一级资本充足率最低要求			4.5%	5.5%	6.0%	6.0%	6.0%	6.0%	6.0%
总资本充足率最低要求			8.0%	8.0%	8.0%	8.0%	8.0%	8.0%	8.0%
总资本充足率加资本留存缓冲的最低要求			8.0%	8.0%	8.0%	8.625%	9.125%	9.875%	10.5%
不符合新资本定义的资本工具的过渡期	从2013年1月1日起分10年逐步剔除								

四、我国监管部门实施的资本新监管标准

根据《中国银行业实施新监管标准的指导意见》，我国从 2012 年 1 月 1 日开始执行新监管标准。该意见强化了资本充足率监管，具体如下。

（一）改进资本充足率计算方法

1. 严格资本定义

将监管资本从现行的两级分类（一级资本和二级资本）修改为三级分类，即核心一级资本、其他一级资本和二级资本；严格执行对核心一级资本的扣除规定，提升资本工具吸收损失能力。

2. 优化风险加权资产计算方法

采用差异化的信用风险权重方法，推动银行业金融机构提升信用风险管理能力；明确操作风险的资本要求；提高交易性业务、资产证券化业务、场外衍生品交易等复杂金融工具的风险权重。

（二）提高资本充足率监管要求

将现行的两个最低资本充足率要求（一级资本和总资本占风险资产的比例分别不低于 4%和 8%）调整为三个层次的资本充足率要求。

1. 明确三个最低资本充足率要求

核心一级资本充足率、一级资本充足率和资本充足率分别不低于 5%、6%和 8%。

2. 引入逆周期资本监管框架

包括：2.5%的留存超额资本和 0～2.5%的逆周期超额资本。

3. 增加系统重要性银行的附加资本要求

系统重要性银行的附加资本要求暂定为 1%。新标准实施后，正常条件下系统重要性银行和非系统重要性银行的资本充足率分别不低于 11.5%和 10.5%；若出现系统性的信贷过快增长，商业银行需计提逆周期超额资本。

（三）建立杠杆率监管标准

引入杠杆率监管标准，即一级资本占调整后表内外资产余额的比例不低于 4%，弥补资本充足率的不足，控制银行业金融机构以及银行体系的杠杆率积累。

（四）合理安排过渡期

新资本监管标准从 2012 年 1 月 1 日开始执行，系统重要性银行和非系统重要性银行应分别于 2013 年底和 2016 年底前达到新的资本监管标准。过渡期结束后，各类银行应按照新监管标准披露资本充足率和杠杆率。

表 4—2 对我国监管部门的监管和《巴塞尔协议Ⅲ》的监管要求进行了对比，从中可以看出以下两点：一是我国银行监管的监管思路和措施充分吸收和借鉴了《巴塞尔协议Ⅲ》资本监管的改革精神，已经与世界银行业监管趋势相适应；二是我国监管当局建议的中国监管要求无论在指标标准还是达标时间上都高于《巴塞尔协议Ⅲ》的要求，如对核心一级资本、一级资本和总资本的最低资本要求皆高于《巴塞尔协议Ⅲ》的规定。

表 4—2　　　　　　　　　　　　　　　资本监管指标对比表

<table>
<tr><th rowspan="2">指标体系</th><th rowspan="2">具体指标</th><th rowspan="2">我国监管部门要求</th><th rowspan="2">BaselⅢ要求</th><th colspan="2">达标时间</th></tr>
<tr><th>我国监管部门</th><th>Basel Ⅲ</th></tr>
<tr><td rowspan="6">资本充足率</td><td>核心一级资本</td><td>最低 5%</td><td>最低 4.5%</td><td rowspan="6">2011 年开始实施，2012 年达标</td><td rowspan="2">2013 年 1 月 1 日—2015 年 1 月 1 日</td></tr>
<tr><td>一级资本</td><td>最低 6%</td><td>最低 6%</td></tr>
<tr><td>总资本</td><td>最低 8%</td><td>最低 8%</td><td>2019 年前仍为 8%</td></tr>
<tr><td>留存缓冲资本</td><td>2.5%</td><td>2.5%</td><td>2016 年 1 月 1 日—2019 年 1 月 1 日</td></tr>
<tr><td>反周期缓冲资本</td><td>0～2.5%</td><td>0～2.5%</td><td>尚未达成一致意见，根据各国情况具体执行</td></tr>
<tr><td>系统重要性附加资本</td><td>1%</td><td>1%</td><td>2013—2018 年间逐步实施</td></tr>
</table>

（五）我国商业银行实施新监管标准的困难分析

1. 关于扣除项目

《巴塞尔协议Ⅲ》要求，银行在计算资本时要扣除八项资本减值准备，但目前中国银行业的资本计量并未就“其他无形项目”和“递延税项资产”两项进行扣除。一旦扣除上述两项减值准备，中国银行业资本充足率就会有小幅下降。

2. 关于所受冲击

中国银行业的资本结构较为简单，以留存收益和普通股为主，资本质量较高，也很少涉及衍生金融工具，所以短期内受到的《巴塞尔协议Ⅲ》新框架的影响要比一些国际同行小很多。但资本充足率的分母加权风险资产，中国受到的影响却可能远大于国际同行，这主要是由于国内银行不仅要符合《巴塞尔协议Ⅲ》的新增标准，还面临由旧框架向新巴塞尔协议计量方法的转变。

3. 关于操作风险

中国目前的加权风险资产，仅考虑到信用风险和市场风险。按《巴塞尔协议Ⅱ》和《巴塞尔协议Ⅲ》的框架，至少需引入操作风险。它主要取决于业务量，粗略估计约占总资本的 10%。

4. 关于参数设定

加权风险资产的大小一定程度上取决于银行内部模型参数的设定。在过渡期中，监管部门会定期对银行采用的内部参数进行评估，结合实际信贷质量情况审慎地进行调整。

此外，目前银行反映信贷资产质量的贷款五级分类的真实性一直存在争议。因此，监管部门正加紧修订《商业银行资本充足率管理办法》，将更多风险资产纳入风险覆盖的范围，制定系统的风险权重方法，使资本充足率的计算更审慎。对相对复杂的金融业务，风险权重将会提高，如资产证券化、场外衍生品交易和其他交易性业务等。

第四节　资本金的管理与筹集

根据《巴塞尔协议》对银行资本金的规定，银行的最低资本限额应与银行资产结构决定资产风险相联系，资产风险越大，资本金限额就越高。同时，银行的股本被认为是最重要的一级资本或核心资本。因此，银行资本金的要求量与银行资本结构及资产结构直接相关。

一、分子对策

"分子对策"是针对《巴塞尔协议》中的资本计算方法，尽量地提高商业银行的资本总量，改善和优化资本结构。银行的资本计划建立在其管理目标所需的银行资本金数额以及金融管理当局所规定的银行最低资本限额要求的基础上。当银行的内部资本来源不能满足其资本需求时，银行将寻求外源资本来源。而银行选择哪种资本来源则取决于该资本来源的优点和代价。

（一）内源资本策略

在银行增加利润留存而不影响其股价的前提下，这种内源资本来源是银行充实资本金的第一选择。然而，通过内源资本补足资本金的做法必然减少股利分配，这有可能造成股价下跌，导致银行实际资本价值受损。从筹资成本角度而言，内源资本又不失为一种低成本的补充银行资本的方式。对于那些缺乏外源资本渠道的银行而言，以内源资本方式增加银行资本是它们必然的选择。同时，又必须正视这种方法的限制条件及在使用中应该考虑的诸多因素。

银行资产的增长需要足够的资本金支持，银行可以通过增加盈余留存来实现，但通过这种内源资本渠道支持银行资产增长的做法，往往有其局限性。适度资本金数额是内源资本支持银行资产增长的一种限制。如果用资本资产比率来描述银行资本充足性，那么内源资本支持资产增长的强弱完全视该比率的高低而定，即银行资本要求越低，内源资本可支持的资产增长就越多，反之，内源资本的支持力随银行资本要求的上升而下降。银行创利能力是支持资产增长的第二种限制。在银行股利政策不变的情况下，银行盈余留存的数额完全取决于银行的盈利性，由此影响对资产增长的支持程度。

为进一步理解以上问题，先引入戴维·贝勒（David Bernon）提出的银行资产持续增长模型。该模型为：

$$SG_1=\frac{ROA(1-DR)}{(EC_1/TA_1)-ROA(1-DR)} \tag{4.6}$$

其中，ROA 为资产收益率；DR 为以百分比表示的银行税后收益中的红利部分；EC_1 为期末银行总股本；TA_1 为期末银行总资产；SG_1 为当期资产增长率。

该模型显示：SG_1 与 ROA 成正相关关系，与 DR 成负相关关系，同时与 EC_1/TA_1 成反方向关系。当银行的 SG_1 确定后，可在给定的任何两个变量的基础上算出第三个变量来：

$$ROA=\frac{(EC_1/TA_1)SG_1}{(1+SG_1)(1-DR)} \tag{4.7}$$

$$DR=1-\frac{(EC_1/TA_1)SG_1}{ROA(1+SG_1)} \tag{4.8}$$

$$EC_1/TA_1=\frac{ROA(1-DR)}{SG_1}+ROA(1-DR) \tag{4.9}$$

在内源资本管理上，银行的股利政策同样也是一个重要的研究内容。银行的股利政策在吸引投资者进行投资上具有重要的作用。由于银行的股利政策是投资者实现其投资收益的重要依据，也是潜在投资者评价银行价值的重要指标之一，因此，银行股利政策会影响投资者的行为，同时对银行的市场价值也有着重要影响。

银行股利政策是在考虑多方面的因素后形成的。但是基本内容为制定股利与银行净收益间的合理比例，即股利支付率。一般而言，股利水平应在相对稳定的基础上随银行净收益的增加而逐步提升。这对保持企业内在价值、稳定其市场价值有着重要作用。

因此，银行股利政策就构成了内源资本支持资产增长的第三种限制。如果银行能在不影响其市值的情况下增加盈余留存部分，则将支持更高的资产增长水平。

（二）外源资本策略

从尽量提高银行的资本总量、优化其资本结构的要求来看，商业银行应该先考虑提高其核心资本，达到核心资本要求。这可以通过发行普通股等外源资本方法实现。应该说，通过发行普通股来增加银行资本、改善资本结构是金融管理当局推崇的最理想的一种外源资本形式，因为这种方式增强或充实了银行资本的核心部分。但商业银行本身并不这样认为，因为这种外源资本方式会稀释银行的股东权益与每股净收益。从银行成本入手，由于债务融资的税盾效应（税盾效应是指债务融资后所产生的利息在税前列支，可以起到省税的效果），银行比较倾向于采用增加附属资本的做法来提高其资本总量，这种做法还能给银行带来杠杆效应。但是，金融监管当局则对此有限制，如《巴塞尔协议》规定：附属资本不能超过总资本的50%，次级长期债务不能超过核心资本的50%等。因此，银行在外源资本管理上的愿望与金融监管当局的要求并不一致。

基于以上分析，外源资本策略为：对核心资本不足的银行来说，一般通过发行新股的方式来增加资本，同时应充分考虑这种方式的可得性、能否为将来进一步筹集资本提供灵活性以及所造成的金融后果。为了不影响股东的利益以及增强今后进一步筹资的灵活性，银行可通过发行非累积性优先股或将资本盈余部分以股息形式发给股东等方式增加核心资本。事实上，优先股已经成为大银行所常用的外源资本来源。对核心资本已占全部资本50%以上的银行，由于发行股票等方式已不可取，故银行主要通过增加发行债务等方式获取附属资本，使商业银行的总资本得到最大限度的增加。外源资本管理的实践表明，银行通过外源资本充实资本金以达到支持银行资本增长目的的做法已成为主流。据美国商业银行1980—1990年十年间外源资本的统计，优先证券发行为普通股发行的3倍以上，而在优先证券中，后期偿付债券占65%。

二、分母对策

分母对策在于优化资产结构，尽量降低风险权数高的资产在总资产中所占的比重，同时加强表外业务管理，尽可能选择转换系数较小及相应风险权数小的表外资产。因此，分母对策的重点是减少资产规模，降低商业银行的风险资产额，从而提高资本与风险资产的比率。

（一）压缩银行的资产规模

银行的资产规模越大，其对银行资本的需求就越强。对于一些银行资本不足的银行，则可以通过销售一部分高风险或有问题或市价水平较高的金融资产，来压缩银行资产规模，相应地就提高了资本对资产的比率。就资产管理的目标而言，压缩银行资产规模，适度控制银行资产存量是银行流动性、安全性的要求。与工商企业不同，银行资产构成有着其自身的特点：第一，现金存量较高；第二，金融债券比例较高；第三，房产等被固化了的资本相对较少。因此，压缩银行资产规模应在银行资产管理的要求下进行。

银行现金存量受四个方面约束：首先是要满足客户提取存款进行日常交易的要求；其次是满足金融管理当局对法定准备金的规定；再次是必须在央行或其他往来行存有足够的现金用以清偿支票；最后是应满足其向代理行支付现金以换取服务的需要。银行满足以上四个方面需求的能力大小反映了其流动性的强弱，但是，银行流动性与盈利性往往有矛盾，而与银行的安全性又往往是一致的。银行现金存量的大小应直接满足流动性要求，这是银行现金管理的最基本组成部分。因此，降低现金存量是可行的，也是有效的。

银行金融债权主要包括证券投资和各种贷款，由于它们是银行收入的基本来源，因此它们的比例很高。银行证券投资包括银行持有的高流动性及低风险的金融证券，银行的该类资产既能满足银行的流动性要求，又能因获取较高利息收入而满足银行的盈利性要求。因此简单地压缩其规模的做法不是该类资产管理的目标，而应该进行有效的投资组合，以达到降低风险、提高流动性和盈利性的目的。贷款构成了银行资产项目中的主要部分，它是银行资产管理中最重要的管理内容之一。宏观经济环境及银行信用环境的变化会影响银行的贷款规模及质量。银行贷款总额的大小一般可用存贷比（贷款总额与存款总额之比）来衡量，存贷比的大小往往受经济景气度的影响，如果经济不景气，则通过缩小贷款规模来减少经营风险。

（二）调整资产结构

资产结构调整后，银行可以在总资本额和总资产额不变的情况下，提高资本充足率。资产结构调整空间较大的部分在证券投资与贷款资产上。如前所述，证券投资在银行资产管理中的地位突出，它除了满足银行的流动性及盈利性要求外，还为贷款规模的调整提供余地。证券投资受监管的约束，其投资内容多为信誉等级很高的金融证券。但证券投资有着广阔的空间，它既可以作为货币市场、资本市场的投资工具，也可作为金融创新的投资工具，因此，银行的证券投资不是投资于单一金融证券，而是投资于不同种类、期限的证券，其目的是通过这样的投资组合来降低投资风险，降低风险资产的数量及权数，达到流动性与盈利性的均衡。

贷款是银行持有的变现能力差的资产，同时也是风险大的资产。从贷款管理的要求来看，银行为减少贷款风险而进行贷款组合，通过减少高风险贷款和相应增加低风险资产的办法，来减少风险资产总量。

20 世纪 80 年代后，随着贷款总体风险的加大，银行的资产组合不再局限于贷款内部或证券投资内部，而是将贷款与证券投资打通。比如，20 世纪 80 年代以来，许多大银行通过购买债权和票据等证券投资方式来使用因贷款组合减少而剩余的资金。

采用“分子对策”和“分母对策”的目的在于减少银行的经营风险与财务风险，提高银行的安全性和流动性。银行可以采用“分子对策”或“分母对策”或同时采用两种对策来满足银行资本充足性要求。然而，盈利性往往与安全性和流动性相悖，因此，不论“分子对策”还是“分母对策”，人们在使用时应注意适度。

银行监管的发展方向同时将给银行业以极大的启示。中国银行业不能仅仅满足于最低的资本充足率要求，还应该将注意力投向信用风险、市场风险以及其他风险的衡量，应根据各种风险来规定相应的资本要求。然而，中国国有控股商业银行单一主体的现状远远不能适应新框架中的具体要求，银行在实施“分子对策”、“分母对策”时空间不大，也缺乏风险退出机制。

三、探索我国商业银行多元化补充资本金的渠道

我国银行在创新能力和运营效率方面与国际先进银行还存在不小差距，发展方式仍然比较粗放和低效，利息收入在可预见的未来依然是我国银行最主要的盈利方式。2008 年金融危机爆发以后，在适度宽松的货币政策环境下，我国商业银行放贷增速迅猛。随着逐步紧缩货币政策的执行以及监管要求的提高，银行业资本充足率告急。目前，我国商业银行补充资本金的方式主要为发行次级债券、混合资本债券、可转换债券以及定向增发等。此外，商业银行可以实施资产证券化或资产出售。资产证券化和资产出售可以把风险权重较高的贷款和其他资产转化为现金，降低资产的风险水平和加权风险资产总额，从而降低对资本的要求，相应提高资本充足率。最后，银行还可以通过减少分红的方法增加留存利润，从而加大核心资本，解决资本金的问题。

当然，转变盈利模式才是解决资本金压力的根本途径，具体如下：

一是要大力发展中间业务，开拓传统信贷业务之外的利润增长点。由于中间业务占用资本金较少，因此银行通过大力发展中间业务，可以摆脱资本金的约束；而且经济向好后，随着居民收入、消费的增加，居民的投融资需求有可能会增长，中间业务将会是未来盈利的主要挖掘点，如投资银行、债务融资工具承销、银行类理财、企业年金、银行卡以及电子银行等新兴中间业务迅速发展，成为各大银行重要的利润增长点；加上为应对越来越普遍的金融脱媒现象，银行需要努力改变传统的经营模式，大力发展中间业务，进行金融创新。同时从银行收入总额来看，国内银行中间业务占比一般在15％～20％之间，而国外银行则在40％以上，与之相比，我国银行中间业务收入占总收入的比重仍然偏低，具有很大的发展空间。

二是避免同质化竞争，培养自身核心竞争力。虽然目前我国商业银行在某些细分市场上已出现了差异化竞争的趋势，而且差异化越来越明显，但现阶段我国银行业差异化经营程度依然很低，同质性问题仍相当突出，经营战略的趋同加剧了银行业的竞争态势，引发了一些非理性的竞争行为，也削弱了我国银行业的整体竞争力，因此，我国商业银行应根据自身情况明确市场定位和业务定位，寻找适合自身的发展模式，培养自身核心竞争力。核心竞争力是银行自身拥有的、符合市场需求的业务特色和发展优势，是银行可持续发展

的最重要的决定因素，从而银行需要不断推动金融创新，真正提高银行竞争力和金融体系抵御风险的能力。

三是建立动态的资本金补充机制。在成功开辟出更多的盈利点后，商业银行会有更多的利润用来补充资本金，其可以根据经济周期和经济形势的变化以及自身盈利状况来补充资本金，在银行盈利比较好的时候，多利用税后净利补充资本金，从而实现“以丰补歉”。这样使得银行的发展不再受制于资本金，届时，银行不仅能够实现自身发展，还能够响应国家政策，支持经济发展。

【实例分析】

选择何种方式筹措外部资本

选择何种方式筹措外部资本要以对各种方案的细致的财务分析和各种方案对银行每股收益的影响为基础。

假定某银行需要筹措2 000万美元的外部资本。该银行目前已经发行的普通股为800万股，总资产将近10亿美元，权益资本为6 000万美元。如果该银行能够产生1亿美元的总收入，而经营费用超过8 000万美元，则现在该银行可以通过三种方式来筹措所需要的资本：

第一种，以每股本10美元的价格发行200万股新股。

第二种，以8%的股息率和每股20美元的价格发行优先股。

第三种，以10%的票面利率来出售2 000万美元的次级债务资本票据。

如果银行的目标是使每股收益最大化，那么应选择何种方式来筹措所需的资本?

根据表4—3中的分析可以看出：最好的筹资方式是出售资本票据，而且资本票据没有投票权，所以现有的股东保留了控制权。

表4—3　　某商业银行资本筹集方式比较表

项　目	出售普通股	出售优先股	出售资本票据
估计收入	10 000万美元	10 000万美元	10 000万美元
估计经营费用	8 000万美元	8 000万美元	8 000万美元
净收入	2 000万美元	2 000万美元	2 000万美元
资本票据的利息支出	—	—	200万美元
税前净利润	2 000万美元	2 000万美元	1 800万美元
所得税（35%）	700万美元	700万美元	630万美元
税后净收益	1 300万美元	1 300万美元	1 170万美元
优先股股息	—	160万美元	—
普通股股东净收益	1 300万美元	1 140万美元	1 170万美元
普通股每股收益	1.3美元	1.43美元	1.46美元

【应用实例】

2011年6月《商业银行资本充足率管理办法》（征求意见稿）出台，它对银行资本的要求更为严格。作为系统重要性银行的五大行之一，交通银行的核心资本充足率仅为9.37%，低于监管要求。另外8家股份制上市银行的资本充足率达标情况更加严峻，仅上海浦东发展银行、兴业银行2家银行的资本充足率和核心资本充足率均达标，资本充足率未达标的银行有2家，核心资本充足率未达标的银行有6家。

新规还在100%风险权重之上增设了150%、1 250%等多个档次，房地产开发贷款风险权重上调到150%，同业资产风险权重从0～20%上调到20%～50%，5年期以上长期企业贷款由100%提高到150%～300%，评级在BB－以下的企业债权风险权重由100%上调到150%，并取消“对政府投资的公用企业的债权”的优惠风险权重。这些规定将大大拖累银行本就羸弱的资本充足率水平。

不考虑风险调整因素，按照新的核心资本监管标准，未来两年，13家上市银行核心资本缺口合计将达到600亿元。这就要求商业银行做好资本充足率的分母“瘦身”和分子“增肥”安排。一方面努力控制资本充足率的分母，尽快在业务模式上做出调整，积极进行转型和“瘦身”；另一方面增大分子，开拓多种融资渠道补充资本金，尤其是不断提高利润规模和利润留存比例，充实资本金规模。

银行要从根本上改变目前这种高扩张、高消耗的经营模式，必须调整业务结构、做好战略转型，从而彻底改变银行规模扩张与资本限制的窘境。也就是在业务结构上，大力发展风险权重较低、资本占用较少、综合回报较高的业务，中间业务应首当其冲。此外，资产证券化和资产出售可以把风险权重较高的贷款和其他资产转化为现金，降低资产的风险水平和加权风险资产总额，从而降低对资本的要求，相应提高资本充足率。

目前我国商业银行补充资本金的方式主要有三种：通过股票市场首次公开募股、增发和配股等；通过债券市场发行可转换债券、混合资本债券和次级债券等；通过银行自身利润积累和计提贷款损失准备等。未来一段时间里，应该大力开拓多种渠道来补充资本金，尤其是不断提高利润规模和利润留存比例，充实资本金规模。当前来看，我国银行业已经开始积极调整分红比例，提高利润留存规模用于补充资金本，以增强抗风险能力，确保可持续发展。

【本章小结】

1. 商业银行资本的内涵不同于一般公司资本的内容，其内涵较为宽泛，除了包括股本、资本盈余、留存收益在内的所有者权益外，还包括一定比例的债务资本，如资本票据、债券等。商业银行的资本具有双重特点，常将所有者权益称为一级资本或核心资本，而将长期债务称为二级资本或附属资本。

2. 资本充足性是银行安全经营的要求。存款人、社会公众、银行自身均对此有要求。银行持有充分的资本是风险管理的要求，也是在安全经营基础上追求更多利润的保障。银行资本充足性的标准是多样化的，银行资本充足性测定是一项复杂的工作，常用方法有最为直观的比率分析法以及综合诸多因素的综合分析法。

3. 银行资产结构和资本结构的差异直接影响着资产风险的大小及核心资本的数量。银行在满足资本要求时，须充分考虑资产结构和资本结构，分别采取分母对策和分子对策。分母对策有压缩银行的资产规模、调整资产结构等策略；而分子对策有内源资本策略和外源资本策略。

【关键术语】

资本金；资本充足率；《巴塞尔协议》；改革

Capital；Capital Adequacy Ratio；Basel Accord；Reform

【习题】

一、单选题

1. 在商业银行中，起维护市场信心、充当保护存款者缓冲器作用的是（　　）。

A. 银行现金流　　B. 银行资本金　　C. 银行负债　　D. 银行准备金

2. 在商业银行的经营过程中，（　　）决定着其风险承担能力。

A. 资产规模和商业银行的风险管理水平

B. 资本金规模和商业银行的盈利水平

C. 资产规模和商业银行的盈利水平

D. 资本金规模和商业银行的风险管理水平

3. 商业银行的资本是由（　　）构成的。

A. 实有资本和虚拟资本　　B. 核心资本和附属资本

C. 金融资本和产业资本　　D. 固定资本和流动资本

4. 附属资本不包括（　　）。

A. 未公开储备　　B. 股本　　C. 重估储备　　D. 普通准备金

5. 商业银行发行的用于补充资本金的不足的债券是（　　）。

A. 一般性债券　　B. 资本性债券　　C. 国际债券　　D. 政府债券

6. 已知某商业银行的资本总额为 20 亿元，核心资本为 5 亿元，附属资本为 2 亿元，信用风险加权资产为 80 亿元，并且市场风险的资本要求为 20 亿元，那么根据《商业银行资本充足率管理办法》规定的资本充足率的计算公式，该商业银行的资本充足率为（　　）。

A. 25％　　B. 6％　　C. 2％　　D. 9％

7. 年初的资本/资产＝8％，各种资产为 10 亿元，年末的比例仍为 8％，年末的未分配收益为 0.2 亿元，银行的适度资本为（　　）亿元。

A. 12.5　　B. 10　　C. 10.2　　D. 12.7

8. 根据《巴塞尔协议Ⅲ》的规定，从 2013 年 1 月 1 日开始，一级资本金（包括普通股和其他符合要求的资本）比率应提升至（　　）。

A. 4％　　B. 6％　　C. 8％　　D. 10％

9. 根据 2011 年中国版“巴塞尔协议Ⅲ”，执行新标准后，系统重要性银行和非系统重要性银行的最低总资本充足率要求分别为（　　）。

A. 11.5%和10.5% B. 8%和4% C. 8%和6% D. 11.5%和8%

二、多选题

1. 下列关于资本作用的说法，正确的有（　　）。

A. 资本为商业银行提供融资

B. 吸收和消化损失

C. 支持商业银行过度业务扩张和风险承担

D. 维持市场信心

2. 银行的普通资本包括（　　）。

A. 可转换证券 B. 资本盈余 C. 普通股 D. 未分配利润

3. 下列各项属于附属资本的是（　　）。

A. 未公开储备 B. 普通准备金 C. 长期次级债券 D. 重估储备

三、计算题

下面为某商业银行的有关数据资料：

企业贷款为22亿元，风险权数为100%；住房抵押贷款为4亿元，风险权数为50%；企业债券为2.5亿元，风险权数为100%；对合作银行贷款为2亿元，风险权数为20%；现金资产为6.7亿元，风险权数为0%；资本金总额为1.9亿元。

试分析该商业银行的资本充足率是否达到了《中国银行业实施新监管标准的指导意见》的要求。

四、简答题

1. “对商业银行来说资本金越多越好”，对不对？为什么？

2. 商业银行资本金的构成主要分为哪几个部分，其内容是什么？

3. 简述商业银行以附属债务形式筹集资本的优缺点。

4. 全国人民代表大会财政经济委员会副主任委员吴晓灵在“2011第五届中国银行家高峰论坛”上表示，随着国内银行贷款规模的增长，银行普通资本面临的压力比较大，相关部门研究发现，国内几家系统性的重要银行在近五年内会有4 000亿～5 000亿元资本金缺口，也就是每年平均1 000亿元左右。那么提高商业银行资本充足率的途径有哪些？

五、分析题

自国际金融危机爆发以来，为强化风险防范，巴塞尔委员会于2010年9月通过了加强银行体系资本要求的改革方案，涉及最低资本要求和过渡期安排两大板块。在最低资本要求方面，协议规定，全球商业银行5年内必须将一级资本充足率的下限从现行要求的4%上调至6%，同时，协议将普通股最低要求从2%提升至4.5%。截至2019年1月1日，全球各商业银行必须将资本留存缓冲提高到2.5%。

2011年9月，巴塞尔委员会宣布继续维持对大型银行追加一定比率附加资本金的规定，以令其拥有更多缓冲资金来应对金融风险，同时防止银行无限制扩张。按照《巴塞尔协议Ⅲ》对银行资本最低标准的设定，包括美国银行、汇丰银行、花旗集团、摩根大通、德意志银行、法国巴黎银行、苏格兰皇家银行、巴克莱集团在内的8家大型银行被要求增加2.5%的额外资本，即核心一级资本充足率的最低要求为9.5%。与此同时，高盛、摩根士丹利、瑞银等应满足2%的额外资本，核心一级资本充足率的最低要求为9%。目前，全球有 28 家大型银行必须履行此规定。

试对上述现象加以分析。

【答案】

一、单选题

1.B　2.D　3.B　4.B　5.B　6.B　7.A　8.B　9.A

二、多选题

1.ABD　2.BCD　3.ABCD

三、计算题

风险资产 $=\sum$（资产额×风险权数）

$=22\times100\%+4\times50\%+2.5\times100\%+2\times20\%+6.7\times0\%$

$=26.9$（亿元）

资本金总额 $=1.9$ 亿元

资本充足率＝资本金总额/风险资产 $=1.9/26.9=7.06\%$

资本充足率没有达到要求。

四、简答题

1. 不对。资本金对商业银行来说有好有坏，好处不胜枚举，但是坏处是资本金（以及资本金率）越高该银行的营运能力就越差。商业银行的资本金由其规模决定，资本金率一般随着银行业务的发展而维持在一个固定的水平上，这个资本金率由银行自身主要业务构成和银行文化以及银行营运能力等多方面因素决定；资本金总量随着银行业务量上涨或下降。

如果资本金少，则银行营运的风险就会加大，从不满足监管机构要求的资本金水平到甚至连少量储户取现造成的资金不足都无法抵御的情况都可能发生。而初始资本金高则意味着要花大量的钱作为注册资本，这些钱几乎相当于“冻结”在银行里，银行开业后资本金过高，会造成大量资产堆积，资金的成本和收益严重不成比例。

2.《巴塞尔协议》将银行的资本划分为两类：一类是核心资本（一级资本），另一类是附属资本（二级资本）。核心资本包括股本和公开储备。附属资本包括非公开储备、重估储备、普通准备金、混合资本工具和长期附属债务。

按资本的来源与性质，资本由以下几部分构成：（1）股本——普通股与优先股。普通股是银行股金资本的基本形式，它是一种产权证明。这种权利主要体现在三个方面：一是对银行拥有经营决策权。二是对银行的利润和资产有分享权。三是在银行增发普通股股票时，享有新股认购权。优先股是优先取得红利分配的股票，它兼有普通股与债券的特点。优先股股东按固定利率取得股息，银行清算财产时优于普通股股东，但他们不具有公司的经营管理权和投票权。（2）盈余——资本盈余与留存收益。（3）债务资本：包括资本票据与资本债券。（4）风险准备金。

3. 优点在于：（1）有税收优惠；（2）发行成本较低；（3）不必缴存准备金，增加了商业银行可以运用的资金量，降低了商业银行的融资成本；（4）可以强化财务杠杆效应。

缺点：（1）债务资本不是永久性资本，它有一定的期限。（2）债务资本增强公众信心的能力不如权益资本，抵御风险的能力也不如权益资本。

4. 根据资本充足率的计算公式，商业银行要提高资本充足率无非是通过增加资本与降低风险两个途径。

（1）增加资本。就是筹集新的资本来扩大资本金来源，其方法既可以是内部补充，也可以是来源于外部融资，或者二者同时进行。1）内源资本。内源资本是通过内部留存收益获得的资本来源。银行内源资本管理有许多优点：一是成本低于公开市场融资，通过内部融资，商业银行不必支付发行费用、无须负担股息和利息；二是不会使原股东在银行的原有控制权受到影响，避免造成对现有股权的稀释，因而不会遭到原股东的反对。2）外源资本：发行普通股与优先股、发行资本性债券、资产出售回租、股票债券转换。

（2）降低风险。一是实行全面的风险管理，二是缩减资产规模（不常用），三是调整资产风险权重（常用），也即不仅要从高资本消耗的信贷业务向低资本的中间业务转变，还要从高资本消耗的产品和产业向低资本消耗的产品和产业转变。

五、分析题

核心资本是商业银行资本中最稳定、质量最高的部分，银行可以永久性占有并长期用来吸收经营损失。同时，核心资本越高，发行次级债补充附属资本的空间就越大。换句话讲，补充核心资本是商业银行提高抗风险能力的最根本手段。

但面对当前欧美等主要经济体经济增长乏力、债务危机深重的现状，《巴塞尔协议Ⅲ》如此严厉的资本管制措施将阻碍欧美等国的复苏进程。有观点认为，世界经济处于临界点，目前所有重大政策都应围绕如何促进经济发展和改善就业开展，而巴塞尔委员会的建议正在往反方向走。

而据摩根士丹利测算，这意味着欧洲数十家银行必须合计筹资 2 750 亿欧元才能达到标准。如今，摆在欧洲银行面前的道路有两条：在未来 6～9 月内提高资本金水平，或等待政府的资本重组。欧洲某些顶级银行宣称，宁愿变卖资产也拒绝筹资。因为目前欧洲银行股股价仅平均相当于账面价值的60%，如此熊市还去融资的话，恐对股价产生更多负面影响。所以另一位顶级银行家称，此时去提高资本金门槛是犯了方向性的错误，最需要做的是去杠杆。

第五章 商业银行会计基础知识

商业银行会计是商业银行的资金及其运动结果以及由此而产生的分配关系。具体包括商业银行业务（资产业务、负债业务以及中间业务）及商业银行本身的内部资金费用收支及其利润成果等。

【本章要点】

商业银行会计的科目和记账方法；

商业银行相关业务的核算流程与处理方法。

【导入案例】

一名商业银行会计主管的工作报告（节选）

为从根本上解决我行基础管理较差、内部控制力较弱的问题，作为会计出纳部的负责人，我从以下几个方面开展了工作：

(1) 把各部室的负责人、临柜柜员、内勤主任、监管员以及办公室等相关职能部门一并纳入会计内控管理组织体系。大家各司其职、齐抓共管、相互制约、相互监督、一体考核，让会计内控管理关系更清晰，内控管理层次得到显著提升。

(2) 坚持按月组织开展监管检查工作，促进会计内控管理水平逐步提高。会计监管是内控管理的重要组成部分和操作风险的重要防线。坚持按计划、按程序每月对营业部进行一次认真细致的检查，做到每次检查都有方案、有通知、有记录、有整改、对责任人有处理。从已结束的检查监管情况来看，累计查出问题 37 个次，绝大部分问题得到整改或改善，处理或建议处理责任人 2 人次，其中扣发考核性工资 4 人次，扣款金额 400 元。

(3) 坚持突击轮岗带班制度，充分发挥会计监控系统的监督作用。一方面能促使各岗都能熟悉、掌握不同岗位的业务操作，提高操作技能；另一方面让柜员自己互查，在离岗交接时显现隐性问题，创新防范风险的手段。我每月会不定期突击要求员工临时休假，然后自己临柜代班。通过岗位轮换和全日制代班，已发现纠正涉及印鉴管理、借据管理、账簿记载、档案归档等方面共12处问题。通过调看监控录像观察临柜人员的操作程序是否合规，直接促进了我行临柜人员工作效率的提高，规避了操作风险，更重要的是对会计人员产生了一种持续、强大的监督和威慑作用。

(4) 时刻履行事前、事中、事后全程监控的会计监督职责，严守四道防线。第一道为综合柜员，严密审查受理业务的凭证要素、业务手续、资金支付等的合理性、合规性等，如实记载柜面监督登记簿，需要信贷部门调查反馈的则提交营业柜面会计监督意见及处理单，并按月向行长汇报柜面监督情况。第二道为坐班主任，一方面负责对当日重要业务、关键环节进行授权把关，对当日发现问题当日纠正，次日再逐笔审核会计凭证，及时解决业务处理过程中的问题；另一方面通过查库、查看账簿、审核报表、对账等形式对内部管理中的各个环节进行检查监督。第三道为财会主管，通过每日对各大业务系统运行情况进行了解、每周调阅录像、每旬查库、资产安全检查、IC卡检查、核对印鉴卡与验印系统、每日查看柜面人员的工作日志、月末审核银企对账、定期核对内外账务等方式进行全面检查辅导。第四道为全体临柜人员，每天需要组织柜面人员两次重查当天业务处理情况，发现差错当天整改，同时利用次日晨会对前一天处理的业务进行点评。

第一节　商业银行会计概述

一、商业银行会计的概念

银行会计是会计的一个分支，也是一门专业会计，是把会计的基本原理和基本方法具体应用到银行这一特定部门的专业会计。具体来说，是以货币为主要计量单位，运用确认、计量、记录和报告等专业的会计方法，对银行的业务活动进行全面、连续、系统的核算和监督，并进行分析预测，参与经营决策的一种经济管理活动。

二、确认和计量的一般原则

（一）权责发生制原则

指凡是当期已经实现的收入和已经发生或应当负担的费用，不论款项是否收付，都应当作为当期的收入和费用；凡是不属于当期的收入和费用，即使款项已在当期收付，也不应当作为当期的收入和费用。

（二）配比原则

指会计核算时，收入与其成本、费用应当相互配比。

（三）历史成本原则

指会计核算中对各项财产在取得时应按照实际成本计量。

（四）划分收益性与资本性支出的原则

指凡支出的收益仅涉及本年度（或一个营业周期）的，应当作为收益性支出；凡支出

的收益涉及几个会计年度（或几个营业周期）的，应当作为资本性支出

三、商业银行会计科目的分类

银行会计科目的分类有两种：一种是划分为表内科目和表外科目；另一种是划分为资产类、负债类、资产负债共同类、所有者权益类和损益类。

（一）按资产负债表关系划分

从形式上看，在资产负债表内的科目就称为表内科目；凡不列入表内的，就称为表外科目。但从实质上看，就不是这么简单了。表内、表外科目的划分有其内在的理论依据，其划分标准是看会不会引起银行资产负债的增减变化。会引起增减变化的就是表内科目，不会引起银行资产负债增减变化的就是表外科目。

（二）按会计科目的性质划分

1. 资产类科目

反映银行的债权和财产以及其他权利。比如，银行借款反映银行的债权，而现金、固定资产等会计科目反映银行的财产，票据贴现等反映银行的权利。资产类会计科目的余额一般反映在借方。

2. 负债类科目

反映银行的债务。比如吸收的各类存款，它是形成银行资产的主要来源，一般占80%以上。负债类会计科目的余额一般反映在贷方。

3. 资产负债共同类科目

反映银行的债权和债务。其特点是：在某些情况下是资产类科目，而在某些情况下又变成负债类科目。即余额在借方时属于资产类科目，而余额在贷方时则属于负债类科目。

4. 所有者权益类科目

是投资者对银行业净资产的所有权。包括实收资本、资本公积、盈余公积、本年利润和利润分配等会计科目。其中实收资本、资本公积、盈余公积三个科目为贷方余额。本年利润和利润分配两个科目的余额可以反映在贷方也可以反映在借方，借方余额为亏损，贷方余额为盈利。

5. 损益类科目

为财务类科目，主要包括各类收入和各类支出。各类收入或收益科目的余额反映在贷方，而各类支出或损失科目的余额反映在借方。各收入或收益类科目应按期转入本年利润科目的贷方，各支出和费用类科目应按期转入本年利润科目的借方。

四、商业银行会计记账方法

（一）单式记账法与复式记账法

我国银行现在同时使用两种记账法，在表内科目上使用复式记账法，在表外科目上使用单式记账法。

1. 单式记账法

是指对已发生的每一笔经济业务，只单方记入一个账户或一个科目，从会计分录上不能直观地反映其资产的来龙去脉。目前，仅适用于表外科目的记账。在业务发生时记“收

入”，业务注销或冲减时记“付出”，不涉及其他科目，也不存在平衡关系。

2. 复式记账法

是指对每笔经济业务要按相等的金额，记入两个或两个以上的相互联系的会计科目或账户。它可以全面地反映资金运动的来踪去迹，可以防止差错和便于检查账务的记录。银行采用的复式记账法有借贷记账法和收付记账法。

（二）借贷记账法

借贷记账法是目前企业经常用到的一种记账法。以“资产＝负债＋所有者权益”的会计平衡公式为理论依据，用借、贷为记账符号，以“有借必有贷、借贷必相等”为记账规则。具体有以下几类：

1. 资产类增加，资产类减少

例：成都商业银行向个人买入黄金，计付现金 1 000 元。

借：贵金属　　1 000

　贷：现金　　1000

2. 负债类减少，负债类增加

例：成都某超市持成都某食品公司开出的转账支票 2 000 元，到成都商业银行办理转账。

借：活期存款——某食品公司　　2 000

　贷：活期存款——某超市　　2 000

3. 资产类增加，负债类增加

例：成都某食品公司获得成都商业银行短期贷款 4 000 元，并到该银行办理转账。

借：短期贷款——某食品公司　　4 000

　贷：活期存款——某食品公司　　4 000

4. 负债类减少，资产类减少

例：成都某超市归还银行短期贷款 6 000 元，银行当即办理转账（假设无利息）。

借：活期存款——某超市　　6 000

　贷：短期贷款——某超市　　6 000

五、账务组织与账务核算

（一）账务组织的概念

银行账务组织，又称会计核算形式，是账簿设置、记账程序和核对方法的有机结合。该核算体系包含明细核算和综合核算两个核算系统。

（二）明细核算

明细核算由分户账、登记簿、余额表组成，包括现金收入日记簿和现金付出日记簿。其核算程序是：根据会计凭证，登记分户账或登记簿；根据分户账编制余额表；最后同总账进行核对。

1. 分户账

分户账是明细核算的主要形式。银行常用的分户账格式是甲、乙、丙、丁 4 种。

2. 登记簿

登记簿是明细核算的辅助形式，是适应表内、表外科目某些业务的需要而设立的账簿。

3. 现金出纳日记簿

是指现金收入日记簿和现金付出日记簿，是现金收付的明细记录。待每日营业终了时，各自结出合计数。

4. 余额表

分为甲种余额表和乙种余额表。

（三）综合核算

综合核算是以科目进行核算的，是各科目资金增减变化的总括反映，对明细核算起着驾驭的作用。综合核算的账簿设置主要包括科目日结单、总账和日计表。

1. 科目日结单

科目日结单是本科目传票当天的汇总记录，所以具有汇总传票的性质。凡是每天有发生业务的科目都要填制科目日结单，科目日结单分为表内、表外科目日结单两种。

2. 总账

又称为总分类账簿，它按会计科目设置账簿，是各科目的总括记录，它统驭和控制着明细分户账。对借贷双方反映余额的科目，应根据分户账的借方、贷方余额，分别加计总数填入总账，然后将该科目上日余额轧差，加减本日发生额，同本日余额的差额核对。

3. 日计表

反映当天业务活动和轧平当天全部账务的重要工具，也是银行按日编制的试算平衡表。日计表包括表内科目和表外科目两部分，表内科目在前，表外科目在后。

（四）账务核算程序

核算程序是指明细核算和综合核算的账务核算过程及其先后顺序，包括明细核算程序和综合核算程序。

1. 明细核算程序

审查会计凭证——确定会计分录——记入分户账（现金传票还要登记现金收入日记簿或现金付出日记簿）——填制余额表。

2. 综合核算程序

根据分户账每科目传票填入同一科目日结单——填总账——按总账发生额和余额编制日计表。

账务核算流程图见图 5—1。

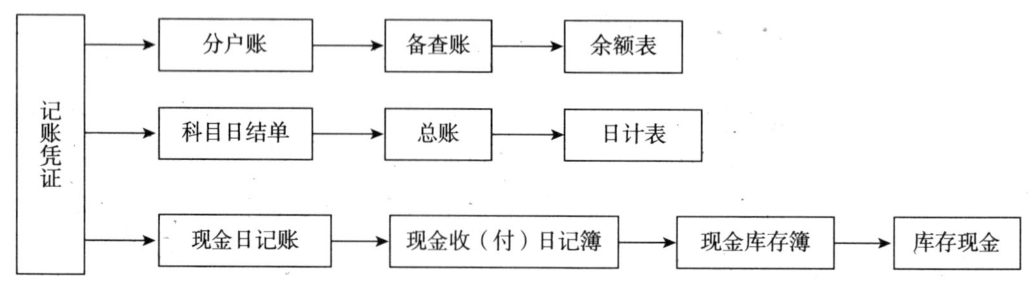

图 5—1　账务核算流程图

第二节　单位活期存款业务的核算

单位活期存款是指不确定期限、可以随时存取的存款账户。在活期存款业务中，其存取方式既包括现金的存取，也包括非现金存取的转账结算。本部分只介绍现金存取业务。

一、存取款业务的处理

支票户是指单位在银行开立的、凭支票等结算凭证存取款项的账户。在此业务中，取款的凭证是现金支票或没有划线的普通支票；存款的凭证是进账单或现金缴款单。

（一）存入现金的核算

当单位向银行缴存现金时，应按所缴的现金填制一式两联的现金缴款单，连同现金一并交给银行出纳部门，经出纳员收妥现金，加盖“现金收讫”戳记和收款员名单，登记现金收入日记簿。现金缴款单第一联回单退交给存款单位，第二联代现金收入传票，送交会计部门凭以登记分户账。记账时，会计分录为：

借：现金

　贷：单位活期存款——××单位存款户　　现金缴款单

这里需要注意一个原则：现金收入业务，先收款、后记账。

（二）支取现金的核算

单位向银行支取现金时，应签发现金支票交给银行的会计柜审核。经银行会计柜审核无误后，将支票的出纳对号单撕下交给取款人，然后以现金支票代记账凭证登记分户账。会计分录为：

借：活期存款——××单位存款户　　现金支票

　贷：现金

记完账的现金支票，送交出纳部门登记现金付出日记簿，配款叫号。支票付款时，应加盖“现金付讫”戳记，表明现金已经支付。这里同样有一个原则：现金付出业务，先记账、后付款。同时，应注意按照央行的规定，银行对外支付的票币应在七成新以上。

单位的现金存、取业务，由于其单笔的现金收付数额一般都较大，因此从银行内部控制的角度考虑，现金出纳与会计记账属于不可兼容的职务，必须坚持岗位分离原则，现金收付业务不宜实行单人柜员制。

二、单位存款利息转账的核算

为了准确反映各期的成本和利润水平，根据权责发生制原则，商业银行采取按月计提应付利息的做法，对定期存款按存入时挂牌利率计提，活期存款按现行挂牌利率计提，应付利息逐步由一级分行集中统一计提核算。

（一）一级分行集中计提应付利息

借：利息支出——单位定期（或活期）存款利息支出户

　贷：应付利息——单位定期（或活期）利息户

（二）各分支机构支付存款利息

各分支机构按实际发生的利息支出直接计入当期成本。

1. 活期存款利息转账

借：利息支出——单位活期存款利息支出户

　贷：××存款——××单位存款户

2. 定期存款利息转账

借：单位定期存款——××单位定期存款户

　　利息支出——单位定期存款利息支出户

　贷：××存款——××单位活期存款户

3. 一级分行冲减实际利息支出

借：应付利息——单位定期（或活期）利息户

　贷：利息支出——单位定期（或活期）存款利息支出户

第三节　贷款业务的核算

根据《金融企业会计制度》的规定，对信用贷款和担保贷款，商业银行设置了“短期贷款”和“中长期贷款”以及“逾期贷款”三个会计科目进行核算；对抵押贷款方式，专门设置了“抵押贷款”科目；随着质押贷款从抵押贷款中分离出来，还应增设“质押贷款”科目。

一、发放贷款的核算

借款单位申请贷款时，应填写借款申请书，经信贷部门同意后，签订借款合同。借款合同一经签订，即具有法律效力，银行和借款单位都必须严格遵守合同条款，履行合同规定的义务。

借款合同签订后，贷款单位应填制并提交一式五联的借款凭证。其中第一联是借据（借方传票），应加盖借款单位公章、法人代表章及预留印鉴；第二联是贷方传票；第三联是收账通知；第四联是放款记录；第五联是到期卡。

然后，借款单位将借款申请书，连同借款凭证，一起提交至银行信贷部门。信贷部门审查同意后，送交银行会计部门办理。银行会计部门收到并经审核无误后，就为贷款单位开立贷款分账户，并以借款凭证第一联代借方传票，第二联代贷方传票，将存款转账至借款单位存款账户。会计分录为：

借：短期贷款（或中长期贷款）——信用贷款——××借款单位贷款户

　贷：活期存款——××借款单位存款户

转账后，第三联借款凭证加盖转讫章后作回单交借款人，作为其存款账户的收账通知；将第四联放款记录加盖转讫章后送信贷部门留存备查；第五联借款凭证代检查卡，按贷款到期日先后顺序专夹保管。

二、按期收回贷款的核算

会计部门应经常查看借款的到期情况，在贷款快到期时，应与信贷部门联系，由信贷部门提前三天通知借款人准备资金，以便按期还款。在实际工作中，会计部门对到期的贷款有两种不同的处理方法。

（一）借款人主动归还到期贷款的核算

借款人主动归还贷款时，应填写一式四联的还款凭证。还款凭证各联的用途分别是：第一联支款凭证；第二联收款凭证；第三联还款记录；第四联回单。

如果借款人在贷款行开立了存款账户，则借款人在贷款到期日或提前以其存款账户上的资金主动归还已到期或将要到期的贷款时，还应签发转账支票，与还款凭证一起送交开户行会计部门，办理还款手续。会计部门收到还款凭证后，应与贷款卡片账进行核对，核对无误后，计算贷款利息，然后以还款凭证第一、二联代借方、贷方传票办理转账。会计分录为：

借：活期存款——××借款单位存款户

贷：短期贷款（或中长期贷款）——信用贷款——××借款单位贷款户

利息收入——××贷款利息收入户

转账后，将第三联还款凭证签章后送交信贷部门，第四联还款凭证签章后退还借款人，原保管的第五联借款凭证加盖“注销”戳记交借款人。

如果借款人未在贷款行开立存款账户，则借款人在贷款到期日或提前主动归还已到期或将要到期的贷款时，应将签发的支票与还款凭证一起送交贷款行会计部门，办理还款手续。会计部门通过票据交换员在票据交换所办理票据交换手续，经借款人开户行对转账支票审核无误后才能办理相关转账手续。会计分录为：

借：存放中央银行款项

贷：短期贷款（或中长期贷款）——信用贷款——××借款单位贷款户

利息收入——××贷款利息收入户

如果借款人分次归还贷款，则银行应当在原借据上分次记录每次的还款情况，等贷款人最后还清贷款时再将保管的第五联借款凭证加盖“注销”戳记交借款人。

（二）银行主动扣收到期贷款的核算

贷款到期时，如果借款人未能主动归还贷款，而其存款账户的资金余额又足够还款，则在会计部门征得信贷部门同意后，由信贷部门填制“贷款收回通知单”，加盖业务公章后交会计部门。会计部门可凭此填制一式四联的“还款凭证”扣还贷款。还款凭证各联的用途及会计分录同上。即：

借：活期存款——××借款单位存款户

贷：短期贷款（或中长期贷款）——信用贷款——××借款单位贷款户

利息收入——××贷款利息收入户

三、贷款逾期的核算

逾期贷款是指贷款本金到期（含展期后到期）后应当收回而未能收回的贷款。贷款逾期时应将该笔贷款的本金从原短期贷款或中长期贷款科目转入该借款人逾期贷款账户进行核算，并按规定计提利息，会计分录为：

借：逾期贷款——信用贷款——××借款单位逾期贷款户

贷：短期贷款（或中长期贷款）——××借款单位贷款户

如果贷款的本金逾期90天而尚未收回，则会计制度规定应停止计提利息收入，从应计贷款转为非应计贷款单独核算；停止计提的利息收入应在表外科目“应收未收贷款利息”中单独核算。此时，应当编制如下两笔会计分录：

借：非应计贷款——信用贷款——××借款单位贷款户

　　贷：逾期贷款——信用贷款——××借款单位逾期贷款户

同时：

（表外）收入：应收未收贷款利息——××借款单位户

从应计贷款转为非应计贷款后，在收到该笔贷款的还款时，首选应冲减本金；本金全部收回后，再收到的还款则确认为当期利息收入。

第四节　票据贴现业务的核算

到目前为止，我国境内商业银行办理的贴现票据，仅限商业承兑汇票和银行承兑汇票，在实际工作中，银行受理的银行承兑汇票多于商业承兑汇票。

一、申请票据贴现业务的核算

持票人持未到期的商业汇票到开户行申请贴现时，应填制一式五联的贴现凭证，在第一联上按规定签章后，连同汇票一并送交银行信贷部门。贴现凭证各联的用途分别是：第一联作贴现借方凭证，第二联作持票人账户贷方凭证，第三联作贴现利息贷方凭证，第四联给持票人作收账通知，第五联为到期卡。

贴现银行信贷部门接到持票人交来的贴现凭证和汇票，经审查无误后并同意贴现时，在贴现凭证的“银行审批”栏签注“同意”字样并加盖有关人员名章后送交会计部门。会计部门计算完贴现利息和实付贴现金额后，以贴现凭证的第一联作“贴现”科目借方凭证，第二、三联分别作贴现申请人存款账户贷方传票和贴现利息收入科目贷款传票办理转账。会计分录为：

借：贴现——商业（或银行）承兑汇票户

　　贷：活期存款——××贴现申请人户

　　　　利息收入——贴现利息收入户

转账后，第四联贴现凭证加盖转讫章作收账通知交给贴现申请人，第五联和汇票按到期日顺序排列，专夹保管。

二、贴现汇票到期收回贴现款的核算

（一）贴现的商业承兑汇票到期收回贴现款的核算

商业承兑汇票贴现款的收回是通过委托收款方式进行的。贴现银行作为持票人，对同城承兑的汇票，应于汇票到期日办理收款；对异地承兑的汇票，应于汇票到期前匡算邮程，提前填制委托收款结算凭证连同汇票一并向承兑人收取票款。

贴现银行收到承兑人开户行划回的票款后，马上将贴现科目转销，会计分录为：

借：联行来账

　　贷：贴现——商业承兑汇票户

如果承兑人存款账户资金不足以支付票款，则贴现银行收到被退回的委托收款凭证和汇票时，对已贴现的款项应从贴现申请人的存款账户收取。收取款项时应填制特种转账借方传票两联，在“转账原因”栏内注明“未收回××号汇票款，贴现款已从你账户收回”，一联代单位存款户借方传票，另一联加盖业务公章随同汇票交给贴现申请人。原留存的第五联贴现凭证作贴现科目贷方传票办理转账。会计分录为：

借：活期存款——××贴现申请人户

　　贷：贴现——商业承兑汇票户

如果贴现申请人存款户资金也不足支付票款，则不足支付部分转作逾期贷款。其会计分录为：

借：活期存款——贴现申请人户

　　（或逾期贷款——贴现申请人贷款户）

　　贷：贴现——商业承兑汇票户

（二）贴现的银行承兑汇票到期收回贴现款的核算

银行承兑汇票的承兑银行要于汇票到期日前将汇票款从承兑申请人存款账户中扣收后专户储存，所以银行承兑汇票不会发生退票。

银行承兑汇票贴现款的收回是通过委托收款方式进行的。贴现银行作为持票人，对同城承兑的汇票，应于汇票到期日办理收款；对异地承兑的汇票，应于汇票到期前匡算邮程，提前填制委托收款结算凭证连同汇票一并向承兑人收取票款。

贴现银行收到承兑银行划回的票款后，马上将贴现科目转销，其会计分录为：

借：联行来账

　　贷：贴现——××商户

第五节　商业银行与中央银行往来业务的核算

根据我国有关规定，各商业银行实行独立核算的行处均须在中国人民银行开立备付金存款账户（即基本存款账户），以便通过中国人民银行办理有关业务。基本存款账户是商业银行与中央银行之间唯一的资金流通渠道。

商业银行与中国人民银行往来的业务内容主要包括：

（1）各商业银行经收的国家金库款以及财政性存款全部缴存中国人民银行。

（2）各商业银行吸收的一般性存款须按规定比例缴存准备金至中国人民银行。

（3）商业银行通过中国人民银行清算本系统联行汇差。

（4）商业银行通过中国人民银行调拨业务资金。

（5）商业银行在核定的额度内向中国人民银行借入信贷资金。

（6）商业银行向中国人民银行发行库领存现金。

（7）商业银行营运资金不足时，向中国人民银行申请再贷款、再贴现等。

一、会计科目的设置

为加强对金融机构往来的管理，满足各商业银行通过中国人民银行办理资金划拨清算和适应资金营运的需要，须设立以下会计科目：

（一）存放中央银行款项

此科目属于资产类账户，是商业银行在央行开立的准备金账户，反映商业银行存入央行的各种存款，如业务资金的存入、调拨、提取，或解缴现金、同城往来资金结算、按规定缴存的财政性存款和一般性存款等业务。解缴现金、存入中央银行款项时，记入借方；提取现金、支出款项时，记入贷方。余额应该在借方，表示本行在中央银行存款的实有数。本账户下设“存放中央银行款项”、“存放中央财政性存款”、“存放中央银行一般性存款”等明细科目。实际工作中，常将明细账户提升为一级账户使用。

（二）向中央银行借款

此科目反映商业银行向央行借入的各种款项。可按借款性质设立明细账户，其余额反映在贷方。

（三）××银行准备金存款

此科目由中央银行设置，用于核算各商业银行存放在央行的准备金以及用于领缴现金、资金调拨、资金清算和日常支付的款项，这是负债类科目。科目下设立“准备金存款”科目（总行专用），核算各商业银行全系统的法定准备金及系统内资金调拨、资金清算和日常支付的款项；设立“金融机构存款”科目（分支机构专用），核算各商业银行分支机构领缴现金、资金调拨、资金清算和日常支付的款项。

二、商业银行向中央银行存取款项的核算

（一）向中央银行存取现金的核算

根据货币发行制度的规定，商业银行应对其所属行处的库核定必须保留的现金的限额，并报开户中央银行发行库备案，超过业务库存限额的现金，应缴存开户行发行库；需用现金时，可签发现金支票到开户行发行库提取现金。

1. 存入现金的核算

商业银行向中央银行缴存现金时，填制现金缴款单一式两联，连同现金一并缴存中央银行。中央银行点收无误办妥缴库手续后，退回一联现金缴款单，商业银行据以进行账务处理，会计分录为：

借：存放中央银行款项

　贷：现金

2. 支出现金的核算

商业银行向中央银行支取现金时，填写现金支票，经审查同意将现金取回，进行账务处理，会计分录为：

借：现金

　贷：存放中央银行款项

（二）向中央银行转账划拨的核算

1. 商业银行将资金存入中央准备金存款账户

借：存放中央银行款项

贷：××科目

2. 商业银行从准备金存款账户拨付资金

借：××科目

贷：存放中央银行款项

三、商业银行向中央银行借款的核算

（一）再贷款发放的核算

商业银行向中央银行申请借款时，应向中央银行提交贷款申请书。经中央银行审查同意后，应填制一式五联借款凭证，并在第一联上加盖预留中央银行存款户印鉴，送交中央银行办理借款手续。待收到中央银行退回的第三联借款凭证（即收账通知联），应凭以编制转账借、贷方传票，办理转账。会计分录为：

借：存放中央银行款项

贷：向中央银行借款——××借款户

（二）再贷款收回的核算

借款到期，商业银行应主动办理还贷手续。由会计部门填制一式四联还款凭证（第一联为借方传票，第二联为贷方传票，第三联为还款记录，送中国人民银行计划部门，第四联为回单），加盖预留印鉴后提交中央银行。待收到中央银行退回的还款凭证第四联（支款通知）和借据，以还款凭证代转账传票（借据作附件），办理转账。会计分录为：

借：向中央银行借款——××借款户　（本金）

金融企业往来支出　（利息）

贷：存放中央银行款项　（本利和）

（三）逾期贷款的核算

如果借款银行在贷款到期后无力偿还，则中国人民银行会计部门应于到期日填制特种转账借、贷方传票，将该笔贷款转入逾期贷款账户。会计分录为：

借：××银行贷款——××行逾期贷款户

贷：××银行贷款——××行××贷款户

（四）再贷款利息的核算

商业银行会计分录为：

借：金融企业往来支出

贷：存放中央银行款项

四、再贴现的核算

（一）办理再贴现的核算

商业银行持未到期的商业汇票向中国人民银行申请再贴现时，应在汇票背面背书，并根据汇票填制一式五联的再贴现凭证（第一联为借方传票，第二联为贷方传票，第三联为利息传票，第四联为收账通知，第五联为到期检查卡），在第一联上预留印鉴，连同商业汇票一并交给中国人民银行计划部门。

商业银行收到央行退回的第四联再贴现凭证和承兑汇票后，据以编制特种转账借、贷方传票，办理转账。会计分录为：

借：存放中央银行款项

　　金融企业往来支出——中央银行往来支出户

　贷：向中央银行借款——再贴现借款户

（二）再贴现到期收回的核算

再贴现申请银行在汇票到期时，应编制如下会计分录：

借：向中央银行借款——再贴现借款户

　贷：存放中央银行款项

（三）再贴现到期未收回的核算

商业银行收到央行从其存款户中收取再贴现票据的通知（特种转账借方传票）并审核无误后，进行账务处理。会计分录为：

借：向中央银行借款——再贴现户

　贷：存放中央银行款项

　　　向中央银行借款——逾期贷款户

第六节　商业银行往来业务的核算

商业银行之间的往来又称同业往来，是指商业银行之间由于资金划拨、款项汇划及货币结算业务而相互代收代付款项所发生的资金账务往来。在实际工作中，单位、个人办理结算，有的在同一系统银行开户，有的不在同一系统银行开户，有大量的业务发生在不同的商业银行之间，如跨系统资金结算、同业拆借和转贴现业务等。这样会引起银行之间的往来有的是系统内的，有的是跨系统的。同城的商业银行之间为了解决临时资金短缺，进行相互调剂，一般可通过同城票据交换进行；异地的商业银行往来，有的只需通过中央银行划转，有的还需通过系统内联行往来的帮助。

一、账户设置

（一）同业存放款项

该账户是负债类账户，用以核算其他商业银行在本行开户存放的款项。有关商业银行存入或划账转入款项时，记入贷方；提现或转账支付时，记入借方；余额在贷方，表示有关商业银行在本行存款的实有数额。该账户可按其他商业银行存款、政策性银行存款、证券公司存款、基金存款、其他金融性公司存款等设置明细账。

（二）存放同业存款

该账户是资产类账户，用以核算本行在其他商业银行开户存放的款项。存入或划账转入款项时，记入借方；提现或转账支付时，记入贷方；余额在借方，表示本行在其他商业银行存款的实有数额。此账户按所开户商业银行名称设明细账。

（三）拆放同业

该账户是资产类账户，用于核算对其他金融机构拆出资金的业务。拆出资金时，记入借方；他行归还拆借资金时，记入贷方；余额应该在借方，表示本行对其他金融机构拆出资金的实有数额。该账户可按拆入行设明细账。

（四）同业拆入

该账户是负债类账户，用于核算向其他金融机构拆入资金的业务。拆入资金时，记入贷方；归还拆借资金时，记入借方；余额应该在贷方，表示本行向其他金融机构拆入资金的实有数额。该账户可按拆出行设明细账。

二、同城同业拆借的核算

同城拆借时，由拆出行签发在央行开立的备付金存款账户的支票，交拆入行，由拆入行提交央行，将拆借资金划转拆入行存款户。到期归还时，由拆入行连同本息签发支款凭证，提交央行，将拆借款项转入拆出行存款账户。

（一）拆借时的核算

1. 拆出行的处理

拆出行根据借款行提交的借款凭证审核无误后，签发中国人民银行转账支票，办理转账。会计分录为：

借：拆放同业——××拆入行户

　　贷：存放中央银行款项

然后将转账支票交给借款行，由借款行根据支票内容填写进账单，到中国人民银行办理资金划转的手续。

2. 拆入行的处理

拆入行收到入账通知后，办理转账。会计分录为：

借：存放中央银行款项

　　贷：同业拆入——××拆出行户

例：A银行××分行向B银行××分行拆借资金100 000元，用于临时性资金周转，拆借期限10天，日利率为0.3‰，通过中国人民银行办理拆借款项。编制相关会计分录。

解：B银行××分行作如下会计分录：

借：拆放同业——A银行××分行　　100 000

　　贷：存放中央银行款项　　100 000

A银行××分行作如下会计分录：

借：存放中央银行款项　　100 000

　　贷：同业拆入——B银行××分行　　100 000

（二）拆借资金归还的核算

1. 拆入行的处理

拆借资金到期，拆入行应计算出借款利息，根据本息开具中国人民银行转账支票，送交开户的中国人民银行，办理资金的划转。会计分录为：

借：同业拆入——××拆出户

　　金融企业往来支出——拆借利息支出

　　贷：存放中央银行款项

2. 拆出行的处理

拆出行接到收账通知后，办理转账。会计分录为：

借：存放中央银行款项

　　贷：金融企业往来收入——拆借利息收入

　　　　拆放同业——××拆入行户

例：A银行××分行向B银行××分行拆借资金100 000元，用于临时性资金周转，拆借期限10天，日利率为0.3‰，10天拆借期满，A银行××分行计算应付利息，连本带利拆借资金。编制归还拆借资金的相关会计分录。

解：拆借资金利息=100 000×10×0.3‰=300（元）。

A银行××分行作如下会计分录：

借：同业拆入——B银行××分行　　100 000

　　金融企业往来支出——拆借利息支出　　300

　　贷：存放中央银行款项　　100 300

B银行××分行作如下会计分录：

借：存放中央银行款项　　100 300

　　贷：拆放同业——A银行××分行　　100 000

　　　　金融企业往来收入——拆借利息收入　　300

三、异地同业拆借的核算

异地同业拆借业务发生时，拆出行通过其所在地的央行将款项汇往拆入行所在地开户的央行，并由拆入行开户的央行转入拆入行账户；归还拆借款时，由拆入行将款项汇给拆出行。

（一）拆借时的核算

1. 拆出行拆放资金的会计分录

借：拆放同业——××行户

　　贷：存放中央银行款项——拆出行户

2. 拆入行拆入资金的会计分录

借：存放中央银行款项——拆入行户

　　贷：同业拆入——××行户

（二）拆借资金归还时的核算

1. 拆入行归还本息的会计分录

借：同业拆入——××行户

　　金融企业往来支出

　　贷：存放中央银行款项——拆入行户

2. 拆出行收到归还拆借本金的会计分录

借：存放中央银行款项——拆出行户

　　贷：拆放同业——××行户

　　　　金融企业往来收入

第七节　商业银行利润分配的核算

利润分配是将银行所实现的利润总额，按照有关法规和投资协议所确认的比例，在国家、银行、投资者之间进行分配。银行实现的利润总额，首先要依法交纳所得税，税后利润才能按规定的分配顺序进行分配。

一、利润总额的调整

银行的利润总额在依法纳税前可以进行调整。调整内容如下：

（1）按照国家规定，如果银行年度中发生亏损，则允许用交纳所得税前的利润弥补，但连续弥补期不得超过5年，5年内未能连续弥补完的亏损，只能用交纳所得税后的利润弥补。

（2）国家也允许银行在交纳所得税前增减有关收入或支出的项目，如对上年决算按国家规定进行调整；为避免对投资收益重复征税，在确定应税利润时，对已税收益加以扣除等。

二、银行利润分配的法定关系

银行按规定分配次序进行利润分配时，必须遵循一定的法定关系，表现为：

（1）银行以前年度亏损未弥补完，不得提取公积金和公益金。

（2）银行在提取公积金和公益金以前，不得向投资者分配利润。

（3）银行必须按照当年税后利润（减弥补亏损）的10%提取法定盈余公积金。如果银行历年提取的盈余公积金已达到注册资金的50%，则可以不再提取盈余公积金。

（4）银行以前年度未分配利润，可以并入本年利润统一分配。

（5）银行在向投资者分配利润前，经董事会决定，可以提取任意盈余公积金。

（6）银行没有当年利润，不得向投资者分配利润。

（7）提取盈余公积金和公益金。提取法定盈余公积金，可以用于弥补亏损或者转增资本。但银行留存的法定盈余公积金一般不得低于注册资本的25%。银行提取的公益金，主要用于银行的文教、职工福利设施支出。

三、利润分配的核算

（一）会计科目的设置

为了加强利润分配的核算，银行应设置“利润分配”科目。该科目属于所有者权益类，用于核算银行按规定分配的利润或应弥补的亏损和历年分配（或补亏）后的结存余额。借方反映各种利润分配事项，贷方反映抵减利润分配的事项，年末借方余额表示未弥补的亏损总额，贷方余额表示累计未分配利润总额。

“利润分配”科目的明细科目可设置为：应交所得税、罚没损失、提取盈余公积、盈余公积补亏、应付利润、未分配利润等。

（二）利润分配的账务处理

（1）将年度实现的利润总额转入“利润分配”账户。其会计分录如下：

借：本年利润

　　贷：利润分配——未分配利润户

如果是亏损总额，则作相反分录。

（2）计算应交所得税。其会计分录如下：

借：利润分配——应交所得税户

　　贷：应交税金——应交所得税户

（3）抵补各项滞纳金、罚款、罚息。为了用利益机制限制和约束银行的违规行为，国家规定，银行因各种违规行为所受的处罚在其税后利润中列支，不得计入成本。支付各项罚款、罚息时，其会计分录如下：

借：其他应付款

　　贷：存放中央银行款项或有关科目

（4）用盈余公积补亏损。其会计分录如下：

借：盈余公积

　　贷：利润分配——盈余公积补亏户

（5）提取法定盈余公积金。其会计分录如下：

借：利润分配——提取盈余公积户

　　贷：盈余公积

（6）提取公益金。其会计分录如下：

借：利润分配——提取公益金户

　　贷：盈余公积——公益金户

（7）支付投资者利润。其会计分录如下：

借：利润分配——应付利润户

　　贷：应付利润

（8）按上述顺序全部分配完毕后，要将“利润分配”科目所有已分配利润各明细的余额结转到“未分配利润”明细科目中。其会计分录如下：

借：利润分配——未分配利润

　　贷：利润分配——应交所得税

　　　　　　　——提取盈余公积

　　　　　　　——提取公益金

　　　　　　　——应付利润

结转后，“利润分配”科目的其他各明细科目均无余额；只有“未分配利润”明细科目有余额，表示剩余尚未分配的利润，可留作留存收益，与新年度的利润一并进行分配；如为借方余额，则为未弥补亏损。

【本章小结】

1. 商业银行会计的核算方法包括基本核算方法和业务核算手续两部分。基本核算方法是进行各项业务核算的基础，业务核算手续是基本核算方法在各项业务核算种的具体运用。基本核算方法包括的内容：会计科目、会计凭证、账务组织与处理程序。

2. 商业银行的存款业务、贷款业务、票据贴现业务、金融机构往来业务与利润分配的核算流程和处理方法不同，反映了各项业务的资金及其资金运动变化的过程和结果。

【关键术语】

银行会计；基本核算方法

Bank Accounting；Basic Accounting Method

【习题】

一、单选题

1. 会计科目一般分为（　　）。

A. 资产类、负债类

B. 资产类、负债类、资产负债共同类、损益类和所有者权益类

C. 资产类、负债类、资产负债共同类

D. 资产类、负债类、所有者权益类

2. 综合核算由（　　）组成。

A. 科目日结单、日计表、总账　　B. 科目日结单、月计表、总账

C. 科目日结单、余额表、日计表、总账　　D. 科目日结单、余额表、月计表、总账

3. 明细核算由（　　）组成。

A. 总账、余额表、日报表　　B. 科目日结单、分户账、日计表

C. 分户账、登记簿、余额表　　D. 科目日结单、分户账、月计表

二、多选题

1. 银行柜员在操作库存现金盘库业务时，必须即时打印（　　）资料。

A. 营业轧账单　　B. 盘库情况记录表

C. 现金收付明细登记簿　　D. 库款券别明细表

2. 正确的会计凭证装订顺序是（　　）。

A. 先表内科目，后表外科目

B. 表内科目按现收、现付、转借、转贷顺序排列

C. 表外科目按付出、收入顺序排列

D. 科目日结单订在各科目凭证的前面

3. 下列关于现金收、付款程序的叙述正确的是（　　）。

A. 现金收入必须“先记账，后收款”　　B. 现金付出必须“先记账，后付款”

C. 现金收入必须“先收款，后记账”　　D. 现金付出必须“先付款，后记账”

4. 资产类科目用以核算各类资产，包括（　　）。

A. 现金业务周转金　　B. 存放中国人民银行款项

C. 贴现　　D. 固定资产、无形资产和递延资产

5. 负债类科目用以核算各种负债，包括（　　）。

A. 利息支出　　B. 各项存款

C. 借入款项　　D. 应付利息

6. 所有者权益包括（　　）。

A. 投资者对信用社的投入资本　　B. 资本公积金

C. 盈余公积金　　D. 未分配利润

7. 表外科目记账（　　）。

A. 采用复式记账法　　B. 采用单式记账法

C. 采用借贷记账法　　D. 采用收付记账法

三、会计分录

1. A公司存入1万元人民币的现金，编制相应的会计分录。

2. A公司存入定期存款10万元，期限为3年，年利率为4%。(1) 计算第一年第一季度的应付利息，并编制计提利息支出的会计分录；(2) 3年后到期，转入公司的活期存款账户，编制相应的会计分录。

3. A公司一年期整存整取定期存款（金额10 000元）到期且逾期60天时，来行办理取款业务，计算本行应付利息，并编制相应的会计分录（设一年期整存整取利率为年利率6%，活期利率为月利率3‰）。

4. A公司于5月4日申请流动资金贷款100万元，期限为3个月，并办理了抵押贷款手续，编制相应的会计分录。

5. 某银行发放给A公司的一笔金额为400 000元的抵押贷款（应收利息为40 000元），超过规定的归还期限，经催收无效，随将其抵押品拍卖，拍卖所得为420 000元，存放在系统内某支行，编制相应的会计分录。

6. 某银行支行收回短期贷款800万元，贷款单位是A公司，贷款放款日为1月5日，收回日为当年9月5日，月利率为9‰，到期时办理贷款收回手续，计算利息并编制相应的会计分录。

7. 3月29日A公司签发三个月期的商业汇票20 000元，并于4月3日经银行承兑后将汇票交B公司，5月4日B公司持票到开户行C银行申请贴现，C银行按月贴现利率6‰予以贴现。计算贴现利息、贴现净额，并编制相应的会计分录。

8. 在A地工商银行开户的C公司向在B地建设银行开户的D公司汇款20万元，通过A地的建设银行办理转汇手续，编制A地工商银行、A地建设银行及B地建设银行的相应会计分录。

9. 工商银行某分行由于资金头寸不足，向同城的中国银行拆入资金50万元，期限为10天，日利率为6%，10天后如期还款。编制工商银行、中国银行及中国人民银行在拆借日、还款日相应的会计分录。

10. 3月1日，工商银行某支行向中国人民银行某市支行借入临时贷款300 000元，收到收账通知后，当即办理转账，编制相应的会计分录。

11. 农业银行向中国人民银行借款300万元，到期归还本金及利息共计310万元，编制农业银行还款时、中国人民银行贷款时以及中国人民银行收款时的会计分录。

12. 建设银行于7月10日向央行办理票据再贴现，票面金额为50万元，当年7月30日到期，月贴现利率为6‰，计算贴现利息及实付金额，并编制建设银行、央行办理再贴现的会计分录。

13. 某银行营业终了时，发生出纳短款 100 元，原因待查。对此笔出纳短款，按规定的报批权限批准后，可进行处理，编制相应的会计分录。

14. 对储蓄出纳发生的长期无法退还的长款 100 元，应按照规定的报批程序批准后，进行账务处理，编制相应的会计分录。

15. 用现金支付某金融机构手续费 15 000 元，编制相应的会计分录。

16. 某商业银行 12 月 31 日各损益类账户余额如下：利息收入 587 000 元，手续费收入 69 000 元，金融企业往来收入 32 700 元，其他营业收入 2 300 元，营业外收入 1 000 元；利息支出 475 000 元，手续费支出 5 300 元，金融企业往来支出 16 800 元，其他营业支出 46 900 元，营业外支出 2 100 元，营业税金及附加 41 000 元。如该银行按利润总额的 30%交纳企业所得税，计算应交所得税额和银行的净利润，并编制交纳所得税的会计分录。如按净利润的 10%提取盈余公积，计算应提盈余公积，并编制相应的会计分录。

四、简答题

1. 储蓄会计凭证有哪些基本要素？

2. 年度终了，怎样进行账务处理和结转？

【答案】

一、单选题

1. B　2. A　3. C

二、多选题

1. ABCD　2. ABD　3. BC　4. ABCD　5. BCD　6. ABCD　7. BD

三、会计分录

1. 借：现金　　1 万
　　贷：活期存款——A 公司　　1 万

2. 借：活期存款——A 公司　　10 万
　　贷：定期存款——A 公司　　10 万

(1) 应付利息：10×4%/12×3=0.1（万元）。
　借：利息支出——定期　　0.1 万
　　贷：应付利息——定期　　0.1 万

(2) 应付利息：10×4%×3=1.2（万元）。
　借：定期存款—— A 公司　　10 万
　　　应付利息——定期　　1.2 万
　　贷：活期存款—— A 公司　　11.2 万

3. 应付利息：10 000×6%=600（元）（定期），10 000×60 天×3‰(月利率)/30=60（元）（活期）。
　借：定期存款——A 公司　　10 000 元
　　　利息支出——定期　　600 元
　　　利息支出——活期　　60 元
　　贷：活期存款——A 公司　　10 660 元

4. 借：抵押贷款—— A 公司　　100 万

　贷：活期存款—— A 公司　　100 万

5. 借：辖内往来　　420 000

　贷：抵押贷款——A 公司　　400 000

　　应收未收利息——A 公司　　20 000

6. 利息：800 万元×243 天×9‰/30＝58.32 万元。

借：活期存款—— A 公司　　858.32 万

　贷：短期贷款—— A 公司　　800 万

　　利息收入——短期贷款利息　　58.32 万

7. 利息：20 000×56×6‰/30＝224（元）。

贴现净额：20 000－224＝19 776（元）。

借：贴现——B 公司　　20 000

　贷：活期存款——B 公司　　19 776

　　利息收入——贴现利息　　224

8. A 地工商银行：

借：活期存款——建设银行　　20 万

　贷：同业存放款项——C 公司　　20 万

A 地建设银行：

借：存放同业款项——工商银行　　20 万

　贷：清算资金往来　　20 万

B 地建设银行：

借：清算资金往来　　20 万

　贷：活期存款——D 公司　　20 万

9. 拆借日：

工商银行：

借：存放中央银行款项　　50 万

　贷：同业拆入款项——中国银行　　50 万

中国银行：

借：拆出同业款项　　50 万

　贷：存放中央银行款项　　50 万

中国人民银行：

借：活期存款——中国银行　　50 万

　贷：活期——工商银行　　50 万

还款日：

工商银行：

借：同业拆入款项——中国银行　　500 000

　　金融企业往来　　3 000

　贷：存放中央银行款项　　503 000

中国银行：

借：存放中央银行款项　　503 000

　贷：拆出同业款项　　500 000

　　金融企业往来收入　　3 000

中国人民银行：

借：活期存款——工商银行　　5 003 000

　贷：活期存款——中国银行　　503 000

10. 借：存放中央银行款项　　300 000

　贷：向中央银行借款——临时借款　　300 000

11. 农业银行还款日：

借：向中央银行借款　　300 万

　金融机构往来支出——借款利息　　10 万

　贷：存放中央银行款项　　310 万

中国人民银行贷款日：

借：短期贷款——农业银行　　300 万

　贷：活期存款——农业银行　　300 万

中国人民银行收款日：

借：活期存款——农业银行　　310 万

　贷：短期贷款　　300 万

　　金融企业往来收入——贷款利息　　10 万

12. 利息：0.2 万元；实付：50 万元－0.2 万元＝49.8 万元。

建设银行：

借：存放中央银行款项——备付金　　49.8 万

　金融机构往来支出——再贴现利息　　0.2 万

　贷：向中央银行借款——再贴现　　50 万

央行：

借：贴现——建设银行　　50 万

　贷：活期存款——建设银行　　49.8 万

　　金融机构往来收入——贴现利息　　0.2 万

13. 借：其他应收款——待处理出纳短款户　　100

　贷：现金　　100

借：营业外支出——出纳短款户　　100

　贷：其他应收款——出纳短款户　　100

14. 借：其他应付款——出纳长款户　　100

　贷：营业外收入——其他营业外收入户　　100

15. 借：手续费支出——金融机构　　15 000

　贷：存放中央银行款项　　15 000

16.（1）借：利息收入　　587 000
手续费收入　　69 000
金融机构往来收入　　32 700
其他营业收入　　2 300
营业外收入　　1 000
贷：本年利润　　692 000
借：本年利润　　546 100
贷：利息支出　　475 000
手续费支出　　5 300
金融机构往来支出　　16 800
其他营业支出　　46 900
营业外支出　　2 100

（2）借：本年利润　　145 900
贷：利润分配——未分配利润　　145 900

（3）未分配利润：145 900×30%＝43 770（元）。
借：利润分配——未分配利润　　43 770
贷：应交税金——所得税　　43 770

（4）未分配利润：(145 900－43 770)×10%＝10 213（元）。
借：利润分配——未分配利润　　10 213
贷：盈余公积　　10 213

四、简答题

1. 储蓄会计凭证应具备下列基本要素：业务发生的日期；会计科目及分类；账号、户名；人民币符号及大小写金额；业务活动情况摘要及附件张数；凭印支取的储户印签及是否凭密码支取；信用社有关业务公章及经办人员印章。

2. 年终决算日（每年的 12 月 31 日）营业终了，在处理好日终、月终账务后即办理年度决算工作。(1) 全面核对总分余额。各类储蓄的分户账余额，年终决算日必须核打准确，切实保证总、分账余额的相符，保证账账、账款、账表、账折（单）相符。(2) 检查核对库存现金，收回备付金，对于储蓄所的库存现金，在年终决算日经清点准确、账款相符后，通过社内往来报单，结清业务周转金，全数上缴不留余额。年终不得有账外账、次日账，所有的账务必须纳入当年账内。(3) 组织力量，在年终决算日对有价单证和重要空白凭证进行全面盘点，做到账实相符。(4) 进行新老账簿结转。

结转步骤为：(1) 年度终了，除储蓄存款类科目的分户账继续使用外，其余均应更换新账面，使用甲种账面的，最后一行余额下加盖“结转下年”，最后余额过入新账面，新账面日期应写新年度 1 月 1 日，摘要栏加盖“上年结转”；使用丁种账面的应逐笔结转，并加注旧账发生年、月、日，以备查考。(2) 结转完毕，将各科目分户账新账面余额加总，与该科目总账余额进行认真核对，确保新、老账簿衔接无误。(3) 除开销户登记簿、挂失登记簿继续使用外，其他登记簿年终应办理新旧结转。

第六章 商业银行报表及业绩评价

本章是探索并运用一系列的分析工具，对银行的金融状况进行分析，以便使管理者认识到银行内部存在的至关重要的问题，并找出解决这些问题的方法。

【本章要点】

了解商业银行的三大报表；

掌握比率分析法中的重要指标；

如何运用杜邦分析法对商业银行的业绩进行评价。

【导入案例】

据统计，我国五家大型商业银行2010年实现净利润5 446.96亿元。赚钱能力强弱依次是中国工商银行、中国建设银行、中国银行、中国农业银行和交通银行，分别实现净利润1 660.25亿元、1 350.31亿元、1 096.91亿元、949.07亿元和390.42亿元。各家银行贷款增速较快，成为拉动业绩增长的重要因素。数据显示，有11家上市银行贷款增速达到或超过20%。除了贷款规模快速增长因素外，息差回升也是推动上市银行业绩快速增长的另一重要因素。由于目前我国商业银行的盈利增长主要依靠存贷利差，因此净息差的回升对于商业银行净利润增长的影响最为直接。导致商业银行净息差回升的因素是多方面的，从各家银行公布的年报来看，主要原因可以概括为以下几个方面：一是生息资产结构的优化，二是受到市场利率上升的影响，票据和买入返售的收益率明显提高，三是贷款定价能力提高，四是受到存款重定价和活期存款占比提高的影响，存款的成本逐渐下降。当然，部分上市银行手续费及佣金净收入快速增长也是上市银行业绩快速增长的因素之一，特别是财务顾问费和咨询费收入的大幅增长。

第一节　商业银行的资产负债表

一、银行资产负债表概述

资产负债表是使用最多的财务报表，是一种存量报表，反映了特定时点上银行的财务状况，是银行经营活动的静态体现。

通过银行资产负债表可以了解报告期银行实际拥有的资产总量、构成情况、银行资金的来源渠道及具体结构，从总体上认识该银行的资金实力、清偿能力情况。

从连续期间的资产负债表可了解到银行财务状况的变动情况，有助于对其未来发展趋势做出预测。

银行资产负债表的编制原理为：

$$资产=负债+所有者权益 \tag{6.1}$$

银行资产负债表的特点为：

首先，银行总资产中各种金融债权占较大比重，而固定资产主要是房产和设备所占比重很小。

其次，商业银行更多地依靠负债获取资金来源，自有资金一般不足10%，大大低于工商业平均水平。

再次，银行资本会更多地发挥管理性职能，即管理部门通过建立相关资本金管理法令，来约束、引导银行业的正常发展。

另外，由于所处经营环境、面临经济法规不同，开展的业务各有特点，商业银行在资产负债表具体科目设置、会计处理上也不尽相同，但总体上大同小异。

二、资产项目

（一）现金项目

库存现金，即银行金库中的纸币、铸币，以及同中央银行发生往来但尚在运送中的现金。

托收中存款项，指已签发支票送交储备银行但相关账户尚未贷记的部分。

存放同业的活期存款。

在银行准备金账户上的存款。

现金资产是唯一可作法定存款准备金的资产项目，也是银行全部资产中流动性最强的部分，可以随时满足客户的提存要求和贷款请求，因而被称为一级准备。现金资产基本上是无收益的，银行在经营中总是力图在缴足准备金、确保银行流动性的前提下减少现金资产的持有。

（二）二级准备

二级准备并不是一项独立科目，包括若干具有较强流动性的资产项目。

交易账户证券是一项特殊科目，只有经常与公众、其他机构进行证券买卖的银行才设置该科目，账户余额表示银行持有的即将销售出的证券数额，该账户应以证券市场作为计价基础。

同业拆出和回购协议下证券的持有均是银行调拨头寸、进行流动性管理的有效工具。一般而言，小银行多是资金拆出行，以此谋得利益，大银行多为拆入行，通过连续拆入短期资金而获得稳定的资金来源。

证券投资中的短期投资部分也归于二级准备。

总的看来，二级准备在收益性、流动性方面介于贷款资产和现金资产之间，商业银行持二级准备的目的主要是必要时出售这类资产来获取流动性，并非由此取得利润。

（三）证券投资

这是银行主要的盈利资产之一，有时占资产总额的20%以上，可划分为短期投资和长期投资两部分。前者以保持流动性为目的，包括在二级准备内，后者以取得盈利为主要目的。

商业银行持有的证券分为三类：国库券及政府机构债券，市政债券，企业债券、票据。

商业银行一般不允许投资于股票和企业债券。银行证券投资组合中政府债券占有较大的份额，主要因为这类债券基本不存在信用风险，安全性很高，可在二级市场转让，有较高流动性，部分市政债券还可给银行带来免税利益。另外，政府债券还是商业银行从外部借款时合格的抵押品。

（四）贷款

贷款是银行资产中比重最大的一项，也是银行收入的主要来源。

银行贷款可进一步划分为消费信贷、不动产贷款、工商业贷款、农业贷款及对证券机构、经纪人贷款等。

在资产负债表中，银行贷款以总值、净值两种方式加以表述，贷款总值是报表尚未清还的贷款余额的账面价值，贷款总值扣除一些抵减项目后得出贷款净值。第一个抵减项目是贷款损失准备，该科目反映了银行对未来可能发生的贷款损失的预计值。第二个抵减项目为预收利息，指银行收到的贷款客户预付的利息。设置该抵减科目有利于核算报表日银行贷款的真实价值。

（五）固定资产

主要指银行房产、设备的净值，所占比重一般较低，属于非盈利性资产。

银行通过对客户抵押品行使取消赎回权而取得的不动产在单独设置“其他不动产”科目中反映。

（六）其他资产

包括银行持有的或控股的，但不纳入合并会计报表的子公司资产及一些数目小、不宜单独列出的项目，如已承兑的顾客对银行的负债、预付费用等。这些项目达到一定数量就可以单独立户。

三、负债项目

（一）存款

这是银行最主要的负债，有时占全部资金来源的70%～80%。存款按其类型分别反映。

活期存款，即支票存款账户。西方商业银行在很长一段时间内不对该账户支付利息，只是通过一定服务来吸引客户，存款人可对该账户签发支票、提款、转账。

储蓄存款，银行对该账户支付较低利息，允许客户随时提取。在金融创新中出现了可转让支付命令账户，赋予储蓄账户以支票存款的优点，客户对该账户签发的可转让支付命令书可以起到类似支票的作用。

货币市场存款账户也出现于金融创新中，其特点是利率可按市场利率的波动作相应调整，并允许客户在一定条件下签发支票。

定期存款，这是银行稳定的资金来源，采取存折、存单形式，其中大额存单可在二级市场上流通，对存款人具有较大吸引力，银行对定期存款账户支付较高利息。

20世纪60年代以来，西方商业银行的存款在全部资金来源中所占比重有所下降，主动借款部分增加，存款内部构成也有明显变化，其中定期存款比重明显上升，远远超过活期存款。这一点在大银行表现得格外显著。

（二）借款

借款也是商业银行的重要资金来源，特别是在负债管理经营思想流行后，一些大银行更加注重利用介入资金来支持资产业务的扩张。银行以介入资金方式筹资速度较快，也无须缴纳存款准备金。

短期借款主要包括同业拆入、回购协议下证券出售、向中央银行再贴现或借入的款项。

另外，商业银行可以在国内外金融市场上借入长期资金，以及发行长期资本债券。还可以通过发行债务—股本混合性融资工具获得长期资金。

（三）其他负债

主要包括应计税金、应付工资、应付福利费、其他应付款等。

四、股东权益（净值）

股东权益是股东对银行资产的所有权部分，是银行资产与负债之差。股东权益可以分为四部分：

普通股和优先股（实收资本项目）；未分配利润，由历年税后利润中未分配的利润累计而成，未分配利润中一部分可用来转增股本；资本公积金，包括发行溢价、接受的捐赠资产和银行资产的重估的增值部分；盈余公积金，包括利润分配中按规定提取的部分。盈余公积金和资本公积金均可用于转增实收资本。

国际上，银行资本账户内还可以专门设置一些准备项目，主要是股利准备金、证券损失准备金、贷款损失准备等，这类准备项目是从银行税后利润中提取形成的，并不一定在报表中公开反映。

资本账簿中还包括债务资本，主要是银行发行的长期资本债券。资本债券期限一般长达10年以上，持有人不得提前要求偿付，且当银行破产清算时，这类债券的赔偿优先权级别较低，可以同股本一起分担资产损失，权益类似于优先股，因而可以进入净值项目。

第二节　商业银行的损益表

一、银行损益表概述

损益表，又称为利润表，是商业银行最重要的财务报表之一。与资产负债表不同，损益表是流量表，是银行在报表期间经营活动的动态表现。银行损益表着眼于银行的盈亏状况，提供了经营中的收、支信息，总括地反映出银行发展趋势，预测出该银行的经营前景、未来获利能力。

银行损益表包括三个部分：收入、支出和利润。编制损益表所依据的平衡公式是“收入－支出＝利润”，各科目的设置处理取决于银行所采取的会计核算方法、面临的管理法规，也取决于所开展的业务。不同国家的银行有一定差别，但报表的基本结构、编制方法是相同的。

二、收入项目

银行收入由三部分构成：一是利息收入；二是手续费收入；三是其他收入。

（一）利息收入

利息收入是银行主要的收入来源，有些国家的银行其利息收入占总收入的90%以上。

（1）发放贷款利息、费用收入。这是银行最大的收入来源。

（2）证券投资利息收入。其地位仅次于贷款收益。

（3）其他利息收入。包括存放同业所得利息、同业拆出所得收入、进行证券回购所得收入，以及购买其他银行发行的定期存单所得利息。

（二）手续费收入

（1）对达不到最低存款限额所收取的保管费和人工费。

（2）银行为客户办理转账结算业务即汇款、收款业务所收取的费用。

（3）对外保证业务，如开立或保兑信用证，开立保函或备用信用证，开立履约保证书及承兑汇票等所收取的手续费。

（4）包销债券或股票收取的佣金。

（5）代客户买卖证券或贵重金属收取的佣金。

（6）咨询业务收入。

（7）银行卡的费用等。

（三）其他收入

包括信托收入、租赁收入、证券销售（或发行）的差价收入、同业往来收入及其他各种非利息的营业收入。

三、支出项目

商业银行应合理划分期间费用和成本的界限，期间费用应当直接计入损益，成本应当计入所提供劳务的成本。

（一）成本

指银行在业务经营过程中发生的与业务经营有关的支出，包括利息支出、金融企业往来支出、手续费支出以及各种准备金。

（二）期间费用

主要是指营业费用。包括固定资产折旧、业务宣传费、业务招待费、电子设备运转费、安全防卫费、坏账损失、财产保险费、邮电费、劳动保护费、外事费、印刷费、低值易耗品摊销、职工工资、差旅费、水电费、租赁费、修理费、职工福利费、职工教育经费、工会经费、税金、会议费、诉讼费、公证费、咨询费、无形资产摊销、长期待摊费用摊销、待业保险费、劳动保险费、取暖费、审计费、技术转让费、研究开发费、绿化费、董事会费、上交管理费等。

第三节　商业银行的现金流量表

现金流量表是反映商业银行在一个经营期间内的现金流量来源和运用及其增减变化情况的财务报表，是反映银行经营状况的三张主要报表之一。

银行的现金流量表能够清楚地反映一定时期银行现金流入流出的情况，帮助经营者和投资者判断银行的经营状况。随着银行业的不断发展及经营环境的变化，现金流量表的重要性也在不断加强。

一、现金流量表的主要作用

资产负债表仅是静态存量报表，不能揭示财务状况变动的原因。

尽管损益表是一张动态报表，但着眼点是银行盈亏状况，不能反映银行资金运动的全貌，也不能揭示银行财务状况变动的原因。

现金流量表沟通了资产负债表和损益表，弥补了二者的不足，将企业的利润同资产、负债、权益变动结合起来，全面反映了报告期间内银行资金的来源和运用情况，指出了银行财务状况变动的结果及原因，这是现金流量表的主要作用。

二、现金流量表的编制

现金流量表按等式“现金来源增加＝现金运用增加”进行编制。对该等式的具体解释如下：

现金来源主要有三个途径：首先是营业中所得现金，其次是减少、出售非现金资产换取的现金，最后是通过举债、增发股本等从外部融资。

现金运用也分为三个部分，即购买非现金资产、偿还债务本息、支付股利。

现金来源增加减去现金运用增加等于现金资产的变动额。

换一个角度看，将现金资产视同普通资产，它的减少也可以带来其他资产的增加或者负债的减少，因而现金资产的减少可以看作特殊现金来源。同样，现金资产的增加可以看作特殊的现金运用，经这种调整，则可以得出等式“现金来源＝现金运用”，这就是现金流量表的编制原理。

三、现金流入

1. 经营中所得现金

这一部分由净利润扣除应计收入，加上非付现费用构成。在会计核算中设置非付现费用是为了使净利润更真实地反映银行的盈亏状况，但非付现费用仅在账面上得以处理，并未导致现金流出，因而应将这一部分加回到净利润中。同理，应计收入并非真实现金流入，也应扣除。银行非付现费用一般包括预提费用、计提折旧、提取贷款损失准备、递延税款贷项发生额等。

2. 资产减少所得现金

包括减少非现金资产增加的所得及减少的现金资产。

3. 增加负债，增发股本所得现金

这是银行从外部获得的新的现金来源。

合计现金流入为上述三项之和，在账务处理时应结合具体科目的变动情况而定。

四、现金流出

1. 支付现金股利

支付股利直接导致现金的流出。

2. 支付现金增加资产

这里所指的资产包括有形资产、多种金融债权及现金项目。银行资产规模的扩大意味着现金运用的增加，该表反映报告期间银行将较大的资金量投放到贷款资产中。

3. 债务减少

负债业务是银行获取资金的主要方式，但债务还本付息是现金资产的净流出。

现金运用合计为上述三项之和。在编制正确的现金流量表中，现金运用必须等于现金来源。

第四节　商业银行绩效评价方法

绩效评价是商业银行运用一组财务指标和一定的评估方法，对其经营目标实现程度进行考核、评价的过程。在对商业银行绩效进行考评时，必须解决三个方面的问题：银行的长期经营目标是什么，用什么指标来代表银行的长期经营目标？在服从银行长期经营目标的基础上如何设计银行的业绩评价指标体系？采用何种方法对银行进行业绩评价？

对于商业银行的绩效评价，可以通过将相关财务指标比率与本行历史同期、上期及银行同业进行比较，以得出银行的发展状况及其在同业中的位置，即比率分析法。也可以将银行的经营业绩看作一个系统，从系统内盈利能力和多风险因素的相互制约关系入手进行分析，如杜邦分析法。

一、比率分析法

比率分析法的核心是绩效评价指标，但孤立的指标数据是毫无意义的，并不能说明银行业绩的好坏，必须在比较中才能发挥作用。比较的形式主要有同业比较和趋势比较。将一家商业银行的绩效评价指标值与同业平均水平进行横向比较，可以反映出该行经营中的优势与不足。利用连续期间对指标值进行比较，可以看出该银行的经营发展趋势，并对其未来情况做出预测。

在实际分析中，同业比较和趋势比较应结合起来使用。在应用财务比率进行绩效评价时，也应注意到银行规模上的差异，在很多情况下，绩效评价指标的差异来自于规模差异以及相应经营方法上的不同，不能等同于经营业绩之间的差距。最后，在利用财务比率进行分析时，还应注意表外业务的情况，如经济环境的变化、利率走势等外部因素。

比率分析法根据实现银行经营总目标过程中所受的四类制约因素，从盈利能力、流动性、风险性以及清偿力和安全性四个方面对银行经营业绩分别做出评价，最后形成完整的结论。

（一）盈利性比率指标

盈利性比率指标是用来衡量商业银行运用资金赚取收益同时控制成本费用支出的能力的。盈利性指标的核心是资产收益率，利用这个财务指标及其他派生财务比率指标可较准确地认识银行的获利能力。

1. 资产收益率（ROA）

资产收益率是银行净利润与全部资产净值之比，其计算公式为：

$$资产收益率=\frac{净利润}{资产总额}\times 100\% \tag{6.2}$$

资产收益率指标将资产负债表、损益表中相关信息有机结合起来，是银行运用其全部资金获取利润能力的集中体现。

2. 营业利润率

营业利润率排除了特殊项目的影响，更准确地体现银行经营效率，其计算表达式为：

$$营业利润率=\frac{税后营业利润}{资产总额}\times 100\% \tag{6.3}$$

由损益表可以看出，银行营业利润来自于经营活动中各项利息收入和非利息收入，不受证券交易、调整会计政策、设备盘盈盘亏等不常发生的营业外活动的影响，是银行经营能力和成果的真实情况。因此营业利润率指标反映了银行真实、稳定的获利能力。

3. 净利差率

利差收入是影响商业银行经营业绩的关键因素，银行净利差率的主要计算公式为：

$$银行净利差率=\frac{利息收入-利息支出}{盈利资产} \tag{6.4}$$

盈利资产指那些能带来利息收入的资产。银行总资产中，除去现金资产、固定资产外，均可看作盈利资产，在计算中分母也应采取平均值。

4. 非利息净收入率

非利息净收入率不只是银行获利能力的标志，同时也反映出银行的经营管理效率，其计算表达式为：

$$非利息净收入率=\frac{非利息收入-非利息支出}{资产总额} \tag{6.5}$$

由损益表中可知，银行非利息收入来自于手续费和佣金收入，获得这类收入不需要相应增加资产规模，较高的非利息净收入会明显提高银行的资产收益率。非利息支出包括提取贷款损失准备、员工薪金、折旧等间接费用，同银行管理效率直接相关，因而较高的非利息净收入率意味着相对较低的各类间接费用开支，表明银行管理效率良好。

5. 银行利润率

计算表达式为：

$$银行利润率=\frac{净利润}{总收入}\times 100\% \tag{6.6}$$

由计算公式可以看出，该指标反映了银行收入中有多大比例被用作各项开支，又有多大比例被作为可以发放股利或再投资的利润保留下来，该比例越高，说明银行获利能力越强。

6. 权益报酬率（ROE）

又称净资产收益率、股东投资收益报酬率等，计算表达式为：

$$权益报酬率=\frac{净利润}{资本总额}\times 100\% \tag{6.7}$$

该指标反映了银行资本的获利程度，是银行资金运用效率和财务管理能力的综合体现，同股东财富直接相关，受到银行股东的格外重视。

（二）流动性比率指标

流动性在任何企业经营中都是盈利性和安全性之间的平衡杠杆。商业银行由于自身不寻常的资产负债结构，更易受到流动性危机的威胁，这也是银行将流动性指标从一般风险指标中分离出来的原因。

流动性指标反映了银行的流动性供给和各种实际的或潜在的流动性需求之间的关系。银行流动性供给在资产方和负债方均可存在，如银行拆入资金或出售资产都可以获得一定的流动性。流动性需求则可通过申请贷款和提存等形式作用于资产、负债两个方面，因而流动性指标在设计时应综合考虑银行资产和负债两方面的情况。

1. 现金资产比（现金资产/资产总值）

该指标是银行所持现金资产与全部资产之比，现金资产具有完全的流动性，可随时应付各种流动性需求。该比率高反映出银行流动性状况较好，抗流动性风险的能力较强。然而，现金资产一般是无利息收入的，如果现金资产比太高，则银行盈利资产会下降，影响收益。

2. 国库券持有比例（国库券/资产总值）

国库券是银行二级准备资产的重要组成部分，对银行流动性供给有较大作用。一方面国库券自身有较强的变现能力，银行出售国库券可直接获得流动性供给；另一方面，国库券是一种被普遍接受的抵押品，银行可以用其进行质押贷款，即持有国库券也可产生间接的流动性供给。该比值越高，银行的流动性越好。

3. 持有证券比例（证券资产/资产总值）

单纯应用该指标判断银行流动性具有很大的局限性。这主要是因为证券的变现能力同其市场价值密切相关，在市场利率上升时，证券市价下跌，特别是一些长期证券难以按购入成本和记账价值流转出去，因此分析持有证券给银行提供的流动性时，须结合指标市值/面值评判。一般情况下，市值/面值比率越低，说明银行所持有证券的变现力越低，从中可获得的流动性供给就越小。

4. 贷款资产比例（贷款/资产总值）

该指标是银行贷款资产与全部资产的比值。贷款是银行主要的盈利资产，其流动性较差，该比值较高，反映银行资产结构中流动性较差部分所占比例较大，流动性相对不足。另外，贷款内部各组成部分又具有不同的流动性。其中一年内到期的贷款在一个营业周期内自动清偿，可以带来相应的现金流入，提供一定的流动性，因而可以用一年内到期贷款/总贷款作为贷款资产比例的补充指标，补充指标值越高，说明银行贷款中流动性较强部分所占比例较大，银行的流动性状况越好。

上述指标 1～4 主要从资产项目方面来反映银行的流动性。小银行受其规模、市场地位的影响，一般依靠提高资产的流动性来应付各种流动性风险，因而在对小银行进行绩效分析时，这四个指标具有较大意义。

5. 易变负债比例（易变负债/负债总值）

该指标反映了银行负债方面的流动性风险情况，比值越高，说明银行面临的潜在流动性需求规模较大且不稳定。

6. 短期资产/易变负债

该指标衡量了银行最可靠的流动性供给和最不稳定的流动性需求之间的对比关系，比值越高，说明银行的流动性状况越好。

指标 5～6 主要从负债方面考虑商业银行的流动性情况。在运用这两个指标对银行进行业绩分析时必须注意银行的规模，一些大银行特别是地处金融中心的大银行，在经营中更多地利用增加短期负债来获取流动性，小银行则依靠资产变现取得流动性，因而对于规模不同的银行，同一指标数值所反映的流动性状况可以有较大差异。

7. 预期现金流量比

该指标是预期现金流入与流出之比值，设计时考虑了一些表外项目的影响，可以弥补指标 1～6 的不足。银行现金流出包括正常贷款发放、证券投资、支付提存等项目，还包括预期贷款承诺需实际满足的部分及预期的其他或有负债一旦发生需要支付的部分。现金流入包括贷款收回、证券到期所得或偿付、预期中的证券出售及各类借款和存款的增加等。指标值大于 1 的不同值，显示该银行未来流动性可能有所提高的程度。

（三）风险比率指标

在财务管理和财务分析中，风险被定义为预期收入的不确定性，这种收入的不确定性会降低企业价值。商业银行面临复杂多变的经营环境，收益水平受多种因素的干扰，风险指标对这些因素做了分类，并定量反映了商业银行面临的风险程度和抗风险能力。

1. 利率风险

当前的商业银行业务日益多样化，商业银行成为“金融百货公司”，以多种金融服务获取收益。但从根本上来看，银行主要收入来源仍然是各种生息资产，成本项目主要是为融资而发生的利息支出。市场利率的波动往往会引发银行利差收入以至全部营业收入的波动，这就是利率风险。

资金配置不同的银行面对相同的利率波动所受的影响是不同的，即利率风险暴露不同，这种差别可以通过以下两个利率风险指标来度量：

（1）利率风险缺口＝利率敏感性资产－利率敏感性负债。

（2）利率敏感比例＝利率敏感性资产/利率敏感性负债。

利率敏感资产是指收益率可随市场利率变动而重新调整的资产，如浮动利率贷款。以相同的方式可以定义利率敏感性负债。在应用上述两个指标进行分析时，应注意保持计算式中资产负债期限上的一致。

指标（1）、（2）在含义上是一致的。当缺口为0或比值为1时，银行不存在利率风险暴露，利差收益不受利率运动的影响，其他指标值均意味着存在利率风险暴露。样本银行指标值与均衡值（0或1）偏差越大，银行面临的利率风险越大。

2. 信用风险

银行的信用风险指银行贷款或投资的本金、利息不能按约得到偿付的风险。

（1）贷款净损失/贷款余额。贷款净损失是已被银行确认并冲销的贷款损失与其后经一定的收账工作重新收回部分的差额，反映了信用风险造成的贷款资产真实损失情况。该指标衡量了银行贷款资产的质量状况，比值越大，说明银行贷款资产质量越差，信用风险程度越高。

（2）低质量贷款/贷款总额。低质量贷款由三部分组成：首先是逾期贷款，指超过偿还期90天尚未收回的贷款；其次是可疑贷款，确认标志是债务人未能按约支付利息，这往往是债务人财务状况恶化、最终无力偿还本息的先兆；最后是重组贷款资产。

低质量贷款的信用风险程度很高，是产生未来贷款损失的主要根源。该指标是对指标（1）的补充，估计了潜在的贷款损失，比值越高，银行贷款中信用风险就越大，未来发生的可能的贷款损失就越大。

（3）贷款损失准备/贷款损失净值。贷款损失准备来自于银行历年的税前利润，是对未来可能出现的贷款损失的估计，并可以弥补贷款资产损失。该项指标比值越高，表明银行抗信用风险的能力越强。

（4）贷款损失保障倍数。该指标是当期利润加上贷款损失准备后与贷款净损失之比，比值越大，说明银行越有充分的实力应付贷款资产损失，越可以减少贷款损失对银行造成的不利影响。

上述指标集中考察了银行贷款资产的风险状况，并未对证券投资进行信用风险评估，这是因为银行所持有的证券以政府债券为主，信用风险程度相对较低。

3. 欺诈风险、内部贷款比例

银行经营中会遭受由内部人员的欺诈或舞弊行为所引起的风险，这类风险称为欺诈风险。欺诈风险一般没有直接的度量指标，往往用其他指标间接反映，例如，内部贷款比例。

该指标是银行对其股东或经营管理人员的贷款与总贷款之比，粗略衡量了由内部交易所带来的可能的欺诈风险程度。一般而言，欺诈风险与该指标数量呈正相关关系。

（四）清偿力和安全性比率指标

银行清偿力是指银行运用其全部资产偿付债务的能力，反映了银行债权人所受保障的程度，清偿力充足与否也极大地影响着银行的信誉。

从恒等式“净值＝资产－负债”来看，银行清偿力不足或者资不抵债的直接原因是资产损失过大，致使净值小于零，负债不能得到完全保障。但清偿力不足的根本原因是资本金不足，未能与资产规模相匹配，因而传统的清偿力指标主要着眼于资本充足情况。具体指标有：

1. 净值/资产总额

该项比值越高，表明银行清偿能力越强。该指标是一项传统指标，优点是计算方便。随着银行业务的不断发展，其资产和负债结构有了很大改变，不同资产所面临的风险有较大差异，资产规模和资产可能遭受的损失之间不再只是一种简单的比例关系，故该指标的有效性有所下降。

2. 净值/风险资产

风险资产是在总资产中扣除现金资产、政府债券和对其他银行的债权后剩余的部分。将这些无风险资产扣除后，该指标更多地体现了资本吸收资产损失的保护性功能，能较准确地反映银行的清偿力。

3. 资本充足率指标

随着银行业务的发展，银行资产种类越来越多，风险资产的风险程度不同，有必要对其不同的风险程度进行考核；尤其是随着表外业务的发展，其风险的存在是显而易见的，并且该风险已严重威胁到银行经营的安全，有必要把其纳入清偿力考核指标内。

4. 资产增长率与核心资本增长率

该指标主要反映银行清偿能力的变化情况。一般情况下，银行资产增长率低于核心资本增长率，说明银行的清偿能力加强；反之，银行的清偿能力减弱。这组指标也可用于银行间比较清偿力的大小。

5. 现金股利/利润

银行的净值中占比最大的是利润的累积，现金股利是银行利润的净流出。这项指标越高，表示银行的利润累积能力越差，从而清偿力和安全性都会受到一定的影响。

二、杜邦分析法

综合分析法，是将银行的经营业绩看作一个系统，从系统内盈利能力和多风险因素的相互制约关系入手进行分析。

银行的经营业绩是一个包括多个因素的完整系统，其内部因素相互依存、相互影响，比率分析法人为地将银行业绩分为四个方面，割裂了相互间的联系。综合分析法弥补了这种不足，将银行盈利能力和风险状况结合起来对银行业绩做出评价。杜邦分析法是一种典型的综合分析法，其核心是净资产收益率，该指标有极强的综合性。

(一) 两因素的杜邦财务分析

两因素的杜邦财务分析是杜邦分析的基本出发点，集中体现了其分析思想，其模型为：

$$ROE=ROA\times EM \tag{6.8}$$

其中：

ROE：净资产收益率（return on equity）；

ROA：资产收益率（return on assets）；

EM：股本乘数（equity multiplier）＝资产总额/股本账户总额，反映银行资金管理效率。

ROE 是股东所关心的与股东财富直接相关的重要指标，上面的两因素模型显示，*ROE* 受资产收益率和股本乘数的共同影响，资产收益率是银行盈利能力的集中体现，它的提高会带来 *ROE* 的提高，即 *ROE* 指标间接反映了银行的盈利能力。

ROE 指标也可体现银行的风险状况。提高股本乘数，可以改善 *ROE* 水平，但也会带来更大的风险。一方面，股本乘数加大，银行净值比重会降低，清偿力风险会加大，资产损失较易导致银行破产清算。另一方面，股本乘数会放大资产收益率的波动幅度，较大的股本乘数会导致 *ROE* 不稳定。

(二) 三因素及四因素的杜邦分析法

银行资产收益率取决于多个因素，将其分解可以扩展为三个因素分析模型，能更好地从 *ROE* 指标出发分析评价银行业绩。

$$\begin{aligned} ROE &= ROA\times EM \\ &= PM\times AU\times EM \qquad (6.9) \\ &= TME\times EME\times AU\times EM \qquad (6.10) \end{aligned}$$

其中：

PM：净利润率$=\dfrac{\text{税后净收入}}{\text{营业总收入}}$；

AU：资产利用率$=\dfrac{\text{营业总收入}}{\text{资产总额}}$；

TME：税负管理效率$=\dfrac{\text{税后净收入}}{\text{税前净收入}}$；

EME：支出管理效率$=\dfrac{\text{税前净收入}}{\text{营业净收入}}$。

模型显示，银行 *ROE* 指标取决于上面这四个因素，其中净利润率和资产利用率还包含着丰富的内容。

首先，银行净利润率的提高，要通过合理的资产和服务定价来扩大资产规模、增加收入，同时控制费用开支使其增长速度小于收入增长速度才能得以实现，因而该指标是银行资金运用能力和费用管理效率的体现。

其次，资产利用率体现了银行的资产管理效率。银行的资产组合既包括周转快、收益低的短期贷款、投资，又包括期限长、收益高的长期资产，还包括一些非盈利资产。各类资产在经营中都起一定作用，不可或缺，良好的资产管理可以在保证银行正常经营的情况下提高其资产利用率，导致 *ROA* 指标的上升，最终给股东带来更高的回报率。

银行净利润率不只是同其资金运用以及费用管理效率有关，也同银行的税负支出有关。银行税前利润是其营业中的应税所得，不包括免税收入和特殊的营业外净收入。

税后净收入/税前净收入越高，反映银行的税负支出越小，税负管理较为成功。

税后净收入/营业总收入也反映了银行的经营效率是银行资金运用和费用管理能力的体现。实际上，将 *PM* 分解为 *TME* 和 *EME* 后，就得到了四因素的杜邦分析模型。

【本章小结】

1. 财务报表为银行绩效评价提供必要信息。商业银行主要的财务报表有三类：资产负债表，它提供有关存量变量信息，静态反映银行经营活动；损益表，提供流量信息，动态反映银行业绩；现金流量表，将上述两种性质不同的报表信息联系起来。

2. 商业银行绩效评价是通过一组财务比率指标进行的。这组指标分为四大类：第一类为盈利性指标，衡量商业银行运用资金赚取收益和控制成本费用的能力；第二类为流动性指标，反映银行流动性供给与流动性潜在需求的关系或银行及时支付能力的状态；第三类为风险指标，反映银行面临的风险程度和抗风险能力；第四类为安全性指标或清偿力指标，反映银行运用资产偿付债务的能力，也反映了银行债权人所受保障的程度。

3. 绩效评价方法主要有比率分析法和综合分析法。比率分析法以上述指标体系为核心，从不同角度对银行经营业绩进行评价。综合分析法是将银行的经营业绩看成一个系统，从系统内盈利能力和风险因素的相互制约关系入手进行分析。

【关键术语】

财务报表；绩效评价；比率分析；杜邦分析

Financial Statement；Performance Evaluation；Ratio Analysis；DuPont Analysis

【习题】

一、单选题

1. 银行财务报表中反映企业某一时点状况的静态报表是（　　）。

A. 利润表　　B. 资产负债表　　C. 现金流量表　　D. 财务报表附注

2. 反映商业银行某一时点上资产负债和其他业务（股东权益）的存量的财务报表是（　　）。

A. 现金流量表　　B. 损益表　　C. 资产负债表　　D. 财务状况变动表

3. 银行的经营目标是股东价值最大化，反映银行是否达到这一目标的主要财务指标之一是银行的资本利润率，公式为（　　）。

A. 净利润/总资产　　B. 总资产/股东权益

C. 净利润/总收入　　D. 净利润/股东权益

4. （　　）反映了银行资本的经营效率，即一定量资本可推动多少倍资产。

A. 资本收益率　　B. 资产使用率　　C. 银行利润率　　D. 财务杠杆率

5. 资产流动性比率是（　　）之比。

A. 存款与贷款　　B. 贷款与存款

C. 流动性资产与流动性负债　　D. 流动性负债与流动性资产

6. 假设一家银行某年的税后利润是10 000万元，资产总额为500 000万元，股东权益总额为300 000万元，则股本收益率是（　　）。

A. 0.02　　B. 0.03　　C. 0.04　　D. 0.05

7. 假设一家银行拥有下列数据：盈利性资产10 000万元，总资产50 000万元，利息收入1 200万元，利息支出1 000万元，则该银行的净利差率为（　　）。

A. 0.02　　B. 0.03　　C. 0.04　　D. 0.05

8. 在资产分配法中，（　　）大多用于第一准备资产和第二准备资产。

A. 活期存款　　B. 定期存款　　C. 储蓄存款　　D. 资本金

9. 某银行某年共向企业贷款5 000万元，平均年利率是13%，在这一年中，共吸收存款4 000万元，平均年利率是9%。这一年中，银行共支付职员工资、奖金40万元，其他开支130万元。据此回答下列问题。

根据上述材料可以断定该银行属于（　　）。

A. 中国人民银行　　B. 中国工商银行　　C. 政策性银行　　D. 商业银行

此年该银行的利润是（　　）。

A. 360万元　　B. 120万元　　C. 170万元　　D. 80万元

二、多选题

1. 商业银行收入包括（　　）。

A. 借入短期资金　　B. 利息收入

C. 金融机构往来收入　　D. 出纳长款收入

2. 商业银行的营业外收入包括（　　）。

A. 罚没收入　　B. 出纳长款收入

C. 租金收入　　D. 固定资产盘盈净收益

3. 商业银行的利润包括（　　）。

A. 营业利润　　B. 营业外收支净额　　C. 投资收益　　D. 销售收入

4. 有关现金流量表与利润表的说法正确的有（　　）。

A. 利润表反映企业一段时间内的经营活动和经营成果

B. 现金流量表关注的是企业现金的流动状况

C. 利润表为动态报表

D. 现金流量表为静态报表

5. 下列财务报表关系正确的有（　　）。

A. 资产－股东权益＝负债　　B. 成本费用－利润＝收入

C. 资产＋负债＝股东权益　　D. 收入－利润＝成本费用

6. 反映和评价银行短期偿债能力的指标有（　　）。

A. 资产负债率　　B. 流动比率　　C. 速动比率　　D. 资本风险比率

7. 评价银行安全性的指标包括（　　）。

A. 资金自给率　　B. 资本充足率　　C. 资产收益率　　D. 资本收益率

8. 衡量商业银行经营成果的指标有（　　）。

A. 资产收益率　　B. 资本收益率　　C. 银行利润率　　D. 流动比率

9. 在评价银行绩效的指标中，营业收入比率或称资产运用率可分解为下面哪些重要部分？（　　）

A. 股本收益率　　B. 资产的平均利息收益率

C. 资产的平均非利息收益率　　D. 净利息收益率

三、计算题

某银行拥有资产200亿元，红利分配比率为40%，实收资本为8亿元，留存盈余为8亿元。该银行的资产增长率平均为8%，则资产收益率至少为多少？在其他条件不变的情况下，若资产增长率为12%，资产收益率为0.99%，则红利分配比率为多少？

四、简答题

商业银行绩效评价指标体系由哪几类构成？各自侧重哪些方面？

五、分析题

1. A银行相关报表数据如表6—1、表6—2和表6—3所示，试填写表6—4，并分析该银行的盈利情况。

表6—1　　A银行2008—2010年资产负债表　　单位：亿元

项　　目	2010年	2009年	2008年
资产			
现金及存放同业	203.75	134.55	102.64
拆放同业	62.00	28.70	29.00
投资有价证券	82.00	40.00	10.00
贷款	281.00	180.00	170.00
应收账款	15.00	12.00	20.00
固定资产	1.80	1.15	0.75
其他资产	74.60	35.7	8.60
资产合计	720.15	432.10	340.99
负债			
存款	450.00	250.00	180.00
同业拆入	30.00	29.00	10.00
借入资金	100.00	76.00	95.00
应付款项	35.00	20.00	27.00
其他负债	63.00	33.00	6.74
负债合计	678.00	408.00	318.74
所有者权益			
实收资本	33.75	19.00	18.80
未分配利润	8.40	5.10	3.45
所有者权益合计	42.15	24.10	22.25

表 6—2 A 银行 2008—2010 年损益表 单位：亿元

项　　目	2010 年	2009 年	2008 年
收入			
利息收入	41.00	21.00	16.00
手续费收入	0.90	0.70	0.35
其他营业收入	1.05	1.04	1.15
其他收入	0.18	0.04	0.01
收入合计	43.13	22.78	17.51
支出			
利息支出	31.00	16.00	14.00
手续费支出	0.25	0.20	0.15
其他营业支出	3.20	1.00	0.30
业务及管理费	1.88	0.82	0.62
其他支出	0.08	0.01	0.45
支出合计	36.41	18.03	15.52
利润			
税前利润	6.72	4.75	1.99
减：所得税	2.01	1.425	0.597
税后利润	4.71	3.325	1.393

表 6—3 A 银行的盈利分析数据 单位：亿元

项　　目	2010 年	2009 年	2008 年
总资产	720.15	432.10	340.99
总有息资产	425.00	248.70	209.00
总有息负债	580.00	355.00	285.00
总资本	42.15	24.10	22.25
总利息收入	41.00	21.00	16.00
总利息支出	31.00	16.00	14.00
税前净收入	6.72	4.75	1.99
支付所得税	2.01	1.425	0.597
税后净收入	4.71	3.325	1.395
非利息经营收入	1.95	1.74	1.50
非利息经营支出	3.45	1.20	0.45
非经营收入	0.18	0.04	0.01
非经营支出	1.96	0.83	1.07

表 6—3 相关项目的计算公式如下：

总有息资产＝拆放同业＋投资有价证券＋贷款

总有息负债＝存款＋同业拆入＋借入资金

非利息经营收入＝手续费收入＋其他营业收入

非利息经营支出＝手续费支出＋其他营业支出

非经营收入＝其他收入

非经营支出＝业务及管理费＋其他支出

表 6—4　　A 银行盈利分析的比率

项　　目	2010 年	2009 年	2008 年
资本收益率			
资产收益率			
资本乘数			
有息资产占总资产比率			
净利息收益率			
有息资产的利息收益率			
有息负债的支付利息率			
净利息差额			

表 6—4 相关项目的计算公式如下：

资本收益率＝资产收益率×资本乘数

净利息收益率＝（总利息收入－总利息支出）/总有息资产

有息资产的利息收益率＝总利息收入/总有息资产

有息负债的支付利息率＝总利息支出/总有息负债

净利息差额＝有息资产的利息收益率－有息负债的支付利息率

2. B 银行是典型的中小银行，进行对比的同业水平是规模相近的小银行的平均水平。根据表 6—5 分析该银行的盈利能力、流动性能力、风险水平和清偿能力。

表 6—5　　B 银行主要指标数据及同业水平

	2009 年		2008 年		2007 年		2006 年		2005 年	
	B 银行	同业	B 银行	同业	B 银行	同业	B 银行	同业	B 银行	同业
一、盈利性指标										
1. 资产收益率（%）	1.31	0.84	1.41	0.68	1.00	1.03	0.77	1.04	1.60	1.12
2. 营业利润率（%）	0.67	0.81	0.53	0.56	0.57	0.99	0. 65	1.04	1.17	1.12
3. 非利息收入/平均资产（%）	0.30	0.58	0.33	0.64	0.34	0.64	0.28	0.60	0.28	0.55
4. 利息收入/平均资产（%）	9.31	8.88	10.18	9.71	10.58	10.80	11.16	11.54	11.21	11.19
5. 银行净利差收入率（%）	4.10	3.90	4.41	4.15	4.28	4.43	3.31	4.34	4.05	4.54
二、流动性指标										
6. 易变负债/负债总额（%）	40.24	5.41	34.15	7.93	43.75	1.05	37.32	0.22	26.07	1.20
7. 短期资产/易变负债（%）	15.25	143.50	4.51	149.44	2.47	126.12	31.96	120.96	32.72	114.86
8. 贷款/平均资产（%）	43.74	48.70	44.54	48.95	48.78	52.16	49.68	52.83	49.67	50.86

续前表

	2009年		2008年		2007年		2006年		2005年	
	B银行	同业	B银行	同业	B银行	同业	B银行	同业	B银行	同业
三、风险指标										
9. 利率敏感性缺口	−18.25	−6.25								
10. 贷款净损失率（%）	0.29	1.17	2.33	1.73	1.73	1.39	1.17	0.85	0.34	0.87
11. 低质量贷款比率（%）	2.44	3.02	2.56	3.11	1.83	2.86	3.08	2.47	2.06	1.99
12. 贷款损失保障倍数	6.54	6.20	4.24	3.87	5.08	4.93	9.38	9.08	9.51	9.59
13. 贷款损失准备/贷款净损失（%）	3.65	2.99	1.32	1.50	0.88	1.71	0.71	3.03	1.55	2.87
14. 贷款损失准备/贷款（%）	3.23	1.85	3.00	1.67	1.41	1.39	0.77	1.26	0.49	1.10
15. 内部人员贷款（%）	0.13	0.18	0.1	0.22	0.22	0.20				
四、清偿力指标										
16. 核心资本充足率（%）	8.42	8.85	8.73	8.82	8.07	8.74	7.76	8.60	7.52	8.54
17. 资产增长率（%）	12.08	3.51	2.77	4.01	1.88	5.43	−3.16	6.68	6.26	8.67
18. 核心资本增长率（%）	7.46	5.98	14.18	5.28	3.37	7.27	0.96	7.71	7.25	9.21
19. 现金股本比例（%）	71.43	45.75	72.23	47.30	106.70	45.03	108.35	46.83	65.50	40.19

【答案】

一、单选题

1. B　2. C　3. D　4. D　5. C　6. B　7. A　8. A　9. D B

二、多选题

1. BCD　2. ABCD　3. ABC　4. ABC　5. AD　6. BC　7. AB　8. ABC　9. BC

三、计算题

$$ROA=\frac{(EC_1/TA_1)SG_1}{(1+SG_1)(1-DR)}$$

$$=\frac{0.08\times0.08}{(1+0.08)\times(1-0.4)}$$

$$=0.99\%$$

$$DR=1-\frac{(EC_1/TA_1)SG_1}{ROA(1+SG_1)}$$

$$=1-\frac{0.08\times0.12}{0.0099\times(1+0.12)}$$

$$=13.42\%$$

四、简答题

（1）比率分析法。

比率分析法以上述指标体系为核心，从盈利能力、流动性、风险性和清偿力及安全性四个方面对银行经营业绩分别做出评价，最后形成完整的结论。

比率分析法的核心是绩效评价指标，但孤立的指标数据是毫无意义的，并不能说明银行业绩的好坏，必须在比较中才能发挥作用。比较的形式主要有同业比较和趋势比较。将一家商业银行的绩效评价指标值与同业平均水平进行横向比较，可以反映出该行经营中的优势与不足。对指标值进行连续期间内的比较，可以看出该银行的经营发展趋势，并可对其未来情况做出预测。在实际分析中，同业比较和趋势比较应结合起来使用。在应用财务比率进行绩效评价时，也应注意到银行规模上的差异，在很多情况下，绩效评价指标的差异来自于规模差异以及相应经营方法上的不同，不能等同于经营业绩之间的差距。最后，在利用财务比率进行分析时，还应注意表外业务的情况，如经济环境的变化、利率走势等外部因素。

（2）杜邦分析法。

综合分析法，是将银行的经营业绩看作一个系统，从系统内盈利能力和多风险因素的相互制约关系入手进行分析。

银行的经营业绩是一个包括多个因素的完整系统，其内部因素相互依存、相互影响，比率分析法人为地将银行业绩分为四个方面，割裂了相互间的联系。综合分析法弥补了这种不足，它将银行盈利能力和风险状况结合起来对银行业绩做出评价。杜邦分析法是一种典型的综合分析法，其核心是净资产收益率，该指标有极强的综合性。

五、分析题

1. A 银行盈利分析的比率如表 6—6 所示。

表 6—6　　A 银行盈利分析的比率

项　　目	2010 年	2009 年	2008 年
资本收益率	11.17%	13.80%	6.26%
资产收益率	0.65%	0.77%	0.41%
资本乘数	17	18	15
有息资产占总资产比率	59.02%	57.56%	61.29%
净利息收益率	2.35%	2.01%	0.96%
有息资产的利息收益率	9.65%	8.44%	7.66%
有息负债的支付利息率	5.34%	4.51%	4.91%
净利息差额	4.31%	3.93%	2.75%

（1）从资本收益率看，2009 年比 2008 年有大幅度上升，原因有二：一是资本乘数提高，银行资本充足率下降，资本的杠杆作用增强；二是资产收益率上升。与 2009 年相比，2010 年资本收益率下降，原因有二：一是资本乘数下降，银行资本充足率上升，资本的杠杆作用减弱；二是资产收益率下降。

（2）从净利息收益率（银行主要盈利来源）看，2008—2010 年，净利息收益率连续大幅度上升，2010 年达到 2.35%，说明有息资产的净利息收益率大幅度上升。

（3）从净利息差额看，A 银行 2010 年比 2009 年有所增加，原因是 2010 年有息资产的利息收益率的增幅比有息负债的支付利息率的增幅要大。

2.（1）盈利能力分析。

表 6—5 中指标 1～5 是主要的盈利性指标。从指标 1 看，除 2006 年外，B 银行的资产收益率均高于或近似于同业平均水平。但由指标 2 可以看出，B 银行的营业利润率明显低

于同业水平（2005年除外），这表明其真实营业盈利能力并未达到同业水平。指标3和4显示，B银行的非利息收入低于同业水平，且远低于其利息收入，因而分析重点应放在净利差收入率上。指标5显示，2008年、2009年B银行的净利差收入率高于同业水平，这种优势可能是因为B银行的贷款资产比重较高，或是B银行在利率敏感性资产、负债配置方面较成功。就2009年的数据分析，指标8反映B银行的贷款资产比重低于同业水平，那么，净利差收入优势只能是因为B银行在利率敏感性资产、负债配置方面较成功。指标9证实了这点，B银行存在负的利率敏感性缺口，且规模较大。结合市场利率，可以得出结论，B银行的利差收入优势来自于不断下降的市场利率。但这同时隐含着较大的利率风险，其未来盈利能力很大程度上取决于利率走势，若利率上升，则B银行的盈利能力将受到很大的负面影响。

（2）流动性分析。

指标6～8反映了B银行的流动性存在严重问题。指标6显示，B银行严重依靠易变负债作为资金来源。其过高的易变负债比例表明负债结构不合理，存在较大的不稳定流动性需求。指标7显示，B银行的短期资产与易变负债的对应情况远未达到同业水平。银行短期资产是最可靠的流动性供给，B银行的该指标数据很低，表明其依靠出售资产应付负债方流动性需求的能力差。

（3）风险分析。

指标9是利率风险指标，表明B银行存在负的利率敏感性缺口，且规模较大，风险程度大大超过同业水平，这与B银行过度依赖利率敏感性的易变负债有关。指标10～14是信用风险指标，指标10衡量银行贷款资产的整体质量，数据表明，B银行贷款资产的整体质量在2009年有很大提高，且优于同业水平。指标11也反映了相同情况。可见，近期B银行在控制贷款信用风险方面较为成功，贷款资产质量良好。指标12～14反映银行为可能发生的贷款损失所做的准备。数据显示，B银行的这三项指标在2009年均有提高，且高于同业水平，表明其抗信用风险能力提高。指标15表明，B银行的由内部交易引起的欺诈风险较低，类似于同业水平。

（4）清偿能力和安全性分析。

指标16显示，B银行在5年里均低于同业水平，且在2009年有所下降，这与B银行在2009年资产规模增长过快有关。指标19表明，B银行在5年里股利分配超过了当年行业平均数，使得其内部资本积累未达到应有水平，降低了清偿能力。

第七章 商业银行相关岗位的说明

【本章要点】

了解银行相关岗位所需完成的工作内容以及应当承担的责任范围。

【导入案例】

大多数的人都以为在银行工作就意味着有了高收入和高福利，其实这只是片面的认识。在银行的员工中，柜员占一多半，而其在职位体系和薪酬体系中是处于最底层的。柜员进来一般是13级，每一级还有多档，即使干一辈子柜员，级别也不可能高于10级。职位的等级和薪酬是连在一起的。一个网点的行长的收入可以是柜员的10倍以上，由此也可以看出收入的差别。柜员从开始上班到下班都不能休息，开门办业务就开始接触不同的客户。客户是抱着“顾客就是上帝”的心态到银行办业务的，但是业务有复杂和简单之分，银行也有各种规章制度，不是“上帝”想怎么办柜员就能满足的。如果“上帝”发火了，柜员就必须忍着，在心里憋着。银行柜员是没有假日的，银行只要开门营业，就要柜员来办理业务，工作强度比较大，不过柜员是轮流上班的。柜员当然还有揽储、揽信用卡、基金、网银、三方存管等任务，如果完不成任务，是拿不到奖金的。当然柜员换岗很难，要是被招进来当柜员，没什么业绩的话，可能要一直做下去。不过柜员工作的风险是不大的，就是办错业务的话，短款由自己赔，长款就要通过监控录像看哪一笔业务办错了，错的要还给客户，若找不到原因，钱就要上交，当然办业务出错赔钱是很寻常的事情。

第一节　银行柜员岗位的说明

银行柜员一般指在银行分行柜台里直接跟顾客接触的银行员工。前台柜员负责直接面向客户的柜面业务操作、查询、咨询等；后台柜员负责无需面向客户的联行、票据交换、内部账务等业务处理及对前台业务的复核、确认、授权等后续处理。独立为客户提供服务并独立承担相应责任的前台柜员必须自我复核、自我约束、自我控制、自担风险；按规定必须经由专职复核人员进行滞后复核的，前台柜员与复核人员必须明确各自的相应职责，相互制约、共担风险。实行综合柜员制的营业网点应根据业务量的大小，本着精干、高效的原则合理设置以下岗位：主管柜员、综合员和综合柜员等。

一、主管柜员岗

（1）领导和管理辖内会计出纳工作，督促和检查柜员认真贯彻落实各项规章制度以及业务操作规程，合理安排有关人员的工作，努力提高工作质量和服务水平。

（2）参与制定本单位工作计划及重大问题的决策，负责会计出纳工作总结，撰写财务分析报告，向本单位领导和上级会计部门报告工作。

（3）按照内部管理规定，确定内勤人员的劳动组合，对柜员工作范围及权限进行授权控制。掌管单位行政公章、法定代表人名章、联行专用章、钢印，掌握综合业务系统管理员密码和编押机管理员密码，确保综合业务系统的安全运行及业务活动的正常开展。

（4）制定和落实柜员工作责任制，建立业务考核制度。定期检查各柜员账务，加强现场监管，对柜员的工作情况做好检查和评价。

（5）组织柜员进行业务学习，开展多种形式的业务练兵活动，负责对柜员业务知识和业务技能的定期考核工作。

（6）按制度规定处理会计出纳工作中的重要事项和疑难问题，对发生的各类会计出纳差错和事故，及时组织追查、补救和上报工作。

（7）按规定掌管有关登记簿，并做好记录。

（8）对综合柜员签发的存款证实书进行核实并盖章确认。

（9）定期检查各柜员现金、重要凭证、有价单证的保管使用情况。

（10）每日定时开关监控系统，保管、定期观看监控资料。随时对监控系统进行检查，发现问题及时解决，确保系统正常运行。

（11）每日营业终了，检查各柜员保管的现金、重要空白凭证、卡片账、有价单证等是否相符，账簿的登记是否合规，并对检查事项在有关登记簿上做好记录。

（12）履行会计主管日常职责，完成领导和上级管理部门交办的其他事项。

二、综合员岗

（1）协助主管柜员（会计主管）管理联行结算业务，组织开展业务宣传，协助组织各项规章制度的实施。

（2）编制有关会计报表，撰写分析资料。

（3）按照规定及时计提应付息、折旧、呆账准备金以及向税务部门缴纳的各种税金。负责纳税申报和缴纳，办理与税务部门之间的业务事项。

（4）负责协助主管柜员对对公账户开立的审查和大额存取款备案，并保管开户许可证和备案资料。

（5）审查贷款业务是否符合有关规定和操作程序；计息是否正确，表外、表内利息的核算是否合规；应付息计提、税金缴纳是否及时正确，损益反映是否真实。

（6）审核借据要素和贷款科目使用，保管贷款借据；核对、保管计息清单和利息卡片及有关贷款业务资料，记载贷款和应收利息手工账，随时查询欠息单位账户余额，及时扣收所欠利息。

（7）按规定定期对社内往来、系统内往来（准备金和借款户）、同业往来、汇差资金账户进行核对，定期与单位进行账务核对，保管有关对账单。

（8）负责综合业务网络系统日常管理，每日打印有关报表，定期装订入档。

（9）按照结息规定及时打印贷款计息清单和利息信息凭证，并对存、贷款计息审核把关。

（10）保管批量处理业务账表和有关登记簿。

（11）监督汇差资金账户，每日匡算资金头寸，并将有关事项及时向主管柜员汇报。

（12）对发出的联行往账业务，每日对照业务清单进行逐笔勾对，发现差错及时报告、补救。

（13）在规定权限内对前台柜员的有关业务进行授权。

（14）监督对公单位的开销户、账号、户名的变更和挂失、冻结与扣划是否符合有关规定。

（15）监督柜员领用、使用、出售的有价单证、重要空白凭证是否符合要求，对柜员使用的重要凭证进行二次销号，检查柜员对《重要空白凭证登记簿》的记载是否合规。

（16）检查挂失、抹账、冲账、挂账、大额提现、大额汇划等是否经主管柜员授权、签批，有关登记簿记载是否齐全。

（17）对账务处理的合规、合法性进行全面审核。次日逐笔审查柜员记账凭证与原始凭证内容是否相符，凭证要素是否齐全，记账份数与系统记录是否一致等。

（18）审核汇票、本票和支票的签发、解付、退票、挂失以及电子汇兑的汇出、汇入、退汇是否符合规定；委托收款、托收承付以及承兑汇票的贴现处理手续是否合规；各种查询查复是否及时。

（19）同城票据交换是否符合中国人民银行的规定，各项中间业务是否符合有关的核算手续。

（20）办理其他交办事项。

三、综合柜员岗

（1）认真执行各项规章制度，规范业务操作，严格按规程处理业务。

（2）办理储蓄业务、对公业务、信通卡业务、各类中间业务、代办站及贷款等业务。

(3) 负责临柜业务查询、挂失、解挂、冻结、解冻等事项，并登记相关登记簿。

(4) 办理主辅币、残币的兑换和有价证券的兑付业务。

(5) 保管使用转讫章、现金讫章、储蓄专用章等业务印章。

(6) 随时检查现金箱、凭证箱，保持合理库存，超限额部分及时上缴内库管理员。

(7) 营业终了，按规定打印有关报表、资料，核对当日库存现金和凭证，经核实无误后签退。

(8) 休班、短期离岗前将重要空白凭证、印章全部入箱，办理相关交接手续，将款项全部交清。

(9) 办理交办的其他事项。

四、柜员的职业能力

(一) 点钞速度

柜员需具备的业务素质中的第一点就是点钞，理论上要求是 5 分钟 10 把，也就是 5 分钟 1 000 张。上柜数钱，不求快，先求稳，而且心理素质要好，同时一定要过点钞机，一是防止假钱，二是能再复核一遍。

(二) 打字速度

柜员需要录入的东西有很多，比如客户开折子、对客户发放贷款时需录入客户信息等，对键盘的熟练程度决定着办业务速度的快慢。一般来说，银行柜员的收入除了基本工资和补助外，就是绩效了，也就是每日办理的业务笔数。

(三) 珠算、计算机掌握程度

珠算等级柜员必须在 6 级以上 (6 级为最低级别)，二级柜员必须在 4 级以上。

(四) 基本业务常识

基本业务常识要熟练掌握，比如说存贷款有哪儿种、需要哪些手续流程、网上银行、代发工资、影像支付系统、基金买卖、代收代付的各种费用等。

(五) 记代码

柜员终端上显示的是代码，通过键盘录入不同的代码就是不同的业务。常用代码应该在 30 个左右，所有的代码量应该在 400 个左右。

(六) 基本会计知识

每日营业结束，柜员要把今日营业的借贷方记下来，钱是从哪个科目里支出的，又是存到哪个科目里的，都要记平、账平、库平和凭证平，这些记账都需要会计知识。

(七) 道德素质

银行是高风险行业，而柜员更是高风险岗位。一个柜员拿着一套章、一堆重要空白凭证和一箱钱，所以对柜员的道德要求也是很高的。柜员的人生观、价值观是否正确是个人发展前途、个人工作基础的必要组成部分。

五、柜员的任职资格

(1) 身体健康，遵纪守法，诚实守信，具有良好的个人品质和职业道德，无不良行为记录。

(2) 全日制大专（含）以上学历，财会、金融、经济、计算机等银行相关专业。

(3) 中文打字速度每分钟 40 字以上。

(4) 必须具备计算机一级以上等级证书。

(5) 综合素质较高，善于沟通，有敬业精神和良好的团队协作意识，能承受较强的工作压力。

(6) 招录对象以当地生源为主，按照就近安排的原则将拟招录人员分配到当地营业网点工作。

第二节　银行客户经理岗位的说明

银行客户经理是银行与客户交流的桥梁，工作主要是以客户为中心，处理客户存贷款及其他中间业务，并负责维护客户关系。一般有个人客户经理岗、公司或法人客户经理岗以及网点客户经理岗。

一、个人客户经理岗

(1) 完成支行下达的各项量化业务指标。

(2) 负责牵头组织全行范围的各类个人金融产品的培训、业务拓展、营销计划的落实。

(3) 负责支行商务 POS、财务 POS、特约商户、特惠商户的宣传营销工作及业务培训、指导，并做好以上客户的日常维护工作，对特约商户进行不定期的询访，及时传递特约商户所需的凭证和询问，积极协助上级对不良透支卡客户进行催收。

(4) 负责个人信贷业务的营销工作，以及客户的稳定和拓展，并完成贷款受理、上报审批、贷款日常管理等工作。

(5) 负责个人信贷的业务受理。

(6) 负责银行卡业务的营销及受理。

(7) 负责完成行内、科内布置的其他各项工作。

二、公司或法人客户经理岗

按照法人客户营销部岗位分类原则，人员大体分为：营销客户经理、存量客户经理和国际业务客户经理，其岗位职责为：

(1) 严格执行业务操作流程，对违反法人客户经理管理规定的，就情节严重度给予批评教育和扣减绩效收入、警告处分或记过处分、解除劳动合同的处理。

(2) 密切与客户的关系，积极开拓市场，维持现有客户、发展新客户。根据客户的具体要求，为客户提供全方位的金融服务，帮助客户了解和选择本行服务品种，及时设计调整本行业务产品组合服务方案，力争实现资产、负债、中间业务及个人业务的整体营销；及时向领导反映客户业务需求，确保全行市场营销的整体联动，最大限度满足客户需求，与客户建立良好的业务关系。

（3）及时掌握客户的生产经营、产品市场、资金结构、存贷款变化等情况，做好客户基础资料的收集、更新。按照总行统一规定，完成客户信用等级评定和客户授信额度测算工作，根据客户经营、财务、信用等方面的重大变化，及时调整其信用等级和授信额度，并严格按照信用等级和最高综合授信额度进行客户融资总额的控制。不准未经允许将客户的信用等级、授信额度等方面的内容披露给无关人员、单位。

（4）了解客户融资需求，在接受客户的融资申请后，本着实事求是、认真负责、公正公平的态度，负责调查申请人的借款条件、偿债能力和融资担保条件等，撰写前期调查报告并按规定程序上报，并对贷前调查结果的真实性和有效性负责，完成前期调查工作。对项目贷款要按照项目贷款评估办法的规定进行评估。严格执行信贷业务审查审批制度，经审批同意后办理相关手续，严格落实贷款前提条件。

（5）严格执行通过中国人民银行信贷登记系统对贷款客户和担保人的资信情况的查询制度，严格执行初笔贷款建立信贷关系及双人调查制度。

（6）做好贷后管理工作，严格按照相关规定，做好贷款资金监控工作，严格落实贷款用途，按照贷后管理检查间隔期撰写分析报告，按期发出还款付息通知、欠息通知和不良贷款催收通知。

（7）对贷款客户进行定期和不定期的综合及专项分析，对贷款风险情况进行监测；及时对分管客户的资产质量进行分类；要密切关注借款人债务偿还能力的变化及保证条款的变化情况，发现问题及时发出预警，对贷款客户的重大情况必须进行及时、书面的报告；对已出现的问题，要主动与客户协商解决办法，及时提出建议，并与有关部门密切配合进行处理。定期约见不良贷款、欠息客户负责人，加大清收转化力度。

（8）严格执行台账管理制定，及时进行台账处理和数据录入，保证台账数据的真实性、合法性和完整性。

（9）严格执行信贷档案的归集、保管、借阅等管理制度，保证按照规定期限完成信贷资料的归档、移交和档案的完整连续。

（10）必须执行和完成所分管客户或业务的工作任务、工作目标，努力推动全行各项业务计划的全面实现。完成支行和部门交办的其他临时性工作。

（11）签发银行承兑汇票，办理各类保函。

（12）在银行承兑汇票、各类保函到期的当日，办理提取定期存单或解除保证金存款的手续。

（13）负责业务资料的及时归档、完整有效。

（14）月末负责对银行承兑汇票余额、保函余额，与信贷台账的余额核对相符。

（15）对客户出现的重大情况必须进行及时、书面的报告；对已出现的问题，要主动与客户协商解决办法，及时提出建议，并与有关部门密切配合进行处理。

（16）按期完成催收工作，保证本行贷款的诉讼时效或强制执行时效。定期约见不良贷款客户的负责人，按照相关规定及时报经上级行批准，递交法院保全本行信贷资产，加大不良贷款的清收转化力度。

（17）严格遵守工作纪律，严格履行对本行及客户商业秘密的保密责任，违者承担相应违约责任。

（18）认真贯彻执行统计法规和有关统计制度，按有关规定准确、及时、全面地编制和报送统计报表，定期做好数据备份和报表的收集、整理和归档。

（19）客观、及时、准确地反映业务综合信息，定期撰写综合分析报告，反映工作情况，提出问题及建议。

（20）认真完成贷款规模管理、台账管理、利率管理及相关常规检查。

（21）认真完成信贷、资金和国际业务工作的计划编制、目标考核和工作总结的基础数据准备工作。

（22）严格执行资金管理办法和内控工作指引的规定，在合理的资产负债比例内协助营业部平衡全辖资金；按照资金集中配置后新的资金管理办法办理资金业务，实行资金调拨的信息反馈制度；配合营业部资金管理部门在保证规定的备付金比例内，确保对外支付，严禁因支行信息预报失误而造成备付金账户透支出现强拆的情况发生。

（23）建立资金管理台账，做好大额资金预测预报制度分析，坚持大额资金变动信息的及时反馈上报，作为支行资金管理牵头部门要加强与各业务网点、客户经理以及相关部门的衔接合作，共同防范大额资金进出风险。

（24）及时收集资金营运工作中的各种信息和数据，真实反映辖内资金营运状况，正确处理资金营运工作中发现的各种问题，指导各网点的调拨工作，确保全行资金营运正常。

（25）按季完成全行的资金营运情况的分析报告，做好相关数据统计和文字分析材料的保存工作。

（26）在规定的工作日内，按照制度规定的归档范围完成档案的立卷、归档、移交等工作，并按照规定的年限保管各类信贷档案。

（27）严格执行信贷档案调阅登记制度。

（28）严格执行权证类档案单独存放金库并实行双人保管制度。

（29）负责本科办公自动化系统和相关设备的安全、正常运行。

（30）负责按照技术保障部门的有关要求，及时做好杀毒软件的升级工作，防止电脑病毒的侵害，确保办公自动化网络的安全运行。

（31）负责本科办公自动化软件、技术资料的保管、保密工作。

（32）负责定期整理办公自动化系统，清理与系统无关的文件。

（33）严格遵守员工内控守则，严格遵守工作纪律，严格履行对本行及客户商业秘密的保密责任，违者承担相应责任。

三、网点客户经理岗

网点客户经理是在授权范围内开发和管理优质客户、推荐各项金融业务、提供金融咨询服务、开展市场调研和产品营销的市场营销人员，其岗位职责为：

（1）进行优质客户关系（含信用卡客户）维护，了解优质客户信息，建立并管理优质客户档案；有计划、规范性地进行客户维护工作；执行客户关系管理，对优质客户进行动态监控和管理；根据客户的贡献度和有关规定，为客户提供相应的优先、优惠和附加值服务；与客户建立长期、稳定的关系，提高客户满意度和忠诚度。

(2) 开展针对优质客户的产品和服务营销。结合客户需求和产品特性，有针对性地向优质客户进行相关产品和服务的营销，向客户提供或者推荐组合性的负债、资产、中间业务产品，提高交叉销售比率，努力完成网点下达的各项任务指标，努力提高网点的经营业绩。

(3) 提供专业理财服务，处理安排部分优质客户的业务操作。根据优质客户需求向其提供专业投资建议和策划，帮助优质客户达成理财目标，实现资产组合最优化，并定期调整。

(4) 负责受理单位和优质客户个人的各类账户、基金、保险等金融产品申请，审查客户提供的申请资料是否完整，是否符合规定要求，对客户提供的资料的完整性负责；接受客户的相关业务咨询，同时做好各项中间业务产品的售后服务工作。

(5) 负责受理客户的个人消费贷款申请。负责对客户贷款申请资料的真实性进行调查核实，调查借款人的资信状况、第一还款来源、抵（质）押物价值及可处置程度；调查消费贷款用途是否合规合法。

(6) 负责贷款的日常管理及催收。负责贷款发放后对借款人信息变动情况和贷款的使用及还本付息情况的日常监督检查，对违约贷款（银行卡不良透支）进行催收，完成上级行下达的不良贷款清收计划。

(7) 挖掘优质客户。客户经理应积极进行客户开发，挖掘优质客户资源，扩大优质客户市场份额，积极参与定向营销活动。根据已识别的优质客户或可能的优质客户名单，联络跟进待争取优质客户。

(8) 积极开展市场调研活动，深入了解对公和个人金融业务市场，积极关注市场竞争动态，定期或不定期进行市场现状及市场需求调研分析，收集客户及同业的相关信息。

(9) 为客户提供国家经济和金融有关法律、法规、政策的咨询服务。

(10) 遵守保密制度，严禁泄露客户资料和个人隐私，严格执行相关经营政策及运作程序，积极防范风险，维护银行与客户资产及权益。

(11) 认真完成网点负责人交办的其他任务。

四、客户经理的职业能力

(一) 对产品了解深入

客户经理是他所在领域的专家，做好销售就一定要具备专业的知识。专业的知识要用通俗易懂的语言来表达，才更能让客户接受。客户经理要全面掌握本行的产品，掌握竞争对手的产品，能准确地说出本行产品更有优势的地方。

(二) 学习能力

客户经理应该是注重学习的高手，通过学习培养自己的能力，让学习成为自己的习惯。

(三) 高度的热忱和服务心

客户经理都应把客户当成自己的终身朋友。关心客户的需求，表现为随时随地地关心他们，提供给他们最好的服务和产品，保持高度的热忱和真诚的服务心。关心客户不仅仅是一种美德，而且是自身具有人格魅力的体现。只有不断给自己铺人脉的地基，地基才会尽可能广、尽可能结实。

（四）非凡的亲和力

利用最初的几秒钟尽可能地打动客户，这就需要客户经理具备非凡的亲和力。若能够见面，则客户经理就要利用最短的时间让客户接受认同自己，愿意与自己深交，毕竟客户经理销售的第一产品是自己。

（五）明确的目标和计划

客户经理要有长远目标、年度目标、季度目标、月目标，并且把明确目标细分成当日行动计划，根据事情的发展情况不断调整自己的目标，并严格按计划办事。比如要达成目标自己每天需要完成多少拜访？需要拜访哪里？明天的拜访路线是什么？需要完成多少存款额？

五、客户经理的任职资格

（1）遵守客户经理职业准则，无不良行为记录。

（2）有一定的销售渠道或社会资源。

（3）大专（含）以上学历。

第三节　银行财会岗位的说明

财务会计业务是银行的一项重要基础工作，它综合反映银行资金经营情况及其成果，反映各项业务、银行的管理水平和资金的营运能力。

一、财会管理

（一）财会主管岗

1. 岗位职责

（1）依据党的路线、方针、政策和国家的法律、法规以及上级部门的制度规定，结合实际，组织制定、修订、补充有关财会制度、办法和实施细则，并督促贯彻执行。

（2）研究拟制本行财会工作规划和年度工作计划。组织编报会计、财务和基建财务决算以及财务收支计划、基建投资计划，并及时上报下达。

（3）根据有关规章制度，对辖内财会工作进行检查指导、监督，密切掌握财会工作状况，及时总结推广先进经验。

（4）组织制定辖内会计竞赛、会计培训计划，并付诸实施。

（5）积极发挥财会部门的职能作用，定期组织成本、效益分析。准确掌握财会数据资料，为领导决策和实施宏观指导提供依据。

2. 职业能力

（1）有较强的组织管理能力，能有效地组织、领导辖内财会工作，具有开拓创新精神，能够提出有价值的改革设想，能积极主动地组织贯彻上级的制度规定，科学地制定工作计划，并抓好落实。

（2）有较强的协调能力，善于协调银行之间、部门之间和上下级之间的关系，创造一个比较顺畅的工作环境。

（3）有较强的实际职业能力，能熟练掌握财会工作的具体程序，能处理和解答工作中的疑难问题和制度办法。

（4）有较强的综合分析能力，善于发现问题和解决问题，能写出较高水平的调查报告、经验总结和分析材料。

3. 任职资格

一般应从事银行会计工作或相近工作8年以上，其中担任下一级职务2年以上或具有中级以上专业技术职务任职资格。

（二）综合管理岗

1. 岗位职责

负责协助财会主管人员处理辖内具体事项，起草月、季、年度工作计划和工作总结；负责检查计划执行情况，并根据有关核算资料，定期分析各项业务资金的增减变化，找出存在的问题和原因，及时向财会主管汇报并提出改进经营管理的措施和建议。

2. 职业能力

（1）具有一定的组织能力，能组织推动会计结算、财务、联行等系统管理工作及有关制度办法的贯彻实施，并能对执行情况进行检查与指导。

（2）具有一定的分析综合能力，能写出一定水平的调查报告、经验总结、分析材料。

（3）参与起草拟制辖内有关会计、结算、财务联行等补充规定和办法、细则。

（4）能正确解答和处理本职业务工作中的疑难问题。

（5）能熟练汇总、编制和复核辖内系统年终决算报表。

3. 任职资格

一般应从事银行会计工作3年以上或具有助理级以上专业技术职务任职资格。

（三）结算管理岗

1. 岗位职责

（1）协助财会主管人员负责辖内结算管理，并对结算制度的贯彻落实情况实施检查与辅导。

（2）结合本地实际参与起草有关结算管理规定和实施细则以及岗位责任制。

（3）负责组织辖内的结算业务培训和辅导工作。

（4）负责编制、审查和汇总辖内系统各种结算报表。

（5）负责组织有关结算凭证的印制以及结算机具的分发与管理。

2. 职业能力

（1）具有一定的组织能力，能组织推动结算管理工作及有关制度、办法的贯彻实施，并能对执行情况进行检查与辅导。

（2）具有一定的分析能力和综合能力，能写出一定水平的调查报告、经验总结，能起草有关结算方面的规定、办法、细则。

（3）具有一定的政策水平，善于运用有关法律、政策和制度，解答和处理结算工作中的疑难问题。

(4) 能组织辖内的结算人员，进行结算业务培训和辅导工作。

(5) 能熟练地编制和汇审辖内系统结算报表。

(6) 能组织有关结算凭证的印制及结算机具的分发与管理。

3. 任职资格

一般应从事银行会计工作或相近工作 3 年以上或具有助理级以上专业技术职务任职资格。

(四) 联行管理岗

1. 岗位职责

负责组织辖内联行往来，制发有关联行方面的规定、实施细则，刻制和保管印章，保管密押、机构名册，请领和分发联行专用章、密押和重要空白凭证。对所辖联行业务实施检查、指导、监督。组织联行对账和年终联行决算。负责联行机构的申报工作。

2. 职业能力

(1) 能够有效地组织辖内联行往来，确保资金运转顺畅。

(2) 能够严格贯彻上级的制度规定，对下实施经常性的检查、指导。

(3) 严格执行印、押、证分管制度，建立严密的登记手续，确保印、押、证的安全。

(4) 能认真组织联行对账，准确地记录联行往来账，及时地办理查询、查复。

(5) 能组织本辖区的年终联行决算。

(6) 能够处理联行差错事故，解释有关制度规定。

3. 任职资格

一般应从事银行会计工作 3 年以上或具有助理级以上专业技术职务任职资格。

二、会计核算

(一) 核算主管岗

1. 岗位职责

(1) 根据党和国家的方针、政策和财会制度、规定，组织办理建设单位、主管部门的拨款、存款、贷款业务。

(2) 按照中国人民银行结算制度和银行会计基本制度及结算办法，组织会计核算。督促所属人员严格执行结算纪律和结算制度，保证会计核算手续完备、内容真实、数字准确、账目清楚、日清月结、报表及时，不断提高核算质量。

(3) 严格印、押、证、机的管理和重要空白凭证的管理，定期检查其使用、保管情况，确保重要环节、重要部位的安全。

(4) 严格成本核算，及时准确办理结息，按时上缴税利。

(5) 负责制定会计人员岗位责任制，实施目标管理，监督各个岗位认真履行职责。

(6) 组织会计业务培训，不断提高会计人员素质。

2. 职业能力

(1) 能依据会计制度、会计核算办法及有关规定，严密组织会计核算工作。

(2) 能正确审查各种凭证和账簿、报表，熟练掌握会计核算的基本要求和操作程序，能够及时发现问题并做出处理。

（3）善于协调银行之间、部门之间以及和客户的关系。

（4）具有一定的综合分析能力，能写出一定水平的经验总结和分析材料。

3. 任职资格

从事银行会计工作或相近工作5年以上或具有助理级以上专业技术职务任职资格。

（二）接柜岗

1. 岗位职责

（1）对柜台受理的各种会计凭证，按凭证要素认真审查、辨别真伪，并对合法、有效的会计记账凭证作出会计分录。

（2）按照账户管理的有关规定，办理单位开销户手续，接待有关单位的查询。

（3）向开户单位签发会计凭证回单和发送有关对账证，使用和保管会计业务专用章。

2. 职业能力

（1）掌握账户管理的有关规定，能够准确办理开销户手续。

（2）熟悉银行的会计凭证，能对原始凭证进行审查，确定能否受理，并具有辨别真伪的能力。

（3）掌握银行的记账规则和会计核算处理手续，能够准确地做出会计分录，熟练处理结算业务。

（4）熟悉存、贷款利率，能够正确计算利息、加息、罚息、赔偿金和各项收费。

（5）掌握计算机技术，珠算达到6级以上水平。

3. 任职资格

具有助理级以上专业技术职务任职资格。

（三）记账岗

1. 岗位职责

（1）按会计制度规定进行明细账的核算，坚持按程序处理会计业务。

（2）记载明细账时，要认真审查收、付款记账凭证，确保凭证内容的完整准确，没有无效凭证。

（3）严禁超拨款限额、贷款指标、存款余额付款。

（4）按规定时间结计存、贷款利息。

（5）按规定记载各种有关登记簿。

2. 职业能力

（1）掌握账户管理的有关规定，能够准确办理开销户手续。

（2）熟悉银行的会计凭证，能对原始凭证进行审查，确定能否记账，并具有辨别真伪的能力。

（3）掌握银行的记账规则以及会计核算处理手续，能够准确地记载各类存、贷款账簿，熟练处理结算业务，能对经管的账簿进行试算平衡，达到总分账一致，内外账目相符，能够掌握错账查找的一般方法，并能按规定进行错账更正。

（4）熟练掌握编报财会报表的一般方法，能够如实反映情况，做到账表一致。

（5）熟悉存、贷款利率，能够正确计算利息、加息、罚息、赔偿金和各项收费。

（6）掌握计算机技术，珠算达到6级以上水平。

3. 任职资格

具有助理级以上专业技术职务任职资格。

（四）事后稽核岗

1. 岗位职责

根据银行会计制度、财务管理制度、会计核算基本规则、会计柜台电算化有关规定、会计核算事后稽核制度以及国家有关的方针政策等，对前一天经办财会核算业务，包括收、付款记账凭证的处理、会计账目的登记、成本费用以及财会报表，进行真实性、合法性、准确性的稽核。

2. 职业能力

（1）能正确审查各类会计凭证的真实性、有效性、合法性和会计分录处理的正确性以及有关凭证签章的有效性。

（2）能审查各类账簿登记是否规范，核实内外账目、总分账务是否相符，对不符账项能查明原因，对已调整的账目能查证调整依据是否真实。

（3）能审查各类存、贷款利率和计息积数及结算利息的准确性，以及各项收入列账的真实性、合法性。

（4）能审查成本费用、专用基金、所计提各类款项、库存物、固定资产、待摊费用、税利缴纳以及留利分配等的真实性、合法性、准确性和手续的完备性。

（5）能审查重要空白凭证及有价单证的管理与核算是否符合规定。

3. 任职资格

从事银行会计或相近工作 3 年以上或具有助理会计师以上专业技术职务任职资格。

三、现金出纳

（一）现金出纳主管岗

1. 岗位职责

（1）根据党和国家的方针政策和有关金融法规，以及上级行制定的现金出纳管理办法和现金出纳、证券核算办法，制定有关实施细则和管理措施，并认真组织贯彻落实。

（2）组织编制、审查、汇总系统现金出纳统计报表，掌握本行现金存量、流量。

（3）组织对所辖现金出纳工作进行检查辅导，督促各级认真落实制度规定，坚持“四双”制度和“四防～安全”措施。

（4）按权限核销出纳短款。组织所辖反假币工作和现金出纳竞赛培训工作。

（5）参与证券发行的组织、分发、管理工作，掌握资金上划情况。

（6）组织选择、定购点钞及识别假币的器具，为所辖提供较先进的专用器材。

2. 职业能力

（1）具有较强的组织管理能力，能有效地组织辖内现金出纳工作，善于运用多种手段提高出纳人员的业务水平。

（2）有较强的协调能力，善于协调银行之间、部门之间以及上下级之间的关系。

（3）有较强的实际职业能力。能根据有关政策及上级的制度规定，结合实际，制定本行现金出纳制度办法；能熟练解答和处理现金出纳工作中的疑难问题。

（4）有较强的综合分析能力，善于发现问题和解决问题，能写出较高水平的调查报告、经验总结及分析材料。

3. 任职资格

一般应从事银行会计工作或相近工作 8 年以上，其中担任下一级职务 2 年以上或具有中级以上专业技术职务任职资格。

（二）现金出纳管理岗

1. 岗位职责

（1）依据国家的方针、政策和有关法律、制度以及银行现金出纳制度，对本行现金出纳工作实施检查指导。

（2）负责编制、审查、汇总所辖现金出纳统计报表，掌握本行现金存量、流量。

（3）负责检查、督促所属各行落实制度、规定和坚持“四双”制度及“四防～安全”措施。

（4）汇总长、短款情况，起草核销短款的有关文件、签报，并及时办理批复。

（5）掌握年度现金出纳业务量和系统金库状况，及时向领导报告，并提出建议。

（6）参与制定出纳人员培训、竞赛计划和考核评比标准，并组织实施。

2. 职业能力

（1）能认真按照制度、规定，组织所辖现金出纳工作；能适时提出加强管理的措施和建议。

（2）能熟练掌握现金出纳制度规定和基本操作程序，以及现金出纳报表编制办法，能解答和处理职责范围内的有关问题。

（3）能掌握出纳机具的性能和使用方法，以及假币、伪钞的鉴别方法。懂得人民币印刷的一般知识。

（4）能对金库设计、安全警卫和运钞等提出建议。

（5）能制定出纳工作计划、培训计划和竞赛评比标准，善于协调各方面的工作关系。

（6）有一定的综合分析能力，能写出一定水平的调查报告、经验总结及其他文字材料。

3. 任职资格

一般应从事银行会计工作 3 年以上或具有助理级以上专业技术职务任职资格。

（三）出纳综合制度岗

1. 岗位职责

（1）依据党和国家的方针政策和上级的制度规定，制定本行现金出纳措施和操作规程以及岗位责任制，并组织落实。

（2）负责调查了解所辖执行制度的情况和制度本身存在的问题，及时提出改进措施和修改意见。

（3）负责收集出纳工作有关数据和重大事故案件资料，并进行综合分析，提出有价值的建议。

（4）负责制定出纳人员培训、竞赛计划，并组织落实。

（5）负责起草出纳工作计划、总结、通报等文字材料。

(6) 负责出纳机具的领取、分配和管理工作。

2. 职业能力

(1) 能认真按照制度、规定，协助出纳主管人员组织所辖现金出纳工作；能适时提出加强管理的措施和建议。

(2) 能熟练掌握现金出纳制度规定和基本操作程序，以及现金出纳报表编制办法，能解答和处理职责范围内有关问题。

(3) 能掌握出纳机具的性能和使用方法以及假币、伪钞的鉴别方法。懂得人民币印刷的一般知识。

(4) 能对金库设计、安全警卫和运钞等提出建议。

(5) 能独立制定出纳工作计划，善于协调各方面的工作关系。

(6) 有一定的综合分析能力，能写出一定水平的调查报告、经验总结及其他文字材料。

3. 任职资格

一般应从事银行会计工作 3 年以上或具有助理级以上专业技术职务任职资格。

(四) 金库管理岗

1. 岗位职责

根据银行出纳制度的规定，向中国人民银行交存或提取现金，办理出入库手续，管理库存现金及各种有价证券和其他贵重物品，登记库房设立的各种登记簿，每日盘点库存，确保账实相符、资金安全。

2. 职业能力

(1) 能根据库存情况，向中国人民银行提取或交存现金，在保证现金供应的前提下降低库存，提高资金利用率。

(2) 能正确登记库房内各种登记簿，坚持每日盘点库存，保证账实相符。

(3) 能正确办理提交和出入库手续。

(4) 能坚持双人同进、同出、同工作、同落锁。

3. 任职资格

具有会计员以上专业技术职务任职资格。

(五) 现金出纳收款岗

1. 岗位职责

按照银行现金出纳制度要求的收款程序进行收款，负责审查凭证、逐笔收款、逐笔登记，营业结束后进行结账，办理票币的兑换，防止误收假币。

2. 职业能力

(1) 能识别现金收入凭证的真实性、合法性、有效性。

(2) 熟练掌握现金收款程序，收款中发现错款，能熟练地处理。

(3) 营业结束后，能熟练结账，并与复核员收入的现金进行核对。

(4) 能正确地识别假人民币，对发现的假币能按规定处理。

(5) 正确掌握损伤币的兑换办法。

(6) 掌握各种点钞技能，熟练掌握单指单张和多指多张点钞方法。

3. 任职资格

从事出纳工作 2 年以上或具有会计员以上专业技术职务任职资格。

(六) 现金出纳付款岗

1. 岗位职责

按照银行现金出纳制度和要求的付款程序进行付款，保管现金付款箱，登记付出日记簿，办理出库手续，营业停止后，进行账物核对。

2. 职业能力

(1) 能审查经内部传递的现金付款凭证及会计部门签章。

(2) 能熟练地根据凭证金额登记现金付出日记簿，按凭证所填券种进行配款。

(3) 款项不足支付时，能办理现金出库手续，并对出库现金进行验收。

(4) 掌握拆捆付零时的要求。

(5) 营业终了，能熟练地进行结账并对收款箱的现金进行核对后并箱。

3. 任职资格

从事出纳工作 2 年以上或具有会计员以上专业技术职务任职资格。

第四节　银行行长岗位的说明

银行的运营、市场营销、销售、战略、财务、文化、人力资源、公关，等等，都需要行长一肩挑。银行行长的首要任务是制定银行战略与愿景，比如银行将进入哪些市场、迎战哪些竞争对手、推出哪些适时的金融产品、如何使本银行与众不同等。银行行长的第二个任务是打造银行的企业文化，文化形成的方式有很多种，但是其基调是由银行行长或以行长为首的管理团队来确定的，一个好的工作场所能够吸引并且留住出色的员工。建设团队是银行行长的第三个任务，行长通过向下级传递银行的战略与银行发展的愿景，使整个团队集聚力量，让愿景变为现实。每级行长岗位描述如下：

一、一级分行行长

(一) 岗位职责

(1) 根据总行发展战略，组织制定和实施分行发展战略，负责分行全面经营管理事项。

(2) 根据总行经营目标，制定分行经营目标以及业务发展策略、产品策略和客户服务策略，并确保策略的实施、品牌的建立和经营管理目标的实现。

(3) 负责对分行各产品线和客户群的整体经营运作，引领分行产品创新、营销创新和提高服务品质。

(4) 负责分行与全行业务的联动，开展产品交叉销售。

(5) 负责分行总体经营效益和市场占有率的提高。

(6) 负责组织落实财务、风险、行政管理、合规建设等职能，监督各项规章制度的落实，控制业务风险。

（7）根据银行人力资源管理规定，指导和统筹分行的员工队伍建设和人才培养，在授权范围内负责所在分行员工的聘任、解聘、绩效管理等。

（二）职业能力

（1）熟悉国际、国内金融市场和宏观经济政策，熟悉商业银行业务经营、风险控制及资源配置。

（2）精通公司银行、个人银行、风险管理和运营科技的某一方面的专业知识，综合经营管理经验丰富，业绩突出。

（3）具有宏观视野和战略管理能力，突出的组织驾驭、协调推动、创新变革、风险把控和市场开拓能力。

（三）任职资格

（1）大学本科（含）以上学历。

（2）从事银行工作10年（含）以上，兼具银行前、中、后台管理经验，并具有5年（含）以上同类职务经历。

（3）职业操守良好，品行端正，诚实守信，遵纪守法，廉洁自律，无违纪违规等不良记录，有较强的全局观念、责任心和敬业精神，身体健康。

（4）具有丰富的客户资源或银监会银行高管任职资格。

二、二级分行行长

（一）岗位职责

（1）全面负责本单位区域发展战略的制定和区域市场拓展的组织，承担本单位整体经营的组织与管理，或承担分管专业条线的组织与管理。

（2）组织制定和实施本单位综合经营计划和经营管理工作，组织本单位完成上级行下达的各项综合经营与管理目标。

（3）组织本单位制定和实施符合上级行与监管部门全面风险管理与内控合规管理要求的风险内控管理制度和流程，保证运营管理安全。

（4）组织本单位建立并执行符合本行发展要求的人力资源管理体系和经营管理团队。

（5）其他任职本岗位所需要的专业和管理工作。

（二）职业能力

（1）交往沟通能力强，社会关系较广泛，团队组织能力强。

（2）有较强的承受压力、接受挑战的能力，对金融专业领域中的某些方面具有较深刻和广泛的理解，有较强的创新和竞争意识。

（3）有较丰富的业务资源或解决业务问题的能力，能够根据本地区客户和市场情况创造性地提出解决方案。

（三）任职资格

有8年（含）以上金融（商业银行、投资银行）从业经历和工作阅历。

三、一级支行行长

（一）岗位职责

（1）贯彻落实区域支行对整体工作的各项部署，全面负责一级支行各项经营管理工作。

（2）负责贯彻落实总部、区域支行的有关政策、规定和业务流程，组织协调工作中的资源配置和关系管理。

（3）重点抓好本支行的公金、个金业务，加强内部协调，解决客户需求。在拓展业务的同时，防范控制经营风险。

（4）保障业务的顺利开展和安全经营，定期访问客户，动态跟踪管理。及时了解情况，注意市场变化。

（二）职业能力

（1）熟悉国家经济金融方针政策及法律法规，具有较强的市场开拓能力、团队管理能力和风险控制能力。

（2）有一定的客户资源，熟悉银行内部操作流程，熟练掌握银行各类金融产品和营销业务知识。

（3）具有高度的工作责任心和团队合作精神。

（4）具有坚忍不拔的成就动机，良好的抗压能力。

（5）具有良好的职业操守，无不良从业记录。

（三）任职资格

本科及以上学历，从事金融工作 6 年以上，担任商业银行分支机构或业务部门负责人 2 年以上。

四、二级支行行长

（一）岗位职责

（1）确保支行各项经营指标的完成。根据上级下达的任务和指标，结合自身业务特点，制定本行的营销策略和经营计划，研究市场需求，开拓创新业务，组织营销各类产品和服务；按月评审营销工作进度，分派工作量，监督计划执行效果，努力完成和超额完成上级下达的经营指标，提高网点的经营效益。

（2）管理人力资源，根据支行年度考核办法制定本行考核实施细则。负责支行岗位配置，人力调配，合理安排劳动组合，协调支行内部各岗位关系；负责员工的培训、管理和考核，为员工设定目标、计划并监督执行，按照销售和服务业绩进行考核，制定激励措施，对员工进行激励。

（3）做好员工的思想政治工作和职业道德教育，提高员工的素质和能力，调动员工的积极性，树立整体意识，加强团队建设，增进凝聚力。

（4）全面管理和提高服务质量。定期对服务质量进行评估和分析，消除服务事故，提高服务水平，处理员工权限内无法解决的客户问题，及时满足客户需求，处理客户投诉；负责营业网点综合管理，负责工作设施、资产等营业环境的维护，对服务质量进行管理，保障支行对客户的服务能力。

（5）直接负责管理支行营销人员，定期召开营销工作例会，负责指导监督营销人员工作的开展；对优质客户档案进行定期检查，确保管理规范和防范操作风险；正确评价营销人员工作能力表现，督促和鼓励营销人员加强学习，努力提高业务知识水平和个人综合素质。

(6) 及时传达上级行有关文件会议精神，向上级主管部门及时传递反馈本行的问题，保证运营过程中信息的畅通。

(7) 防范经营风险。严格贯彻执行各项方针政策和规章制度，健全内控防范机制，严防各种差错事故、违纪事件和经济案件的发生。

(8) 加强对客户的市场营销调研，定期收集市场需求和优质客户的发展、服务情况，积极推广落实支行的各项营销活动计划和安排，按照要求及时上报有关市场分析调研报告。

(二) 职业能力

(1) 熟悉国家金融管理制度，熟悉银行业务及其职能，掌握银行管理规定。

(2) 具有一定的组织协调能力和较强的语言、文字表达能力及综合分析能力。

(3) 工作实践能力强、市场资源丰富。

(三) 任职资格

大学本科及以上学历，从事金融工作 5 年以上，具有 2 年以上商业银行一级支行副行长（或相当岗位）工作经历。

【本章小结】

对岗位的说明可以让任职者明白应该做些什么，以及如何去履行其职责。本章明晰了对银行柜员、客户经理、财会、银行行长的岗位职责、职业能力和任职资格的统一要求。

【关键术语】

岗位说明；银行柜员；客户经理；银行会计；银行行长

Job Description; Bank Teller; Customer Manager; Bank Accounting; Head of Bank

第二篇

中央银行篇

第八章 中国人民银行概述

中央银行是国家赋予其制定和执行货币政策，对国民经济进行宏观调控，对金融机构乃至金融业进行监督管理的特殊的金融机构。中国人民银行是在国务院领导下，制定和执行货币政策，对全国的金融业实施监管的特殊金融机构。中央银行应该担负和履行的职责，既是中央银行性质的具体体现，也是中央银行发挥作用的重要依据。中央银行是利用货币信用杠杆，制定和执行货币政策，对国民经济进行宏观调控、监管的特殊金融机构。

【本章要点】

中央银行的性质与职能；

中国人民银行的发展历程；

中国人民银行的内设机构。

【导入案例】

2011年召开的中国人民银行货币政策委员会二季度例会强调，要密切关注国际国内经济金融最新动向及其影响，贯彻实施稳健的货币政策，注意把握政策的稳定性、针对性和灵活性，把握好政策节奏和力度。

与央行货币政策委员会2010年四季度例会和2011年一季度例会相比，本次例会没有了“把稳定价格总水平放在更加突出的位置”等字眼，增加了“把握好政策节奏和力度”等字眼。

会议强调，要综合运用多种货币政策工具，健全宏观审慎政策框架，有效管理流动性，保持合理的社会融资规模和货币总量。要着力优化信贷结构，引导商业银行加大对重点领域和薄弱环节的信贷支持，特别是对“三农”、中小企业的信贷支持。要继续发挥直接融资的作用，更好地满足多样化的投融资需求。进一步完善人民币汇率形成机制，保持人民币汇率在合理均衡水平的基本稳定。

第一节　中央银行的性质

中央银行是国家赋予其制定和执行货币政策，对国民经济进行宏观调控和管理监督的特殊的金融机构。中央银行的性质集中体现在它是一个“特殊的金融机构”上面，具体来说，包括其地位的特殊性、业务的特殊性和管理的特殊性。中央银行的性质具体体现在其职能上，中央银行有发行的银行、国家的银行、银行的银行、调控宏观经济的银行四大职能。

中央银行是一国最高的货币金融管理机构，在各国金融体系中居于主导地位。中央银行的职能是宏观调控、保障金融安全与稳定、金融服务。中央银行是“发行的银行”，对调节货币供应量、稳定币值有重要作用。中央银行是“银行的银行”，它集中保管银行的准备金，并对它们发放贷款，充当“最后贷款者”。中央银行是“国家的银行”，它是国家货币政策的制定者和执行者，也是政府干预经济的工具；同时为国家提供金融服务，代理国库，代理发行政府债券，为政府筹集资金；代表政府参加国际金融组织和各种国际金融活动。中央银行所从事的业务与其他金融机构所从事的业务的根本区别在于，中央银行所从事的业务不是为了营利，而是为实现国家宏观经济目标服务，这是由中央银行所处的地位和性质决定的。

中央银行的主要业务有：货币发行、集中存款准备金、贷款、再贴现、证券、黄金占款和外汇占款、为商业银行和其他金融机构办理资金的划拨清算和资金转移的业务等。

第二节　中国人民银行的职能及其在金融监管中的作用

一、中国人民银行的职能

（1）起草有关法律和行政法规；完善有关金融机构运行规则；发布与履行职责有关的命令和规章。

（2）依法制定和执行货币政策。

（3）监督管理银行间同业拆借市场和银行间债券市场、外汇市场、黄金市场。

（4）防范和化解系统性金融风险，维护国家金融稳定。

（5）确定人民币汇率政策；维护合理的人民币汇率水平；实施外汇管理；持有、管理和经营国家外汇储备和黄金储备。

（6）发行人民币，管理人民币流通。

（7）经理国库。

（8）会同有关部门制定支付结算规则，维护支付、清算系统的正常运行。

(9) 制定和组织实施金融业综合统计制度，负责数据汇总和宏观经济分析与预测。

(10) 组织协调国家反洗钱工作，指导、部署金融业反洗钱工作，承担反洗钱的资金监测职责。

(11) 管理信贷征信业，推动建立社会信用体系。

(12) 作为国家的中央银行，从事有关国际金融活动。

(13) 按照有关规定从事金融业务活动。

(14) 承办国务院交办的其他事项。

二、中国人民银行的作用

为了加强金融监管，也为提高中央银行制定和实施货币政策的独立性，2003 年 4 月，我国成立了专门行使金融监管职能的中国银行业监督管理委员会（简称银监会）。这将对加强金融监管具有重大意义。但是，这并不表示中央银行今后不再负责金融监管，相反在银监会成立后，中央银行在金融监管中仍要充分发挥其他金融监管部门不具备的独特的作用。这是因为银行监管和货币政策的目标密不可分。银行监管的主要目标是确保银行体系的安全与稳健和存款人的合法利益，而货币政策的主要目标是维持币值稳定，并以此促进经济的发展。

因此，中国人民银行不再承担对银行、资产管理公司、信托投资公司及其他存款类机构的市场准入和运行监督职能后，要大力加强货币政策、金融市场监控、金融机构运行规则制定和金融业宏观调控、防范和化解系统性风险的职责，继续履行好外汇管理、货币发行、经理国库、支付清算、法制建设、调查统计和代表政府从事国际金融交往等项职能。

中国人民银行作为我国的中央银行，在金融监管方面要做好以下几项工作：

一是继续执行稳健的货币政策，保持政策的连续性和稳定性，维护经济金融发展的良好势头。

二是加强对国有商业银行改革的指导，加速其改革进程，按照商业化、股份制和现代化的要求，分步对国有独资商业银行进行综合改革。

三是加快利率市场化改革。

四是加强对农村信用社改革的指导，深化农村信用社改革，改进农村金融服务。

五是加强和改进外汇管理。

六是加强货币发行、经理国库等项工作。

第三节　中国人民银行的发展历程

中国人民银行的历史，可以追溯到第二次国内革命战争时期。1931 年 11 月 7 日，在江西瑞金召开的全国苏维埃第一次代表大会上，通过决议成立了“中共苏维埃共和国国家银行”（简称苏维埃国家银行），并发行货币。从土地革命到抗日战争时期一直到中华人民共和国诞生前夕，人民政权被分割成彼此不能连接的区域。各根据地建立了相对独立、分散管理的根据地银行，并各自发行在本根据地内流通的货币。1948 年 12 月 1 日，以华北银行为基础，合并北海银行、西北农民银行，在河北省石家庄市组建了中国人民银行，并发行人民币，成为中华人民共和国成立后的中央银行和法定本位币。

中国人民银行成立至今，特别是改革开放以后，在体制、职能、地位、作用等方面，都发生了巨大而深刻的变革。

一、中国人民银行的创建与国家银行体系的建立（1948—1952 年）

1948 年 12 月 1 日，中国人民银行在河北省石家庄市宣布成立。华北人民政府当天发出布告，由中国人民银行发行的人民币在华北、华东、西北三区的统一流通，所有公私款项收付及一切交易，均以人民币为本位货币。1949 年 2 月，中国人民银行由石家庄市迁入北平。1949 年 9 月，中国人民政治协商会议通过《中华人民共和国中央人民政府组织法》，把中国人民银行纳入政务院的直属单位系列，接受财政经济委员会指导，与财政部保持密切联系，赋予其国家银行职能，承担发行国家货币、经理国家金库、管理国家金融、稳定金融市场、支持经济恢复和国家重建的任务。

在国民经济恢复时期，中国人民银行在中央人民政府的统一领导下，着手建立统一的国家银行体系：一是建立独立统一的货币体系，使人民币成为境内流通的本位币，与各经济部门协同治理通货膨胀；二是迅速普建分支机构，形成国家银行体系，接管官僚资本银行，整顿私营金融业；三是实行金融管理，疏导游资，打击金银外币黑市，取消在华外商银行的特权，禁止外国货币流通，统一管理外汇；四是开展存款、放款、汇兑和外汇业务，促进城乡物资交流，为迎接经济建设做准备。到 1952 年国民经济恢复时期终结时，中国人民银行作为人民共和国的国家银行，建立了全国垂直领导的组织机构体系；统一了人民币发行，逐步收兑了解放区发行的货币，全部清除并限期兑换了国民党政府发行的货币，很快使人民币成为全国统一的货币；对各类金融机构实行了统一管理。中国人民银行充分运用货币发行和货币政策，实行现金管理，开展“收存款、建金库、灵活调拨”，运用折实储蓄和存放款利率等手段调控市场货币供求，扭转了新中国成立初期金融市场混乱的状况，终于制止了国民党政府遗留下来的长达二十年之久的恶性通货膨胀。同时，按照“公私兼顾、劳资两利、城乡互助、内外交流”的政策，配合工商业的调整，灵活调度资金，支持了国营经济的快速成长，适度地增加了对私营经济和个体经济的贷款；便利了城乡物资交流，为人民币币值的稳定和国民经济的恢复与发展做出了重大贡献。

二、计划经济体制时期的国家银行（1953—1978 年）

在统一的计划体制中，自上而下的人民银行体制，成为国家吸收、动员、集中和分配信贷资金的基本手段。随着社会主义改造的加快，私营金融业纳入了公私合营银行轨道，形成了集中统一的金融体制，中国人民银行作为国家金融管理和货币发行的机构，既是管理金融的国家机关又是全面经营银行业务的国家银行。

与高度集中的银行体制相适应，从 1953 年开始国家建立了集中统一的综合信贷计划管理体制，即全国的信贷资金，不论是资金来源还是资金运用，都由中国人民银行总行统一掌握，实行“统存统贷”的管理办法，银行信贷计划纳入国家经济计划，成为国家管理经济的重要手段。高度集中的国家银行体制，为大规模的经济建设提供全面的金融监督和服务。

中国人民银行担负着组织和调节货币流通的职能，统一经营各项信贷业务，在国家计划实施中具有货币监督功能。银行对国有企业提供超定额流动资金贷款、季节性贷款和少量的大修理贷款，对城乡集体经济、个体经济和私营经济提供部分生产流动资金贷款，对农村中的贫困农民提供生产贷款、口粮贷款和其他生活贷款。这种长期资金归财政、短期资金归银行，无偿资金归财政、有偿资金归银行，定额资金归财政、超定额资金归银行的体制，一直延续到1978年，其间虽有几次变动，但基本格局变化不大。

三、从国家银行过渡到中央银行体制（1979—1992年）

1979年1月，为了加强对农村经济的扶植，恢复了中国农业银行。同年3月，适应对外开放和国际金融业务发展的新形势，改革了中国银行的体制，中国银行成为国家指定的外汇专业银行；同时设立了国家外汇管理局。以后，又恢复了国内保险业务，重新建立中国人民保险公司；各地还相继组建了信托投资公司和城市信用合作社，出现了金融机构多元化和金融业务多样化的局面。

日益发展的经济和金融机构的增加，迫切需要加强金融业的统一管理和综合协调，而由中国人民银行来专门承担中央银行职责，成为完善金融体制、更好发展金融业的紧迫议题。1982年7月，国务院批转中国人民银行的报告，进一步强调“中国人民银行是我国的中央银行，是国务院领导下统一管理全国金融的国家机关”，以此为起点开始了组建专门的中央银行体制的准备工作。

1983年9月17日，国务院作出决定，由中国人民银行专门行使中央银行的职能，并具体规定了中国人民银行的10项职责。从1984年1月1日起，中国人民银行开始专门行使中央银行的职能，集中力量研究和实施全国金融的宏观决策，加强信贷总量的控制和金融机构的资金调节，以保持货币稳定；同时新设中国工商银行，中国人民银行过去承担的工商信贷和储蓄业务由中国工商银行专业经营；中国人民银行分支行的业务实行垂直领导；设立中国人民银行理事会，作为协调决策机构；建立存款准备金制度和中央银行对专业银行的贷款制度，初步确定了中央银行制度的基本框架。

中国人民银行在专门行使中央银行职能的初期，随着全国经济体制改革的深化和经济的高速发展，为适应多种金融机构、多种融资渠道和多种信用工具不断涌现的需要，不断改革机制，搞活金融，发展金融市场，促进金融制度创新。中国人民银行努力探索和改进宏观调控的手段和方式，在改进计划调控手段的基础上，逐步运用利率、存款准备金率、中央银行贷款等手段来控制信贷和货币的供给，以求达到“宏观管住、微观搞活、稳中求活”的效果，在制止“信贷膨胀”、“经济过热”、促进经济结构调整的过程中，初步培育了运用货币政策调节经济的能力。

四、逐步强化和完善现代中央银行制度（1993年至今）

1993年，按照国务院《关于金融体制改革的决定》，中国人民银行进一步强化金融调控、金融监管和金融服务职责，划转政策性业务和商业银行业务。

1995年3月18日，全国人民代表大会通过《中华人民共和国中国人民银行法》，首次以国家立法形式确立了中国人民银行作为中央银行的地位，标志着中央银行体制走向了法制化、规范化的轨道，是中央银行制度建设的重要里程碑。

1998 年，按照中央金融工作会议的部署，改革人民银行管理体制，撤销省级分行，设立跨省区分行，同时，成立人民银行系统党委，对党的关系实行垂直领导，干部垂直管理。

2003 年，按照党的十六届二中全会审议通过的《关于深化行政管理体制和机构改革的意见》和十届人大一次会议批准的国务院机构改革方案，将中国人民银行对银行、金融资产管理公司、信托投资公司及其他存款类金融机构的监管职能分离出来，并和中央金融工委的相关职能进行整合，成立中国银行业监督管理委员会。同年 9 月，中央机构编制委员会正式批准中国人民银行的“三定”调整意见。12 月 27 日，十届全国人民代表大会常务委员会第六次会议审议通过了《中华人民共和国中国人民银行法（修正案）》。

有关金融监管职责调整后，中国人民银行新的职能正式表述为“制定和执行货币政策、维护金融稳定、提供金融服务。”同时，明确界定：“中国人民银行为国务院组成部门，是中华人民共和国的中央银行，是在国务院领导下制定和执行货币政策、维护金融稳定、提供金融服务的宏观调控部门。”这种职能的变化集中表现为“一个强化、一个转换和两个增加”。

“一个强化”，即强化与制定和执行货币政策有关的职能。中国人民银行要大力提高制定和执行货币政策的水平，灵活运用利率、汇率等各种货币政策工具实施宏观调控；加强对货币市场规则的研究和制定，加强对货币市场、外汇市场、黄金市场等金融市场的监督与监测，密切关注货币市场与房地产市场、证券市场、保险市场之间的关联渠道、有关政策和风险控制措施，疏通货币政策传导机制。

“一个转换”，即转换实施对金融业宏观调控和防范与化解系统性金融风险的方式。由过去主要是通过对金融机构的设立审批、业务审批、高级管理人员任职资格审查和监管指导等直接调控方式，转变为对金融业的整体风险、金融控股公司以及交叉性金融工具的风险进行监测和评估，防范和化解系统性金融风险，维护国家经济金融安全；转变为综合研究制定金融业的有关改革发展规划和对外开放战略，按照我国加入 WTO 的承诺，促进银行、证券、保险三大行业的协调发展和开放，提高我国金融业的国际竞争力，维护国家利益；转变为加强与外汇管理相配套的政策的研究与制定工作，防范国际资本流动的冲击。

“两个增加”，即增加反洗钱和管理信贷征信业两项职能。今后将由中国人民银行组织协调全国的反洗钱工作，指导、部署金融业反洗钱工作，承担反洗钱的资金监测职责，并参与有关的国际反洗钱合作。由中国人民银行管理信贷征信业，推动社会信用体系的建设。

这些新的变化，进一步强化了中国人民银行作为我国的中央银行在实施金融宏观调控、保持币值稳定、促进经济可持续增长和防范化解系统性金融风险中的重要作用。随着社会主义市场经济体制的不断完善，中国人民银行作为中央银行在宏观调控体系中的作用将更加突出。面对更加艰巨的任务和更加重大的责任，中央银行在履行新的职责过程中，视野要更广，思路要更宽，立足点要更高。特别是要大力强化与制定和执行货币政策有关的职能，不仅要加强对货币市场、外汇市场、黄金市场等金融市场的规范、监督与监测，还要从金融市场体系有机关联的角度，密切关注其他各类金融市场的运行情况和风险状况，综合、灵活地运用利率、汇率等各种货币政策工具实施金融宏观调控。要从维护国家经济金融安全、实现和维护国家利益的高度，研究、规划关系到我国整个金融业改革、发展、稳定方面的重大战略问题。目前，我国经济市场化程度越来越高，货币政策决策面临的环境日趋复杂，金融业长期积累的金融风险仍然较重，改革与重组任务十分艰巨。在此情况下，中央银行要更善于准确把握影响经济金融发展全局的因素，注意研究新情况、开发新工具、探索新方法、解决新问题，并创造性地开展工作，努力做到识大局、讲宏观、懂技术、胆识兼备，充分发挥中央银行在宏观调控中的突出作用。

第四节　中国人民银行的内设机构

中国人民银行有 19 个内设机构：

一、办公厅（党委办公室）

负责文电、会务、机要、档案等机关日常运转工作以及信息综合、应急管理、安全保密、政务公开、来信来访、新闻发布等工作。承办中国人民银行党委办公室的日常工作。

二、条法司

起草有关法律、行政法规草案；拟订或组织拟订、审核与履行职责有关的金融规章；负责中国人民银行金融法律事务、咨询服务和法制宣传工作；承担机关有关规范性文件合法性的审核工作；办理行政复议和行政应诉工作。

三、货币政策司

拟订货币政策中介目标并组织执行；提出货币政策工具选择建议并组织实施；拟订并组织实施存款准备金率及差别准备金率的调整；拟订本外币利率政策、管理办法、调整方案并组织实施；拟订本币公开市场操作方案并组织实施；承办中国人民银行货币政策委员会及宏观调控部门协调机制的有关工作。

四、汇率司

拟订人民币汇率政策并组织实施；研究、制定并实施外汇市场调控方案，调控境内外汇市场供求；根据人民币国际化的进程发展人民币离岸市场；协助有关方面提出资本项目兑换政策建议；跟踪监测全球金融市场汇率变化；研究、监测国际资本流动，并提出政策建议。

五、金融市场司

拟订金融市场发展规划，协调金融市场发展，推动金融产品创新；监督管理银行间同业拆借市场、银行间债券市场、银行间票据市场和黄金市场及上述市场的有关衍生产品交易；分析金融市场发展对货币政策和金融稳定的影响并提出政策建议；拟订宏观信贷指导政策，承办国务院决定的信贷结构调节管理工作。

六、金融稳定局

综合分析和评估系统性金融风险，提出防范和化解系统性金融风险的政策建议；评估重大金融并购活动对国家金融安全的影响并提出政策建议；承担会同有关方面研究拟订金融控股公司的监管规则和交叉性金融业务的标准、规范的工作；负责金融控股公司和交叉性金融工具的监测；承办涉及运用中央银行最终支付手段的金融企业重组方案的论证和审查工作；管理中国人民银行与金融风险处置或金融重组有关的资产；承担因化解金融风险而对中央银行资金机构的行为进行检查和监督的工作，参与有关机构市场退出的清算或机构重组等工作。

七、调查统计司

负责金融业的统计、调查、分析和预测。拟订金融业综合统计制度，编制金融业统计报表；负责有关货币政策和金融稳定的数据采集并按规定对外公布统计结果；按照规定提供金融信息咨询。

八、会计财务司

协助有关部门完善中央银行和商业银行会计准则、制度、办法和会计科目；组织实施中国人民银行财务制度；编制并监督检查中国人民银行系统财务预决算；编制中国人民银行资产负债表和损益表等会计财务报表；承办中国人民银行系统会计、财务、基建、固定资产和政府采购项目管理工作。

九、支付结算司

拟订全国支付体系发展规划；会同有关方面研究拟订支付结算政策和规则，制定支付清算、票据交换和银行账户管理的规章制度并组织实施；维护支付清算系统的正常运行；组织建设和管理中国现代化支付系统；拟订银行卡结算业务及其他电子支付业务管理制度；推进支付工具的创新；组织中国人民银行会计核算。

十、科技司

拟订金融业信息化发展规划，承担金融标准化的组织管理协调工作；指导、协调金融业信息安全和信息化工作；承担中国人民银行信息化及应用系统的规划、建设、安全、标准化及运行维护等工作；承办中国人民银行系统的科技管理工作；拟订银行卡业务技术标准，协调银行卡联网通用工作。

十一、货币金银局

拟订有关货币发行和黄金管理办法并组织实施；承担人民币管理和反假货币工作；制定现钞、辅币和贵金属纪念币的生产计划，负责对人民币现钞、贵金属纪念币的调拨、发行库管理及流通中现金的更新和销毁；管理现金投放、现金回笼的工作和保障库款安全；管理国家黄金储备；承办国务院反假货币联席工作会议的具体工作。

十二、国库局

组织拟订国库资金银行支付清算制度并组织实施，参与拟订国库管理制度、国库集中收付制度；为财政部门开设国库单一账户，办理预算资金的收纳、划分、留解和支拨业务；对国库资金收支进行统计分析；定期向同级财政部门提供国库单一账户的收支和现金情况，核对库存余额；按规定承担国库现金管理有关工作；按规定履行监督管理职责，维护国库资金的安全与完整；代理国务院财政部门向金融机构发行、兑付国债和其他政府债券。

十三、国际司（港澳台办公室）

承办金融业务开放的相关工作；承办中国人民银行与国际金融组织和各金融当局的交流与合作；承办对港澳台的金融交流与合作；承办中国人民银行外事管理工作；指导中国人民银行驻外机构的业务工作；协调国际金融合作；开展国际金融调研工作。

十四、内审司

拟订中国人民银行内审工作规章、制度和办法；监督检查中国人民银行各级机构及其工作人员执行金融政策、法规，依法履行公务和执行财务纪律的情况；承办主要负责人的离任审计工作，对违法违规人员的处理提出建议；指导、监督、检查中国人民银行系统内审工作。

十五、人事司（党委组织部）

拟订中国人民银行人事、教育、劳动工资管理制度和办法并组织实施；承办中国人民银行系统机构、编制和干部管理工作；承办中国人民银行系统社会保险管理工作；拟订人员培训规划，组织人员考试测评工作；负责中国人民银行系统统战工作。

十六、研究局

综合研究金融业改革、发展及跨行业的重大问题，协调拟订金融业改革发展战略规划，研究促进金融业对外开放的政策措施；围绕中央银行职责，研究分析宏观经济、金融运行状况，以及货币信贷、金融市场、金融法律法规等重大政策或制度的执行情况，并提出政策建议。

十七、征信管理局

组织拟订征信业发展规划、规章制度及行业标准；拟订征信机构、业务管理办法及有关信用风险评价准则；建设金融征信统一平台，推进社会信用体系建设。

十八、反洗钱局（保卫局）

承担反洗钱工作的组织协调和监督管理职责；会同有关部门拟订反洗钱政策和规章；监督、检查金融机构及非金融机构高风险行业履行反洗钱义务的情况；收集、分析和监测相关部门提供的大额和可疑交易信息；对可疑交易开展反洗钱调查，协助公安司法机关调查涉嫌洗钱的犯罪案件；负责中国人民银行系统安全保卫工作；承办反洗钱国际合作工作；承办反洗钱工作部际联席会议办公室的具体工作。

十九、党委宣传部（党委群工部）

负责中国人民银行系统党的思想建设和宣传工作；负责思想政治工作和精神文明建设工作；负责指导、协调本系统群众工作。

【本章小结】

1. 中央银行是国家赋予其制定和执行货币政策，对国民经济进行宏观调控和管理监督的特殊的金融机构。中央银行的性质集中体现在它是一个“特殊的金融机构”上面，具体来说，包括其地位的特殊性、业务的特殊性和管理的特殊性。

2. 中央银行所从事的业务与其他金融机构所从事的业务的根本区别在于，中央银行所从事的业务不是为了营利，而是为实现国家宏观经济目标服务，这是由中央银行所处的地位和性质决定的。

3、中国人民银行自改革开放以来，在体制、职能、地位、作用等方面，都发生了巨大而深刻的变革。现在中国人民银行有 19 个内设机构。

【关键术语】

中央银行；中国人民银行

Central Bank；People's Bank of China

【习题】

一、单选题

1. 自 1984 年 1 月 1 日起，中国人民银行开始专门行使中央银行的职能，所承担的工商信贷和储蓄业务职能转交至（　　）。

A. 中国银行　　B. 交通银行　　C. 工商银行　　D. 建设银行

2.《中华人民共和国中国人民银行法（修正案）》于（　　）通过。

A. 1995 年 3 月 18 日　　B. 2001 年 12 月 27 日

C. 2003 年 12 月 27 日　　D. 2005 年 3 月 18 日

3. 就监督管理部分而言，第十届全国人民代表大会常务委员会第六次会议通过的《中华人民共和国中国人民银行法（修正案）》修订的重点是（　　）。

A. 中国人民银行开始行使直接审批金融机构的职能

B. 中国人民银行开始行使反洗钱的职能

C. 中国人民银行将对银行业的监管职能划分出来，移交给银监会

D. 中国人民银行开始行使直接检查监督权

4. 中国人民银行是（　　）。

A. 我国唯一的金融机构

B. 领导和管理全国金融事业的国家机关

C. 经营货币信贷业务的企业法人

D. 我国各类银行的银行

5. 作为市场主体，中央银行与商业银行的最主要的区别是（　　）。

A. 前者是“银行的银行”，后者要接受中央银行的监督

B. 前者是管理全国金融事业的国家机关，后者是企业法人

C. 前者有人民币的发行权，而后者不具有这种权力

D. 前者能依法实施货币政策，而后者不具有这一职能

6. 银行吸收存款，发放贷款，此存彼取，川流不息。一方面，银行为应付存户提取，而向中央银行借入存款准备金；另一方面，由于有一定数量的定期存款，因此银行总会有相对稳定的存款余额。中央借给商业银行存款准备金，表明中央银行（　　）。

A. 吸收了大量企业、事业单位的存款　　B. 是银行的银行

C. 依法制定和实施货币政策　　D. 是统一的人民币的管理存储机构

7. 经国务院批准，中国人民银行决定放开外币贷款利率，大额外币存款利率由金融机构与客户协商决定，这说明中国人民银行（　　）。

A. 是国家权力机关　　B. 为居民储蓄与企业经营提供服务

C. 是我国的金融主体　　D. 具有依法制定和实施货币政策的职能

8. 中国人民银行宣布降低人民币存贷款利率，表明中国人民银行（　　）。

A. 具有管理人民币流通的职能

B. 是我国金融体系的领导力量

C. 在依法行使规范金融市场秩序的职能

D. 是以银行利润为经营目标的企业法人

9. 根据《中国人民银行法》的规定，中国人民银行可以（　　）。

A. 经营国家黄金储备　　B. 确定市场利率

C. 代理工商信贷业务　　D. 代理政策性银行业务

10. 我国银行间外汇市场的调控者是（　　）。

A. 国家外汇管理局　　B. 中国人民银行

C. 中国外汇交易中心　　D. 中国证券监督管理委员会

11. 中国反洗钱监测分析中心由（　　）设立。

A. 中国银行业监督管理委员会　　B. 财政部

C. 中国人民银行　　D. 国家外汇管理局

12. 中国反洗钱监测分析中心的职责不包括（　　）。

A. 按照规定向中国人民银行报告分析结果

B. 制定金融机构反洗钱规章

C. 接收并分析人民币、外币大额交易和可疑交易报告

D. 要求金融机构及时补正人民币、外币大额交易和可疑交易报告

二、多选题

1. 下面哪些属于中国人民银行的职责范围？（　　）

A. 发布和履行与其职责相关的命令和规章
B. 发行人民币，管理人民币流通
C. 监督管理黄金市场
D. 负责金融业的统计、调查、分析和预测

2. 修订后的《中国人民银行法》规定中国人民银行的职责有（　　）。

A. 监管银行业金融机构　　B. 监管黄金市场
C. 监管工商信贷业务　　D. 监管银行间同业拆借市场和银行间债券市场

3. 一般而言，各国中央银行总行职能机构的设置主要包括（　　）。

A. 行政办公机构　　B. 业务操作机构
C. 金融监督管理机构　　D. 经济金融调研机构

三、简答题

1. “银行是以银行利润为目标的企业法人”这句话对不对？为什么？
2. 中央银行的基本特征和法律地位决定了其具有特殊的职能，简述其主要职能。

【答案】

一、单选题

1. C　2. C　3. C　4. B　5. B　6. B　7. D　8. B　9. A　10. B　11. C　12. B

二、多选题

1. ABCD　2. BD　3. ABCD

三、简答题

1. 我国现阶段银行分为中央银行、商业银行、政策性银行三大类，它们的性质和职能各不相同。把银行都看成是以银行利润为主要经营目标的企业法人是不准确的。

中国人民银行是管理金融事业的国家机关，是政府的重要组成部分。它不以银行利润为经营目标，是非企业法人。各商业银行是以银行利润为主要经营目标的企业法人。政策性银行则是向国家大型基本建设和大宗进出口贸易项目提供政策性专项贷款的专业银行，其目的是建立健全国家宏观调控体系。它不与商业银行竞争，不以银行利润为主要经营目标。

所以说，笼统地说银行是以银行利润为主要经营目标的企业法人是不准确的，这种说法混淆了商业银行与中央银行、政策性银行的区别。

2.（1）中央银行是发行的银行，即中央银行独占一国的货币发行特权。

（2）中央银行是国家的银行，这一职能表现在以下几个方面：1）代理国库；2）代理发行政府债券；3）对国家提供信贷；4）执行国家货币金融政策，代表国家研究制定金融法规，并负责对国家各类金融机构实行监管；5）中央银行代理国家管理黄金、外汇储备；6）在国际关系中，中央银行代表国家与外国金融机构和国际金融机构建立业务联系，处理各种国际金融事务。

（3）中央银行是银行的银行，表现在以下几个方面：1）充当最后融资者；2）集中银行的存款准备；3）办理各银行间的清算；4）监督和管理银行及其他金融机构。

第九章

中央银行的主要业务

中央银行的负债是指社会集团和个人持有的对中央银行的债权，其业务主要包括货币发行、经理国库、集中存款准备金。中央银行的资产业务主要包括再贴现业务和再贷款业务、证券买卖业务、国际储备业务及其他一些资产业务。中央银行的支付清算体系是指中央银行向金融机构提供资金清算服务的综合安排，包括清算机构、支付结算制度、支付系统以及银行间清算制度及操作等四项内容。

【本章要点】

央行的负债业务；

央行的资产业务；

央行的支付清算体系。

【导入案例】

谁是世界上最有影响力的中央银行？如果回答是美联储，相信不会有太大争议。但是，如果问起谁是世界上资产规模最大的中央银行，答案就会比较出人意料，因为这不是美联储，而是中国人民银行。

中国人民银行分别于2004年6月、2005年9月和2006年1月先后超过美、欧和日央行，成为资产规模最大的中央银行。2006—2010年间，中国人民银行的资产再度扩张2.4倍，2010年资产总额高达3.9万亿美元，占同年GDP的67%。

——从资产绝对量看，2010年底，美、英、日、欧、中五家央行的总资产达到11万亿美元，其占比分别为22.3%、3.5%、14.4%、24.3%、35.5%。

——从资产构成看，2010年底，美、英、日、欧四家央行所持国债占本国央行资产的比重分别为43%、80%、73%、9%。此外，四家央行还持有私人金融机构的抵押品（如按揭证券）。中国人民银行的主要资产是外汇储备资产，2010年外汇储备资产占中国人民银行总资产的比重为80%。

——从负债规模看，2010年底，美、英、日、欧、中五家央行银行准备金占这五家央行的全部银行准备金的比重分别为26%、5.5%、5.5%、10.8%和52.3%。此外，这五家央行的银行准备金占GDP的比重分别为6.9%、9.6%、3.9%、3.5%和35.3%。

第一节　中央银行的负债业务

中央银行的负债业务主要有：货币发行、经理国库、集中存款准备金业务等。

一、中央银行的货币发行

（一）货币发行的准备制度

中央银行一般都以某种或几种形式的资产作为其发行货币的准备，这种制度就是货币发行的准备制度。

1. 货币发行准备金

（1）现金准备。即以金银、外汇等具有极强流动性的资产作为准备。

（2）保证准备。即以短期商业票据、财政短期国库券、政府公债等可在金融市场上交易、流通的证券作为准备。

2. 货币发行准备金率

由于现金准备缺乏弹性，保证准备又难以控制，许多国家都将两种准备结合起来，即规定发行准备中现金准备和保证准备的比例，这个比例被称为货币发行准备金率。该比率的高低对金融经济稳定具有重要影响，因此制定准备金率有相当的难度，是极具技术和艺术性的工作。

目前，各国采用的货币发行准备制度有弹性比例制、保证准备制、保证准备限额发行制、现金准备发行制和比例准备制5种。

（二）各国货币发行制度比较

1. 美国的货币发行制度

美国实行“发行抵押”的制度，通过提供100%质量合格的抵押品使联邦储备券的发行成为具有充分担保的经济发行，同时又不以事先规定的限额为依据，具有相当的弹性。美国货币发行制度的最大特点是独立性极强。

2. 英国的货币发行制度

英国的具有如下特点：

（1）英格兰银行根据自身持有的黄金数量超额发行。

（2）英格兰银行只在英格兰和威尔士享有货币发行权，但在苏格兰和北爱尔兰两地发行货币都要以英格兰银行发行的货币作为保证。

（3）英格兰银行通过自己的分支机构向商业银行供应货币，并且贷款给贴现所和承兑所，而不直接贷款给商业银行。

3. 日本的货币发行制度

日本的特点表现为：

（1）实行最高限额发行制。

（2）法律规定的发行保证物包括金银、外汇、3个月内到期的商业票据、银行承兑票据以及特殊的抵押担保放款等。

（3）购买黄金、外汇，对民间、政府提供信用是其货币发行的主要途径。

4. 加拿大的货币发行制度

加拿大的特点表现为：

（1）发行货币的准备金全部为政府债券，因此，其货币发行又被称为“债券货币化”。

（2）货币发行的数额取决于公众对钞票的需求量。

（3）货币发行的渠道是中央银行向政府购入证券，支付等额的加拿大银行券，从而形成货币发行。

5. 中国的货币发行制度

我国中央银行的货币发行坚持集中发行、经济发行和计划发行的原则。货币的稳定性建立在商品物资的基础上，即货币发行必须以商品作为保证，以有效的商品供应为界限。货币发行是通过各级发行库和业务库之间的调拨往来而实现的。

各国货币发行制度虽然各具特点，但也存在几点共性：（1）都实行经济发行；（2）都规定要有十足的资产作保证；（3）规定发行的最高限额。

二、经理国库

国库是国家金库的简称，是专门负责办理国家预算资金的收纳和支出的机关。从世界范围来看，国家财政预算收支保管一般有两种形式：国库制和银行制。世界上经济发达的国家多采用委托国库制。如同中国通过法律规定了由中国人民银行履行经理国库的职责一样，各国也均以相应的法律确定了中央银行对其国库的代理关系。

中央银行的重要职能之一是作为国家的银行，经理国库业务便是中央银行履行该职能的具体体现。中央银行经理国库业务具有诸多优越性：收缴库款方便；库款调拨灵活；资金安全，数字准确；有利于中央银行的宏观调控；有利于发挥央行对财政的监督作用。

（一）中国的国库的产生和发展

中国最早的国库雏形是公元前11世纪周朝建立后，设立专司府库诸职，专门负责管理各种财物的出纳。

中国的国库发展大体经历了两个阶段：一是以保管实物为主的国库；二是银行代理国库。新中国成立后，先后颁布了3个法律文件，确定了由中国人民银行经理国库。

我国国家金库分别设立了中央金库和地方金库两个工作机构。中央金库实行业务上垂直领导的管理体制，地方金库实行中国人民银行与地方政府双重领导的管理体制。

（二）中国国库业务的现状

中国人民银行经理国库的业务内容主要包括：预算收入的吸纳、划分和报解；预算支出的拨付。

中国人民银行作为经理国库的机关，被国家赋予了多项相应的职责：

(1) 准确及时地收纳国家预算收入。

(2) 审查办理财政库款的支拨。

(3) 对各级财政库款和预算收入进行会计账务核算。

(4) 协助财政、征收机关组织预算收入及时缴库，监督财政预算收入的退库。

(5) 组织管理和检查指导下级国库和国库经收处的工作及其他同国库有关的业务，总结交流经验，及时解决存在的问题。

(6) 协助财政税务机关监督企业单位，同时向国家缴纳款项。

三、集中存款准备金

(一) 集中存款准备金的含义

存款准备金是商业银行为应付客户提取存款和划拨清算的需要而设置的专项准备金。其由两部分组成：一部分是支付准备金，即库存现金；另一部分是法定存款准备金。集中存款准备金业务是指中央银行集中商业银行存款准备金的业务，是中央银行履行“银行的银行”职能的客观要求和具体体现。

实行存款准备金制度的意义在于：保证商业银行等金融机构的清偿能力；有利于中央银行约束商业银行的贷款规模，控制信用规模和货币供应量。

(二) 存款准备金制度的内容

1. 规定法定存款准备金率

凡商业银行吸收的存款，必须按照法定比率提留一定的准备金存入中央银行，其余部分才能用于贷款或投资。

2. 规定可充当法定存款准备金的标的

一般只限存入中央银行的存款，英国的传统做法是允许商业银行的库存现金抵充存款准备金；法国规定银行的高流动性资产（如政府债券）也可作为存款准备金的组成部分。

3. 规定存款准备金的计算、提存方法

一是确定存款类别及存款余额基础，二是确定缴存准备金的持有期。计算存款余额有的以商业银行的日平均存款余额，扣除应付未付款项后的差额作为计提准备金的基础，有的以月末或旬末、周末的存款余额扣除应付未付款项后作为计提基础。确定缴存准备金的持有期一般有两种办法，一种是同期性准备金账户制，即以结算日的当期存款余额作为计提持有期，另一种是延期性准备金账户制，即以结算期以前的一个或两个时期的存款余额作为计提持有期。

4. 规定存款准备金的类别

存款准备金一般分为三种：活期存款准备金、储蓄和定期存款准备金、超额准备金。有的国家还规定某些特殊的准备金，中央银行一般不计付利息，实际存款低于法定准备限额的，须在法定时限内（一般是当天）补足，否则要受处罚；超过法定准备限额的存款余额为超额准备金，中央银行给予付息并允许随时提用。

(三) 中国的存款准备金制度

我国商业银行的存款准备金包括三部分：一是库存现金；二是法定存款准备金；三是

超额存款准备金。其中，法定存款准备金只有在商业银行存款或负债总额出现增减变动时才可调增调减，平时不能动用。超额准备金才是真正用于应付客户提现和清算的准备资金。

我国的法定存款准备金制度是由中国人民银行对缴纳准备金的对象、范围、比例、罚则等作出具体规定，要求各金融机构共同遵守的一项制度。

我国法定存款准备金制度的实施对象包括商业银行、城乡信用合作社和其他金融机构。具体缴存方式为：商业银行直接缴存中国人民银行；城乡信用合作社原则上缴存中国人民银行，也可视具体情况由开户行代收代缴。

第二节　中央银行的资产业务

中央银行的资产业务是中央银行发挥自身职能的重要手段。中央银行的资产业务主要有再贴现、再贷款、证券业务、黄金和外汇占款。

一、中央银行的再贴现和再贷款业务

（一）再贴现

1. 含义

中央银行的再贴现业务，是指商业银行将通过贴现业务所持有的尚未到期的商业票据向中央银行申请转让，中央银行据此以贴现方式向商业银行融通资金的业务。这项业务之所以称为“再贴现”，是为了区别于企业或公司向商业银行申请的“贴现”和商业银行与商业银行之间的“转贴现”。

2. 再贴现业务的特点

(1) 再贴现业务开展的对象。只有在中央银行开立了账户的商业银行等金融机构才能够成为再贴现业务的对象。

(2) 再贴现业务的申请和审查。商业银行必须持已办贴现的未到期的合法票据（即根据购销合同进行延期付款的商品交易而开具的反映债权债务关系的票据）申请再贴现。中央银行接受商业银行所提出的再贴现申请时，应审查票据的合理性和申请者的资金营运状况，确定是否符合再贴现的条件。若审查都一致通过，商业银行则在票据上背书，并逐笔填制再贴现凭证，一并交中央银行办理再贴现手续。

(3) 再贴现金额和利率的确定。

1) 再贴现金额。再贴现时实付的金额按原承兑汇票票面金额扣除再贴现利息计算：

再贴现实付金额＝票据面额－贴息额

贴息额＝票据面额×日贴现利率×未到期天数

日贴现利率＝年贴现利率÷360＝月贴现利率÷30

2) 再贴现利率。在有些国家，再贴现利率在任何时候都保持在比短期市场利率更高一些的水平上，这时，它是作为一种“惩罚性利率”，来限制商业银行过多地向中央银行

融资。但在大多数国家，再贴现利率是一种基准利率，其他各种利率依据再贴现利率的变动而调整。在有的国家，还对不同期限、不同种类的票据，规定了不同的再贴现利率。

3）再贴现票据的规定。商业银行等存款机构向中央银行申请再贴现的票据，必须是确有商品交易为基础的真实票据，这在许多国家的金融立法中都有明文规定。

4）再贴现额度的规定。由于再贴现利率在大多数国家略低于货币市场利率，商业银行在资金不足和其他条件许可时，通常希望通过再贴现窗口取得资金，因而，有些国家的中央银行为了强化货币政策与金融监管的配合，对银行的再贴现总金额加以限制。

5）再贴现的收回。再贴现的票据到期，中央银行通过票据交换和清算系统向承兑单位或承兑银行收回资金。如果承兑单位账户存款不足，则由承兑单位开户银行将原票据按背书行名退给申请再贴现的商业银行，按逾期贷款处理。

（二）再贷款

中央银行贷款是指中央银行动用基础货币向专业银行、其他金融机构，以多种方式融通资金的总称，是中央银行资金运用的一个重要方面，也是中央银行实施货币政策，借以控制货币供应总量的重要手段。中央银行贷款业务是中央银行的重要资产业务，中央银行贷款是高能货币，是整个社会货币供应量和信用扩张的基础，中央银行通过再贷款的资金运用方式，影响基础货币，进而影响货币供应量和信用规模，从而调控经济。因此，中央银行作为最后贷款人为维持金融体系的安全、抑制通货膨胀、执行货币政策、促进经济发展起到了重要的作用

1. 中央银行贷款的对象和种类

中央银行贷款的对象主要有两种：一是商业银行；二是国家财政。在特殊情况下，中央银行也对一些非银行金融机构发放小额贷款。

按贷款对象的不同，中央银行贷款可以分为以下几种类型：

(1) 对商业银行等金融机构的放款。

这是中央银行放款中最主要的种类。中央银行通常定期公布贷款利率，商业银行提出借款申请后，中央银行审查批准具体数量、期限和利率，有的还规定用途。一般借款都是短期的，采取的形式多为以政府证券或商业票据为担保的抵押放款。

(2) 对非货币金融机构的放款。

非货币金融机构是指不吸收一般存款的特定金融机构。在我国国家金融统计中，主要包括国家开发银行和中国进出口银行两家政策性银行（另一家政策性银行中国农业发展银行由于吸收一般存款，所以在统计分类中放在存款货币银行中）、金融信托投资公司和租赁公司。

(3) 对政府的放款（对财政部的放款）。

在政府收支出现失衡时，各国中央银行一般都负有提供信贷支持的义务。中央银行对政府的放款一般是短期的，且多是信用放款。对财政部的放款大体上可分为三种形式：一是对财政部的正常放款，其具体操作办法与对商业银行的放款基本一致。二是对财政部的透支。这两种形式都属于信用放款的范畴。三是对财政性国库券和国债的证券投资。中央银行在从事公开市场业务时，购买政府发行的国库券和公债，事实上是间接向财政部发放了贷款。中央银行向政府放款，许多国家规定了一些限制性条件，并规定了年度最高借款

额，还有些国家规定，政府出现财政困难时，可由国会每年批准一次向中央银行的借款权。

（4）其他放款。

其他贷款主要有两类：一是对非金融部门的贷款，这类贷款一般都有特定的目的和用途，贷款对象的范围比较窄，各国中央银行都有事先确定的特定对象。中国人民银行为支持老少边穷地区的经济开发所发放的特殊贷款，即属此类。二是中央银行对外国政府和国外金融机构的贷款，这部分贷款数量在统计中，一般放在“国外资产”项下。

申请中国人民银行贷款的金融机构必须具备三个条件：属于中国人民银行的贷款对象；信贷资金营运基本正常；还款资金来源有保障。

2. 中央银行确定贷款利率的原则

中央银行的贷款利率，由中央银行根据不同时期的经济形势、国家政策要求和自身的资金来源情况自由决定。但由于中央银行的贷款利率在整个社会信用活动中起着基准利率的作用，并起着调节商业银行信用扩张能力的杠杆作用，所以在具体确定贷款利率时应遵循的一般原则是：

（1）中央银行贷款利率总水平应低于商业银行和其他金融机构的利率，高于商业银行和其他金融机构吸收存款的平均存款利率。

（2）应按照不同的贷款种类和期限确定不同的利率档次并应具有奖惩性质。

3. 中央银行再贷款的特征

（1）以短期贷款为主，一般不经营长期贷款业务。这是由中央银行自身的地位和作用决定的。由于中央银行肩负调节宏观经济的重任，因而其资产必然保持高度的流动性以保证对经济调节的灵活性和有效性。如果中央银行经营长期贷款，则其资产容易处于呆滞状态，从而不能灵活调节货币供应量，进而削弱了对宏观经济的调节。如：《中国人民银行法》规定，中国人民银行对商业银行贷款的期限不得超过一年。在美国，长期贷款也只占中央银行贷款的1%～2%。

（2）中央银行贷款不以营利为目的。这是由中央银行自身的性质决定的，也是中央银行与商业银行的本质区别。中央银行是国家的宏观金融调控机构，在性质上，它是从事金融活动的特殊的国家机关。其业务经营的目标只能是通过对货币供应量、利率、信用规模等的调控，保证货币政策目标的实现和经济的良性发展。

（3）中央银行应控制对财政的放款。中央银行对财政的放款是政府弥补资金亏空的应急措施之一。但如果对这种放款不加限制，则势必会从总量上削弱中央银行宏观金融调控的有效性，也会削弱其应有的独立性，成为财政用以弥补赤字的工具。因此，各国中央银行对此都有明确的规定。

（4）中央银行一般不直接对工商企业和个人发放贷款。这是由中央银行的性质和职能决定的。中央银行如果直接办理对工商企业和个人的贷款业务，则势必会与商业银行形成竞争，不仅不利于其发挥金融宏观调控职能，而且在货币政策推行过程中，无法得到商业银行的配合，不利于货币政策目标的实现。

二、中央银行的证券买卖业务

在证券市场比较发达的国家，证券买卖业务是中央银行主要的资产业务之一。中央银行买卖证券一般都是通过其公开市场业务进行的，其直接目的是增减银行资金的流动性，间接目的则是影响市场利率变动，调节金融机构的信用活动。这一切归根到底，又都是为了调节和控制货币供应量。尽管中央银行在证券买卖过程中会获得一些证券买进卖出的价差收益，但就中央银行自身的行为而言，其目的在于通过对货币量的控制和调节，以影响整个宏观经济，而不是为了营利。

（一）有价证券买卖的种类

买卖证券一般有两种形式：一种是直接买卖（或一次性买卖），另一种是附有回购协议的买卖。当中央银行认为需要增加或压缩商业银行的超额准备金时，就会一次性直接购买或出售某种证券，一般由证券商出面，按高价出售，按低价购进，一直到购足或售足为止。当需要临时调节商业银行的准备金或流动性时，就采取附有回购协议的形式进行买卖，在购买时就定下协议，卖者必须在指定的日期按固定价格再购回所卖的证券；而当出售时，中央银行将在指定的时间，按商定价格购回那些原先出售的证券。

直接买卖证券是一种进攻性的资产业务，而回购买卖则是防御性的。前者将直接改变原来的准备金数额和货币存量，后者则试图抵消市场的临时变化因素，以保持商业银行准备金的相对稳定。中央银行要根据实际情况交替采用两种形式。中央银行一般都设有证券买卖委员会来进行决策。委员会再通过一定的机构和人员，进行具体的操作。

但由于各国的国情不同，因此，各国法律规定中央银行可以买卖的证券种类也不同。

1. 美国公开市场的证券业务

由联邦公开市场委员会直接领导，纽约联邦储备银行具体操作。从众多的证券交易机构中选择几十家初级交易商进行政府证券的买卖。操作方式主要有永久性储备调节，即单向地购入或售出债券；临时性储备调节，即通过回购协议和等量售出—购入交易进行双向操作。

2. 中国人民银行的证券买卖业务

1994 年 4 月 1 日，中国人民银行开始在上海银行间外汇市场买卖外汇进行公开市场业务操作；1995 年，中国人民银行开始通过融资券的买卖试行公开市场业务；1996 年 4 月 9 日，才正式启动中央银行国债公开市场业务。目前，中国人民银行是通过银行同业拆借市场实施公开市场业务的，操作工具包括国债、中央银行融资券、政策性金融债券，交易主体是国债一级交易商。

（二）有价证券买卖的相关规定

中央银行在进行证券买卖业务时，一般须注意以下几个问题：

（1）不能在一级市场上购买各种有价证券，而只能在证券的交易市场上，即二级市场上购买有价证券，这是由中央银行的性质决定的，也是保持中央银行独立性的客观要求。

（2）中央银行不能购买市场性差（或销售性差）的有价证券，只能购买市场性非常高、随时可以销售的有价证券，这是因为中央银行的资产必须保持高度的流动性。

（3）中央银行不能购买没有正式上市资格，在证券交易所不能挂牌的有价证券，而只能购买具有上市资格，且在证券交易所正式挂牌销售的、信誉非常高的有价证券，也就是说，必须选择证券的质量。只有质量好的有价证券，才具有上市资格，才有较高的信誉，中央银行的买卖才能起到宏观调节的作用。

（4）中央银行一般不能购买国外的有价证券。对此，许多国家都以法律的形式作了明文规定。

三、中央银行的储备资产业务

（一）储备资产的构成

储备资产是指一国货币当局为了平衡国际收支、干预外汇市场以影响汇率水平或其他目的而拥有控制的各种外国资产。国际储备资产的构成是多种多样的，包括黄金、外汇、储备头寸以及特别提款权等。国际储备资产的结构管理，就是指对这些资产的管理，即确定这些资产之间的最佳构成比例，以应付各种国际支付，避免动荡多变的国际金融市场带来的风险。

黄金相对于其他储备资产有保值、安全可靠的优点：

（1）黄金是唯一具有内在价值的储备资产。在纸币本位制条件下，以黄金作为储备资产，可以避免因通货膨胀而可能带来的贬值风险。有时，黄金价格随着通货膨胀而相应上升，从而保持原有的实际价值。因此，在世界性通货膨胀日趋严重或主要国家货币贬值日趋严重时，黄金是唯一的可靠的保值手段。这也是黄金储备的主要作用。

（2）黄金是唯一可称为“社会的一般财富”的储备资产。

（3）一国的黄金储备属于国家主权范围，可以自由支配，不受任何外国或超国家权力的干预。因此，持有黄金储备，是维护本国主权的一个重要手段。

（4）黄金始终是唯一的最终的国际支付手段。因此，各国都持有一定量的黄金储备。

黄金与其他储备资产相比，也有不足：

（1）黄金不便用作日常的清算支付手段。因用黄金结算还要连带现金输送或拍卖等过程，远不如非现金结算迅速方便。20 世纪 70 年代以来，世界各国主要是用外汇充当日常的国际支付手段。

（2）黄金储备盈利性较低。黄金的主要作用是保值，缺乏盈利能力。与外汇相比，黄金自身不会增值，相反，持有黄金还需要支付贮藏费用。如果黄金要保值，则只能依靠金价的上升，取决于金价上升的幅度是否大于贮藏费用。20 世纪 80 年代以来，金价暴涨的因素逐渐消失，到了 90 年代黄金价格不升反跌，因此，若以 80 年代初的黄金价格为计算基础的话，则目前各国持有黄金储备不仅没有收益，反而会亏损。可见，黄金的盈利性大大降低了。

（3）黄金储备流动性弱。从 20 世纪 90 年代起，黄金已逐渐蜕化为一种缺乏流动性的资产，尤其在黄金非货币化后，如果想利用黄金干预市场，还必须转弯抹角地把黄金转换为外汇。这种转换既麻烦又增加转换费用，形成了额外的负担。

由于黄金储备有着上述三个缺点，因此，各国货币当局持有黄金的比例总的来说有下降的趋势。展望未来，估计各国货币当局仍会执行稳定或略有下降的黄金储备政策。

（二）外汇储备比例的确定

外汇储备比例的确定，包含有两重含义：一是外汇储备与黄金储备及其他储备资产的比例的确定，二是外汇储备中各种货币构成比例的确定，即最优结构的确定。前者在黄金储备比例确定后，也就基本上确定下来了。后者则较为复杂，尤其是储备货币多元化以来，美元、日元、欧元、英镑等各种储备货币并存，因此，怎样安排最佳比例的储备货币组合，避免遭受汇率变动可能带来的损失，就变得至关重要了。

各国货币当局选择和确定外汇储备中各种货币的最佳比例的方法是做好以下三种选择：

1. 储备货币的品种选择

在一般情况下，应尽可能地增加硬货币的储备量，减少软货币的储备量。但还必须注意，并非硬货币保持得越多越好。这是因为：

(1) 硬货币的利率一般较软货币低，保持硬货币可避免汇率风险，但要损失一定的利息收入。因此，一国应先权衡"利息"与"风险"的得失，然后再确定持有何种货币及其量的大小。

(2) 一国储备中货币总是有"软"有"硬"的，如果是清一色的硬货币，则到了支付时，还得兑换成软货币，这既会碰到汇率风险，也会增加一定的兑换费用。

(3) 硬货币与软货币的区分又是相对的，即硬货币在某一时期可能会变"软"，如果全部保持硬货币，则一旦硬货币变成软货币，就要承受汇率损失了。因此，软硬货币如何组合，还得以辩证的观点从长期与短期的汇率波动状况中作出全面的考察与选择。

2. 储备货币的汇率选择

各国货币当局应根据各种储备货币汇率变动的幅度进行选择。一般来说，应尽可能增加汇率波动幅度较小的货币储备量，减少汇率波动幅度较大的货币储备量。由于在短期内国际金融市场汇率变动频繁，加之政府的干预，因此汇率的变动趋势很难预测，这时，可以通过比较各种储备货币长期内汇率波动的平均幅度来选择，以减少汇率波动的贬值风险。

3. 储备货币中的需求选择

(1) 要根据本国对外贸易结构和其他金融活动对储备货币的支付需求进行选择，即对某种储备货币需求大，就尽可能增加其储备量；反之，就减少其储备量。

(2) 要根据本国干预外汇市场、维持本国货币汇率稳定而对储备货币的需求来进行选择。一种货币用于干预市场多的话，就需多储备；反之，少储备。一些储备货币发行国，尽管它能用本国货币支付逆差，但还要选择其他国家的货币作为国际储备，以备随时干预外汇市场之需。

由于外汇储备能够克服黄金储备的弱点，流动性大，盈利性高，因此，世界各国持有的外汇储备较之其他储备资产比例都较高，其中，仍以美元占最高比例，以下依次为欧元、日元、英镑等，只是美元的比例有不断下降的趋势，而其他货币则有上升之势。

（三）储备头寸和特别提款权

各成员国分到的储备头寸和特别提款权的数量都取决于各国向国际货币基金组织缴纳的份额，且受国际货币基金组织的分配安排或控制，不能随意变更。20 世纪 80 年代以来，这两种储备资产在各成员国储备资产总额中所占的比重，始终未突破 9%，而黄金储备与外汇储备则达 90%以上。

从上面的分析中得知，在确定国际储备构成时，一国都会考虑到储备资产的安全性、流动性、保值性和盈利性等特性，这也是一国营运、安排其国际储备资产的四条原则。这四条原则是相辅相成、缺一不可的。

第三节　中国人民银行的支付清算体系

中国现代化支付系统（简称 CNAPS）是我国中央银行即中国人民银行按照我国支付清算需要，利用现代计算机技术和通信网络开发建设的，能够高效、安全处理各银行间和货币市场交易的资金清算的应用系统。它是各银行和货币市场的公共支付清算平台，是中国人民银行发挥其金融服务职能的重要的核心支付系统。目前，其主要应用系统包括大额实时支付系统、小额批量支付系统、全国支票影像交换系统，以及境内外币支付系统，具有安全、高效、快捷的特点，处于我国支付清算体系的核心地位，在加速社会资金周转、提高资源配置效率、促进国民经济增长、畅通货币政策传导、提升金融服务质量、满足社会经济日益增长的支付需求的过程中，担负着中流砥柱的作用。

一、中国现代化支付系统对促进国民经济快速发展的重要作用

当前，我国经济社会快速平稳发展，经济体制和金融业改革不断深化，各项市场经济活动活跃，社会资金流动性明显增强。资金是市场经济的血液，市场经济配置资源的方式是以资金的流动带动物资的流转来实现的。

通俗地讲，如果把国民经济看作一个人的身体，那么，金融就是这个人体中的血液系统。承担着资金配送任务的中央银行现代化支付系统、各商业银行的行内系统以及票据支付系统、银行卡支付系统、其他各类资金汇划系统，就是血液系统中的血管。中国现代化支付系统是血管中的主动脉，特别是大额实时支付系统、小额批量支付系统、全国支票影像交换系统以及境内外币支付系统在全国的推广应用，大大提高了支付清算效率，为城乡经济发展创造了良好的外部环境；进一步促进了中国人民银行作为中央银行发挥金融服务职能的作用，为银行业金融机构提供了高效、安全的资金汇划和清算平台，更好地支持了金融市场的资金清算，提高了我国银行业机构业务创新的市场竞争能力。

二、中国现代化支付系统的功能特点

（一）支持跨行支付清算

商业银行总行及其分行与所在地支付系统的城市处理中心连接，通过支付系统提供的开放的业务处理路径，实现跨行支付业务的快捷、安全、方便处理，并有利于实现其最终清算。

（二）支持货币政策的实施

中国人民银行公开市场操作业务系统与支付系统连接，实现央行公开市场操作业务资金的即时转账，系统还能支持对商业银行法定存款准备金的管理。

（三）支持货币市场的资金清算

中央债券综合业务系统与支付系统联系，实现债券交易的“钱券对付”即 DVP 清算；外汇交易的人民币资金和同业拆借市场的资金拆借，也可通过支付系统办理资金的快速划

分和清算。

（四）适度集中管理清算账户

中国现代化支付系统对清算账户的设置采取“物理上集中摆放，逻辑上分散管理”。即全国各商业银行在中国人民银行当地分支行开设的所有清算账户物理上均在全国处理中心存储和处理资金清算，逻辑上仍由中国人民银行当地分支行进行处理。这一做法提高了支付 系统处理资金清算的效率，便于中央银行对商业银行流动性的集中监管和金融市场资金清算的即时转账；同时又适应了商业银行会计业务处理逐步集中的需求，符合支付系统的国际发展趋势。

（五）有利于商业银行的流动性管理

商业银行总行及其分行可以通过支付系统实时监控本机构及各分支机构清算账户的变动情况，并灵活地进行头寸调度，提高资金使用效率。系统还提供日间透支、自动质押回购等功能，为商业银行提供紧急融资服务，提高商业银行的支付能力。

（六）具有较强的支付风险防范和控制机制

系统采用了大额支付实时清算、小额支付净额清算、不足支付排队处理的方式，为防止隔夜透支，系统设置了清算窗口时间，用于头寸不足的银行在清算窗口时间筹措资金。支付系统还设置头寸预警功能，清算账户达到余额警戒线时，系统自动报警，中央银行并可根据管理的需求对清算账户实施必要的控制等。此外，系统还具有支付清算信息和异常支付监测等功能。

三、中国现代化支付系统的主要应用系统

（一）大额实时支付系统

大额实时支付系统是中国现代化支付系统的主要应用系统，为银行和企事业单位及金融市场提供快捷、高效、安全的支付清算服务。该系统处理同城和异地跨行的，金额在规定起点以上的大额贷记支付业务、紧急的小额贷记支付业务和即时转账业务，主要包括汇兑、委托收款、托收承付、银行间同业拆借、国库资金汇划等。该系统还提供了支持城市商业银行银行汇票资金移存和兑付等功能。其系统运行时间为国家法定工作日，中国人民银行可根据特定情况调整系统运行工作。支付指令实行逐笔实时发送、全额清算资金。

（二）小额批量支付系统

小额批量支付系统是中国现代化支付系统的重要组成部分，处理跨行同城、异地纸质凭证截留的借记支付以及金额在规定起点以下的小额贷记支付业务。支付指令批量或实时发送，净额清算资金。主要业务包括汇兑、委托收款划回、托收承付划回、银行汇票、旅行支票、国库借记业务，以及根据发起人与接收人签订的协议，由收款人发起的，在规定时间内生效的业务。该系统基本业务处理流程是“24 小时连续运行，逐笔发起，组包发送，实时传输，双边轧差，实时清算”。具有处理业务种类多、业务量大、金额小等特点。

（三）全国支票影像交换系统

全国支票影像交换系统依托于小额批量支付系统，是综合运行影像技术和支付密码等技术，将纸质支票转化为影像和电子信息，实现纸质支票截留，利用网络技术将支票影像和电子清算信息传递至出票人开户行进行提示付款，实现支票全国通用的业务处理系统。

2007年6月25日，中国人民银行在全国范围内对该系统进行了推广运用。这一系统改变了人们以往印象当中支票只在同一城市范围内使用的陈规，实现了支票在全国范围的互通使用。利用该系统，异地使用支票款项最快可在2～3小时之内到账，一般在银行受理支票之日起3个工作日内均可到账。单笔金额上限为50万元。该系统具有用途广泛、结算便捷、携带方便、节省成本等特点。

（四）境内外币支付系统

境内外币支付系统是为中华人民共和国境内的银行业金融机构和外币清算机构提供外币支付服务的实时全额支付系统，主要处理境内跨行贷记业务、轧差净额业务、付款交割业务。经中国人民银行批准确定中国工商银行为欧元、日元代理结算银行，中国银行为美元代理结算银行，中国建设银行为港元代理结算银行，上海浦东发展银行为英镑、澳大利亚元、加拿大元、瑞士法郎代理结算银行。自2008年4月始，上述币种陆续开通支付业务。

总之，在目前我国已基本形成的支付体系中，中国现代化支付系统处于核心地位，发挥着中流砥柱的重要作用，是中央银行改进支付清算服务的重要核心支持系统；是连接国内银行业金融机构和外资银行的重要枢纽和桥梁；是适应现代化科技发展要求，促进网上银行、电子商务等发展的重要基础平台；是连接商品交易和社会经济活动的“大动脉”。

【本章小结】

1. 中央银行的资产是指中央银行在一定时点上所拥有的各种债权。中央银行的资产业务主要包括再贴现业务和再贷款业务、证券买卖业务、国际储备业务及其他一些资产业务。

2. 中央银行的负债是指社会集团和个人持有的对中央银行的债权。中央银行的负债业务主要包括货币发行、经理国库和集中存款准备金等业务。

3. 中国人民银行作为中央银行，支付结算的管理和服务是其一项重要职责。根据支付结算体系的统一规划和发展方向，中国人民银行不断改进支付清算系统，组织规范了各地同城票据交换系统、各商业银行的行内资金汇划系统，建立了全国电子联行系统，并推广现代化支付系统。

【关键术语】

资产；负债；中国现代化支付系统

Asset；Liability；China National Advanced Payment System

【习题】

一、单选题

1. 中央银行的主要业务是（　　）。

A. 担当最后贷款人　　B. 货币发行

C. 代理国库　　D. 制定并监督执行有关金融法规

2. （　　）是中央银行作为银行的银行这一职能作用的体现，是中央银行对商业银行的主要服务性业务。

A. 货币发行　　　　　　　　　　　　B. 集中存款准备金业务

C. 代理发行和兑付国债　　　　　　　D. 清算业务

3. 货币发行业务是中央银行的（　　）。

A. 资产业务　　B. 负债业务　　C. 中间业务　　D. 清算业务

4. 中央银行证券买卖业务的主要对象是（　　）。

A. 国库券和国债　B. 股票　　C. 公司债券　　D. 金融债券

5. 中央银行管理外债主要是管理（　　）。

A. 借的方面　　B. 用的方面　　C. 还的方面　　D. 借、用、还三方面

6. 中央银行贷款一般以（　　）为主，这是由中央银行的地位与作用决定的。

A. 长期贷款　　B. 中长期贷款　　C. 短期贷款　　D. 无息贷款

7. 中央银行提高存款准备金率，将导致商业银行信用创造能力（　　）。

A. 上升　　B. 下降　　C. 不变　　D. 不确定

二、多选题

1. 货币发行具有双重含义，具体是指（　　）。

A. 货币从业务库流向发行库

B. 货币从发行库流向业务库

C. 货币从中央银行流出的数量大于流入的数量

D. 货币流入中央银行的数量大于流出的数量

2. 我国中央银行发行货币要遵循的三条原则是（　　）。

A. 集中发行原则　　　　　　　　B. 信用保证原则

C. 计划发行原则　　　　　　　　D. 经济发行原则

3. 中央银行的资产涉及（　　）等。

A. 再贴现　　　　　　　　　　　B. 放款

C. 黄金外汇储备　　　　　　　　D. 各种证券

4. 一般而言，中央银行的负债方包括（　　）。

A. 商业银行等金融机构存款　　　B. 贴现

C. 流通中的通货　　　　　　　　D. 国库及公共机构存款

5. 中央银行的主要业务包括（　　）。

A. 对银行的业务　　　　　　　　B. 对居民的业务

C. 对政府的业务　　　　　　　　D. 发行的业务

6. 中央银行的负债业务包括（　　）。

A. 货币发行　　　　　　　　　　B. 代理国库

C. 吸收公众存款　　　　　　　　D. 集中存款准备金

7. 下列属于中央银行清算业务的是（　　）。

A. 再贴现　　　　　　　　　　　B. 集中办理票据交换

C. 集中清算交换的差额　　　　　D. 办理异地资金转移

8. 在中央银行的下述业务中，属于中间业务的项目有（　　）。

A. 货币发行　　B. 经理国库　　C. 金银储备　　D. 信托业务

9. 公开市场业务由（　　）等组成。

A. 本币公开市场业务　　B. 外汇公开市场业务

C. 国债公开市场业务　　D. 企业债券公开市场业务

10. 中央银行在买卖证券过程中，有些基本原则需要注意，这些原则是（　　）。

A. 可在二级市场购买有价证券　　B. 不能购买市场性差的有价证券

C. 不能购买无上市资格的有价证券　　D. 可买入国外的有价证券

11. 中央银行的贷款对象是（　　）。

A. 工商企业　　B. 商业企业　　C. 投资银行　　D. 政府

12. 再贴现政策主要包括（　　）两方面的内容。

A. 调整再贴现利率　　B. 规定再贴现票据的种类

C. 再贷款　　D. 调整法定存款准备金率

13. 下面记述中正确的有（　　）。

A. 转贴现和再贴现是贴现银行以贴现所得的未到期汇票向另一银行或中国人民银行进行的票据再转让行为

B. 转贴现是前一贴现银行向其他商业银行所作的商业汇票转让

C. 再贴现是前一贴现银行向中国人民银行所作的商业汇票转让

D. 转贴现和再贴现的贴现申请人为前一贴现银行

14. 关于存款准备金制度，下面说法正确的是（　　）。

A. 提高法定存款准备金率，货币供应量增加

B. 2004 年开始，我国实行差别存款准备金率制度

C. 存款准备金是指商业银行的库存现金

D. 存款准备金分为法定存款准备金和超额存款准备金

三、简答题

1. 中央银行经理国库业务的主要内容是什么?

2. 简述中央银行的资产业务包括哪些。

3. 中央银行证券买卖业务与贷款业务有何异同?

4. 中央银行存款与商业银行存款有何区别?

【答案】

一、单选题

1. B　2. D　3. B　4. A　5. D　6. C　7. B

二、多选题

1. ABC　2. ACD　3. ABCD　4. CD　5. ACD　6. ABD　7. BCD

8. ABD　9. AB　10. ABE　11. BD　12. AB　13. ABCD　14. BD

三、简答题

1. 一是预算收入的吸纳、划分、报解。具体包括国库款项的吸纳、国库款项的划分、国库款项的报解、国库款项的退库。二是预算指出的拨付。中央银行有权审查款项的用

途，对库款支拨进行有效监督。

2. 中央银行的资产业务是指运用其货币资金的业务，主要包括再贴现，再贷款，金银、外汇储备和证券买卖业务。

（1）再贴现：指商业银行为弥补自有资金不足，将贴现买入的未到期的商业票据提交中央银行，由中央银行扣除再贴现利息后支付贴现款项。

（2）再贷款：包括以下几种：1）对商业银行的再贷款；2）对政府的贷款；3）其他贷款。

（3）金银、外汇储备：不仅是中央银行稳定货币的重要储备，而且体现用于国际支付的国际清偿能力，它是中央银行的一项重要的资产业务。

（4）证券买卖业务：主要是指中央银行在公开市场上买卖政府发行的长期或短期债券。

3. 相同之处：（1）融资效果相同：买进证券相当于发放贷款，卖出证券则相当于收回贷款。（2）对货币供应的影响相同：买进证券同发放贷款一样，都会引起社会的基础货币量增加，从而导致货币供应量的成倍扩张；卖出则反之。（3）都是中央银行调节和控制货币供应量的工具。

不同之处：（1）资金的流动性不同：贷款到期才能收回，证券则可随时买卖，其流动性高于贷款。（2）依据不同：证券买卖以证券的质量为依据，而贷款以商业银行的信用为重要依据。（3）收益不同：贷款有利息收入，而证券买卖的收益主要是买进或卖出的价差收益。（4）对金融环境的要求不同：证券买卖对金融环境的要求较高，而贷款业务则对其要求较低。

4. （1）存款的强制性：中央银行存款具有一定的强制性，而商业银行存款遵循“存款自愿，取款自由”的存款原则。

（2）存款用途、目的的特殊性：中央银行吸收存款是出于宏观调控和行使监管职能的需要，而商业银行是为了实现银行利润最大化。

（3）存款人的特定性：中央银行只吸收商业银行、非银行金融机构、政府部门及特定部门的存款，而商业银行直接吸收个人、工商企业的存款。

（4）与存款当事人之间关系的特殊性：中央银行与存款当事人之间的关系除经济关系之外，还有管理与被管理的关系，而商业银行与存款当事人之间只有纯粹的经济关系。

第十章 货币政策的目标

货币政策是指政府或中央银行为影响经济活动所采取的措施，尤指控制货币供给以及调控利率的各项措施，用以达到或维持特定的政策目标——比如，抑制通货膨胀、实现完全就业或经济增长。这可以通过公开市场操作和设置银行存款准备金率来实现。货币理论和货币政策是同一事物的两面，一个是从经济理论角度讲，另一个是从政策措施角度讲。

【本章要点】

货币政策的四大目标以及各目标之间的关系；

货币政策常用的中介目标。

【导入案例】

在2011年8月初的中国人民银行分支行行长座谈会上，央行定调2011年下半年工作重点仍是把稳定物价总水平作为金融宏观调控的首要任务，继续坚持实施稳健的货币政策。央行表示，要综合运用利率、汇率、公开市场操作、存款准备金率和宏观审慎管理等工具组合，保持合理的社会融资规模和节奏。同时，房地产调控力度也不会放松，进一步执行好差别化住房信贷政策。

在国务院确立抗通货膨胀为2011年政府工作的首要任务以来，央行通过实施稳健的货币政策对此前的过度宽松做出了一定修复，广义货币供应量M2增速持续回落，2011年6月已经下降到16%的水平。与此同时，2010年下半年以来，央行已经持续12次上调存款准备金率，锁定银行体系过量流动性超过4.2万亿元人民币，截至最新一次存款准备金率上调，存款准备金率已攀升至大型金融机构21.5%、中小金融机构18%的历史高位。这就是通过数量型政策以应对流动性带来的通货膨胀局面的体现。此外，2011年上半年央行也接连实施了3次加息，但是持续的负利率问题使得经济发展陷入恶性发展中，即一方面银行以及实体企业缺乏资金，另一方面大量的市场资金不愿意进入实体经济发展领域，这种错位使得市场资金的金融脱媒现象更加严重。

第一节　货币政策概述

狭义货币政策：指中央银行为实现既定的经济目标（稳定物价、促进经济增长、实现充分就业和平衡国际收支）运用各种工具调节货币供给和利率，进而影响宏观经济的方针和措施的总合。

广义货币政策：指政府、中央银行和其他有关部门所有有关货币方面的规定和采取的影响金融变量的一切措施。

两者的不同主要在于后者的政策制定者包括政府及其他有关部门，它们往往影响金融体制中的外生变量，改变游戏规则，如硬性限制信贷规模、信贷方向，开放和开发金融市场。前者则是中央银行在稳定的体制中利用贴现利率、准备金率、公开市场业务达到改变利率和货币供给量的目标。

货币政策是通过政府对国家的货币、信贷及银行体制的管理来实施的。货币政策分为扩张性的和紧缩性的两种。扩张性的货币政策是通过提高货币供应增长速度来刺激总需求，在这种政策下，取得信贷更为容易，利息率会降低。因此，当总需求与经济的生产能力相比很低时，使用扩张性的货币政策最合适。紧缩性的货币政策是通过削减货币供应的增长率来降低总需求水平，在这种政策下，取得信贷较为困难，利息率也随之提高。因此，在通货膨胀较严重时，采用消极的货币政策较合适。货币政策调节的对象是货币供应量，即全社会总的购买力，具体表现形式为：流通中的现金和个人、企事业单位在银行的存款。流通中的现金与消费物价水平变动密切相关，是最活跃的货币，一直是中央银行关注和调节的重要目标。货币政策工具是指中央银行为调控货币政策中介目标而采取的政策手段。货币政策是涉及经济全局的宏观政策，与财政政策、投资政策、分配政策和外资政策等关系十分密切，必须实施综合配套措施才能保持币值稳定。

根据央行的定义，货币政策工具库主要包括公开市场业务、存款准备金、再贷款或再贴现以及利率政策和汇率政策等。从学术角度，它大体可以分为数量工具和价格工具。价格工具集中体现在利率或汇率水平的调整上。数量工具则更加丰富，如公开市场业务的央行票据、准备金率调整等，它聚焦于货币供应量的调整。

第二节　货币政策目标的内容及关系

一、稳定物价

所谓稳定物价，是指一般物价水平在短期内不发生急剧的波动。这里所指的物价是一般物价水平，而不是某种商品的价格。稳定物价的前提或实质是币值的稳定。因此，各国政府和经济学家改用综合物价指数来衡量币值是否稳定。物价指数上涨，单位货币购买力下降，币值下跌；物价指数下跌，单位货币购买力提高，币值上升。因此，要实现物价稳定必须控制通货膨胀，把物价水平控制在一定范围之内。在不同的国家、不同的社会经济条件下，人们对物价上涨的承受能力是不同的，因而对物价稳定程度有不同的要求。

二、充分就业

所谓充分就业，是指有能力并自愿参加工作者，都能在较合理的条件下随时找到适当的工作。充分就业是针对所有能够被利用的资源的利用程度而言的，现在各国政府与经济学家都把失业率作为衡量劳动力就业程度的指标。所谓失业率，就是社会的失业人数与愿意就业的劳动力的比率。失业率越小表明社会的充分就业程度越高。由于存在摩擦性失业和自愿失业等因素，失业率为零是不可能的。从经济效率的角度来看，保持一定的失业水平是适当的，充分就业并不意味着失业率等于零。有的认为失业率为3%是充分就业；有的认为失业率长期维持在4%～5%也算充分就业；而一些较为保守的学者则认为失业率压低至2%～3%以下才能算充分就业。

三、经济增长

经济增长，是指国民生产总值的增长必须保持合理的、较高的速度。目前，各国衡量经济增长的指标一般是人均实际国民生产总值的年增长率，即用人均名义国民生产总值年增长率剔除物价上涨率后的人均实际国民生产总值年增长率来衡量。经济增长必将引起国民财富的增加和国力增强。促进经济增长的因素是多方面的，从生产要素的投入产出角度来看，有社会劳动力的增加、资本有机构成的提高、资本产出比率的提高、投资的增加等。中央银行货币政策的经济增长目标，主要是为经济增长提供货币的推动力，同时创造一个适应经济增长的金融环境。

四、平衡国际收支

国际收支平衡，是指一国对其他国家的全部货币收入和货币支出相抵，略有顺差或略有逆差。在一个开放型的社会经济中，国际收支状况与国内市场的货币供求有密切关系。国际收支顺差过大，说明国内市场商品供给减少，货币供给相对增多，对于一个经济发展中国家来说，会加剧通货膨胀和国内市场上商品供求的矛盾；国际收支逆差过大，说明国内市场商品供给增加，货币供给相对减少，这不仅会造成国内资源的浪费，而且会迫使本国货币对外贬值，造成国内市场的不稳定。中央银行可以采取多种措施，如稳定和调整利率、汇率等，纠正国际收支差额，使其趋于平衡。

五、货币政策诸目标之间的关系

（一）稳定物价与充分就业之间的矛盾

当经济不景气时，失业人数过多，为了增加就业，就要刺激需求、增加投资、扩大生产规模。这时，西方通常采用的办法是增加货币供给，放松信贷条件。结果，失业率的确会降低，但是信用扩大，货币供给增加，必然会导致通货膨胀率上升，物价也随之上涨。

（二）稳定物价与经济增长之间的矛盾

就现代社会而言，经济的增长总是伴随着物价的上涨，没有哪一个国家在经济增长时期，物价水平不是呈上涨趋势的。这说明稳定物价与经济增长之间存在着矛盾。不少国家的中央银行在同时追求经济增长和物价稳定目标的过程中，往往顾此失彼。

（三）稳定物价与平衡国际收支之间的矛盾

当一国出现通货膨胀时，由于本国物价水平上涨而使外国商品价格低廉，因而会使得本国商品出口减少而进口增加，这必然会增加本国的贸易逆差，使国际收支恶化。但是，本国物价稳定也绝不意味着国际收支的平衡。在本国物价稳定而他国发生通货膨胀的情况下，由于本国商品价格相对低于他国商品价格，因而会使得本国商品出口增加而进口减少，这必然会造成本国贸易顺差，从而影响本国国际收支平衡。

（四）经济增长与平衡国际收支之间的矛盾

经济增长通常会增加对进口商品的需要，如果该国的出口商品不能相应扩大，则必然会使得贸易收支状况恶化。为促进国内经济增长，必然要求增加投资。在国内资金来源不足的情况下，必须借助于外资，引进外国的先进技术。虽然外资的流入会使资本项目出现顺差，可以在一定程度上弥补贸易逆差而造成的国际收支失衡，但是，如果本国不具备大量利用外资的条件及外汇还款能力，那么必然会导致国际收支状况严重恶化，最终使经济发展在失衡中进行。

第三节　货币政策目标的选择

一、选择目标的标准

中央银行在实施货币政策中所运用的政策工具无法直接作用于最终目标，此间需要有一些中间环节来完成政策传导的任务。因此，中央银行在其工具和最终目标之间，插进了两组金融变量，一组叫做中介目标，另一组叫做操作目标。

货币政策的中介目标和操作目标又称营运目标。它们是一些较短期的、数量化的金融指标，作为政策工具与最终目标之间的中介或桥梁，在货币政策的传导中起着承上启下的作用，使中央银行对宏观经济的调控更具弹性。操作目标是接近中央银行政策工具的金融变量，它直接受政策工具的影响，其特点是中央银行容易对它进行控制，但它与最终目标的因果关系不大稳定。中介目标是距离政策工具较远但接近于最终目标的金融变量，其特点是中央银行不容易对它进行控制，但它与最终目标的因果关系比较稳定。建立货币政策的中介目标和操作目标，总的来说，是为了及时测定和控制货币政策的实施程度，使之朝着正确的方向发展，以保证货币政策最终目标的实现。

货币政策中介目标是连接货币政策最终目标与政策工具操作的中介环节，也是实施货币政策的关键步骤。中介目标必须具备三个特点。

1. 可测性

指中央银行能够迅速获得中介目标相关指标变化状况和准确的数据资料，并能够对这些数据进行有效分析和做出相应判断。显然，如果没有中介目标，则中央银行直接去收集和判断最终目标数据如价格上涨率和经济增长率是十分困难的，短期内如一周或一旬是不可能有这些数据的。

2. 可控性

指中央银行通过各种货币政策工具的运用，能对中介目标变量进行有效控制，能在较短时间内（如1～3个月）控制中介目标变量的变动状况及其变动趋势。

3. 相关性

指中央银行所选择的中介目标，必须与货币政策最终目标有密切的相关性，中央银行运用货币政策工具对中介目标进行调控，能够促使货币政策最终目标的实现。

二、常用的中介目标

可以作为中介目标的金融指标主要有：长期利率、货币供应量和贷款量。

（一）长期利率

西方传统的货币政策均以利率为中介目标。利率能够作为中央银行货币政策的中介目标，是因为：利率不但能够反映货币与信用的供给状态，而且能够表现供给与需求的相对变化。利率水平趋高被认为是银根紧缩，利率水平趋低则被认为是银根松弛。利率属于中央银行影响可及的范围，中央银行能够运用政策工具设法提高或降低利率。利率资料易于获得并能够经常汇集。

（二）货币供应量

以弗里德曼为代表的现代货币数量论者认为宜以货币供应量或其变动率为主要中介目标。他们的主要理由是：货币供应量的变动能直接影响经济活动；货币供应量及其增减变动能够为中央银行所直接控制；与货币政策联系最为直接；货币供应量增加，表示货币政策松弛，反之则表示货币政策紧缩；货币供应量作为指标不易将政策性效果与非政策性效果相混淆，因而具有准确性的优点。

但以货币供应量为中介目标也有几个问题需要考虑，一是中央银行对货币供应量的控制能力。货币供应量的变动主要取决于基础货币的改变，但还要受其他种种非政策性因素的影响，如现金漏损率、商业银行超额准备金率、定期存款比率等，非中央银行所能完全控制。二是货币供应量传导的时滞问题。中央银行通过变动准备金以期达到一定的货币量变动率，但此间却存在着较长的时滞。三是货币供应量与最终目标的关系。对此有些学者尚持怀疑态度。但从衡量的结果来看，货币供应量仍不失为一个性能较为良好的指标。

（三）贷款量

以贷款量作为中介目标，其优点是：

1. 与最终目标有密切相关性

流通中的现金与存款货币均由贷款引起，中央银行控制了贷款规模，也就控制了货币供应量。

2. 准确性较强

作为内生变量，贷款规模与需求有正向相关关系；作为政策变量，贷款规模与需求也有正向相关关系。

3. 具有可测性

以贷款量作为中介目标，在具体实施中各国的情况也存在着差异。政府对贷款控制较严的国家，通过颁布一系列关于商业银行贷款的政策及种种限制，自然便于中央银行控制贷款规模；反之则不然。以贷款量为中介目标，各国采用的计量口径也不一致，有的用贷款余额，有的则用贷款增量。

三、常见的操作目标

各国中央银行通常采用的操作目标主要有：短期利率、商业银行的存款准备金、基础货币等。

1. 短期利率

短期利率通常指市场利率，即能够反映市场资金供求状况、变动灵活的利率。它是影响社会的货币需求与货币供给、银行信贷总量的一个重要指标，也是中央银行用以控制货币供应量、调节市场货币供求、实现货币政策目标的一个重要的政策性指标，如西方国家中央银行的贴现利率、伦敦同业拆放利率等。作为操作目标，中央银行通常只能选用其中一种利率。过去美联储主要采用国库券利率，近年来转为采用联邦基金利率。日本采用的是银行同业拆借利率。英国的情况较特殊，英格兰银行的长、短期利率均以一组利率为标准，其用作操作目标的短期利率有：隔夜拆借利率、三个月期的银行拆借利率、三个月期的国库券利率，用作中介目标的长期利率有：五年公债利率、十年公债利率、二十年公债利率。

2. 商业银行的存款准备金

中央银行把准备金作为货币政策的操作目标，其主要原因是，无论中央银行运用何种政策工具，都会先行改变商业银行的准备金，然后对中介目标和最终目标产生影响。因此可以说变动准备金是货币政策传导的必经之路。由于商业银行准备金越多，银行贷款与投资的能力就越大，从而派生存款和货币供应量也就越多，因此，银行准备金增加被认为是货币市场银根放松，准备金减少则意味着市场银根紧缩。

但准备金在准确性方面的缺点有如利率。作为内生变量，准备金与需求负向相关。借贷需求上升，银行体系便减少准备金以扩张信贷；反之则增加准备金以缩减信贷。作为政策变量，准备金与需求正向相关。中央银行要抑制需求，一定会设法减少商业银行的准备金。因此准备金作为金融指标也有误导中央银行的缺点。

3. 基础货币

基础货币是中央银行经常使用的一个操作目标，也常被称为“强力货币”或“高能货币”。从基础货币的计量范围来看，它是商业银行准备金和流通中通货的总和，包括商业银行在中央银行的存款、银行库存现金、向中央银行借款、社会公众持有的现金等。通货与准备金之间的转换不改变基础货币总量，基础货币的变化来自那些提高或降低基础货币的因素。

中央银行有时还运用“已调整基础货币”这一指标，或者称为扩张的基础货币，它是针对法定存款准备金率的变化调整后的基础货币。单凭基础货币总量的变化还无法说明和衡量货币政策，必须对基础货币的内部构成加以考虑。因为：在基础货币总量不变的条件下，如果法定准备金率下降，则银行法定存款准备金减少而超额存款准备金增加，这时的货币政策仍呈扩张性；若存款从准备金率高的存款机构转到准备金率较低的存款机构，则即使中央银行没有降低准备金率，平均准备金率也会有某种程度的降低，这就必须对基础货币进行调整。具体做法是，假定法定准备金率已下降，放出 1 亿元的法定准备金，这 1 亿元就要加到基础货币上，从而得到已调整的基础货币。多数学者公认基础货币是较理想的操作目标。因为基础货币是中央银行的负债，中央银行对已发行的现金和它所持有的存款准备金都掌握着相当及时的信息，因此中央银行对基础货币是能够直接控制的。基础货币比银行准备金更为有利，因为它考虑到社会公众的通货持有量，而准备金却忽略了这一重要因素。

【本章小结】

1. 货币政策的最终目标，是中央银行组织和调节货币流通的出发点和归宿，它反映了社会经济对货币政策的客观要求。货币政策的最终目标一般有四个：稳定物价、充分就业、促进经济增长和平衡国际收支。

2. 货币政策的最终目标一般有四个，但要同时实现是非常困难的事。在具体实施中，以某项货币政策工具来实现某一货币政策目标，经常会干扰其他货币政策目标的实现。或者说，为了实现某一货币政策目标而采用的措施很可能与实现另一货币政策目标所应采取的措施相矛盾。

3. 从货币政策工具的运用到最终目标的达到，必须经过许多中间环节，中央银行实际上不可能通过货币政策的实施而直接达到其最终目标，而只能通过观测和控制它所能控制的一些具体的指标来影响实际的经济活动，从而间接地达到其最终目标。这些能为中央银行所直接控制和观测的指标就是货币政策的中介目标。现阶段我国货币政策的操作目标是基础货币，中介目标是货币供应量。

【关键术语】

货币政策的目标；中介目标

Goals of Monetary Policy；Intermediary Target

【习题】

一、单选题

1. 货币政策最终目标之间基本统一的是（　　）。

A. 稳定物价与经济增长　　B. 稳定物价与充分就业

C. 经济增长与充分就业　　D. 经济增长与国际收支平衡

2. 我国的货币政策目标是（　　）。

A. 保持货币币值的稳定，并以此促进经济增长

B. 稳定币值

C. 经济增长，充分就业

D. 经济增长

3. 实行非调节型货币政策的理由是（　　）。

A. 在短期内货币供应量难以调节　　B. 在长期内货币供应量会自动调节

C. 在短期内货币供应量会自动调节　　D. 在长期内货币供应量难以调节

4. 下列关于货币政策的说法，正确的是（　　）。

A. 货币政策是国家调节和控制宏观经济的唯一手段

B. 公开市场业务、存款准备金政策、利率政策被称为货币政策的“三大法宝”

C. 货币供应量是货币政策的操作目标

D. 2004 年，我国进一步改革存款准备金制度，实行差别存款准备金率制度

5. 如果政府把经济增长作为宏观调控的政策目标，则通常要实行扩张性财政政策和货币政策，以刺激总需求，一般情况下，这会导致（　　）。

A. 价格水平下降或通货紧缩　　B. 价格水平上升或通货膨胀

C. 就业机会减少或失业率提高　　D. 通货紧缩和就业机会增加

6. 如果政府把稳定价格水平作为宏观调控的政策目标，则通常要实行紧缩性的财政政策和货币政策，一般情况下，这会导致（　　）。

A. 经济快速增长　　B. 就业机会增加

C. 通货膨胀　　D. 经济增长速度放慢

7. 现阶段，我国货币政策的操作目标和中介目标分别是（　　）和（　　）。

A. 货币供应量　基础货币　　B. 基础货币　高能货币

C. 基础货币　流通中的现金　　D. 基础货币　货币供应量

8. 我国货币政策的中介目标是（　　）。

A. 利率　　B. 货币供应量　　C. 信贷总规模　　D. 基础货币

9. 随着我国经济金融的发展，贷款总规模和货币供应量两者之间的关系是（　　）。

A. 不相关　　B. 负相关　　C. 相关性增强　　D. 相关性减弱

二、多选题

1. 根据蒙代尔的政策搭配学说，如果经济运行中同时存在着国际收支顺差和通货膨胀问题，则为使经济恢复均衡而采取的政策组合是（　　）。

A. 扩张性的货币政策　　B. 紧缩性的货币政策

C. 扩张性的财政政策　　D. 紧缩性的财政政策

2. 紧缩性的货币政策实施的手段主要包括（　　）。

A. 提高法定存款准备金率　　B. 提高再贷款利率

C. 提高再贴现利率　　D. 出售政府债券

3. 货币政策一般涉及的是宏观国民经济总量问题，这些总量包括（　　）。

A. 商业银行效益　　B. 利率和汇率　　C. 货币供应量　　D. 信用总量

4. 货币政策中介目标的选择标准有（　　）。

A. 相关性　　B. 可控性　　C. 可测性　　D. 流动性

5. 货币政策中介目标承担的功能主要有（　　）。

A. 测度　　B. 补充　　C. 传导　　D. 缓冲

6. 我国货币政策的中介目标是货币供应量。通常所说的 M0 不包括（　　）。

A. 在银行体系以外流通的现金　　B. 居民活期存款
C. 居民定期存款　　D. 居民金融资产投资

7. 中央银行投资基础货币的渠道包括（　　）。
A. 对个人贷款　　B. 收购金、银、外汇
C. 买卖政府债券　　D. 对金融机构贷款

8. 我国基础货币由（　　）构成。
A. 金融机构存入中国人民银行的存款准备金
B. 企事业单位存入银行的定期存款
C. 流通中的现金
D. 金融机构库存现金

三、简答题

如何理解货币政策目标之间的关系？

【答案】

一、单选题

1. C　2. A　3. C　4. D　5. B　6. D　7. D　8. B　9. D

二、多选题

1. AD　2. ACD　3. BCD　4. ABC　5. ACD　6. BCD　7. BCD　8. ACD

三、简答题

货币政策的目标一般可概括为：稳定物价、充分就业、经济增长和国际收支平衡。

货币政策诸目标之间的关系较复杂，有的一定程度上具有一致性，如充分就业与经济增长；有的相对独立，如充分就业与国际收支平衡；更多的则表现为目标间的冲突性。各目标之间的矛盾表现为：物价稳定与充分就业之间存在一种此高彼低的交替关系。当失业过多时，货币政策要实现充分就业的目标，就需要扩张信用和增加货币供应量，以刺激投资需求和消费需求，扩大生产规模，增加就业人数；同时需求的大幅增加会带来一定程度的物价上升。反之，如果货币政策要实现物价稳定，则又会带来就业人数的减少。所以，中央银行只有根据具体的社会经济条件，寻求物价上涨率和失业率之间某一适当的组合点。

物价稳定与经济增长之间也存在矛盾。要刺激经济增长，就应促进信贷和货币发行的扩张，结果会带来物价上涨；为了防止通货膨胀，就要采取信用收缩的措施，这又会对经济增长产生不利的影响。

物价稳定与国际收支平衡之间存在矛盾。若其他国家发生通货膨胀，本国物价稳定，则会造成本国输出增加、输入减少，国际收支发生顺差；反之，则出现逆差，使国际收支恶化。

经济增长与国际收支平衡之间的矛盾。随着经济的增长，对进口商品的需求通常也会增加，结果会出现贸易逆差；反之，为消除逆差、平衡国际收支，需要紧缩信用、减少货币供给，这会导致经济增长速度放慢。

综上所述，由于各目标间存在的矛盾性，中央银行应根据不同的情况选择具体的政策目标。

第十一章 货币政策工具

货币政策工具是中央银行为达到货币政策目标而采取的手段。货币政策工具分为一般性工具和选择性工具。一般性货币政策工具包括公开市场操作、存款准备金和再贴现；选择性货币政策工具包括贷款规模控制、特种存款、对金融企业窗口指导等。一般性货币政策工具多属于间接调控工具，选择性货币政策工具多属于直接调控工具。在过去较长时期内，中国货币政策以直接调控为主，即采取信贷规模、现金计划等工具。1998 年以后，主要采取间接货币政策工具来调控货币供应总量。现阶段，中国的货币政策工具主要有公开市场操作、存款准备金、再贷款与再贴现、利率政策、汇率政策和窗口指导等。

【本章要点】

存款准备金对商业银行的影响；

再贴现与公开市场业务操作对货币和信贷供给总量的调节。

【导入案例】

2011 年上半年中国人民银行历次货币政策调控一览表：

1 月 14 日，央行宣布提高存款准备金率 0.5 个百分点。

2 月 8 日，央行宣布上调金融机构人民币存贷款基准利率 0.25 个百分点。

2 月 18 日，央行宣布提高存款准备金率 0.5 个百分点。

3 月 25 日，央行宣布提高存款准备金率 0.5 个百分点。

4 月 5 日，央行宣布上调金融机构人民币存贷款基准利率 0.25 个百分点。

4 月 17 日，央行宣布提高存款准备金率 0.5 个百分点。

5 月 12 日，央行宣布提高存款准备金率 0.5 个百分点。

6月14日，央行宣布提高存款准备金率0.5个百分点。

第一节　一般性货币政策工具

一般性货币政策工具也称为货币政策的总量调节工具。它通过调节货币和信贷的供给总量，对经济活动的各个方面都产生影响，而不仅仅作用于某些方面和部门。一般性货币政策工具包括存款准备金制度、再贴现政策和公开市场业务。

一、存款准备金制度

存款准备金制度起源于美国的苏弗克制度。早期存款准备金制度的主要目的是维持银行体系的流动性和清偿能力，20世纪30年代大萧条后，存款准备金制度的目的转为控制信贷和货币供应量，至此才成为货币政策的一个主要工具。

（一）存款准备金制度包括的基本内容

（1）确定存款准备金制度的适用对象。

（2）规定存款准备金率，即法定存款准备金率。

（3）规定存款准备金的构成。

（4）规定存款准备金的计提基础，即规定哪些存款应该缴存存款准备金以及计提的基数。

（5）规定存款准备金的付息标准。

（6）规定存款准备金持有期的考核办法。

（二）调整法定存款准备金以实现存款准备金制度

存款准备金制度对信贷和货币供应量的控制是通过调整法定存款准备金而实现的：调整法定存款准备金率会改变货币乘数，在基础货币不变的情况下会引起货币供应量的改变；在基础货币不变的情况下，改变法定存款准备金率会影响到利率，从而影响支出；法定存款准备金率的变化具有直接的宣示效果。

（三）存款准备金政策工具具有的优缺点

优点为：作用速度快而有力；作用呈中性，即改变法定存款准备金率对所有的银行和金融机构都产生相同的影响；特定条件下可以起到其他货币政策工具无法替代的作用；存款准备金制度强化了中央银行的资金实力和监管金融机构的能力，可以为其他货币政策工具的顺利运行创造有利条件。

缺点为：作用效果过于猛烈，法定存款准备金率的微小变动，就会造成法定准备金的较大波动，对经济造成强烈影响；准备金率的频繁变动会给银行带来许多的不确定性，增加了银行资金流动性管理的难度，因而易于受到商业银行和金融机构的反对；受到中央银行维持银行体系目的的制约，降低法定存款准备金率容易，提高法定存款准备金率难。

二、再贴现政策

再贴现是随着中央银行的产生而发展起来的。中央银行通过再贴现业务发挥其最后贷款人的功能并维持银行体系储备供给的弹性制度。再贴现政策是指中央银行通过制定、调整再贴现利率和再贴现业务来干预、影响市场利率和货币供应量的政策措施。

（一）再贴现政策实现的途径

再贴现政策发挥作用的途径有三条：

（1）再贴现业务是中央银行投放基础货币的一个渠道。

（2）再贴现利率的变动会对利率和各种资产收益率发生影响。

（3）再贴现政策具有宣示作用。

（二）再贴现政策作为货币政策工具的优缺点

1. 再贴现政策的优势所在

（1）有利于中央银行发挥最后贷款人的作用。

（2）再贴现政策通过对贴现对象的选择、对贴现票据的规定，可以起到一定的结构调整作用。

（3）作用效果缓和，可以配合其他政策工具，避免引起经济的巨大波动。

2. 再贴现政策存在的不足

（1）再贴现政策具有顺周期特征。当经济处于扩张阶段时，如果中央银行无法迅速调整再贴现利率，则再贴现业务会进一步刺激经济的扩张。相反，在经济萧条时期，再贴现数量也呈下降趋势，进一步加大了萧条的影响。

（2）再贴现政策的主动权在商业银行，而不在中央银行。

（3）再贴现政策的宣示作用模糊。

三、公开市场业务

（一）公开市场业务的基本情况

公开市场业务是指中央银行通过买进或卖出有价证券，吞吐基础货币，调节货币供应量的活动。与一般金融机构所从事的证券买卖不同，中央银行买卖证券不是为了营利，而是为了调节货币供应量。根据经济形势的发展，当中央银行认为需要收缩银根时，便卖出证券，相应地收回一部分基础货币，减少金融机构可用资金的数量；相反，当中央银行认为需要放松银根时，便买进证券，扩大基础货币供应，直接增加金融机构可用资金的数量。

公开市场业务与其他货币政策工具相比，具有主动性、灵活性和时效性等特点。公开市场业务可以由中央银行充分控制其规模，中央银行有相当大的主动权；公开市场业务是灵活的，多买少卖、多卖少买都可以，既可以对货币供应进行“微调”，也可以进行较大幅度的调整，具有较大的弹性；公开市场业务操作的时效性强，当中央银行发出购买或出售的意向时，交易可以立即执行，参加交易的金融机构的超额储备金相应发生变化；公开市场业务可以经常、连续地操作，必要时还可以逆向操作，由买入有价证券转为卖出有价证券，使该项政策工具不会对整个金融市场产生大的波动。

目前，越来越多国家的中央银行将公开市场业务作为其主要的货币政策工具。20 世纪 50 年代以来，美联储（即美国中央银行）90%的货币吞吐是通过公开市场业务进行的，德国、法国等也大量采用公开市场业务调节货币供应量。从 20 世纪 80 年代开始，许多发展中国家将公开市场业务作为货币政策工具。

（二）中国人民银行公开市场业务的特点

中国人民银行公开市场业务的债券交易有回购和现券交易两个品种。公开市场业务操作原则上每周进行一次，同时根据商业银行的大额资金要求和实际情况，进行专场交易。近几年其发展具有以下特点：

1. 不断扩大交易对象

公开市场业务实行一级交易商制度，中国人民银行选择了一些实力雄厚、管理规范、资产质量较好、资信较高、能承担大额债券交易的商业银行作为公开市场业务一级交易商。目前，公开市场业务一级交易商已由 1998 年底的 25 家增加到 33 家，这些交易商同时也是全国银行间债券市场的交易主体、国债和政策性金融债券的承销团成员，中国人民银行与其直接交易，有利于传导中央银行的货币政策意图。

2. 逐步丰富交易期限品种

目前有 7 天、14 天、28 天、91 天、182 天和 365 天六个期限品种，在操作中，根据商业银行流动性的变化来相机选择，实际操作以 7 天、14 天的居多。

3. 不断拓展交易工具

目前，国债和政策性金融债券都被作为公开市场业务的操作工具。

4. 尝试不同的交易方式

公开市场业务自恢复交易以来，采用了价格招标和数量招标等不同招标方式。价格招标以利率或价格为标的，旨在发现银行间市场的实际利率水平、商业银行对利率的预期；数量招标是在事先确定利率或价格的基础上，以数量为标的进行招标，旨在引导债券市场回购利率和拆借市场利率的走势。

5. 在积极开展回购交易的同时，加大现券操作的力度

1999 年 9 月以后，中国人民银行公开市场业务加大了对市场化发行的国债和政策性金融债券的现券买入力度，这可有效地扩大基础货币供应，增加中国人民银行的债券资产，改善债券资产结构。

6. 制定相关的债券交易资金清算制度和操作规程

依托中央国债登记公司的通信网络，中国人民银行开发了公开市场业务招标、投标、中标交易系统，为公开市场业务的开展提供了较好的技术支持。

第二节　选择性货币政策工具和其他货币政策工具

在市场经济为主体的国家，中央银行的货币政策有三大“法宝”，即存款准备金率、贴现窗口政策和公开市场业务，这三种政策工具也被称为一般性货币政策工具。事实上，中央银行货币政策的工具还有其他两种，即选择性货币政策工具及其他货币政策工具。选

择性货币政策工具是指中央银行针对某些特殊的经济领域或有特殊用途的信贷而采用的信用调节工具。各国中央银行一般根据本国的实际情况和货币政策的目标加以选择和运用。

与一般性货币政策工具不同，选择性货币政策工具对货币政策与国家经济的运行的影响不是全局性的而是局部性的，但也可以作用于货币政策的总体目标。选择性货币政策工具是指中央银行针对个别部门、个别企业或某些特定用途的信贷所采用的货币政策工具。比如证券市场信用控制、不动产信用控制和消费者信用控制等。

一、选择性货币政策工具

选择性货币政策工具包括以下几种：

（一）消费者信用控制

指中央银行对不动产之外的各种耐用消费品的销售融资予以控制。其主要内容包括：

（1）对用分期付款方式购买耐用品时的首次付款规定最低比例。

（2）规定消费信贷的最长期限。

（3）规定可用消费信贷购买的耐用品种类，对不同消费品规定不同的信贷条件。

（二）证券市场信用控制

指中央银行对有关证券交易的各种贷款进行限制，目的在于限制对证券市场的信贷数量，稳定证券市场的价格。如规定一定比例的证券保证金比率。

（三）不动产信用控制

指中央银行对金融机构在房地产放款方面的限制措施，如规定贷款限额、最长期限以及首次付款比例等，目的是抑制房地产投机。

（四）优惠利率

指中央银行对国家产业政策要求重点发展的经济部门或产业，规定较低的贷款利率，以支持其发展，多用于不发达国家。

（五）预缴进口保证金

即中央银行要求进口商预缴相当于进口商品总值一定比例的保证金，以抑制进口的过快增长。多为国际收支出现赤字的国家所采用。

二、其他货币政策工具

（一）直接信用控制

在特定的情况下，中央银行就会采取直接信用控制手段。直接信用控制是指中央银行以行政命令或其他方式直接对商业银行及其他金融机构的信用活动进行控制。它的特点是依靠行政干预，而不是借助于市场机制。其形式有信用分配、直接干预、流动性比率、利率最高限额和特种存款等。

（二）道义劝说

是指中央银行利用其在金融体系中特殊的地位和影响，通过向商业银行和金融机构说明自己的政策意图，希望利用道义上的劝说力量影响商业银行的贷款数量和贷款方向，从而达到货币政策的目标。道义劝说的特点是不具有强制性的约束力，商业银行和金融机构在法律上并不承担按货币当局所发出的政策意图行事的责任。

第三节 中国人民银行的货币政策工具

根据《中国人民银行法》第三条的规定，我国的货币政策目标为“保持货币币值的稳定，并以此促进经济增长”。为实现货币政策目标，中央银行要控制一般商业银行和其他金融机构的信贷活动，从而控制货币供应，进而影响整个国民经济活动。

为了调节金融、稳定货币，中央银行要运用经济手段，同时辅之以行政手段，控制和调节市场的信贷数量。根据《中国人民银行法》第二十三条的规定，中国人民银行可以运用下列货币政策工具：要求银行业金融机构按照规定的比例交存存款准备金；确定中央银行基准利率；为在中国人民银行开立账户的银行业金融机构办理再贴现；向商业银行提供贷款；在公开市场上买卖国债、其他政府债券和金融债券及外汇；国务院确定的其他货币政策工具。

一、按照规定的比例交存存款准备金

（一）我国存款准备金的构成

存款准备金政策是指中央银行依据法律所赋予的权力，要求商业银行和其他金融机构按规定的比率在其吸收的存款总额中提取一定的金额交存中央银行，并借以间接地对社会货币供应量进行控制的制度。提取的金额被称为存款准备金，准备金占存款总额的比率称为存款准备率或存款准备金率。

存款准备金制度由两部分组成：一是法定存款准备金；二是超额存款准备金。

法定存款准备金是指以法律形式规定的交存中央银行的存款准备金，其运作的原理是中国人民银行通过调整商业银行上交的存款准备金的比率，借以扩张或收缩商业银行的信贷能力，从而达到既定的货币政策目标。比如提高法定准备金率，由一定的货币基数所支持的存贷款规模就会减少，从而使流通中的货币供应量减少；反之，则会使货币供应量增加。

超额存款准备金是银行为应付可能的提款所安排的除法定存款准备金之外的准备金，它是商业银行在中央银行的一部分资产。我国的超额存款准备金包括两个部分：一是存入中央银行的准备金；二是商业银行营运资金中的现金准备。前者主要用于银行间的结算和清算，以及用于补充现金准备，而后者是用于满足客户的现金需要。

（二）我国存款准备金制度的相关规定

我国的存款准备金制度，是根据 1983 年 9 月《国务院关于中国人民银行专门行使中央银行职能的决定》重新恢复建立的。《中国人民银行法》对其作了明确规定，把它列于中国人民银行货币政策工具的首位。1998 年 3 月 24 日中国人民银行发布了《关于改革存款准备金制度的通知》，对有关存款准备金制度的事宜作了具体规定。

我国法定存款准备金制度的主要内容如下：

1. 存款准备金制度的实施对象

我国法定存款准备金制度的实施对象是银行业金融机构，即中华人民共和国境内的商业银行、城市信用合作社、农村信用合作社等吸收公众存款的金融机构，以及政策性银

行、金融资产管理公司、信托投资公司、财务公司、金融租赁公司和经国务院银行业监督管理机构批准设立的其他金融机构。

2. 存款准备金的交存范围

我国现行的存款准备金制度，只对存款计提准备金。具体包括商业银行吸收的一般存款，所谓一般存款是相对财政性存款而言的，包括企业存款、储蓄存款、农村存款；信托投资机构吸收的信托存款；农村信用合作社及联社和城市信用合作社及联社等集体金融组织吸收的各项存款。

3. 规定和调整存款准备金率的机构

国家授权中国人民银行规定存款准备金率并根据放松银根或紧缩银根的需要进行调整，以及组织分支机构具体实施。

二、确定中央银行基准利率

所谓利息，是指货币所有者因贷出货币资金而从借款人处获得的报酬。而利率是利息率的简称，是指一定时期内利息的金额与存入或贷出金额的比率，由资金的供求关系决定。

我国的利率分三种：第一，中国人民银行对商业银行及其他金融机构的存、贷款利率，即基准利率，又称法定利率；第二，商业银行对企业和个人的存、贷款利率，称为商业银行利率；第三，金融市场的利率，称为市场利率。其中，基准利率是核心，它在整个金融市场和利率体系中处于关键地位，起决定作用，它的变化决定了其他各种利率的变化。中央银行通过提高或降低贷款利率来影响商业银行借入中央银行资金的成本，以抑制或刺激对信贷资金的需求，导致信贷总量或货币供应量的收缩或扩张。

基准利率是我国中央银行实现货币政策目标的重要手段之一，制定基准利率的依据只能是货币政策目标。当政策目标重点发生变化时，利率作为政策工具也应随之变化。不同的利率水平体现不同的政策要求，当政策重点放在稳定货币时，中央银行贷款利率就应该适时调高，以抑制过热的需求；相反，则应该适时调低。

三、为在中国人民银行开立账户的银行业金融机构办理再贴现

再贴现是商业银行及其他金融机构将买入的未到期的贴现票据向中央银行办理的再次贴现。从形式上看，再贴现与贴现并无区别，都是一种票据和信用相结合的融资方式，但从职能上看，再贴现是中央银行执行货币政策的重要手段之一。

中国人民银行办理再贴现业务的目的，是缓解金融机构在对商业汇票贴现后出现的临时性资金周转困难，增加金融机构的流动性。

中国人民银行办理再贴现业务的对象为在中国人民银行开立准备金存款账户的政策性银行、中资商业银行、存款类外资金融机构法人、存款类新型农村金融机构、财务公司。

四、向商业银行提供贷款

再贷款是指中央银行向商业银行的贷款。再贷款是中央银行的主要资产业务之一。在中央银行的资产负债表中，尤其是在原来实行计划经济的国家里，贷款是一个大项目，它

充分体现了中央银行作为“最后贷款人”的职能作用。中央银行的贷款对维护金融体系的安全、执行货币政策、抑制通货膨胀、平衡财政收支、促进经济发展都具有十分重要的意义。

根据《中国人民银行法》和1993年3月发布的《中国人民银行对金融机构贷款管理暂行办法》以及1994年2月颁布的《信贷资金管理暂行办法》的规定，我国再贷款制度主要有以下内容：

（一）再贷款的条件和期限

凡经中国人民银行批准，持有《经营金融业务许可证》，并在中国人民银行单独开立基本账户的金融机构，方可成为中国人民银行对金融机构贷款的对象。除此之外，还必须具备以下条件：信贷资金营运基本正常，贷款用途符合国家产业政策和货币政策的要求；按有关规定及时足额向中国人民银行交存存款准备金；还款资金来源有保障；归还中国人民银行贷款有信誉；及时向中国人民银行报送计划、统计、会计报表及有关资料。中央银行对商业银行的贷款期限较短。依据贷款期限的不同，具体划分为20天内、3个月内、6个月内、1年期4个档次。

（二）再贷款的发放和收回

商业银行向中国人民银行申请贷款，必须填写《中国人民银行贷款申请书》，注明借款用途，说明借款原因，讲清资金运用状况，加盖有效印鉴，报送当地中国人民银行。中国人民银行依据经济发展、银根松紧和贷款条件，自主审查，决定贷与不贷、贷多贷少、贷款种类和贷款期限。中国人民银行对金融机构发放贷款，必须坚持期限管理，贷款到期必须收回。贷款到期，商业银行应主动办理还款手续；到期不办理的，中国人民银行有权将其贷款转入逾期贷款户，必要时从其存款户扣收。

（三）中国人民银行对再贷款的管理

中国人民银行各分支机构要定期检查金融机构使用中国人民银行对金融机构贷款的情况。发现贷款使用不符合规定或信贷投向不合理等情况，要督促其限期纠正，对纠正不力的，中国人民银行有权停止对该行贷款、收回或提前收回对该行的贷款，并建议其上级行追究有关人员的责任。

五、在公开市场上买国债、其他政府债券和金融债券及外汇

公开市场操作是指中央银行在金融市场上买卖有价证券和外汇的活动。它是中央银行的一项主要业务，是货币政策的一种基本工具。中央银行买进或卖出有价证券或外汇意味着进行基础货币的吞吐，可以达到增加或减少货币供应量的目的。当金融市场上资金缺乏时，中央银行就通过公开市场业务买进有价证券，向社会投入一笔基础货币。这些基础货币如果是流入社会大众手中，则会直接增加社会的货币供应量，如果是流入商业银行，则会引起信用的扩张和货币供应量的多倍增加。相反，当金融市场上游资泛滥、货币过多时，中央银行就可以通过公开市场业务卖出有价证券，无论这些证券是由商业银行购买，还是不定期地由其他部门购买，总会有相应数量的基础货币流回，引起信用规模的收缩和货币供应量的减少。中央银行就是通过公开市场上的证券买卖活动，以达到扩张或收缩信用、调节货币供应量的目的的。

中国人民银行公开市场操作的工具是国债、其他政府债券、金融债券和外汇，目前主要是外汇。就国债而言，中国人民银行以买卖国债的形式吞吐基础货币，调节商业银行的资金头寸，进而影响货币供应量的变化。中国人民银行开展的第一批国债公开市场操作是在1996年4月9日，这次国债公开市场操作是以1996年财政部发行的无纸化短期国债为操作工具，通过中国人民银行公开市场操作室和各商业银行总行的联机网进行逐笔交易，交易风险由交易各方各自承担。中国人民银行在国债市场进行国债买卖，买卖的对象不是个人和企业、事业单位，而是国债一级交易商。国债一级交易商，是指经中国人民银行审定的、具有直接与中国人民银行进行债务交易资格的商业银行、证券公司和信托投资公司。就外汇而言，由于中国外汇交易中心的成立，统一的外汇市场已经形成，外汇与人民币买卖的数额较大，中国人民银行通过在银行间外汇市场买卖外汇，同样会起到吞吐基础货币的作用。

六、国务院确定的其他货币政策工具

中国人民银行能根据经济、金融形势的实际变化，采取及时、灵活、有效、形式多样的货币政策工具，确保货币政策目标的实现。从中国人民银行实际操作和外国中央银行的长期实践来看，国务院确定的其他货币政策工具可以有如下几种：贷款限额、信贷收支计划、现金收支计划、特别存款账户、窗口指导以及货币发行等。

（一）贷款限额

所谓贷款限额是指中央银行运用指令性计划对国家银行在一个年度内的贷款总额或贷款最高额度加以限定的一种管理手段。它分为中央银行对金融机构的贷款最高限额和中央银行贷款限额两种方式。对金融机构的贷款最高限额为控制贷款的总“笼子”，中央银行贷款限额是中国人民银行凭借“最后贷款者”的职能向商业银行和非银行金融机构以多种形式融通资金的总称，它是全国信贷总规模的决定因素。

我国从1985年开始对贷款进行限额管理。目前贷款限额管理仍是我国中央银行控制信用总规模、调节货币供应量的重要工具。一方面，利用它能限制基础货币的派生能力；另一方面，有助于从宏观上控制信贷总量，合理调整贷款结构，集中资金来保证国家的重点建设和支持经济的稳定、协调发展；另外，贷款限额管理具有可控性强，操作简单、直接，收效快等优点。

（二）信贷收支计划

计划管理是国民经济宏观管理中的一项重要内容。作为国民经济宏观调控部门的中央银行也必须对全社会的信贷规模和货币供应量实行计划管理。因此，信贷收支计划是中国人民银行在金融领域内，利用计划机制，对全社会的信贷资金来源和信贷资金运用的数量及其构成进行综合平衡控制的重要手段之一。

中国人民银行编制的信贷计划，并不是各商业银行的信贷计划的简单加总，而是以商业银行所编制的信贷计划为基础，根据国家的国民经济和社会发展计划、货币政策的决策和金融宏观控制的客观要求，在总量、部门、地区和项目等方面进行综合平衡之后，编制的全国信贷收支总规模及其基本构成的计划。信贷计划是国民经济和社会发展计划的一个重要组成部分，是综合性的计划。

（三）现金收支计划

现金收支计划是中国人民银行控制现金货币供应量及其流向，从而调节信贷规模和货币供应量的重要手段之一。现金收支计划与信贷收支计划有着密切的联系，同时也有很重要的区别。二者的联系主要是：现金是通过信贷的渠道进入流通的，信贷收支的规模和投向直接影响着现金收支的规模和投向。

从实践来看，这种联系主要表现在以下几个方面：

1. 现金收支是信贷收支的一部分

信贷收支中，既有现金收支，也有转账收支。信贷收支包括现金收支，现金收支是信贷收支的一个组成部分。

2. 现金收支影响信贷收支，信贷收支制约着现金收支

现金收支对信贷收支的影响主要表现在两方面：一是现金收支的规模制约着信贷收支的规模，现金作为基础货币，它的规模大小，在一定程度上决定了信贷规模的大小；二是现金收支的规模制约着信贷收支的构成，现金收支和转账收支构成了整个信贷收支，若其他条件不变，现金收支规模大，转账收支规模则小，反之亦然。信贷收支对现金收支的影响表现在：一是财政性存款变动必然会引起现金收支的变动；二是农业贷款的发放和收回、农副产品预购定金的发放和收回，以及存款的存入和提取，都影响着现金收支规模的扩大或缩小；三是储蓄存款的增减制约着现金收支的规模；等等。

3. 信贷收支计划的差额与现金收支计划的差额始终都是一致的

转账收支只是银行系统内部各账户之间的货币资金转移，此多彼少，收支总是平衡的。然而现金通过银行在社会流通，支出的时间和数额不一致，通过一定渠道流回的时间和数额也不一致，故现金收支总是不平衡的。由于转账收支部分始终平衡，而现金收支部分又往往不平衡，所以，信贷收支差额与现金收支差额总是一致的。

（四）特别存款账户

特别存款是中央银行为了保持金融部门的平衡协调发展，避免个别部门或某类贷款的过速增长，要求某个或某几个金融部门向中央银行交纳的一定比例的特别存款。特别存款属于选择性信用控制工具，不是一项普遍性措施，也不是一项长期的、连续的措施。

（五）窗口指导

中央银行与国有商业银行行长联席会议制度，是我国中央银行进行“窗口指导”的特殊形式。自 1987 年起，中央银行与专业银行建立了比较稳定的行长碰头会制度。在碰头会上，专业银行向中央银行报告即期的信贷业务进展情况，中央银行则向专业银行说明对经济、金融形势的看法，通报货币政策意向，提出改进专业银行信贷业务管理的建议。

（六）货币发行

中央银行适时适量地控制货币发行，有计划地控制注入流通的基础货币，有利于信贷计划和现金计划的实现。

综上所述，上面分析的六个方面的货币政策工具是中国人民银行为实现货币政策目标而在执行货币政策中可以运用的。中国人民银行在运用这些货币政策工具时，可以规定具体的条件和程序。

【应用实例】

中国人民银行2011年6月22日发布公告称，将暂停央票发行。这是央行近5个月来首次暂停央票发行，足见目前资金流动性紧张。

所谓发行央票，简单地说就是央行通过向商业银行发行票据来回笼资金。央行一般每周二发行2年期央票，周四发行3月期央票。

由于央行在2011年6月14日意外宣布年内第六次上调存款准备金率，因而从6月15日（上周三）起，市场资金骤然从紧。以反映银行间流动性情况的SHIBOR利率（上海银行间同业拆放利率）为例，已经连涨4天。至2011年6月22日，7天期SHIBOR利率已经涨至8.835 0（较前一交易日再涨33.25个基点），创出年内最高值。2011年1月30日是7天期SHIBOR利率的年内次高值，为8.511 7。

由于资金紧张，央行从2011年6月9日开始的央票发行就一直处于“地量水平”，6月9日和6月14日，均发行了10亿元央票，且没有进行正回购，这说明央行已经意识到资金面的紧张不容忽视。此外，6月22日央行还再次进行了逆回购，为市场直接注入流动性。

这次暂停央票发行透露出两点讯息：第一是流动性紧张，金融机构本身缺钱；第二是结合6月14日央票利率上浮近10个基点，此次暂停发行央票进一步释放了加息信号。

【本章小结】

1. 货币政策工具是中央银行为达到货币政策目标而采取的手段。货币政策工具分为一般性工具和选择性工具。现阶段，中国的货币政策工具主要有公开市场操作、存款准备金、再贷款与再贴现、利率政策、汇率政策和窗口指导等。

2. 选择性货币政策工具也称为货币政策的结构性调节工具，是针对金融机构特殊的资金运用而采用的工具，主要包括证券市场信用控制、消费者信用控制、不动产信用控制。

3. 中国人民银行为执行货币政策，可以运用下列货币政策工具：（1）要求银行业金融机构按规定的比例交存存款准备金；（2）确定中央银行基准利率；（3）为在中国人民银行开立账户的银行业金融机构办理再贴现；（4）向商业银行提供贷款；（5）在公开市场上买卖国债、其他政府债券和金融债券及外汇；（6）国务院确定的其他货币政策工具。

【关键术语】

货币政策工具；公开市场操作；存款准备金；再贴现；选择性货币政策工具

Tools of Monetary Policy; Open Market Operation; Deposit Reserve; Rediscount; Tools of Selective Monetary Policy

【习题】

一、单选题

1. 我国货币政策工具主要包括公开市场业务、存款准备金、再贷款与再贴现、利率政策、汇率政策和窗口指导六大类。其中被现代中央银行应用最为广泛，称为货币政策的“三大法宝”的不包括（　　）。

A. 公开市场业务　B. 存款准备金　C. 再贷款　D. 再贴现

2. 某商业银行以其持有的某企业商业票据向中央银行请求信用支持，中央银行予以同意。这种业务属于中央银行的（　）业务。

A. 贴现　B. 再贴现　C. 公开市场　D. 窗口指导

3. 在中央银行可以运用的货币政策工具中，主动权完全由中央银行掌握的是（　）。

A. 利率管制　B. 存款准备金率　C. 公开市场业务　D. 再贴现利率

4. 中央银行对不动产以外的各种耐用消费品的销售融资予以控制，这种货币政策工具是（　）。

A. 生产者信用控制　B. 商业信用控制

C. 证券市场信用控制　D. 消费者信用控制

5. 可以较好影响信贷结构的货币政策工具是（　）。

A. 再贷款　B. 再贴现　C. 存款准备金率　D. 公开市场业务

6. 2003 年中国人民银行开始面向商业银行发行中央银行票据，这种货币政策工具属于（　）。此外，发行票据会（　）。

A. 利率政策　减少货币供应量　B. 公开市场业务　减少货币供应量

C. 公开市场业务　增加货币供应量　D. 利率政策　增加货币供应量

7. 中央银行在市场中向商业银行大量卖出证券，从而减少商业银行超额存款准备金，引起货币供应量减少、市场利率上升，此时中央银行动用的货币政策工具是（　）。

A. 公开市场业务

B. 公开市场业务和存款准备金率

C. 公开市场业务和利率政策

D. 公开市场业务、存款准备金率和利率政策

8. 下列货币政策工具中，不属于直接信用控制的是（　）。

A. 证券市场信用控制　B. 信用分配

C. 利率最高限额　D. 流动性比率

9. 窗口指导属于（　）。

A. 直接信用控制的工具　B. 选择性货币政策工具

C. 间接信用控制的工具　D. 一般性货币政策工具

10. 在下列货币政策工具中效果最猛烈的是（　）。

A. 法定存款准备金率　B. 再贴现政策

C. 直接信用控制　D. 公开市场业务

二、多选题

1. 作为货币政策工具，再贴现作用于经济的途径有（　）。

A. 货币乘数效果　B. 借款成本效果　C. 宣示效果　D. 结构调整效果

2. 下列属于选择性货币政策工具的是（　）。

A. 不动产信用控制　B. 证券市场信用控制　C. 优惠利率　D. 贷款限额

3. 下列属于直接信用控制的货币政策工具的是（　）。

A. 窗口指导　B. 贷款限额　C. 利率限制　D. 直接干预

4. 存款准备金政策虽然是货币政策的“三大法宝”之一，但各国的中央银行并不将其当做适时调整的经常性政策工具来使用，原因很多，主要有（　　）。

A. 超额准备金是由商业银行控制的　　B. 存款准备金政策的作用时滞长

C. 存款准备金政策的作用力度过强　　D. 存款准备金政策的作用力度过缓

三、简答题

1. 如何理解三大传统货币政策工具及其效果和局限性?

2. 试运用所学理论并联系当前实际情况分析，在当前流动性过剩问题比较突出的背景下，我国中央银行采取了怎样的货币政策来应对？采用了哪些货币政策工具？如何评价?

【答案】

一、单选题

1. C　2. B　3. C　4. D　5. B　6. B　7. A　8. A　9. C　10. A

二、多选题

1. BCD　2. ABC　3. BCD　4. ABC

三、简答题

1.（1）法定存款准备金率：是指以法律形式规定商业银行等金融机构将其吸收存款的一部分上缴中央银行作为准备金的比率。效果：1）即使准备金率调整的幅度比较小，也会引起货币供应量的巨大波动，因为其他货币政策工具都是以存款准备金为基础的；2）即使商业银行等金融机构由于种种原因持有超额准备金，法定存款准备金的调整也会产生效果；3）即使存款准备金维持不变，它也会在很大程度上限制商业银行体系创造派生存款的能力。局限性：1）法定存款准备金率调整的效果比较强烈，致使它有了固定化的倾向；2）存款准备金对各种类别的金融机构和不同种类的存款的影响不一致，因而货币政策的效果可能因这些复杂情况的存在而不易把握。

（2）再贴现政策：是指中央银行对商业银行持有未到期票据向中央银行申请再贴现所做的政策规定。包括两方面的内容：一是再贴现利率的确定与调整；二是规定向中央银行申请再贴现的资格。效果：1）再贴现利率的调整可以改变货币供给总量；2）对再贴现资格条件的规定可以起到抑制或扶持的作用，并能够改变资金流向。局限性：1）主动权不在中央银行，甚至市场的变化可能违背其政策意愿；2）再贴现利率的调节作用是有限度的；3）再贴现利率易于调整，但随时调整会引起市场利率的经常波动，使商业银行无所适从。

（3）公开市场业务：是指中央银行在金融市场上公开买卖有价证券，以此来调节市场货币量的政策行为。效果：1）主动性强，它可以按照政策目的主动进行操作；2）灵活性高，买卖数量、方向可以灵活控制；3）调控效果和缓，震动性小；4）影响范围广。局限性：1）中央银行必须具有强大的、足以干预和控制整个金融市场的金融实力；2）要有一个发达、完善的金融市场，且市场必须是全国性的，市场上证券种类齐全并达到一定规模；3）必须有其他政策工具的配合。

2. 当前采取了紧缩性货币政策，使用的主要政策工具有：提高存贷款利率、提高存款准备金率、发行央行票据、公开市场业务等。

第三篇

银监会篇

第十二章 银监会监管的相关内容

【本章要点】

明确银监会监管的目的、标准及职责；

了解银监会的机构设置；

明确银监会如何对商业银行进行评级；

了解各级别商业银行的监管政策；

掌握《中国银行业实施新监管标准的指导意见》。

【导入案例】

为进一步完善我国银行业金融机构的公司治理，促使银行业金融机构建立科学的决策、执行、监督、激励约束机制，提高公司治理的有效性，中国银监会起草了《商业银行公司治理指引》(简称《指引》)，从 2011 年 7 月 26 日开始公开征求意见。

《指引》的主要内容包括三个方面：一是规范公司治理的组织架构和职责边界。主要通过明确公司治理各主体及董事、监事和高级管理人员的职责来规范公司治理组织架构、职责边界和人员履职要求。二是强化对公司治理中决策、执行、监督、激励和约束机制等运行有效性的指导，包括发展战略和价值准则、风险管理和内部控制、激励约束机制、信息披露。三是对监管部门的职责进行规定。《指引》借鉴巴塞尔委员会《加强银行公司治理》的要求，设立独立章节明确了监管部门对商业银行公司治理的评估、指导与干预作用。

《指引》适用于中国境内的商业银行、经国务院批准实行股份制改革的金融资产管理公司。外资在华的法人银行、已进行商业银行改革的政策性银行、邮政储蓄银行和农村商业银行等都在适用范围内。由银监会监管的其他金融机构参照执行《指引》。

第一节 银监会监管的目的、标准及职责

一、银监会监管工作的目的

通过审慎有效的监管，保护广大存款人和消费者的利益；通过审慎有效的监管，增进市场信心；通过宣传教育工作和相关信息披露，增进公众对现代金融的了解；努力减少金融犯罪。

二、银监会监管工作所遵循的主要工作经验

（1）必须坚持法人监管，重视对每个金融机构总体风险的把握、防范和化解。

（2）必须坚持以风险为主的监管内容，努力提高金融监管的水平，改进监管的方法和手段。

（3）必须注意促进金融机构风险内控机制的形成和内控效果的不断提高。

（4）必须按照国际准则和要求，逐步提高监管的透明度。

三、银监会监管工作的标准

（1）良好监管要促进金融稳定和金融创新的共同发展。

（2）要努力提升我国金融业在国际金融服务中的竞争力。

（3）对各类监管设限要科学、合理，有所为，有所不为，减少一切不必要的限制。

（4）鼓励公平竞争，反对无序竞争。

（5）对监管者和被监管者都要实施严格、明确的问责制。

（6）要高效、节约地使用一切监管资源。

四、银监会的主要职责

（1）依照法律、行政法规制定并发布对银行业金融机构及其业务活动监督管理的规章、规则。

（2）依照法律、行政法规规定的条件和程序，审查批准银行业金融机构的设立、变更、终止以及业务范围。

（3）对银行业金融机构的董事和高级管理人员实行任职资格管理。

（4）依照法律、行政法规制定银行业金融机构的审慎经营规则。

（5）对银行业金融机构的业务活动及其风险状况进行非现场监管，建立银行业金融机构监督管理信息系统，分析、评价银行业金融机构的风险状况。

（6）对银行业金融机构的业务活动及其风险状况进行现场检查，制定现场检查程序，规范现场检查行为。

（7）对银行业金融机构实行并表监督管理。

（8）会同有关部门建立银行业突发事件处置制度，制定银行业突发事件处置预案，明

确处置机构和人员及其职责、处置措施和处置程序，及时、有效地处置银行业突发事件。

（9）负责统一编制全国银行业金融机构的统计数据、报表，并按照国家有关规定予以公布；对银行业自律组织的活动进行指导和监督。

（10）开展与银行业监督管理有关的国际交流、合作活动。

（11）对已经或者可能发生信用危机，严重影响存款人和其他客户合法权益的银行业金融机构实行接管或者促成机构重组。

（12）对有违法经营、经营管理不善等情形的银行业金融机构予以撤销。

（13）对涉嫌金融违法的银行业金融机构及其工作人员以及关联行为人的账户予以查询；对涉嫌转移或者隐匿违法资金的申请司法机关予以冻结。

（14）对擅自设立银行业金融机构或非法从事银行业金融机构业务活动的予以取缔。

（15）负责国有重点银行业金融机构监事会的日常管理工作。

（16）承办国务院交办的其他事项。

【应用实例】

2011 年 7 月 20 日，中国银监会召开 2011 年第三次经济金融形势通报分析（电视电话）会，银监会党委书记、主席刘明康出席并讲话，传达贯彻党中央、国务院最新要求，研判国内外宏观形势，分析银行业面临的突出问题，部署下一阶段的重点工作。

刘明康在深刻分析当前国际国内经济金融形势后，对银行业 2011 年下半年的工作提出了要求。

严格落实“三个办法、一个指引”等贷款新规。各银行业金融机构要从上而下、从细入微、从严确责，从信贷业务的基础环节入手，认真分析存在的问题和差距，更加注重走款方式的合理性，确保信贷资金最终不被挪用。要严格做实流程改造，加强贷时审查，查实确认贷款投向，强化贷后管理，对企业集团不折不扣地执行受托支付有关规定。

深入推进平台贷款风险防控不动摇。各银行业金融机构必须认清风险，强化责任，扎实推进，提高执行力，推动分支机构加强管理，从细从实化解既有风险、严控新增风险。要牢牢把握住科学补正贷款合同还本付息条款和补充合法有效抵质押物两个关键，用科学的机制让风险早暴露、早发现、可度量和早干预，严格依据有关要求，控制新增贷款风险。审慎开展与地方政府之间的战略合作，加强土地抵押贷款管理，切实根据现金流覆盖情况分类计提风险资本。

加强风险管控和合规管理，健康有序发展理财业务。各银行业金融机构要严格遵守相关监管规定，规范开展理财业务和其他金融创新活动，进一步完善以日均存贷款为基础的统计、监测和考核机制，坚决取消单纯依赖时点指标考核的做法。高度警惕近期网络借贷、民间借贷和小额贷款公司等领域凸显的风险，筑牢防火墙。加强市场监测和行业自律，加强和改善信息披露，维护理财市场秩序，促进理财业务的规范、健康、可持续发展。

在前期案件治理的基础上，继续保持对案件防控的高压态势。各银行业金融机构要将内控建设作为案件防控工作的核心，切实提升内控执行力；强化责任追究，继续加强案件风险排查和业务检查工作。

进一步加强房地产信贷风险防控，积极支持保障性安居工程建设。继续严把开发企业“名单制”管理和开发贷款以在建工程抵押这两个基本要求，增加风险排查频度，加强对抵押物的及时估值和持续管理。加强对商业用房抵押贷款、个人消费贷款等非住房类贷款的管理，加大对假合同、假按揭等违规行为和转按揭、加按揭等做法的打击力度。密切关注二三线城市的房地产市场风险。

与此同时，各银行业金融机构要认真贯彻落实国务院决策部署，本着市场化原则和审慎经营要求，在风险可控的前提下积极加大对以廉租房、公租房和棚户区改造为主的保障性住房建设的支持力度。在符合国务院有关规定的前提下，发放专项用于支持政府投资的公（廉）租房建设和棚户区改造项目的贷款。明确贷款条件和要求，审慎评估地方财政的偿还能力和意愿，对满足条件的建设项目及时发放贷款。要认真按照“三个办法、一个指引”的规定加强贷款用途管理，确保资金真正投向保障性安居工程。

切实加强金融基础服务，严密防范潜在风险。各银行业金融机构要对服务收费项目统筹管理，充分考虑科学性与必要性，确保做到统一规范、信息透明、充分告知和解释说明。要加强业务与IT的协作，确保业务连续性，加快完善相关风险的内部管理机制，建立稳定持续的，以客户为中心、以交易为重点的高效信息技术服务体系。

继续加强对“三农”、小企业、就业、消费、节能环保、科技创新等重点领域和薄弱环节的支持。通过产品类型和服务方式的探索创新以及内部流程的改造，切实提高金融服务水平，认真履行社会责任。在小企业和“三农”金融服务方面，要用足用好银监会近期颁布的小企业金融服务“十条措施”，进一步提高小企业贷款满足率、覆盖率和服务满意率，加快推进空白乡镇基础金融全覆盖工作，确保全年小企业贷款增速不低于全部贷款平均增速，涉农贷款增量占比不低于上年。

刘明康强调，各银行业金融机构要珍惜当前的改革成果，清醒认识国内外经济金融形势的复杂性和宏观调控任务的艰巨性，迎难而上、勇于承担，继续深入推进银行业的转型发展，积极完善体制、机制建设，加强风险管理的主动性和前瞻性，进一步提高发展的质量和可持续性，确保银行业在“十二五”开局之年的良好表现，为经济转型、结构调整作出新的、更大的贡献。

第二节　银监会的机构设置

银监会主要由以下机构构成：

一、办公厅（党委办公室）

主要职责：

（1）组织协调银监会机关日常工作，负责组织主席会议、党委会议、专题会议和系统会议，组织办理中央办公厅和国务院办公厅交办、各部委商办、银监会领导批办以及省级监管局、银行业金融机构请示的事项，并对重大决策和重要工作部署进行催办，拟定机关办公制度并组织实施。

（2）负责银监会发文、银监会办公厅发文和党委、纪委发文的公文审核，拟订银监会机关公文处理实施细则，承担有关办公综合性文件、材料的起草工作。

（3）负责组织编发信息、简报和政务信息管理，组织起草、发布银监会新闻信息，审定重要稿件，指导省级监管局的新闻信息工作。

（4）负责银监会机关文件和资料的收发、印制和销毁，负责银监会机关印章的管理。

（5）管理银监会机关的档案资料，拟订银监会系统档案管理制度，指导系统的档案工作，负责金融许可证的印制、保管，对发放数量情况定期进行核对。

（6）负责银监会机关信访、保密工作，制定银监会信访、保密工作的规章和制度。

（7）负责组织办理与银监会有关的全国人大代表建议和政协委员提案的答复工作。

（8）负责银监会机关的保卫、安全、消防工作。

（9）完成银监会领导交办的其他事项。

二、政策法规部（研究局）

主要职责：

（1）负责编制银监会修改和制定法律、行政法规、规章制度的规划和年度计划。

（2）负责修改、制定银行业发展及监管方面的法律、行政法规草案。

（3）负责修改、制定银行业发展及监管方面的规章、制度、办法和指引及有关监管政策。

（4）负责对银监会各部门拟订的规章进行审查，并组织规章实施的检查和实施效果评价。

（5）研究制定银行业开放、发展以及金融市场方面的政策制度。

（6）跟踪分析国内外银行业的业务发展现状、趋势和存在的问题，制定相应的监管政策和制度。

（7）负责协调处理有关银行业发展与监管方面的法律事务。

（8）研究调查银行业的发展趋势、改革中的重大问题，制定银行业改革方案，提出政策建议。

（9）指导银监局对应部门开展工作。

（10）完成银监会领导交办的其他事项。

三、银行监管一部

负责对大型商业银行（中国工商银行、中国农业银行、中国银行、中国建设银行、交通银行）实施监管，具体职责如下：

（1）依据有关法规，制定被监管机构市场准入、退出、审慎风险监管等方面的规章制度和非现场监管指标体系。

（2）审批被监管机构的章程、业务经营范围、机构设立和变更、股权变更等事项；审核《金融许可证》；审查被监管机构董事、高级管理人员的任职资格。

（3）按照现场检查和非现场监管制度与指标体系，制定有关现场检查和非现场监管的具体办法和实施细则，并组织实施。

(4）负责制定对被监管机构的现场检查年度工作计划，并组织实施。

(5）指导银监会派出机构制定现场检查年度计划，并组织实施。

(6）负责对被监管机构进行非现场监管，对其资金运营情况、资产质量及经营管理质量做出评价，定期写出监管报告，对其存在的问题提出改进意见。

(7）对被监管机构的改革、发展提出指导意见，并督促和指导其完善法人治理结构，健全内控制度，提高盈利能力。

(8）查处被监管机构的违法违规行为，提出整改意见，并监督落实。

(9）会同有关部门研究提出高风险机构处理意见，包括整顿、接管和撤销，经批准后组织实施。

(10）对现场检查和非现场监管中存在的问题进行调查研究，并根据经济金融发展要求，提出政策性建议。

(11）承办银监会领导交办的其他事项。

四、银行监管二部

负责对中小股份制商业银行、城市商业银行和城市信用社实施监管，具体职责如下：

(1）依据有关法规，制定被监管机构的市场准入、退出、审慎风险监管等方面的规章制度.

(2）依法审批被监管机构的章程、业务经营范围、机构设立和变更、股权变更；审查被监管机构高级管理人员的任职资格；负责被监管机构《金融许可证》的颁发和管理。

(3）负责对中国光大银行、中信银行、华夏银行、中国民生银行、招商银行、兴业银行等全国性股份制商业银行的非现场监管；分析和监测资产负债比例、资产质量、资本充足率和财务等经营管理状况，负责风险评级、信息披露、公司治理等监督管理工作。

(4）负责对中国光大银行、中信银行、华夏银行、中国民生银行、招商银行、兴业银行等全国性股份制商业银行的现场检查；对公司治理、内部控制、业务合规、执行金融方针政策和业务法规以及经营管理等情况进行检查。

(5）负责对上海浦东发展银行、深圳发展银行、广东发展银行、恒丰银行、浙商银行、渤海银行的非现场监管和现场检查的规划指导工作及非现场监管资料的汇总分析工作，并协调股份制商业银行总行所在地银监局与股份制商业银行分支机构所在地银监局的有关监管工作。

(6）负责对全国城市商业银行非现场监管的组织指导和汇总分析工作。

(7）负责全国城市商业银行公司治理、改革发展、现场检查的规划指导工作。

(8）负责全国城市信用社改革发展、非现场监管和现场检查的规划指导工作及非现场检查监管资料的汇总分析工作。

(9）负责对中小金融机构风险处置的指导工作。

(10）依法查处被监管机构及其人员的违法违规行为，并监督落实。

(11）完成银监会领导交办的其他事项。

五、银行监管三部

负责对外资银行（含外国银行分行及代表处、外资独资银行、中外合资银行、外资独资及中外合资财务公司，以下统称“被监管机构”）实施监管。具体职责如下：

（1）依据有关法规制定被监管机构市场准入、退出、审慎风险监管等方面的规章制度和非现场监管指标体系。

（2）审批被监管机构的章程、业务经营范围、机构设立和变更、股权变更等事项；复核《金融机构法人许可证》、《金融机构营业许可证》；核准被监管机构高级管理人员的任职资格。

（3）直接对被监管机构实施现场检查，同时负责制定全国性现场检查计划、方案。

（4）指导银监局制定现场检查年度计划，并组织实施。

（5）对被监管机构进行非现场监管，对其资金运营情况、资产质量及经营管理质量作出评价，定期写出监管报告，对其存在的问题提出改进意见。

（6）负责履行我国对世界贸易组织关于开放银行业市场的承诺和提出中国银行业向世界贸易组织其他成员要价、对世界贸易组织其他成员的要价进行出价等有关工作，参加新一轮的世界贸易组织的谈判。

（7）结合风险监管对被监管机构的改革、发展提出指导意见，并督促和指导其健全内控制度，提高防范风险的能力。

（8）查处被监管机构的违法违规行为，提出整改意见，并监督落实。

（9）对现场检查和非现场监管中存在的问题进行调查研究，并根据经济金融发展要求，提出政策性建议。

（10）就外资银行监管问题建立与国外监管机构的联系与合作机制。

（11）研究国际先进监管法规、制度，并提出借鉴国际对监管的改革建议和意见。

（12）承办银监会领导交办的其他事项。

六、银行监管四部

负责对国家开发银行、中国进出口银行、中国农业发展银行、邮政储蓄银行、资产管理公司（以下统称“被监管机构”）实施监管。具体职责如下：

（1）依据有关法规制定被监管机构市场准入、退出、审慎风险监管等方面的规章制度和非现场监管指标体系。

（2）审批被监管机构的章程、业务经营范围、机构设立和变更、股权变更等事项；颁（换）发《金融机构法人许可证》、《金融机构营业许可证》；核准被监管机构高级管理人员的任职资格。

（3）直接对被监管机构实施现场检查，同时负责制定全国性现场检查计划、方案。

（4）指导银监局制定现场检查年度计划，并组织实施。

（5）对被监管机构进行非现场监管，对其资金运营情况、资产质量及经营管理质量作出评价，定期写出监管报告，对其存在的问题提出改进意见。

（6）结合风险监管对被监管机构的改革、发展提出指导意见，并督促和指导其健全内控制度，提高防范风险的能力。

（7）查处被监管机构的违法违规行为，提出整改意见，并监督落实。

（8）对现场检查和非现场监管中存在的问题进行调查研究，并根据经济金融发展要求，提出政策性建议。

（9）承办银监会领导交办的其他事项。

七、非银行金融机构监管部

主要职责：

（1）依法审批信托投资公司、企业集团财务公司、金融租赁公司、汽车金融公司、货币经纪公司等非银行金融机构的设立、变更、终止以及业务范围。

（2）审核非银行金融机构高级管理人员的任职资格。

（3）依据有关法规，拟订非银行金融机构监管制度和操作规程。

（4）负责直接监管部分在北京注册的非银行金融机构。

（5）指导、监督银监会派出机构对辖区内非银行金融机构进行现场和非现场监管。

（6）审批外资非银行金融机构在中国境内设立代表机构，对外资非银行金融机构在中国境内设立的代表机构进行监管。

（7）汇总、分析全国各类非银行金融机构的非现场监管数据、报表，并为现场检查提供依据。

（8）汇总、监测全国各类非银行金融机构的风险情况。

（9）调查、研究非银行金融机构的发展状况、机构设置、业务创新和风险控制等问题，并提出解决意见。

（10）负责应由中国银行业监督管理委员会颁发（换发）《金融许可证》的非银行金融机构的许可证颁（换）发工作。

（11）会同有关部门提出非银行金融机构紧急风险处置的意见和建议。

（12）完成银监会领导交办的其他事项。

八、合作金融机构监管部

负责合作金融机构的监管、改革和服务工作，具体职责如下：

（1）依据国家有关政策、法规，制定农村信用社、农村信用联社、农村商业银行、农村合作银行和农村信用社省级联社市场准入、退出、审慎风险监管等方面的规章制度并组织实施。

（2）组织审批被监管机构的章程、业务经营范围、机构设立、变更、终止、增减资本金等事项，组织对高级管理人员任职资格的审核、考试及履行职责情况的考核。

（3）拟订被监管机构的监控、监测和风险指标体系，汇总分析非现场监管数据，进行非现场监管，以省（区、市）为单位对被监管机构的资金运营情况、资产质量及经营管理质量做出评价，定期撰写被监管机构的监管报告，对存在的问题提出改进意见。

（4）负责对被监管机构的现场检查，组织、指导派出机构开展对被监管机构的现场检查工作。

（5）负责被监管机构的相关业务市场准入工作。

（6）组织开展农村经济及农村合作金融改革的调查研究工作，对被监管机构的改革、发展提出指导意见。

（7）指导、规范被监管机构做好支持“三农”服务工作。

(8) 督促和指导被监管机构完善法人治理结构、健全内部控制制度。

(9) 配合省级人民政府有关部门，处置被监管的高风险机构。

(10) 完成银监会领导交办的其他事项。

九、业务创新监管协作部

主要职责：

(1) 研究国内外金融创新及监管情况，制定符合我国国情的创新业务监管总体策略。

(2) 协调银监会内监管部门在法定职权范围内制定统一的业务创新审慎监管标准和操作规程。

(3) 为银监会内监管部门开展业务创新活动的持续监管提供支持。

(4) 负责银行业信息科技风险监管工作。

(5) 组织、指导银监会内外相关部门开展公众及投资者教育工作。

(6) 指导省级派出机构的对应部门开展工作。

(7) 协调银监会外有关部门并依法配合相关部门制定创新业务规则。

(8) 参与其他金融管理部门和监管机构对银行业金融机构业务创新及监管情况的研究分析工作，制定相应的风险监管策略。

(9) 完成银监会领导交办的其他事项。

十、统计部

主要职责：

(1) 负责制定和完善银行业监管统计管理办法与银监会系统统计工作发展规划。

(2) 负责制定和完善银行业金融机构的统计标准、统计制度及统计方法，并发布实施。

(3) 负责汇总、编制银监会各类综合监管统计报表。

(4) 负责向国务院上报银行业监管统计信息，向有关部委、银监会领导、银监局、银行业金融机构和国际组织提供相关监管统计信息，并按规定向社会公众披露银行业监管统计数据信息。

(5) 负责对全国银行业金融机构的运行和风险状况进行调查分析。

(6) 负责对国内外宏观经济发展以及产业、行业、区域经济发展状况进行调查分析。

(7) 负责组织开展全国银行业统计执法检查。

(8) 负责监督、指导、考核和培训银行业金融机构以及银监会派出机构的监管统计工作。

(9) 完成银监会领导交办的其他事项。

十一、财务会计部

主要职责：

(1) 按照国家统一的会计制度，研究拟订金融业（不含证券、保险，下同）的会计制度实施细则和补充管理规定，审核金融机构会计制度和业务核算办法，监督、指导、协调金融机构的会计工作。

(2) 管理银监会的财务工作。拟订财务管理制度并组织落实，审批银监会系统财务预算和财务决算。

（3）管理银监会的基本建设工作。拟订银监会基本建设管理办法，审批地市银监分局以上单位基本建设项目的立项和扩初设计，组织办理基本建设财务决算工作，汇总编制基本建设统计报表。

（4）管理银监会的固定资产工作。拟订银监会固定资产管理办法，管理银监会系统固定资产及大宗商品的采购、招标工作。

（5）研究协调被监管机构的收费政策；负责对会计师事务所、评估公司等中介机构从事金融审计、咨询及评估等工作的管理，指导、监督中介机构的相关业务活动。

（6）管理银监会机关财务工作。制定机关财务管理办法，编制机关财务预、决算，审核机关经费支出申请，发放机关职工薪资福利，管理机关固定资产账务和外汇，办理机关日常经费收支业务。

（7）承办银监会领导交办的其他事项。

十二、国际部

主要职责：

（1）负责银监会与有关国家、地区的监管当局以及国际银行业监管组织的双边和多边往来。

（2）负责银监会领导出访及日常外事活动的组织协调及翻译工作。

（3）组织协调有关银行监管问题的对外表态口径。

（4）负责银监会重要对外文件的翻译及审核工作。

（5）研究国际银行业和其他金融行业的发展现状、趋势以及对我国银行业和其他金融行业发展的影响，提出政策建议，为银监会内监管部门提供政策参考。

（6）跟踪研究国际监管动态、国际监管标准及最佳做法，为银监会内监管部门提供相关资料和政策建议。

（7）负责银监会系统工作人员因公出国、出境的审批和相关管理工作。

（8）负责银监会机关外事经费预算的编制及管理。

（9）负责银监会涉外礼宾安排和管理，接待外宾来访。

（10）负责制定银监会系统外事规范和外事活动管理规定。

（11）负责管理、协调银监会各部门和分支机构的外事活动。

（12）承办银监会系统及管辖机构因公出国人员护照、签证及赴港澳台通行证的管理工作。

（13）负责提供银监会与有关国家、地区的监管当局以及国际银行监管机构的培训合作项目，协助人事部开发智力引进项目培训渠道，并组织境外项目的实施。

（14）管理和指导银监会驻外机构的业务工作。

（15）承办银监会领导交办的其他事项。

十三、监察局（纪委）

主要职责：

（1）监督、检查党的路线、方针、政策，国家的法律法规和金融政策、法规，党中央、国务院以及中央纪委、监察部的有关指示、决定在本系统的贯彻执行情况。

（2）指导本系统的党风廉政建设工作，领导本系统的纪检监察工作。

（3）对本系统的党组织和工作人员进行遵纪守法、反腐倡廉教育。

（4）检查、处理本系统违反党纪政纪和法律的案件。

（5）受理对本系统党组织及党员和各单位及工作人员的检举和控告，受理党组织及党员和各单位及工作人员的申诉。

（6）负责银监会系统的内审工作。

（7）完成银监会领导和上级纪检监察部门交办的其他事项。

十四、人事部（党委组织部）

主要职责：

（1）拟订机关和派出机构人力资源开发与管理的规章、制度和办法。

（2）负责机关和派出机构及有关单位的人事管理工作。

（3）负责有关金融机构领导班子和领导干部的日常管理工作。

（4）负责机关及本系统的干部教育培训和智力引进工作。

（5）负责指导本系统党的组织建设和党员教育管理工作。

（6）负责本系统的干部监督工作。

（7）完成银监会领导交办的其他事项。

十五、宣传工作部（党委宣传部）

主要职责：

（1）负责组织本系统学习、宣传、贯彻党的路线、方针、政策，负责银监会重大工作部署的宣传教育、思想发动；负责对本系统党员、干部、职工进行形势和任务教育。

（2）负责制定银监会业务宣传工作规划，并牵头组织有关部门共同抓好落实工作；深入宣传有关法律、法规以及银监会的规章、制度和办法；配合有关部门做好新闻发布，组织好对公众的宣传活动，增进公众对现代金融的了解。

（3）为银监会党委中心组学习服务，指导本系统分支机构党委中心组的学习。

（4）负责制定本系统精神文明建设、企业文化建设规划，负责行业文明建设先进单位的创建、评选和管理，与有关部门配合开展行风建设，协调银行业和其他有关金融机构与地方文明建设的关系。

（5）负责本系统的思想政治工作和员工的职业道德教育，发现、培养、宣传本系统的先进典型；指导中国金融职工思想政治工作研究会开展工作。

（6）收集、反馈本系统的业务宣传和思想工作信息；协调开展银行业法制宣传教育。

十六、监事会工作部

主要职责：

（1）负责银监会对监事会日常管理的有关具体工作，研究监事会工作的有关方针政策，拟定有关规章制度并负责解释，对执行情况进行检查。

（2）审核监事会的工作计划和实施方案；了解监事会的工作情况，提出意见和建议，协调解决有关问题。

（3）负责监事会与国家有关部门之间的有关协调工作。

（4）负责监事会检查报告的复核与报送工作。根据监事会的检查报告，综合分析有关情况。

（5）负责审核有关金融机构整改报告的具体工作。

（6）拟订派出监事会的有关国有金融机构名单；协调办理聘请社会中介机构兼职监事等事宜。

（7）负责监事会人员培训（含国际交流合作）的有关具体工作。

（8）完成银监会领导交办的其他事项。

十七、信息中心

主要职责：

信息中心负责银监会的信息科技工作、信息化归口管理和银行业金融机构的信息科技风险监管，负责银监会信息化工作的对外交流与合作。主要职责是：

（1）贯彻落实国家有关信息科技方面的方针、政策，按照“统一规划、统一管理、统一部署、资源共享”的原则，拟定银监会信息科技工作年度计划和中长期发展规划。

（2）拟定银行业金融机构信息科技风险监管政策、规定和指引，制定符合我国国情的信息科技监管标准、技术指标、操作规程和准入机制，并组织实施。

（3）跟踪国际信息科技发展趋势，规范银行业信息科技工作，促进银行业标准化技术的发展，组织银行业金融机构信息科技风险防范的经验交流及推广工作。

（4）拟定并组织实施银监会信息化工作技术标准、策略、流程、管理规范。协调、审查信息化建设项目安排，负责银监会信息化工作领导小组办公室的日常工作。

（5）负责银监会信息化建设采购、集成、开发、外包、运行、维护和技术培训等项目管理工作。

（6）负责管理、协调、检查、指导银监会派出机构的信息科技工作。

（7）负责与国家有关部门、各国银行业监管机构进行信息化管理工作交流和信息交换等相关工作。

（8）完成银监会领导交办的其他事项。

十八、培训中心

主要职责：

（1）根据银监会的任务和职能要求，会同人事部拟定银监会系统干部培训的制度、中长期培训规划、年度培训计划，并负责组织实施。

（2）建立银监会系统干部专业培训档案，组织银监会系统人员专业知识与技能的培训工作。

（3）承办银监会监管部门现场检查前的培训及其他业务专题培训工作。

（4）与人事部及有关监管部门共同组织实施对银行业金融机构高级管理人员的任职资格培训及相关培训工作。

（5）跟踪银监会政策重心和国内外金融监管理论与实务的发展动态，拟定专题培训和开发培训项目，并组织实施。

(6) 根据培训主题和任务，拟定教学大纲和培训内容，提供教学资料，建立考试题库，负责选聘主讲教师，建立师资库。

(7) 负责对各类培训班的统计、管理和后勤服务工作，并对培训效果进行跟踪与调查。

(8) 负责银监会系统的远程教学网络建设工作。

(9) 负责制作、出版、发行银行业教育培训和宣传等方面的音像制品。

十九、机关服务中心（机关事务管理局）

主要职责：

(1) 机关服务中心（对外称“机关事务管理局”）是银监会直属事业单位，具有事业单位法人资格。

(2) 负责机关财务预算制管理制度的制定和机关行政经费、事业单位经费、外事经费及中心财务预决算的管理。

(3) 负责机关基建项目的规划与实施。

(4) 负责机关办公用房的维护管理及办公楼各项设备设施的运行、维修与管理。

(5) 负责机关固定资产的购置管理和机关行政事务的管理。

(6) 负责机关的交通安全、服务接待、膳食供应等工作。

(7) 负责机关的职工医疗卫生保健、计划生育、义务献血等工作。

(8) 负责中心管理人员的考核和在编工人的管理。

(9) 负责机关社会聘用人员的招聘和管理。

(10) 负责中心人员的培训及专业技术职称考核的组织协调。

(11) 根据国家有关政策，负责中心对外经营项目的立项、论证和审批，组织开展对外经营活动；负责对机关内服务的定价和收费标准的审定。

(12) 负责以银监会名义召开的全国性会议的接待和有关会务工作。

(13) 负责与银监会各省级派出机构服务中心的协调与联系。

(14) 完成银监会领导交办的其他事项。

第三节　银监会对股份制商业银行的评级标准

综合评级采用加权汇总评分法，即各要素评价分值乘以相应权重后进行相加，其总和为综合评分。

一、股份制商业银行资本充足状况评价标准

（一）定量指标（60分）

1. 资本充足率（30分）

10%以上：30分

8%至10%：25至30分

6%至8%：14至25分

2%至6%：0至14分

2%以下：0分

2. 核心资本充足率（30分）

6%以上：30分

4%至6%：25至30分

2%至4%：10至25分

1%至2%：0至10分

1%以下：0分

（二）定性因素（40分）

1. 银行资本的构成和质量（6分）

主要考察银行资本构成的稳定性、市场价值及其流动性。

评分原则：

（1）核心资本在资本中的比重越高，资本构成越稳定，评分应越高。

（2）要分析核心资本构成的稳定性，如果银行存在资本未足额到位或资本抽逃等问题，则不得分。

（3）要分析附属资本构成的稳定性，稳定性越高，市场价值越大，评分应越高。分析附属资本构成主要考虑银行的债务性资本（监管机构确认的银行以对外承担债务形式持有的资本），包括其市值变动情况和流动性状况。

（4）上市银行得分应高于非上市银行。

（5）资本构成要素存在不稳定性对银行承受风险能力可能造成不利影响的，得分应在3分以下。

2. 银行整体财务状况及其对资本的影响（8分）

主要分析银行财务状况对银行资本的影响。

评分原则：

（1）好的盈利状况能增强或保持银行的竞争能力，利于银行扩充资本，评分应越高。

（2）银行财务状况不佳（出现亏损）并可能对银行资本充足状况形成不良影响的，得分应低于4分。

（3）累计亏损严重以致净资产出现负数的银行，不得分。

3. 资产质量及其对资本的影响（8分）

主要分析银行不良资产的状况对银行资本的影响，重点考察银行资产损失程度、计提资产减值准备的情况及其对银行资本构成的影响。

评分原则：

（1）不良资产呈现恶化趋势，并可能对银行资本构成不利影响的，得分应低于4分。

（2）计提贷款损失准备不足的，得分应低于3分；不足程度越高，得分越低。

（3）对贷款以外资产计提减值准备的银行得分应高于没有计提减值准备的银行。

4. 银行进入资本市场或通过其他渠道增加资本的能力，包括控股股东提供支持的意愿和实际注入资本的情况（8分）

主要考察银行通过外部融资解决资本问题的能力，重点分析银行在资本充足率不足时，是否能及时增加资本，包括控股股东增加注资的可能性。

评分原则：

（1）银行股东承诺并能够实现承诺将资本充足率保持在8%以上，或者银行通过其他方法将资本充足率保持在8%以上且能够充分抵御风险的，得满分。

（2）银行资本充足率不足8%，而银行股东和董事会未能提高资本充足率的，得分应低于4分。

（3）向社会公开募集资本没有成功的，不得分。

5. 银行对资本的管理情况（10分）

主要考察银行资本的管理政策，重点分析银行制定资本计划的情况，包括制定计划的程序和依据。

（1）银行是否根据自身规模，通过对资产年度增长目标和利润目标进行合理可靠的预测分析来确定银行资本的最佳需要量。

（2）银行是否在预测资本需要量的基础上，确定多少资本可以通过利润留存从内部产生，多少资本需要通过外部融资解决，并通过测算筹资成本确定最佳筹资手段。

（3）银行的利润分配政策是否稳健，是一个重要的考察因素，过度的分派红利会削弱银行的资本金，而过低的分派红利会妨碍发行新股，因此，要考察银行盈利的留存比率是否适当，并能够及时按资本计划补充资本金。

评分原则：

（1）银行如果缺乏明确的资本管理政策，没有制定补充资本计划，则得分应低于5分。

（2）银行累积未分配利润为负数而进行利润分配的，不得分。

（3）银行资本充足率未达到监管要求而进行利润分配的，不得分。

二、股份制商业银行资产安全状况评价标准

（一）定量指标（60分）

1. 不良贷款率（15分）

5%以下：15分

10%至5%：12分至15分

15%至10%：6分至12分

25%至15%：0分至6分

25%以上：0分

不良贷款率=(次级类贷款+可疑类贷款+损失类贷款)/贷款余额

2. 估计贷款损失率（10分）

3%以下：10分

6%至3%：8分至10分

9%至6%：6分至8分

12%至9%：4分至6分

15%至12%：0分至4分

15%以上：0分

估计贷款损失率＝(正常类贷款×1%＋关注类贷款×2%＋次级类贷款×20%＋可疑类贷款×40%＋损失类贷款×100%)/贷款余额

3. 最大单一客户、集团客户授信比率（10分）

评分时取两项得分中较低一项分值。

(1) 最大单一客户授信比率。

6%以下：10分

10%至6%：8分至10分

12%至10%：6分至8分

14%至12%：4分至6分

16%至14%：0分至4分

16%以上：0分

(2) 集团客户授信比率。

15%以下：10分

25%至15%：8分至10分

35%至25%：6分至8分

45%至35%：4分至6分

55%至45%：0分至4分

55%以上：0分

4. 拨备覆盖率（20分）

100%以上：20分

70%至100%：14分至20分

40%至70%：8分至14分

15%至40%：0分至8分

15%以下：0分

$$拨备覆盖率=\frac{一般准备+专项准备+特种准备}{次级类贷款+可疑类贷款+损失类贷款}$$

5. 非信贷资产损失率（5分）

2%以下：5分

4%至2%：4分至5分

8%至4%：2分至4分

10%至8%：0分至2分

10%以上：0分

非信贷资产损失率＝非信贷资产损失额/非信贷资产余额

（二）定性因素（40分）

1. 不良贷款和其他不良资产的变动趋势及其对银行整体资产安全状况的影响（5分）

主要考察银行不良贷款总量和不良贷款率及其变化趋势。要具体分析银行不良贷款余额的升降原因，要区分存量和增量因素的影响；要具体分析不良贷款比率升降的原因，要区分“分子”和“分母”因素的影响。

评分原则：

(1) 不良贷款余额和不良贷款率“双降”的，得满分。

(2) 不良贷款余额上升，不良贷款率下降的，得分应低于3分。

(3) 不良贷款余额和不良贷款率“双升”的，不得分。

(4) 视不良贷款变动的具体原因调节评分结果。

2. 贷款行业集中度以及对银行资产安全状况的影响（5分）

主要考察银行贷款行业的集中程度，分析贷款集中行业的风险状况，包括行业当前整体状况、国内外情况对比，国家对该行业的政策和指导意见，行业的发展趋势预测及依据等，以及风险状况对银行资产安全状况的影响。

3. 信贷风险管理的程序及有效性，是否建立完善的信贷决策程序和制度包括贷款“三查”制度，风险管理制度和措施能否有效遏制不良贷款的发生（10分）

主要通过对银行不良贷款增量的原因分析，判断信贷风险管理的有效性。

(1) 是否建立贷款调查制度以及贷款调查报告的质量。(2分)

(2) 是否建立严格、独立的贷款放款审查制度并严格执行。(2分)

(3) 是否建立贷后检查制度并严格执行。(2分)

(4) 是否存在违规发放的贷款，是否存在逆程序发放贷款的行为。(2分)

(5) 贷款档案是否完整规范。(2分)

评分原则：

(1) 银行未建立贷前调查制度、贷中审查制度和贷后检查制度的，得分应低于5分。

(2) 存在违规贷款或逆程序发放贷款行为的，不得分。

4. 贷款风险分类制度的健全性和有效性（10分）

(1) 银行是否根据《贷款风险分类指导原则》制定分类的具体标准以及五级分类的内部管理办法和实施细则，包括贷款分类的操作、认定和审核等工作程序和工作标准；分类工作是否全面涵盖各项授信业务。(3分)

(2) 银行是否根据日常风险变化情况对各类贷款进行监控和分类；银行是否配备了专业人员从事分类工作；是否加强了贷款五级分类的业务培训。银行的贷款分类是否定期接受检查监督，从而使分类中存在的问题可以被及时发现和纠正。(2分)

(3) 银行的分类工作是否严格执行了有关监管规定以及内部管理规定；分类标准在操作过程中是否保持一致；五级分类结果是否准确。(3分)

(4) 银行是否建立了与分类工作相配套的信息系统，保证管理层能够及时获知有关贷款分类的重要信息；银行是否按照监管要求及时报送贷款分类数据和相关分析报告。(2分)

评分原则：

(1) 银行五级分类制度存在明显缺陷或分类结果严重失实的，得分应低于3分。

(2) 银行未建立贷款五级分类制度的，不得分。

5. 保证贷款和抵（质）押贷款及其管理状况（5分）

主要考察银行是否制定了保证贷款和抵（质）押贷款的管理规定，是否对保证人资格、保证责任和保证合同，抵（质）押品、抵（质）押权和抵（质）押率，抵（质）押品的登记与评估、抵（质）押期限、抵（质）押品的保管和处置做了明确的规定，银行是否严格执行了这些规定。考察银行保证贷款和抵（质）押贷款的合法性和有效性如何，还要分析银行抵（质）押品的流动性和价值稳定性及其对资产安全状况的影响。

6. 非信贷资产风险管理状况（5 分）

主要分析银行是否针对非信贷类资产特别是风险性非信贷类资产制定管理制度和风险控制措施并落实管理责任；银行对各类挂账、垫款、待清理资产是否制定了具体的清收、清理、处置办法和措施；银行对造成非信贷类资产损失的违法违规违纪人员是否追究责任。通过对以上要素的综合分析，判断银行识别、控制非信贷资产风险的能力。

评分原则：银行未建立非信贷资产风险管理制度的，不得分。

三、股份制商业银行管理状况评价标准

（一）银行公司治理状况，公司治理的合理性和有效性（50 分）

1. 银行公司治理的基本结构（10 分）

（1）银行是否构建了以股东大会、董事会、监事会和高级管理层为主体的银行治理结构，各个治理主体是否设立了专门委员会和专门办事机构；是否建立了独立董事制度和外部监事制度。（5 分）

（2）各个治理主体是否明确了各自的工作职责，是否制定了完备规范的议事规则。（5 分）

2. 银行公司治理的决策机制（10 分）

（1）银行的股东资格是否符合有关规定；股东是否履行诚信义务；银行是否能够保护股东的合法权益、公平对待所有股东，是否存在大股东损害中小股东权益的情况；银行股东是否有占用银行资产的行为，是否有关联交易，关联交易对银行的影响；股东大会能否按照章程的规定有效发挥其职能。其中涉及关联交联授信的比例确定见监管部门制发的相关文件。（5 分）

评分原则：如果银行对一个关联方的授信余额超过银行净资产的 10%，或者对一个关联方的集团客户的授信余额总数超过净资产的 15%，或者银行对全部关联方的授信余额超过商业银行净资产的 25%，则得分应低于 3 分。

（2）董事是否具备履行职责所必需的专业素质；是否勤勉诚信；董事的选任是否符合规定程序。（2 分）

（3）董事会的结构是否合理；下设专门委员会是否具备独立性；董事会及其下设委员会能否按照章程的规定履行职责并发挥决策和监督作用；董事会是否制定银行的发展战略及发展规划；董事会是否具备足够的控制力和调度力。（3 分）

3. 银行公司治理的执行机制（10 分）

（1）从股东大会到董事会再到经营管理层的决策传导机制是否通畅、高效。（2 分）

（2）高级管理人员的素质：高级管理人员资格是否符合监管机构规定；高级管理人员是否具备必要的业务管理能力、市场应变能力和创新能力。（3 分）

（3）高级管理人员履职情况：高级管理人员是否按董事会制定的战略规划开展工作；

高级管理人员工作的实效性；是否存在“内部人控制”的情况。(3 分)

(4) 高级管理层是否具备良好的团队精神；职责分工是否合理适当；经营上是否稳健并能及时识别和管理风险。(2 分)

4. 银行公司治理的监督机制 (10 分)

(1) 独立董事是否具备履行职责所必需的专业素质；是否勤勉诚信；独立董事的选任是否符合规定程序。(2 分)

(2) 独立董事是否具备独立性，独立董事的权利、义务和责任是否明确；独立董事是否尽责。(2 分)

(3) 监事是否具备履行职责所必需的专业素质；是否勤勉诚信；监事的选任是否符合规定程序；监事会的结构是否合理；下设专门委员会是否具备独立性；监事会及其下设委员会能否按照章程的规定有效发挥其监督作用。(4 分)

(4) 外部监事是否具备独立性，是否尽责。(2 分)

5. 银行公司治理的激励约束机制及问责 (10 分)

(1) 银行是否建立薪酬与银行效益和个人业绩相联系的激励机制，制定的激励政策及其制定程序是否合理。(2 分)

(2) 银行是否建立长、中、短期相结合的激励机制。(2 分)

(3) 是否建立公正、公开的董事、监事、高级管理层成员绩效评价的标准和程序。(3 分)

(4) 是否按照《商业银行信息披露暂行办法》披露公司治理信息，有关薪酬激励的情况是否作适当披露。(3 分)

(二) 内部控制状况 (50 分)

1. 内部控制环境与内部控制文化 (10 分)

(1) 良好的治理机制：董事会是否审批银行整体经营战略和重大政策并定期检查执行情况；董事会是否了解银行的主要风险并采取必要措施认定、计量、监督并控制风险；董事会是否负责审批组织结构；董事会如何确保高级管理层对内部控制制度的有效性进行监督；高级管理层执行董事会决策的情况如何。(3 分)

(2) 分工合理、职责明确、报告关系清晰的组织结构：组织结构设置是否清晰地表明了信息报告渠道，明确了信息报告的责任；组织结构设置是否存在缺陷而导致重要信息报告的缺漏；组织结构是否对银行的各级部门和各种业务都实施了有效的管理控制。(2 分)

(3) 内部控制文化：董事会与高级管理部门是否通过其言行来强调内部控制的重要性；银行是否存在良好的培训、宣传机制使得员工能够充分认识到内部控制的重要性并参与到控制活动之中；是否存在由于激励政策不当而鼓励或诱发不适当的经营行为的情况，例如过分强调业绩目标或其他经营结果而忽略长期风险；或者工资或奖励计划是否过于依赖短期业绩等。(3 分)

(4) 员工职业操守和诚信意识：员工尽职情况；是否及时向相关部门报告违法违规问题、与经营指导方针不一致的情况及其他违反政策规定的情况。(2 分)

2. 风险识别与评估 (10 分)

主要考察银行是否对所从事的业务风险进行识别评估并对风险持续监控。

（1）风险管理的制度、程序和方法：主要考察银行是否设立了履行风险管理职能的专门部门，是否制定了识别、计量、监测和管理风险的制度、程序和方法。（3分）

（2）风险识别与评估的全面性：银行的风险评估是否考虑了内部因素（如组织结构的复杂程度、银行业务性质、人员素质、组织机构变革和人员的流动等）与外部因素（如经济形势变化、行业变革与技术更新等）；风险评估是否既针对单一业务，又针对并表机构的其他业务；风险评估是否针对风险的可计量和不可计量两方面来进行。（2分）

（3）风险识别与评估的手段与技术：银行是否建立了涵盖各项业务、全行范围的风险管理系统，是否开发和运用风险量化评估方法和模型，对信用风险、国家及转移风险、市场风险、利率风险、流动性风险、操作风险、法律风险及信誉风险等各类风险进行持续的监控。（3分）

（4）风险控制制度、技术和方法的及时更新：银行是否针对不断变化的环境和情况及时修改完善风险控制的制度、方法和手段，以控制新出现的风险或以前未能控制的风险。（2分）

3. 控制行为与职责分工（10分）

（1）全面、系统的各项业务政策、制度和程序，包括统一的业务标准和操作要求：主要分析银行是否建立全面、系统的内部控制政策与程序，包括董事会与高级管理部门要求下级部门定期报送业绩报告，以检查银行在实现其目标方面的进展；中层管理部门每天、每周或每月都应收到并审阅规范标准的业务报告和专题报告；是否针对不同资产建立了审批和授权制度。（3分）

（2）各部门、各岗位、各级机构之间的职责分离、相互制约措施：各部门、各岗位、各级机构之间的职责分工是否合理明确，是否遵循了必要的分离原则。（3分）

（3）各种会计账表、统计信息真实完整的控制措施。（2分）

（4）各种应急制度及法律风险控制措施。（2分）

4. 信息交流与沟通（10分）

（1）信息共享、信息交流与信息反馈机制：主要分析银行在各级机构、各个业务领域之间是否建立了信息共享机制；信息能否在各级机构、各个业务领域之间得到充分、有效的交流与利用；是否建立信息反馈机制。（4分）

（2）贯穿各级机构、覆盖各个业务领域的数据仓库和管理信息系统：主要分析银行是否具备充分而全面的内部财务与业务经营数据库；是否有贯穿各级机构、覆盖各个业务的管理信息系统；是否建立电子信息系统与信息技术风险的防范措施。（4分）

（3）信息的真实可靠性：主要分析银行决策层获取的有关财务状况和业务经营状况的综合性信息，以及与决策有关的外部市场信息是否是有意义的、可靠的、随时可得的，并且可以前后对比。（2分）

5. 监督与纠正（10分）

（1）对银行内部控制整体有效性的日常监督：主要分析银行对关键性风险的监督；是否有不同领域（包括业务领域本身、财务控制和内部审计）的人员共同监督内控机制的有效性；日常监督与独立评估的执行与效果如何。（4分）

（2）内部控制的监督机制：主要分析银行是否由独立的、经过良好训练且具有较强工作能力的内部审计人员对内部控制进行全面、有效的审计与评估，并将结果直接报告董事会或董事会下设的审计委员会，同时报告高级管理部门；内部审计及审计人员的独立性如何。(3分)

(3) 对内部控制缺陷的纠正机制：主要考察银行的内部控制缺陷被发现和被报告后是否能够及时得到解决和纠正，高级管理部门是否建立记录内部控制弱点并及时采取相应纠正措施的制度。(3分)

四、股份制商业银行盈利状况评价标准

(一) 定量指标 (60分)

1. 资产利润率 (15分)

1%以上：15分

0.75%至1%：12分至15分

0.5%至0.75%：9分至12分

0.25%至0.5%：6分至9分

0%至0.25%：0至6分

0%以下：0分

2. 资本利润率 (15分)

20%以上：15分

15%至20%：12分至15分

10%至15%：9分至12分

5%至10%：6分至9分

0%至5%：0分至6分

0%以下：0分

3. 利息回收率 (15分)

95%以上：15分

85%至95%：12分至15分

75%至85%：9分至12分

65%至75%：6分至9分

55%至65%：0分至6分

55%以下：0分

4. 资产费用率 (15分)

0.75%以下：15分

1%至0.75%：12分至15分

1.25%至1%：9分至12分

1.5%至1.25%：6分至9分

1.75%至1.5%：3分至6分

2%至1.75%：0分至3分

2%以上：0分

资产费用率＝营业费用/资产总额

(二) 定性因素 (40分)

1. 银行的成本费用和收入状况以及盈利水平和趋势（15分）

主要通过银行利润构成分析考察盈利水平和趋势，通过同业比较和历史比较分析判断银行收入的来源构成及其稳定性，分析影响银行收入来源的因素以及这些因素变化可能对银行盈利产生的影响。

要分析银行成本费用的主要构成，预测成本费用的增长趋势；应综合考虑收入、成本费用状况及其变化趋势，重点考察银行净营业收入的变化，以此判断银行盈利的变化趋势。

2. 银行盈利的质量，以及银行盈利对业务发展与资产损失准备提取的影响（15分）

主要分析银行是否严格按照监管机构的规定核算应收未收利息，是否足额提取应付未付利息，是否足额提取贷款损失准备及其他资产损失准备。要分析应收未收利息、应付未付利息和各项资产减值准备对银行盈利状况的影响。

评分原则：根据银监会发布的《关于推进和完善贷款风险分类工作的通知》第六条的规定进行相应调整后，经营成果为亏损的，得分应低于8分。

3. 财务预决算体系，财务管理的健全性和有效性（10分）

主要分析银行是否制定本年度利润计划与预算；银行预决算体系是否健全；银行财务管理制度建设及其执行状况如何。本项目主要从财务管理制度入手，分析银行的财务管理水平。

评分原则：在财务管理中弄虚作假的，不得分。由于财务管理问题而造成盈利状况严重不实的，不得分。

五、股份制商业银行流动性状况评价标准

(一) 定量指标 (60分)

1. 流动性比率（20分）

35%以上：20分

25%至35%：16分至20分

15%至25%：12分至16分

10%至15%：0分至12分

10%以下：0分

2. 人民币超额准备金率（10分）

5%以上：10分

4%至5%：6分至10分

3%至4%：2分至6分

2%至3%：0分至2分

2%以下：0分

人民币超额准备金是指扣除法定存款准备金后的人民币准备金。

3. 外币备付金率（5分）

5%以上：5分

4%至5%：3分至5分

3%至4%：1分至3分

2%至3%：0分至1分

2%以下：0分

外币备付金率的概念与计算方法见监管机构制发的相关文件。

4.（人民币、外币合并）存贷款比例（10分）

65%以下：10分

70%至65%：7分至10分

75%至70%：4分至7分

90%至75%：0分至4分

90%以上：0分

存贷款比例的概念与计算方法见监管机构制发的相关文件。

5.外币存贷款比例（5分）

70%以下：5分

80%至70%：3分至5分

90%至80%：1分至3分

100%至90%：0分至1分

100%以上：0分

外币存贷款比例的概念与计算方法见监管机构制发的相关文件。

6.净拆借资金比率（10分）

−4%以下：10分

0至−4%：8分至10分

1%至0：6分至8分

3%至1%：0分至6分

3%以上：0分

净拆借资金比率＝拆入资金比例－拆出资金比例

拆入资金比例和拆出资金比例的计算方法见监管机构制发的相关文件。

（二）定性因素（40分）

1.资金来源的构成、变化趋势和稳定性（5分）

主要分析银行存款的构成及其增减变化趋势，判断银行资金的稳定性。重点分析定期存款与活期存款以及对公存款与储蓄存款在存款中的比重，分析一定历史时期存款的变化情况及其趋势。

评分原则：存款波动较大的银行，得分应低于3分。

2.资产负债管理政策和资金的调配情况（5分）

主要分析银行流动性状况，银行资产与负债的期限是否匹配，银行资产负债管理政策是否合理。

3.银行对流动性的管理情况（20分）

主要考察银行是否建立稳定的流动性管理体系，较好地控制流动性风险。

(1) 银行是否设立流动性管理部门，专门负责银行的流动性管理。(5分)

(2) 对流动性需求的预测：银行是否利用各种技术方法对银行的流动性需求进行准确的测算。(5分)

(3) 流动性管理政策：银行是否在预测需求的基础上，制定相应的流动性管理政策，设计多种方案（包括主动负债、转换资产、出售资产等），从中选择最优流动性管理方案。判断银行在流动性管理方面有无综合调控能力。(5分)

(4) 日常管理：银行有无建立流动性的监测、预警机制，是否制定流动性应急方案。(5分)

4. 银行以主动负债形式满足流动性需求的能力 (5分)

主要考察银行在流动性不足时从外部获得资金的能力，重点分析银行通过同业拆入，证券回购，向中央银行再贷款、再贴现，从国际金融市场借入资金等方式满足流动性需求的能力。分析银行同业拆借业务状况、同业拆借利率水平；分析银行在证券回购市场的交易状况，证券回购业务的资金规模、收益状况，证券资产构成及其变现能力等。

5. 管理层有效识别、监测和调控银行头寸的能力 (5分)

主要考察银行管理层是否能够及时获得关于银行头寸状况的信息；银行管理层对银行的头寸状况是否有清楚的认识；管理层是否对银行资金需求变动情况进行分析并及时作出决策。

六、股份制商业银行市场风险评价

市场风险，指由于利率或价格发生变化而对金融机构财务状况产生的不利影响。市场风险主要包括利率风险、外汇风险、股本风险和商品风险。

在评估市场风险时，监管人员应主要考虑以下因素：

(1) 金融机构盈利性或资产价值对利率、汇率、商品价格或产权价反向变动的敏感程度。

(2) 银行董事会和高级管理层识别、衡量、监督和控制市场风险敞口的能力。

(3) 源自非交易性头寸利率风险敞口的性质和复杂程度。

(4) 源自交易性和境外业务市场风险敞口的性质和复杂程度。

根据我国银行业现状，暂不对市场风险进行评级，但可以考察银行资产价值与盈利水平受利率政策与外汇价格变化的影响，作为评价盈利性和资产质量的参考。

【应用实例】

以前银监会对商业银行存贷比考核是在月末最后一天进行的，这种考核方式使商业银行不注重日常存贷比例，存贷比高了，就在要考核那一天前集中增加存款，把这一天的存贷比降下来，这常常导致每到月末、季末存款大战热烈上演，以达到存贷比监管指标的要求。而以日均存贷款为基础的统计、监测和考核机制的提出，意味着监管层将更加如实、清晰地把握银行存贷比情况，进而实现存贷比实时动态监测，实现监管日常化、常态化。

存贷比指标是判断商业银行贷款规模是否适度和结构是否合理的指标之一。它反映了银行存款运用于贷款的比重及贷款能力的大小。我国监管层对银行存贷比提出了不得超过

75%的明确要求，超过这一比率，表明贷款规模过大，风险也过大；相反，存贷比率越低，银行的安全性越高，但盈利能力可能下降。

由于在当前我国的市场环境下，高存贷比往往意味着收益更多，因此，此前面对监管层要求存贷比不得高于75%红线的要求，加之2011年以来每月一次上调存款准备金率的“连续动作”带来的资金较为紧张的态势，不少商业银行一方面要完成监管指标，另一方面又不愿减少贷款，那么就只能选择在月末、季末的重要时点拉高存款这一“分母”，或压缩票据以减少“分子”规模，从而达到监管要求，由此也引发了月末、季末储蓄冲高现象。在实施日均存贷比考核后，如果银行连续出现存贷比超标，监管部门将对其信贷规模等各方面进行更为严格的监管。商业银行存贷比指标由“时点”考核改为“日均”考核，是一个很重要的变化，这一方面意味着监管效能的提升，另一方面也将改变目前银行月末突击揽储和滥发理财产品的现象，以保证存款、贷款、理财各项业务的健康平稳发展。从更长远的发展看，此举有利于增强银行业的核心竞争力，改变以往过多依赖存贷款利差收益的盈利状况，有助于实现我国银行业的转型发展，从而突破以往靠突击揽储、发理财产品来应对监管要求的“怪圈”。

第四节　商业银行的评级及银监会分类监管政策

一、商业银行的综合评级

按本规则得出相关要素的总分后，商业银行的综合评级分为五级，分别为：

(1) 1级——良好：综合评分在85分以上。

(2) 2级——一般：综合评分在75分至85分之间。

(3) 3级——关注：综合评分在60分至75分之间。

(4) 4级——欠佳：综合评分在50分至60分之间。

(5) 5级——差：综合评分在50分以下。

二、分类监管政策

(1) 对综合评级为1级的机构，应积极支持其发展，可以在现场检查的频率上相应放宽。

(2) 对综合评级为2级的机构，应指出其存在的薄弱环节，督促其做出相应的调整和整改，在现场检查时应重点关注其存在风险的领域。

(3) 对综合评级为3级的机构，应适当加强对其的非现场分析与现场检查，督促股份制商业银行加强经营管理与内部控制，改善财务状况，责令限期改正。

(4) 对综合评级为4级的机构，应增加现场检查频率，加大现场检查力度，密切关注其经营态势，督促其加大经营调整力度，积极降低风险，同时建议在机构市场准入和新业务审批方面进行限制，必要时应找其高级管理人员谈话，责令限期整改，责令暂停部分业务。

（5）对综合评级为5级的机构，应对其业务活动的开展作出一定的限制，限制其高风险经营行为，责令暂停部分业务，停止开办新业务，要求其改善经营状况，调整其高级管理人员，必要时进行重组或实施接管。

【应用实例】

银监会合作金融机构监管部主任姜丽明就农村信用社改革答记者问时表示，未来将继续推进农村信用社产权制度和管理体制改革，健全分类监管体系。

银监会明确提出，从2011年起，通过5年左右的时间达到全面处置高风险机构，全面消化历史亏损挂账，基本建立现代农村银行制度，主要监管指标达到并持续符合审慎监管要求，显著提升农村金融服务功能与核心竞争力，并全面完成股份制改革的目标。

姜丽明还表示，将全面取消资格股，鼓励符合条件的农村信用社改制组建为农村商业银行；不再组建新的农村合作银行，现有农村合作银行要全部改制为农村商业银行。

第五节 中国银行业实施新监管标准的指导意见①

各银监局，各政策性银行、国有商业银行、股份制商业银行，中国邮政储蓄银行，银监会直接监管的信托公司、企业集团财务公司、金融租赁公司：

“十二五”规划纲要明确提出参与国际金融准则新一轮修订，完善我国金融业稳健标准。2010年12月16日，巴塞尔委员会发布了《第三版巴塞尔协议》（Basel Ⅲ），并要求各成员经济体两年内完成相应监管法规的制定和修订工作，2013年1月1日开始实施新监管标准，2019年1月1日前全面达标。《第三版巴塞尔协议》确立了微观审慎和宏观审慎相结合的金融监管新模式，大幅度提高了商业银行资本监管要求，建立全球一致的流动性监管量化标准，将对商业银行经营模式、银行体系稳健性乃至宏观经济运行产生深远影响。为推动中国银行业实施国际新监管标准，增强银行体系稳健性和国内银行的国际竞争力，特制定本指导意见。

一、总体目标和指导原则

（一）总体目标

借鉴国际金融监管改革成果，根据国内银行业改革发展和监管实际，构建面向未来、符合国情、与国际标准接轨的银行业监管框架，推动银行业贯彻落实“十二五”规划纲要，进一步深化改革，转变发展方式，提高发展质量，增强银行业稳健性和竞争力，支持国民经济稳健平衡可持续增长。

（二）指导原则

（1）立足国内银行业实际，借鉴国际金融监管改革成果，完善银行业审慎监管标准。

---

① 本节内容为《中国银行业监督管理委员会关于中国银行业实施新监管标准的指导意见》（银监发［2011］44号）的原文。

基于我国银行业改革发展实际，坚持行之有效的监管实践，借鉴《第三版巴塞尔协议》，提升我国银行业稳健标准，构建一整套维护银行体系长期稳健运行的审慎监管制度安排。

（2）宏观审慎监管与微观审慎监管有机结合。统筹考虑我国经济周期及金融市场发展变化趋势，科学设计资本充足率、杠杆率、流动性、贷款损失准备等监管标准并合理确定监管要求，体现逆周期宏观审慎监管要求，充分反映银行业金融机构面临的单体风险和系统性风险。

（3）监管标准统一性和监管实践灵活性相结合。为保证银行业竞争的公平性，统一设定适用于各类银行业金融机构的监管标准，同时适当提高系统重要性银行监管标准，并根据不同机构情况设置差异化的过渡期安排，确保各类银行业金融机构向新监管标准平稳过渡。

（4）支持经济持续增长和维护银行体系稳健统筹兼顾。银行体系是我国融资体系的主渠道，过渡期内监管部门将密切监控新监管标准对银行业金融机构的微观影响和对实体经济运行的宏观效应，全面评估成本与收益，并加强与相关部门的政策协调，避免新监管标准实施对信贷供给及经济发展可能造成的负面冲击。

二、提高银行业审慎监管标准

根据《第三版巴塞尔协议》确定的银行资本和流动性监管新标准，在全面评估现行审慎监管制度有效性的基础上，提高资本充足率、杠杆率、流动性、贷款损失准备等监管标准，建立更具前瞻性的、有机统一的审慎监管制度安排，增强银行业金融机构抵御风险的能力。

（一）强化资本充足率监管

（1）改进资本充足率计算方法。一是严格资本定义，提高监管资本的损失吸收能力。将监管资本从现行的两级分类（一级资本和二级资本）修改为三级分类，即核心一级资本、其他一级资本和二级资本；严格执行对核心一级资本的扣除规定，提升资本工具吸收损失能力。二是优化风险加权资产计算方法，扩大资本覆盖的风险范围。采用差异化的信用风险权重方法，推动银行业金融机构提升信用风险管理能力；明确操作风险的资本要求；提高交易性业务、资产证券化业务、场外衍生品交易等复杂金融工具的风险权重。

（2）提高资本充足率监管要求。将现行的两个最低资本充足率要求（一级资本和总资本占风险资产的比例分别不低于4%和8%）调整为三个层次的资本充足率要求：一是明确三个最低资本充足率要求，即核心一级资本充足率、一级资本充足率和资本充足率分别不低于5%、6%和8%。二是引入逆周期资本监管框架，包括：2.5%的留存超额资本和0～2.5%的逆周期超额资本。三是增加系统重要性银行的附加资本要求，暂定为1%。新标准实施后，正常条件下系统重要性银行和非系统重要性银行的资本充足率分别不低于11.5%和10.5%；若出现系统性的信贷过快增长，商业银行需计提逆周期超额资本。

（3）建立杠杆率监管标准。引入杠杆率监管标准，即一级资本占调整后表内外资产余额的比例不低于4%，弥补资本充足率的不足，控制银行业金融机构以及银行体系的杠杆率积累。

（4）合理安排过渡期。新资本监管标准从2012年1月1日开始执行，系统重要性银行和非系统重要性银行应分别于2013年底和2016年底前达到新的资本监管标准。过渡期结束后，各类银行应按照新监管标准披露资本充足率和杠杆率。

（二）改进流动性风险监管

（1）建立多维度的流动性风险监管标准和监测指标体系。建立流动性覆盖率、净稳定融资比例、流动性比例、存贷比以及核心负债依存度、流动性缺口率、客户存款集中度以及同业负债集中度等多个流动性风险监管和监测指标，其中流动性覆盖率、净稳定融资比例均不得低于100%。同时，推动银行业金融机构建立多情景、多方法、多币种和多时间跨度的流动性风险内部监控指标体系。

（2）引导银行业金融机构加强流动性风险管理。进一步明确银行业金融机构流动性风险管理的审慎监管要求，提高流动性风险管理的精细化程度和专业化水平，严格监督检查措施，纠正不审慎行为，促使商业银行合理匹配资产负债期限结构，增强银行体系应对流动性压力冲击的能力。

（3）合理安排过渡期。新的流动性风险监管标准和监测指标体系自2012年1月1日开始实施，流动性覆盖率和净稳定融资比例分别给予2年和5年的观察期，银行业金融机构应于2013年底和2016年底前分别达到流动性覆盖率和净稳定融资比例的监管要求。

（三）强化贷款损失准备监管

（1）建立贷款拨备率和拨备覆盖率监管标准。贷款拨备率（贷款损失准备占贷款的比例）不低于2.5%，拨备覆盖率（贷款损失准备占不良贷款的比例）不低于150%，原则上按两者孰高的方法确定银行业金融机构贷款损失准备监管要求。

（2）建立动态调整贷款损失准备制度。监管部门将根据经济发展不同阶段、银行业金融机构贷款质量差异和盈利状况的不同，对贷款损失准备监管要求进行动态化和差异化调整：经济上行期适度提高贷款损失准备要求，经济下行期则根据贷款核销情况适度调低；根据单家银行业金融机构的贷款质量和盈利能力，适度调整贷款损失准备要求。

（3）过渡期安排。新标准自2012年1月1日开始实施，系统重要性银行应于2013年底前达标；对非系统重要性银行，监管部门将设定差异化的过渡期安排，并鼓励提前达标：盈利能力较强、贷款损失准备补提较少的银行业金融机构应在2016年底前达标；个别盈利能力较低、贷款损失准备补提较多的银行业金融机构应在2018年底前达标。

三、增强系统重要性银行监管有效性

根据国内大型银行经营模式以及监管实践，监管部门将从市场准入、审慎监管标准、持续监管和监管合作几个方面，加强系统重要性银行监管。

（1）明确系统重要性银行的定义。国内系统重要性银行的评估主要考虑规模、关联性、复杂性和可替代性等四个方面因素，监管部门将建立系统重要性银行的评估方法论和持续评估框架。

（2）维持防火墙安排，改进事前准入监管。为防止系统重要性银行经营模式过于复杂，降低不同金融市场风险的传染，继续采用结构化限制性监管措施：一是维持现行银行体系与资本市场、银行与控股股东、银行与附属机构之间的防火墙，防止风险跨境、跨业传染。二是从严限制银行业金融机构从事结构复杂、高杠杆交易业务，避免过度承担风险。三是审慎推进综合经营试点。对于进行综合经营试点的银行，建立正式的后评估制度，对于在合理时限内跨业经营仍不能达到所在行业平均盈利水平的银行，监管部门将要求其退出该行业。

(3) 提高审慎监管要求。除附加资本要求之外，监管部门将视情况对系统重要性银行提出更高的审慎监管要求，以提升其应对外部冲击的能力：一是要求系统重要性银行发行自救债券，以提高吸收损失的能力。二是提高流动性监管要求。三是进一步严格大额风险暴露限制，适度降低系统重要性银行对单一借款人和集团客户贷款占资本净额的比例。四是提高集团层面并表风险治理监管标准，包括集团层面风险偏好设定、统一的风险管理政策、信息管理系统建设、集团内部交易等。

(4) 强化持续监管。一是监管资源向系统重要性银行倾斜，赋予一线监管人员更广泛的权力，加强对系统重要性银行决策过程、执行过程的监管，以尽早识别风险并采取干预措施。二是丰富和扩展非现场监管体系，完善系统重要性银行的风险监管评估框架，及时预警、有效识别并快速处置风险。三是进一步提升系统重要性银行现场检查精确打击的能力，督促系统重要性银行加强公司治理和风险管理，防止和纠正不安全、不稳健的经营行为。四是实现功能监管与机构监管相结合，采用产品分析、模型验证、压力测试、同业评估等监管手段，保证监管技术能够适应系统重要性银行业务和组织机构日益复杂化的趋势。五是指导并监督系统重要性银行制定恢复和处置计划、危机管理计划，增强系统重要性银行自我保护能力。

(5) 加强监管合作。在跨境合作方面，建立对境外监管当局监管能力的评估机制，健全跨境经营系统重要性银行的监管联席会议机制，提高信息交流质量，加强在市场准入、非现场监管、现场检查以及危机管理方面的合作。在跨业合作方面，在国务院统一领导下，监管部门将加强与人民银行、证券监管部门、保险监管部门的协调配合，构建“无缝式”金融监管体系，改进对银行集团非银行业务的风险评估。

四、深入推动新资本协议实施工作

对资本和风险加权资产进行科学计量与评估是新监管标准实施的基础。银行业金融机构应按照“《新资本协议》与《第三版巴塞尔协议》同步推进，第一支柱与第二支柱统筹考虑”的总体要求，从公司治理、政策流程、风险计量、数据基础、信息科技系统等方面不断强化风险管理。2011年，监管部门将修订《资本充足率管理办法》。银行业金融机构应根据新的《资本充足率管理办法》中确立的相关方法准确计量监管资本要求，全面覆盖各类风险；同时，构建全面风险管理框架，健全内部资本评估程序，强化银行业稳健运行的微观基础。

对于表内外资产规模、国际活跃性以及业务复杂性达到一定程度的银行业金融机构，应根据新的监管要求，实施《新资本协议》中的资本计量高级方法。目前已完成了一轮预评估的第一批实施银行应当在已经取得的良好成就基础上，根据评估意见积极整改第一支柱实施的主要问题，并积极推进第二支柱和第三支柱建设，争取尽快申请正式实施。其他根据监管要求应当实施高级方法或自愿实施的银行业金融机构，应加强与监管部门的沟通，尽早制定实施规划方案。

对于其他不实施资本计量高级方法的银行业金融机构，应从 2011 年底开始在现有信用风险资本计量的基础上，采用新的《资本充足率管理办法》要求的标准方法，计量市场风险和操作风险的监管资本要求；并按照第二支柱相关要求，抓紧建立内部资本充足评估程序，识别、评估、监测和报告各类主要风险，确保资本水平与风险状况和管理能力相适应，确保资本规划与银行经营状况、风险变化趋势和长期发展战略相匹配。2016 年底前，所有银行业金融机构都应建立与本行规模、业务复杂程度相适应的全面风险管理框架和内部资本充足率评估程序。

五、工作要求

新监管标准实施是事关全局的长期系统工程，银行业金融机构要准确理解新监管标准的实质，充分认识实施新监管标准的意义，加强配合，积极稳妥地做好新监管标准实施的各项准备工作。

（一）制定配套监管规章

为保证新监管标准如期实施，2011 年监管部门将修订完善《商业银行资本充足率管理办法》，以及流动性风险监管、系统重要性银行监管相关政策，为新监管标准的实施奠定基础。同时，大力开展新监管标准的培训和宣传工作，分期、分批地开展各级监管人员和银行业金融机构中高层管理人员的培训工作，为新监管标准实施打造有利的舆论环境和广泛的人才基础。

（二）加强组织领导

银行业金融机构董事会和高级管理层应高度重视新监管标准实施工作，尽快成立以主要负责人为组长的新监管标准实施领导小组及相应工作机构，统筹规划协调新监管标准实施工作，确保各项工作有序稳步推进。董事会应负责新监管标准实施规划及有关重大政策审批，定期听取高级管理层汇报，对实施准备情况进行监督；高级管理层负责制定新监管标准实施方案并组织实施。

（三）制定切实可行的实施规划

银行业金融机构应根据本指导意见，全面进行差距分析，制定切实可行的新监管标准实施规划。实施规划至少应包括：资产增长计划、资产结构调整方案、盈利能力规划、各类风险的风险加权资产计算方法、资本补充方案、流动性来源、贷款损失准备补提方案、各类监管指标的达标时间表和阶段性目标。银行业金融机构应在 2011 年底前完成实施规划编制，并报监管部门备案。

（四）调整发展战略、积极推动业务转型

谋求经营转型不仅是银行业金融机构持续满足新监管标准的内在要求，而且是在日益复杂的经营环境下提高发展质量的必由之路。银行业金融机构要切实转变规模扩张的外延式发展模式，走质量提高的内涵式增长之路。银行业金融机构要在坚守传统业务模式的前提下，在信贷业务的广度和深度上下工夫，提升金融服务效率和信贷质量。一是调整业务结构，制定中长期信贷发展战略，积极调整信贷的客户结构、行业结构和区域结构，实现信贷业务可持续发展。二是强化管理，通过不断优化风险计量工具，完善风险管理政策和流程，健全风险制衡机制，真正提升增长质量。三是创新服务。积极发展网络银行、电话

银行、信用卡等渠道拓展业务，扩大金融服务覆盖面，为资产业务提供稳定的资金保障，同时降低经营成本，扩大收入来源。

（五）持续改进风险管理

各银行业金融机构要结合自身经营特点，强化风险管理基础设施，提升风险管理能力。一是完善风险治理组织架构，进一步明确董事会、高管层、首席风险官、风险管理部门和相关业务条线的角色和职能。二是强化数据基础，通过新监管标准实施切实解决国内银行业金融机构长期存在的数据缺失、质量不高问题。三是积极开发并推广运用新型风险计量工具，提高风险识别能力和风险计量准确性。四是强化 IT 系统建设，为风险政策制定和实施、风险计量工具运用及优化奠定基础。五是强化内部控制和内部审计职能，强化与外部审计的合作，共同促进内部制衡机制建设。六是改进激励考核机制，建立"风险—收益"平衡的绩效考核和薪酬制度。银行业金融机构要高度重视所面临的突出风险，包括地方融资平台、房地产贷款、经济结构调整潜在的重大信用风险，积极探索系统性风险和个体风险相结合的风险管理模式，在此基础上建立健全资本评估程序，确保资本充分覆盖各类风险。

（六）加强对新监管标准实施的监督检查和跟踪评估

从今年开始，监管部门要将商业银行新监管标准实施准备情况以及实施进展纳入日常监管工作，对各行新监管标准实施规划执行情况进行监督检查，对新监管标准实施规划执行不力的银行业金融机构采取相应监管措施。过渡期内，监管部门将持续监测银行业金融机构各类监管指标的水平及变化趋势，深入评估新监管标准实施对银行业金融机构经营行为、信贷供给以及宏观经济运行的影响。各银行业金融机构应指定专门部门负责分析执行新监管标准的效应及存在的问题，并及时报送监管部门，配合做好新监管标准的完善和实施工作。

请各银监局将本意见转发至辖内银监分局和银行业金融机构。

二〇一一年四月二十七日

【本章小结】

1. 银监会审慎有效的监管可以保护广大存款人和消费者的利益，增进市场信心，减少金融犯罪。

2. 银监会对商业银行的评级标准依照资本充足状况、资产安全状况、管理状况、盈利状况、流动性状况等因素，并按照评级结果对各商业银行进行分类监管。

3. 实施新监管标准是一项长期系统工程，事关我国银行业长期稳健发展的大局。根据《中国银行业实施新监管标准的指导意见》的要求，于 2012 年初开始实施新监管标准。

【关键术语】

银监会；评级标准；分类监管

China Banking Regulatory Commission; Rating Standard; Classified Supervision

【习题】

一、单选题

1. 银监会的全称是（　　）。

A. 中国银行监督管理委员会　　B. 中国银行业监督管理委员会

C. 中国银监会　　D. 银行监督管理委员会

2.《银行业监督管理法》中对于银行业监督管理目标的叙述不包括（　　）。

A. 促进银行业的合法、稳健运行　　B. 维护公众对银行业的信心

C. 维护银行业合法权益　　D. 提高银行业竞争能力

3. 银监会对金融机构高级管理人员的任职资格进行审查核准属于监管措施中的（　　）。

A. 市场准入　　B. 非现场监管　　C. 监管谈话　　D. 信息披露监管

4. 银监会可以对违法经营、经营管理不善造成严重后果的银行业金融机构予以撤销。撤销是指监管部门对经其批准设立的具有法人资格的金融机构依法采取的（　　）的行政强制措施。

A. 停止其营业　　B. 限制其所有业务

C. 终止其法人资格　　D. 没收其所有资产

5. 银行业监督管理机构查询涉嫌金融违法的银行业金融机构及其工作人员以及关联行为的账户必须经（　　）批准。

A. 国务院银行业监督管理机构或者其省一级派出所机构负责人

B. 国务院银行业监督管理机构或者银监会市一级以上派出机构负责人

C. 地方政府

D. 当地司法部门

6. 对涉嫌转移或者隐匿违法资金的银行业金融机构及其工作人员及关联行为人的账户，经（　　）批准，可以申请司法机关予以冻结。

A. 中国人民银行　　B. 地方政府

C. 纪检部门　　D. 银行业监督管理机构负责人

7. 银监会对发生信用危机的银行可以实行接管，接管期限最长为（　　）。

A. 1 年　　B. 2 年　　C. 3 年　　D. 5 年

8. 中国银监会对原国有商业银行和股份制商业银行按照三大类七项指标进行信用风险评估，其中包括经营绩效类指标、资产质量类指标和审慎经营类指标，以下各指标不属于审慎经营类指标的是（　　）。

A. 资本充足率　　B. 股本净回报率

C. 大额风险集中度　　D. 不良贷款拨备覆盖率

9. 根据规定，商业银行对一个关联法人或其他组织所在集团客户的授信余额总数不得超过商业银行资本净额的（　　）。

A. 10%　　B. 15%　　C. 20%　　D. 50%

10. 如果一家国内商业的贷款资产情况为：正常类贷款 50 亿元，关注类贷款 30 亿元，次级类贷款 10 亿元，可疑类贷款 7 亿元，损失类贷款 3 亿元，那么该商业银行的不良贷款率等于（　　）。

A. 3%　　B. 10%　　C. 20%　　D. 50%

11. 假定某银行2010会计年度结束时共有贷款200亿元人民币，其中正常类贷款180亿元人民币，关注类贷款15亿元人民币。共有一般准备8亿元人民币，专项准备1亿元人民币，特种准备1亿元人民币，则其不良贷款拨备覆盖率约为（　　）。

A. 5%　　B. 5.6%　　C. 20%　　D. 50%

二、多选题

1. 银行业监督管理的目标包括（　　）。

A. 保证银行业金融机构不倒闭　　B. 最大限度地扩大银行业资产规模

C. 促进银行业的合法稳健运行　　D. 维护公众对银行业的信心

2. 下列属于银监会的监管理念的是：（　　）。

A. 管风险　　B. 提高透明度　　C. 管内控　　D. 管法人

3. 银行监管当局的监管内容包括（　　）。

A. 市场范围监管　　B. 市场准入监管　　C. 市场退出监管　　D. 市场运营监管

4. 根据巴塞尔委员会的规定，为了具备使用标准法的资格，商业银行必须至少满足下列条件（　　）。

A. 董事会和高级管理层应当积极参与监督操作风险管理架构

B. 银行应当拥有完整且确实可行的操作风险管理系统

C. 银行应当拥有充足的资源，以支持在主要产品线上和控制及审计领域采用该方法

D. 必须具备完善、健康的公司治理结构

5. 衡量商业银行流动性的指标中，贷款总额与核心存款比率这一指标可以通过哪两个指标换算得到（　　）。

A. 现金头寸指标　　B. 核心存款比例

C. 贷款总额与总资产比率　　D. 流动资产与总资产比率

6. 流动性风险预警的内部指标包括（　　）。

A. 盈利水平　　B. 产品业务的风险水平

C. 资产负债结构　　D. 资产负债质量

7. 我国商业银行信用风险监管指标包括（　　）。

A. 不良资产率　　B. 不良贷款率

C. 贷款损失准备率　　D. 单一客户授信集中度

三、简答题

1. 现场检查的重点包括哪些？非现场监管包括哪些环节？对银行业金融机构拒绝或者阻碍非现场监管或者现场检查的行为，银监会应如何处罚？

2.《中国银行业监督管理委员会行政处罚办法》中重大行政处罚包括哪些？

3. 在哪些情况下，银行业监督管理机构可以撤销金融机构？

4. 中国银监会对违法的金融机构的直接责任人可以采取哪些措施？

【答案】

一、单选题

1.B 2.C 3.A 4.C 5.A 6.D 7.B 8.B 9.B 10.C 11.D

二、多选题

1.CD 2.ABCD 3.BCD 4.ABC 5.BC 6.ABCD 7.ABCD

三、简答题

1.（1）现场检查的重点包括合规性检查、风险性检查、内部控制检查、财务收支及经营成果真实性和合规性的检查。

（2）非现场监管包括六个环节：一是采集数据；二是对有关数据进行核对、整理；三是生成风险监管指标值；四是风险监测分析和质询；五是风险初步评价与早期预警；六是指导现场检查。

（3）根据《银行业监督管理法》第四十五条的规定，对银行业金融机构存在上述行为的，由国务院银行业监督管理机构责令改正，并处二十万元以上五十万元以下罚款；情节特别严重或者逾期不改正的，可以责令停业整顿或者吊销其经营许可证；构成犯罪的，依法追究刑事责任。

2.（1）较大数额的罚款。包括：银监会决定的200万元人民币以上（含200万元）的罚款，银监局决定的100万元人民币以上（含100万元）的罚款，银监分局决定的50万元人民币以上（含50万元）的罚款。对个人作出的10万元人民币以上（含10万元）的罚款。（2）责令停业整顿。（3）吊销金融许可证。（4）取消董事、高级管理人员任职资格5年（含5年）以上直至终身。（5）对其他情况复杂或重大违规行为作出行政处罚决定。

3.银行业金融机构有违法经营、经营管理不善等情形，不予撤销将严重危害金融秩序、损害公众利益的，国务院银行业监督管理机构有权予以撤销。

4.对银行业金融机构直接负责的董事、高级管理人员和其他直接责任人给予纪律处分；银行业金融机构的行为尚不构成犯罪的，对直接负责的董事、高级管理人员和其他直接责任人员给予警告，处五万元以上五十万元以下罚款；取消直接负责的董事、高级管理人员一定期限直至终身的任职资格，禁止直接负责的董事、高级管理人员和其他直接责任人员一定期限直至终身从事银行业工作。

第四篇

宏观政策与房地产企业篇

第十三章 理解宏观经济运行与政府政策

【本章要点】

经济运行周期包括的阶段及其特征；

物价波动对经济的影响；

政府根据经济周期和物价波动采取的调控政策；

财政政策的作用。

【导入案例】

2010年我国货币政策评述。

由于2008—2009年的“全面宽松的经济政策”带来的通货膨胀和经济过热现象日益显现，因此2009年以来，中国开始退出经济刺激计划，由宽松货币政策和扩张性财政政策转向适度紧缩的经济政策。在货币政策方面，2010年连续上调存款准备金率，收缩流动性，并适度上调利率，在不引起大规模热钱流入的情况下，提高资金成本，抑制投机。在财政政策方面，除对房地产市场进行持续紧缩调控外，还采取了干预农产品价格、发改委“约谈”稳定日用产品价格的措施，保证价格稳定，抑制通货膨胀。尽管采取了较为严厉的紧缩政策，但由于各国经济政策的不协调和外部经济环境的不确定，中国紧缩经济政策的效果尚不明显，还未能实现经济的软着陆，通货膨胀仍然处在高位。这说明，“紧缩”仍然是未来一段时间中国经济政策的主题。

2009年下半年，中国经济快速恢复增长，中国人民银行开始考虑宽松货币政策适时逐渐退出的问题。2010年上半年，中国人民银行分别于2010年1月18日、2月25日和5月10日，三次上调了存款类金融机构人民币法定存款准备金率0.5个百分点，农村信用社等小型金融机构暂不上调，以对冲银行体系的过剩流动性，保持货币信贷总量的适度增长，同时又兼顾支持中小企业融资和农村金融发展。11 月 16 日、11 月 29 日和 12 月 20 日，中国人民银行连续三次上调存款类金融机构人民币存款准备金率 0.5 个百分点，这是 2010 年第四、第五和第六次上调准备金率。此外，10 月中国人民银行还特别要求部分银行上调存款准备金率 50 个基点，期限为 2 个月。在这种情况下，国内金融机构新增人民币贷款下断下降，如图 13—1 所示。

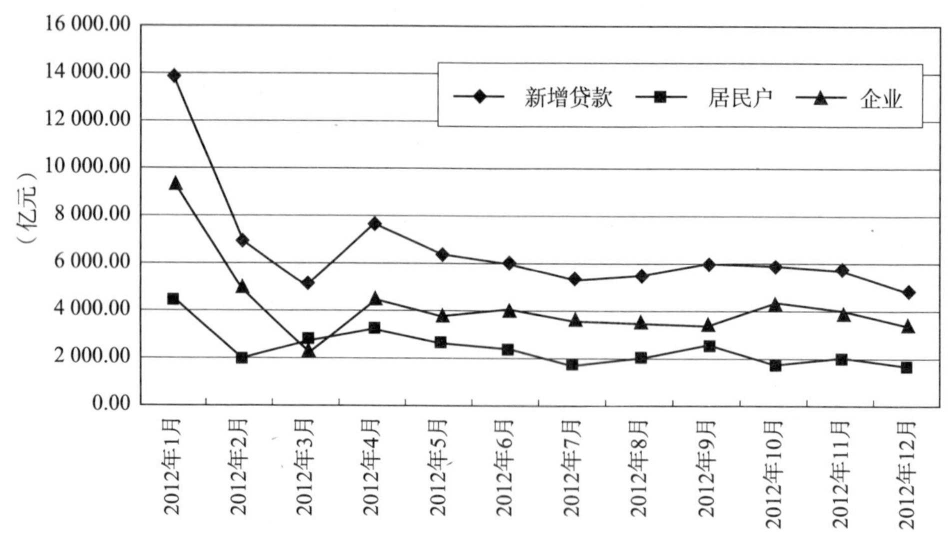

图 13—1　2010 年中国金融机构新增人民币贷款情况

资料来源：Wind 资讯，中教国际交流中心（CCIEE）。

2010 年 10 月以后，美国重启量化宽松的货币政策，国际资本流入新兴经济体的数量增多，我国外汇占款居高不下，增加了基础货币的投放压力；加之我国 CPI 高位徘徊，促使中国人民银行在 2010 年 10 月 20 日上调了金融机构人民币存贷款基准利率，一年期存款基准利率上调 0.25 个百分点，由 2.25%提高到 2.50%；一年期贷款基准利率上调 0.25 个百分点，由 5.31%提高到 5.56%；其他各档次存贷款基准利率据此作相应调整。这次加息距离 2007 年最后一次加息，已经时隔 34 个月。2010 年 12 月 26 日，中国人民银行再次上调金融机构人民币存贷款基准利率，其中金融机构一年期存贷款基准利率分别上调 0.25 个百分点，一年期存款基准利率提升至 2.75%。

2010 年，公开市场操作在流动性管理中发挥了重要作用。中国人民银行根据市场流动性变化，灵活、适时、适度地开展公开市场操作，保持银行体系流动性的合理充裕。公开市场操作兼顾当期外汇占款增加、央票兑付、利息支付、正回购到期和商业银行再贷款以及再贴现等因素，通过正回购操作和发行央票等手段灵活对冲流动性，保证货币净投放能够支持货币供应合理增长。1—12 月，央行货币净投放如下：616.22 亿元、6 377.56 亿元、5 796.83 亿元、4 702.79 亿元、2 335.97 亿元、5 800 亿元、560 亿元、—1 190 亿元、1 930 亿元、290 亿元、975 亿元和 2 130 亿元人民币。其中，2 月货币投放较多，主要是受季节性因素的影响；4、5 月加大资金回笼和 6 月加大货币投放，主要是基于资金供求情况，适时作出灵活性调整。

第一节　理解经济运行周期

经济学中关于经济周期的研究，已有 200 多年的历史，直到当代仍然是各国经济学家关注的问题。经济周期是指国家整体经济活动随时间变化而出现的扩张和收缩交替反复运动的过程。现代经济周期理论认为，经济周期建立在经济增长率的相对变化上。其所指的经济周期是指经济增长率上升和下降的交替运动过程。经济周期理论主要是对经济周期产生的原因进行剖析的理论。其要点有经济周期的阶段、经济周期的类型、经济周期的成因。

一般地，经济学家将经济周期分为四个阶段，即繁荣阶段、衰退阶段、萧条阶段和复苏阶段。或者将其分为扩张和收缩两大阶段和两个转折点，即谷底到扩张、峰顶到衰退。扩张阶段是社会总需求的上升时期，同时相伴随的是国民经济其他变量如就业水平、产出水平、价格水平、货币供应量、工资水平、利率和利润水平等的上升。而衰退阶段则是社会总需求的下降时期，同时相伴随的是国民经济其他变量的下降。虽然各个变量上升或下降的速度和时间先后有很大差异，但在经济周期的扩张阶段或衰退阶段，相应的上升或下降的趋势十分明显。

对经济周期的类型，经济学家通过不同指数的衡量，以及各变量侧重点的不同，根据时间的长短分别提出了各种不同的周期类型，主要类型有短周期、中周期和长周期。短周期是由美国经济学家基钦（Joseph Kitchen）提出来的，他认为经济周期实际上有大周期和小周期两种，小周期平均长度多为 40 个月，大周期是小周期的总和。经济学界把他提出的短周期（40 个月左右）称为基钦周期。中周期是由法国经济学家朱格拉（C. Juglar）提出来的，他认为经济周期的平均长度为 9～10 年，以国民收入，失业率和大多数经济部门的生产、利润和价格的波动为标志。这种周期又称为朱格拉周期。长周期是由苏联经济学家康德拉捷夫（N. D，Kondratier）提出的，他认为，经济发展中有一种较长的循环，平均长度为 50 年左右，这种周期是与各时期的主要发明、新资源的利用相联系的，又称为康德拉捷夫周期。

关于经济周期的原因，各国经济学家有着各自不同的观点。其中主要的理论观点如：(1) 有效需求不足；(2) 投资状况的变化；(3) 货币信用的过度膨胀；(4) 对未来预期信心不足，等等。一个完整的、有说服力的、能够用于解释和预测社会经济运动的经济周期理论应当能够说明，经济体系本身具有产生周期性波动的功能以及经济波动的原动力来自外界的冲击。在经济周期理论中乘数和加速数模型即符合上述条件。这种周期理论认为在影响经济波动的各种经济变量中，投资变量起着相当关键的作用。经济学家注意到，从长期来看，消费行为、储蓄行为和收入之间的关系是大致稳定的，但是投资行为与收入之间的关系却具有不稳定性。一般说来，投资的少量变动会引起收入的较大变动，反过来，收入的少量变动也将引起投资需求的较大变动，正是这种不稳定的关系使经济形成周期性的波动。

【应用实例】

房地产周期与经济波动的关系

房地产业是国民经济的重要组成部分，两者之间存在着密切的联系，国民经济的周期性波动制约着房地产经济波动。从实际资料分析，房地产经济周期大体上也是与国民经济的周期性波动相吻合的。

但是，由于房地产是不动产，处于基础性、先导性产业的地位等原因，房地产业的周期波动又有其自身的特点。主要是：

(1) 在经济周期中，房地产业进入高涨阶段，相对于国民经济周期来说要较为提前一些。这是因为房地产业是先导性、基础性产业。在复苏阶段首先表现为投资信心增强，投资量增加，城市建设中基础设施先行，对房地产的需求增加，带动房地产业提前进入繁荣阶段。中国 1992 年、1993 年出现的房地产业第一次高峰期就印证了这一点。

(2) 房地产业周期的衰退阶段也相应更早地到来。在国民经济的衰退阶段到来之前，由于供给过剩，压缩投资，房地产往往首当其冲，因投资需求下降而首先陷于衰退局面。

(3) 房地产业周期的萧条阶段相对长一些。一方面，由于房地产开发的周期长，因此衰退以后要进入复苏阶段，需有一个较长的过程；另一方面，由于房地产是不动产，因此供求关系的调整、建立新的供给和需求的均衡也需有较长的时间。所以，房地产业周期的萧条阶段必然长一些。

(4) 房地产业相对比较容易波动，房地产业周期的波幅比整体国民经济周期的波幅更大一些。因为房地产业是资本密集型产业，投资量大，一旦销售受阻，开发量就会急剧下降，房地产投资就会迅速减少；同时，房地产投机者的大量参与，带有较大的泡沫成分，一旦泡沫破裂，投资也会迅速下降。

(5) 房地产业的周期性波动带有明显的区域性特点。由于房地产是不动产，供给和需求以本地市场为主，又由于地区经济发展状况不同，造成房地产市场供给和市场需求的数量和质量的重大差异，因而房地产周期性波动的波幅和周期长短呈现出明显的差异性。在中国由于区域经济发展水平存在较大差异，所以房地产业周期波动的区域性特征尤为明显。东部地区、中部地区、西部地区的经济发展水平依次呈现高、中、低三个层次。各个区域的房地产业的发展水平和周期波动性也存在显著的差异。以房地产投资为例，东部沿海地区已占了总量的70%以上，而中西部广大地区仅占30%左右。在房地产业较为发达的东部地区，房地产经济的波动性相对较大，而西部地区的房地产开发量本身较少，因而其周期性波动并不是很明显。

第二节　物价波动对利率和商品市场的影响

假设经济中物价总水平上升，那么这会使货币供求平衡的利率发生什么变动呢？而且，这种变动如何影响市场对商品的需求量呢？由于物价上升将使人们需要更多的货币来购买相同的商品，因而这将增加利率为既定时的货币需求量。因此，正如图 13—2(a) 所示，物价水平从 P_1 上升到 P_2 使货币需求曲线向右从 MD_1 移动到 MD_2。

要注意货币需求的这种移动如何影响货币市场的均衡。较高的物价水平使货币需求曲线向右移动。对于一个固定的货币供给，为了使货币供给与货币需求平衡，利率必然从 R_1 上升为 R_2，以抑制额外的货币需求。因此，在通货膨胀情况下，央行提高利率可以理解为一种市场行为。事实上，即使央行不提高利率，存款人也会要求更高的利率以补偿通货膨胀带来的货币贬值，相应地，贷款利率也会随之提高。

物价上升对消费品的影响：如图 13—2(b) 所示，利率的这种提高不仅对货币市场有影响，而且对消费品需求量也有影响。在利率较高时，借款的成本与储蓄的收益都变大了。选择借款买新汽车或家电的家庭少了；而且，物价的提高使人们原有的现金购买力变得更小了，这样人们就有可能购买较便宜的日常用品，因此，整个社会的消费需求就减少了。这样导致生产这些消费品的投资也相应减少，例如，选择借款建立新工厂和购买设备的企业少了。这样，当物价水平从 P_1 上升到 P_2 时，货币需求从 MD_1 增加到 MD_2，从而利率从 R_1 上升到 R_2，进而消费品与劳务的需求量就从 Y_1 减少到 Y_2。

在这里，我们可以把利率效应对消费品的作用概括为三个步骤：

(1) 较高的物价水平增加了货币需求。

(2) 较高的货币需求引起了较高的利率。

(3) 较高的利率减少了消费品与劳务的需求量。

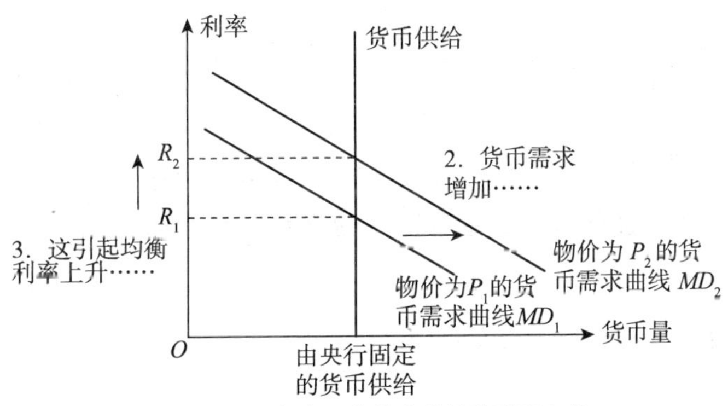

图13—2（a） 物价上升导致利率上升

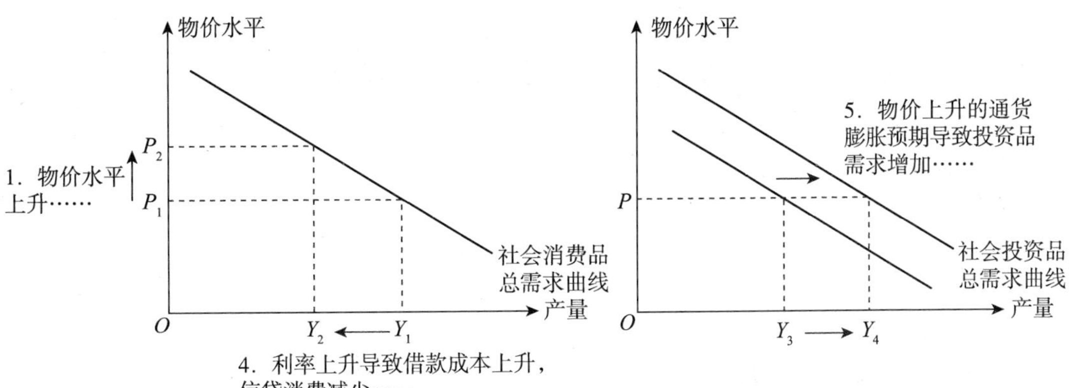

图13—2（b） 利率上升导致消费品总需求减少　　图13—2（c） 利率上升导致投资品总需求增加

当然相同的逻辑也在反方向发生作用：较低的物价水平减少了货币需求，这引起利率下降，而利率下降又增加了消费品与劳务需求量。这种分析的最后结论是物价水平与消费品需求量之间存在负相关关系，可以用向右下方倾斜的总需求曲线来说明它。

物价上升对投资品的影响：与消费品相反，物价上升通常会促进投资品的需求。虽然物价上升抬高了利率，但实际利率有可能仍是负值，并且这引起的通货膨胀也导致了人们手中的货币购买力下降。为了规避这种风险，人们会选择购买一些投资品以达到长期保值或增值的目的。这种情况对于一些资金量持有比较多的机构更加明显。在图 13—2(c) 中，我们可以看到在投资品价格 P 不变的情况下，物价上升引起的通货膨胀预期导致投资品需求从 Y_3 增加到 Y_4。近年来，黄金市场的持续火爆说明了人们对于货币贬值的预期增强，而在国内，房地产一直被人们当作投资品看待，物价上升越多，对房地产的投资需求反而越大，当这种投资品的供给受到资源限制时，其价格将持续上涨。这给政府稳定房价带来了难题，我们将在下一章详细讨论政府政策对房地产的调控问题。

【知识要点提醒】

1. 利率分为实际利率和名义利率，一般而言，两者的变化是同向的。

2. 在中国，商品房既是消费品，又是投资品，对房地产进行调控要注意区分这两种情况。

第三节　财政政策对经济的影响

政府既可以用货币政策影响经济行为，也可以用财政政策影响经济行为。财政政策指政府对政府购买或税收总水平的选择，在短期中，财政政策主要影响物品与劳务的总需求。

一、政府购买与投资的影响

当政府改变货币供给或税收水平时，它就通过影响企业或家庭的支出决策而使总需求曲线移动。与此相比，当政府变动直接购买或投资时，它就直接使总需求曲线移动。

在本课程中，政府可以通过采购商品房的形式，增加经济适用房或保障房的供给，这将使整个社会的总需求曲线向右移动。在现实社会中，假设中国铁道部向国内主要的高铁设备生产商订购了 200 亿元的高铁机车。这笔订货就增加了对类似于中国南车和中国北车（这两家公司是中国主要的高铁机车生产商）的产品需求，这种增加又使该公司雇用更多工人并增加生产，由于这两家公司是中国经济的一部分，因此其需求的增加意味着全社会总需求曲线向右移动。

政府 200 亿元的订货会使总需求曲线移动多少呢？乍一看，人们会猜想，总需求曲线向右的移动正好为 200 亿元（见图 13—3）。但是，这并不正确。有两种宏观经济效应使得总需求移动的幅度不同于政府购买的变动；第一种——乘数效应——表明总需求的移动会大于 200 亿元；第二种——挤出效应——表明总需求的移动会小于 200 亿元。现在我们分别讨论每一种效应。

1. 乘数效应

当政府向高铁设备生产商购买 200 亿元的物品时，这种购买会有连锁反应。政府需求增大的直接影响是增加了高铁设备生产商的就业和利润。随着工人收入的增多和企业所有者利润的增多，他们对这种收入增加的反应是增加对消费品的支出和进一步投资。结果，政府对高铁设备生产商的产品购买还增加了经济社会中其他许多企业产品的需求。

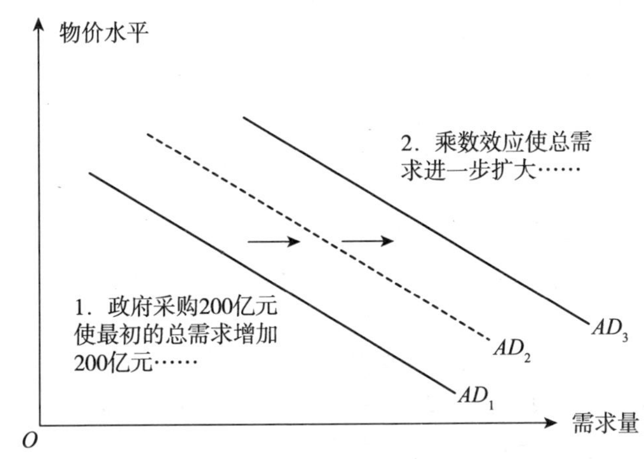

图 13—3　乘数效应示意图

此时，政府购买或投资对全社会的总需求有一种乘数效应（multiplier effect）。乘数效应是指扩张性财政政策增加了企业与居民的收入，从而增加了消费与投资支出，进而引起总需求进一步增加。

在本例中，政府购买增加 200 亿元可以使总需求曲线向右的移动大于 200 亿元，产生这种乘数效应是因为总需求的增加刺激了消费者与企业主的进一步支出。在第一轮之后，这种乘数效应仍然在继续。当消费支出增加时，生产这些消费品的企业会雇用更多工人，获得更高的利润。更高的收入和利润又刺激了消费支出，如此循环往复。因此，当较高需求引起较高收入时，存在一种正的反馈，这种正的反馈又引起了更高的需求，把所有这些效应加在一起，对物品与劳务需求量的总影响就远远大于最初来自政府支出的刺激。

图 13—3 说明了乘数效应，政府购买增加 200 亿元最初使总需求曲线向右从 AD_1 移动到 AD_2，正好为 200 亿元，但当消费者的反应是增加自己的支出时，需求曲线就再移动到 AD_3。

这种产生于消费支出反应的乘数效应会由于投资对更高水平需求的反应而得到加强。例如，中国南车和中国北车对政府采购的反应是决定购买更多设备或再建一个工厂。在这种情况下，较高的政府需求刺激了较高的投资需求。

【例题】 请通过边际消费倾向（*MPC*）精确地计算政府这 200 亿元的购买或投资支出会给全社会带来多大的需求增量。边际消费倾向（*MPC*）是指收入中用于支出而不用于储蓄的比例。假设边际消费倾向是 3/4。

答：边际消费倾向是 3/4 意味着，每赚到 1 元的额外收入，家庭或企业主就支出 75 分（1 元的 3/4），储蓄 25 分。在 *MPC* 为 3/4 的情况下，当工人和企业所有者从政府的合约中赚到 200 亿元时，他们增加的消费支出为 3/4×200 亿元即 150 亿元。

在本例中，当政府支出为200亿元时，意味着相关个人和公司的收入（工资和利润）也增加了这么多。这些个人或公司又增加了消费或投资支出$MPC\times 200$亿元，这又增加了承担第二轮生产的企业工人和所有者的收入，这第二轮收入的增加又会按相应比例增加消费和投资支出，这一次的增加量为$MPC\times(MPC\times 200$亿元)，这种反馈效应会持续下去。

对物品与劳务需求的总影响如下：

政府购买变动＝200亿元

消费第一轮变动$=MPC\times 200$亿元

消费第二轮变动$=MPC^2\times 200$亿元

消费第三轮变动$=MPC^3\times 200$亿元

…………

需求总增量$=(1+MPC+MPC^2+MPC^3+\cdots)\times 200$亿元

在这里，以上乘数可以写为：乘数$=1+MPC+MPC^2+MPC^3+\cdots$

这个乘数告诉我们，每1元政府购买所引起的物品与劳务的需求。

利用等比数据求和公式，我们可以算得：乘数$=1/(1-MPC)$

例如：如果MPC是3/4，那么乘数就是$1/(1-3/4)$，即4，在这个例子中，政府支出200亿元将引起800亿元的物品与劳务需求。

这个乘数公式说明了一个重要结论：乘数的大小取决于边际消费倾向。MPC为3/4引起的乘数是4，MPC为1/2引起的乘数只是2，因此，MPC越大，意味着乘数越大。为了说明这种情况为什么正确，回想一下乘数的产生。乘数的产生是因为更高的收入引起了更大的消费支出，MPC越大，对消费者的引致效应就越大，乘数就越大。

由于有乘数效应，因此政府购买变动1元可以引起的总需求的变动将大于1元。但是，乘数效应的逻辑并不限于政府购买的变动。相反，它适用于改变GDP任何一个组成部分支出——消费、投资、政府购买或净出口——的任何一个事件。

例如，假设美国的衰退使其对中国净出口的需求减少了100亿美元，这种对中国物品与劳务支出的减少压低了中国的GDP，这又减少了中国消费者的支出。如果边际消费倾向是3/4，乘数是4，那么，净出口减少100亿美元就意味着总需求减少了400亿美元。

再举一个例子，假设股市高涨增加了家庭的财富200亿元，刺激了他们的物品与劳务支出，这种额外的消费支出增加了国民收入，国民收入增加又引起了更多的消费支出，如果边际消费倾向是3/4，乘数是4，那么，最初200亿元消费支出的刺激就会变成总需求增加800亿元。

2. 挤出效应

乘数效应似乎表明，当政府购买200亿元的高铁机车时，所引起的总需求扩大必定大于200亿元。但还有一种效应在相反的方向发生作用。当政府购买增加刺激了物品与劳务的总需求时，它也会使利率上升，而较高的利率往往会减少投资支出，阻止总需求的增加。当财政扩张使利率上升时所引起的总需求减少被称为挤出效应（crowding-out effect）。

为了说明为什么会发生挤出效应，我们再来考虑当政府购买200亿元的高铁机车时货币市场上所出现的情况。这种需求增加会引起这家企业工人和所有者收入的增加（由于乘数效应，其他企业工人和所有者收入也增加）。随着收入的增加，家庭计划购买更多物品与劳务，因此，就会选择更多地以流动性形式持有自己的财富。这就是说，财政扩张引起的收入增加提高了货币需求。

货币需求增加的效应如图 13—4(a) 所示。由于央行并没有改变货币供给，因此垂直的供给曲线仍然不变。当收入水平增高使货币需求曲线向右从 MD_1 移动到 MD_2 时，为了保持货币供应平衡，利率必然从 R_1 上升为 R_2。

利率上升导致借款更昂贵了，从而对住房和企业投资的需求受到了限制。这就是说，当政府购买增加提高了物品与劳务的需求时，它也会挤出投资，这种挤出效应部分抵消了政府购买对总需求的影响，正如图 13—4(b) 所示，政府购买增加最初的影响是使总需求曲线从 AD_1 移动到 AD_2，但一旦挤出效应发生作用，总需求曲线又回到 AD。

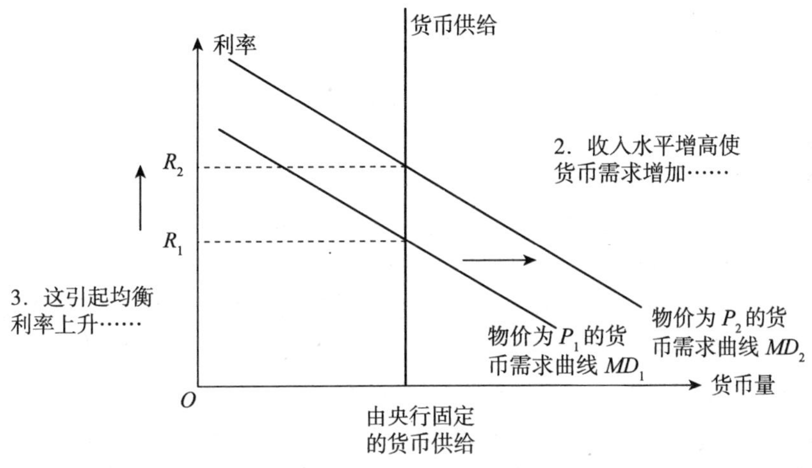

图13—4（a） 货币需求增加的效应

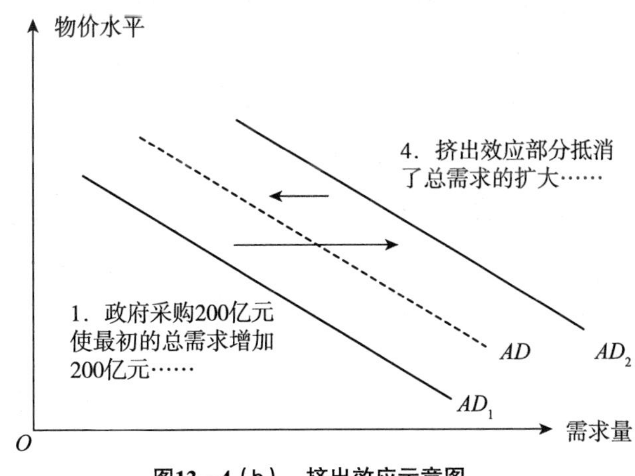

图13—4（b） 挤出效应示意图

二、政府调整税收的影响

实际上，政府可以采取对房地产公司减免或增加税收的措施来进行宏观经济调控。

税收变动引起的总需求移动的幅度也要受乘数和挤出效应的影响，当政府减税并刺激消费支出时，收入和利润增加，这就进一步刺激了消费支出：这是乘数效应。同时，较高的收入引起较高的货币需求，这又倾向于提高利率，较高的利率使借款成本提高，这就减少了投资支出：这是挤出效应。根据乘数与挤出效应的大小，总需求曲线的移动可以大于或小于引起它的税收变动。

除了乘数与挤出效应之外，税收变动的持久性也决定总需求移动的幅度。例如，假设政府宣布企业所得税从25%降到10%（中国政府对高科技企业采取鼓励政策，所得税一般较低），企业必须明白，这种额外的税收减免会持续多长时间。如果企业预计减税是持久的，那么减税会大大增加它们的经济实力，从而大量增加它们的支出，在这种情况下，减税将对总需求产生重大的影响。与此相比，如果企业预计税收变动是暂时的，例如中国政府在某些高新技术开发区对新设立的企业实行所得税"两年免税，随后三年减半征收"的政策，那么这将不会增加它们多少收入（因为在企业创立之初，一般是没有盈利的，在5年后，企业即使盈利也可以在弥补前5年的亏损后再交税），在这种情况下，减税对总需求只有很小的影响。

实际上，从短期来看，减税对全社会的供给也有一定的影响（虽然从长期来看，全社会的总供给受资源约束）。当政府决策者减税时，工人和企业从他们赚到的每一元钱中得到的更多了，因此，他们就有继续工作和生产物品的更大激励。如果他们对这种激励做出反应，那么在物价水平为既定时，全社会的物品与劳务供给量就会增多，总供给曲线将向右移动。如果减税对供给的影响如此之大，那么政府降低税率实际上将通过提高企业投资和个人消费而最终增加未来的税收收入。例如，政府降低个人所得税将极大地刺激家庭消费，由此带来的高额消费税和生产环节的税收会完全弥补政府在个人所得税方面的损失。在中国，经济学家指出，如果政府大幅度降低奢侈品的进口关税，那么消费者将不再出国或到我国香港地区采购高档消费品，而会选择在我国内地购买，这样不仅可以带来高额消费税，而且由于奢侈品在我国内地零售会带动商业地产、百货业、广告业、装饰业等的迅速繁荣，且还会带来内地奢侈品制造业、设计业的大发展，因此给政府带来的税收收入必然是目前进口关税收入的数倍。但是，显然，这将使现有既得利益者受损。

【即学即用】 请列出至少5个你所知道的财政政策。

第四节　政府调控经济的难题

一、政府目标与货币、财政政策的平衡

如前所述，政府支出是总需求曲线位置的一个决定因素。当政府削减支出时，总需求将减少，这就会在短期内压低生产和就业。央行如果想防止财政政策的这种不利影响，那么它可以通过增加货币供给来扩大总需求。货币扩张会降低利率，刺激消费和投资支出，从而扩大总需求。如果货币政策的反应是适当的，那么货币与财政政策的共同变动可以使物品与劳务的总需求不受影响。

货币政策和财政政策都是总需求的重要决定因素，两者的组合应用在经济的周期循环中是不同的。这种组合应用服务于政府在经济周期中的不同目标。在经济萧条期，政府的目标是刺激经济走出低谷，通常同时采取扩张性的财政和货币政策以刺激经济；在经济繁

荣期，物价高涨，政府的目标是控制通货膨胀，通常采取紧缩性的货币政策和财政政策以压缩社会的总需求。在经济恢复期和衰退期，政府的目标都是如何保持经济稳定增长，防止经济出现再度下滑，这时候最重要的是财政政策和货币政策的平衡，但其中最难的是如何管理人们对经济的预期。在经济恢复期，人们预期经济向好，开始加大支出，企业开始加大投资，这导致经济快速进入增长期，如果前期扩张性的财政政策和货币政策的时滞效应与此时消费者的预期叠加，那么就很容易导致通货膨胀。而在经济衰退期，情况恰好相反，经济下滑的预期与前期紧缩性财政政策和货币政策可能同时起作用，这会加速经济衰退。这给政府带来了一个难题——如何管理人们对经济的预期。

二、如何管理预期

凯恩斯（及其许多追随者）认为，总需求的波动主要是因为无理性的悲观主义与乐观主义情绪。他用动物本能这个词来指代这些态度的任意变动。当悲观主义盛行时，家庭减少消费支出，企业减少投资支出。结果是减少了总需求，减少了生产，增加了失业。相反，当乐观主义盛行时，家庭和企业增加支出。结果是增加了总需求，增加了生产，并有通货膨胀的压力。要注意的是，这些态度的变化在某种程度上是自我实现的。

从原则上说，政府可以调整货币与财政政策以对这些乐观主义和悲观主义情绪做出反应，从而稳定总需求。例如，当人们过分悲观时，央行可以扩大货币供给，降低利率并扩大总需求；当人们过分乐观时，央行可以紧缩货币供给，提高利率并抑制总需求。美联储主席前威廉·麦克钱斯尼·马丁非常简单地描述了这种货币政策观点："美联储的工作就是在宴会开始时把酒杯拿走。"

但这些政策对经济的影响有相当长的时滞。货币政策通过改变利率，利率又通过影响投资支出而发挥作用。但是，许多企业是提前做出投资计划。因此，大多数经济学家认为，货币政策变动对产量和就业发挥相当大的作用至少需要 6 个月。而且，一旦这些影响发生，就会持续几年。一些经济学家认为，由于这种时滞，政府不应该努力对经济进行微调。这是因为各国央行通常对变动的经济状况反应太晚，因此，在央行作出决策后，时滞的结果往往加剧了经济波动，而不是抑制了经济被动。这些批评者支持消极的货币政策，例如，低而稳定的货币供给增长。

财政政策发生作用也有时滞，但与货币政策的时滞不同，财政政策的时滞主要是由于政治过程。在美国，大多数政府支出与税收的变动必须经过参众两院的国会委员会，由这两个立法机构通过并由总统签字。完成这个过程可能需要几个月，在有些情况下，则需要几年。到财政政策的变动得到通过并准备实施时，经济状况可能已经改变了。

货币和财政政策中的这些时滞之所以成为一个问题，部分是因为经济预测极不准确。如果预测者可以提前一年正确地预期到经济状况，那么，货币和财政政策的决策者就可以提前做出决策。在这种情况下，决策者尽管面临着时滞，但也可以稳定经济。然而，衰退和萧条实际上是在没有任何预兆的情况下来临的，最好的决策者任何时候都只能在衰退和萧条发生时对经济变动做出反应。

三、针对不同类型通货膨胀的调控难题

对于通货膨胀成因的分析是研究通货膨胀问题的核心，西方经济学根据通货膨胀形成

的原因将通货膨胀分为以下三种类型：

1. 需求拉动型通货膨胀

需求拉动型通货膨胀是西方经济学界最早出现的通货膨胀理论，是从需求角度分析通货膨胀的原因，指总需求过度增长所引起的通货膨胀，即“太多的货币追逐太少的货物”。按照凯恩斯的解释，如果总需求上升到大于总供给的地步，那么此时，由于劳动和设备已经得到充分利用，因而要使产量再增加已经不可能，过渡的需求只能引起物价水平的普遍上升。

如图 13—5 所示，当总需求从 AD_1 上升到 AD_2 时，短期物价水平将从 P_1 上升到 P_2。长期供给由于受资源约束还会回到原有水平，这将导致长期物价更高。

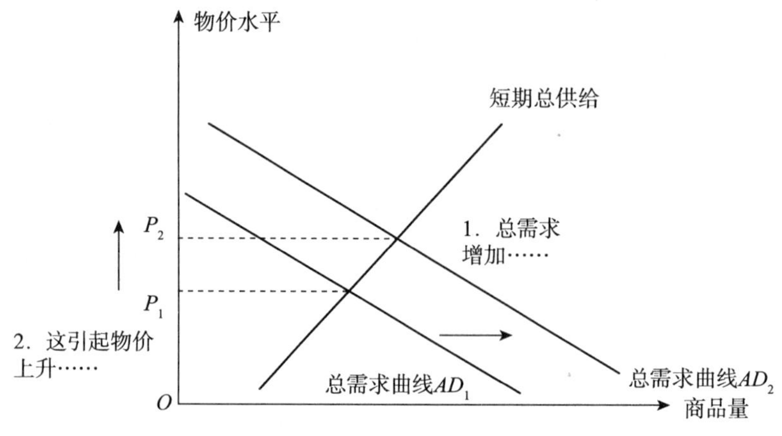

图 13—5 需求增加引起的通货膨胀

2. 成本推动型通货膨胀

在需求不变的情况下，由于生产成本的提高推动物价水平上涨而引起的通货膨胀，即成本推动型通货膨胀。造成成本提高的动因主要包括两种类型：工资成本推动型通货膨胀、利润推动型通货膨胀。

3. 供求混合型通货膨胀

这种类型的通货膨胀是指造成通货膨胀的原因并不是单一的，是由需求拉动和成本推动的共同作用引发的。这种观点认为，在现实经济社会中，通货膨胀的原因究竟是需求拉动还是成本推动很难分清，因此只有“成本推动”和“需求拉动”的交互作用才能形成现实经济中的物价持续上涨，即通货膨胀现象。

对于不同类型的通货膨胀，对应的政策措施应该是不一样的。对于需求拉动型通货膨胀，毫无疑问就是要紧缩货币供给，抑制过旺的社会需求；对于成本推动型通货膨胀，考虑的就要复杂一些，就要在通货膨胀和经济正常增长之间做一下权衡（对于需求拉动型通货膨胀，原则上是不需要这种权衡的，因为抑制通货膨胀的同时就抑制了经济过热）。然而，现实中的通货膨胀是复杂的，往往都是需求拉动型和成本推动型的混合体，但是分清这两种类型的通货膨胀各占多大比例，依然是非常必要的，否则紧缩性货币政策的力度就会出现问题。

【本章小结】

1. 经济周期一般分为四个阶段，即繁荣阶段、衰退阶段、萧条阶段和复苏阶段。经济周期的原因主要有：（1）有效需求不足；（2）投资状况的变化；（3）货币信用的过度膨胀；（4）消费者对未来预期信心不足。理解经济周期对于商业银行和企业稳健运营非常关键。

2. 物价是商品市场的重要信号，利率是货币市场的信号，政府会根据物价波动和利率波动采取相应的财政政策和货币政策来稳定经济。

3. 财政政策通过乘数效应和挤出效应对社会总需求起作用。

4. 政府政策要注意与经济周期性的波动相适应，重点是要管理好人们对经济的预期，在经济波动的不同阶段，针对不同类型的经济波动采取适当的财政政策和货币政策。

【关键术语】

经济周期；均衡利率；财政政策

Business Cycle；Equilibrium Interest Rate；Fiscal Policy

【习题】

一、简答题

1. 决策者如何从宏观层面理解和应对房地产业的周期性波动?

2. 2010—2011 年，央行连续多次提高存款准备金率和存贷款利息，请评述这对企业经营状况的影响。

二、分析题

以下是近年来我国房地产的发展情况，请据此分析房地产经济周期的特点。

由于国家对房地产的宏观调控和外部经济的巨大变化，2008 年下半年，我国房地产业进入萧条阶段，宏观经济迅速下行，为保经济增长，2008 年底，国家出台了一系列刺激房地产发展的优惠政策。2009 年 6 月，国内房地产市场已具备房地产复苏阶段的特征，楼价已经止跌停稳并开始缓慢回升；在复苏阶段中期，房地产需求上升，现楼购买者增多，并带动期楼销量增加。事实证明，2009 年下半年，房地产市场迅速繁荣，价格高涨，从而引发了 2010 年的最严厉的房地产宏观调控。2010 年 4 月房地产新政出台之后，房地产销售面积和销售额的增长速度呈现快速下降趋势，如表 13—1 和图 13—6 所示。

表 13—1　　2010 年 1—8 月全国商品房销售面积和销售额增长表

月份	销售面积（万 m^2）	销售面积增速（%）	销售额（亿元）	销售额增速（%）
1—2 月	7 155.18	38.2	4 115.74	70.2
1—3 月	15 360.92	35.8	7 976.8	57.5
1—4 月	23 412.16	32.8	12 425.24	55.4
1—5 月	30 189.43	22.5	15 760.19	38.4
1—6 月	39 352.53	15.4	19 819.85	25.4
1—7 月	45 818.61	9.7	22 885.69	16.8
1—8 月	52 704.47	6.7	26 418.24	12.6

资料来源：国家统计局网站 www.stats.gov.cn。

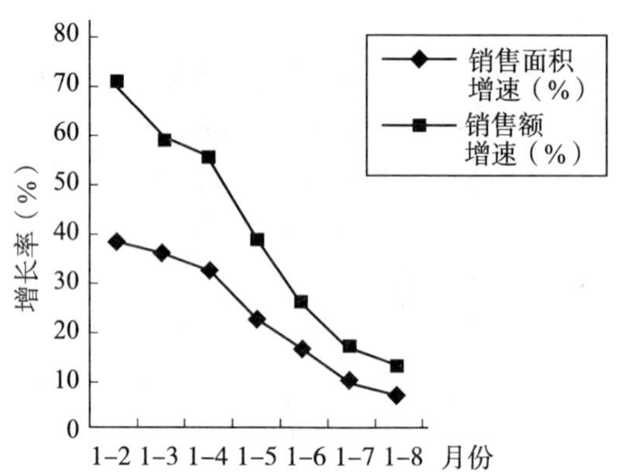

图 13—6　2010 年 1—8 月全国商品房销售面积和销售额增长图

【答案】

一、简答题

1. 首先，要在加强周期性规律研究的基础上，正确判断某一时期所处的房地产业发展的周期阶段。在现实经济生活中，一般可以通过房地产投资量的增减、产业增长率的高低、房价的涨跌和市场交易的旺盛等主要指标来分析和衡量房地产业的周期性波动，评判房地产业所处的周期阶段。所以，判断正确与否，是制定应对策略的前提。

其次，顺应房地产业发展的周期性规律，针对不同的周期阶段，有的放矢地采取适当的政策措施，积极加以引导，尽力避免房地产行业的波动对经济的冲击。

再次，采取反周期策略，预先采取措施，避免大起大落的强烈震荡。一方面，根据国民经济的发展状况，力求与之相适应，防止房地产业过热或过冷；另一方面，也要充分发挥房地产业的新经济增长点作用，积极促进国民经济的发展。延缓周期波动，缩小波幅，实现可持续发展。

房地产经济周期中出现扩张和收缩，是一种市场行为，热和冷是相对的、交替出现的，是由市场机制调节的。但政府也不是无所作为的，而是可以通过调控措施加以积极引导的。

2. 对企业而言，从理论上讲，加息有助于抑制企业借款，从而遏制投资过热。但是实际效果要看加息的幅度和银行信贷配给的状况。尽管名义利率提高，但在预期通货膨胀较高时，企业借款的实际利率可能较低。目前中国的大型企业一般能通过上市等手段筹资，加之企业留利较多，且与大型商业银行有着长期稳定的合作关系，所以加息对其投资影响不大。但是，中小企业由于缺少抵押品、信息不对称等原因，融资难度较大，对贷款的需求存在刚性，即使银行提高贷款利率，它们也只能被动地承担更高的融资成本，因此，加息和提高存款准备金率将重创中小企业。

二、分析题

从总体上讲，房地产业的周期性波动呈上升期和下降期或扩张期和收缩期两大阶段。具体来看，则又可分为繁荣阶段、衰退阶段、萧条阶段和复苏与增长阶段等四个阶段。

第一阶段是繁荣阶段。主要特征是：交易量急剧增加，市场产品供不应求，拉动房价越来越高；房地产经营利润畸高，吸引开发投资量猛增；整个房地产市场呈现出兴旺发达的景象。渐次达到顶点，形成常说的房地产业发展的波峰。到一定阶段，由于开发量的过度扩张，内部结构不合理，市场供给逐渐超过市场有效需求，出现衰退迹象，开始下滑，进入衰退期。

第二阶段是衰退阶段。主要特征是：房地产交易量明显减少，市场需求呈下降趋势；房价涨幅减缓，开始出现下跌迹象；房地产投资增长率趋缓，市场推出的楼盘减少，实力小的开发商难以为继。

第三阶段是萧条阶段。主要特征是：交易量锐减，市场需求急剧下降；供给量严重超过需求量，商品房空置率急速上升，导致房价持续下跌，甚至跌破物业原值；开发商面临困境，实力较弱的企业可能难以支持而破产，一般开发企业也难免遭受重大损失，房地产投资量呈现负增长，这一阶段也就是常说的波谷，当达到谷底时，又开始回升。

第四阶段是复苏与增长阶段。主要特征是：房地产交易量回升，市场需求开始增加；房地产价格趋升，投资者信心增强；房地产投资逐步增长，开发速度加快。当发展到一定阶段时，整个房地产市场又步入新一轮的繁荣期。如此循环往复，房地产业在周期性波动中逐步发展。

第十四章 房地产宏观调控与房地产金融

【本章要点】

理解房地产行业的财政政策、货币政策和行政管理措施；

掌握房地产融资的主要渠道。

【导入案例】

开发商融资方式在严厉的调控下转变。

在紧缩性的货币政策背景下，开发商的融资方式受到房地产行业宏观调控的严重影响。2010 年 1 月 10 日，“国十一条”（即国务院发布的《关于促进房地产市场平稳健康发展的通知》）确定了房地产政策的基调和架构，银行利率不断上调，银根收紧，银行贷款同比出现较大幅度的下降。截至 2011 年 5 月底，银行贷款增幅不到 10%，而 2010 年银行贷款增幅最高曾达到 46.1%。预收账款增幅相比 2010 年也同样出现了下降。楼市成交量下滑，开发商销售资金回笼压力正明显加大以及银监会、证券会等有关部门对房地产企业信托、首次公开募股、再融资等融资手段的严格控制，使得开发商为寻求长期稳定的资金来源，不得不转变融资方式，大举向海外资本市场融资。

自 2011 年 1 月起，包括华润置地、雅居乐、中骏置业、恒盛地产、佳兆业、碧桂园、远洋地产、盛高置地、宝龙地产、世茂房地产等多家大型房地产企业纷纷启动海外融资。目前融资规模超过 1 000 亿元人民币，几乎为 2010 年 560 亿元融资额的两倍。利率高、年限长和新型的合成债发债方式成为了 2011 年开发商融资的特色。

第一，利率高。瑞安房地产有限公司 2011 年融资 35 亿元人民币，利率都维持在 9.25%～13%。碧桂园 2 月发行优先票据 9 亿美元，利率为 11.13%。盛高置地 4 月发行 2 亿美元优先票据，利率为 13.50%。合生创展发行的 3 亿美元优先票据，利率为 11.75%。

第二，年限长。在时间期限方面，几乎所有的债券融资都将年限定在2015年以后。如碧桂园2011年2月宣布发行9亿美元优先票据，到期时间为2018年；华南城年限为6年，中骏置业、合景泰富、龙湖地产、盛高置地、雅居乐等年限都为5年。从中可以看出开发商为资金链安全做长期的打算。

第三，合成债。所谓的人民币合成债券，指的是以人民币标价，但以美元结算的债券。目前来说是一种将内地融资需求与海外投资需求联结起来的最适合的方式。在人民币升值预期之下，以人民币标价、美元交割对投资者较有吸引力。恒大地产在2011年1月14日发行了两批分别于2014年和2016年到期的合成式人民币债券，募集92.5亿元人民币资金，票面利息率分别为7.5%和9.25%。还有碧桂园发行的9亿美元优先票据，中骏置业和佳兆业各发行的20亿元人民币债券，华南城2011年初发行的2.5亿美元优先票据，龙湖地产2011年3月发行的7.5亿美元债券，均属合成式债券。

以上主要房地产开发商的融资情况的汇总见表14—1。

表14—1　　　　2011年主要房地产开发商的融资情况

公司名称	日期	融资方式	融资金额	利率	年限
华南城	1月4日	优先票据	2.5亿美元	13.50%	6年期
中骏置业	1月7日	债券融资	20亿元人民币	10.50%	5年期
复地地产	1月12日	信托基金	0.4亿美元	—	—
恒大地产	1月14日	债券融资	92.5亿元人民币	7.5%和9.25%	3/5年期
合生创展	1月17日	优先票据	3亿美元	11.75%	6年期
佳兆业	1月19日	债券融资	20亿元人民币	8.50%	3年期
碧桂园	2月7日	优先票据	9亿美元	11.13%	7年期
华侨城	2月10日	债券融资	20亿元人民币	4.30%	1年期
首创置业	2月15日	债券融资	11.5亿元人民币	4.75%	3年期
路劲基建	2月18日	债券融资	12.8亿元人民币	6%	3年期
世茂房地产	3月3日	优先票据	3.5亿美元	11%	7年期
嘉凯城	3月9日	信托融资	7亿元人民币	—	2年期
厦门建发	3月9日	优先票据	6亿元人民币	—	5年期
宝龙地产	3月10日	优先债券	7.5亿元人民币	11.50%	3年期
合景泰富	3月24日	优先票据	3.5亿美元	12.75%	5年期
龙湖地产	3月31日	优先票据	7.5亿美元	9.50%	5年期
盛高置地	4月4日	优先票据	2亿美元	13.50%	5年期
雅居乐	4月7日	可换股债券	5亿美元	4.00%	5年期
万科地产	4月8日	合作融资	44.2亿元人民币	—	—
香港新鸿基	4月8日	贷款	167.5亿港元	—	5年期
方兴地产	4月11日	优先票据	5亿美元	6.75%	10年期
江苏新城	4月20日	信托融资	4.5亿元人民币	—	—
富力地产	4月21日	优先票据	5.5亿美元	7%和10.875%	3/5年期

续前表

公司名称	日期	融资方式	融资金额	利率	年限
建业地产	4月29日	股权信托融资	10亿～12亿元人民币	—	—
湖北保利	3—4月	信托贷款	4亿～5亿元人民币	8.7%～9.2%	
绿地	4月	信托	投资门槛100万元人民币	9.50%	1年期
远洋地产	5月9日	永久性次级债	4亿美元	—	5年期
汇泰房地产	5月13日	信托	5亿元人民币	—	—
华润置地	5月13日	优先票据	7.5亿美元	4.63%	5年期
金科地产	5月28日	股权融资	1.88亿元人民币	—	—
荣腾置业	6月8日	信托	不超过4亿元人民币	10.5%～13.5%	2年期
万科	6月22日	股权融资	10亿元人民币	—	—

资料来源：世联数据平台。

截至2011年5月，上市开发商通过优先票据和债券融资的方式融得620亿元资金，另外，开发商（包括非上市开发商）在全国共发行了156款房地产信托产品，总规模超过337亿元。2008年至今，多数开发商都经历了资金链由紧到松再收紧的过程。根据公司的类型选择不同的融资方式，有利于公司财务杠杆的良好运用。房地产公司的债务一般为短期债务融资，短期债务中占较大比例的是银行贷款。企业债券和中期票据也是融资的重要手段。从融资方式不难看出大型开发商青睐海外债权融资方式，而信托基金则成为中小房地产企业的主要资金来源。这标志着开发商债务结构转型的开始。伴随着融资模式的改变和资金链的调整，开发商的运营模式也将迎来革新。

宏观经济态势是房地产业发展的外部环境，如国民经济增长率、市场总供给和总需求的均衡度、产业结构合理度以及人民收入和生活水平的提高情况等，房地产业作为国民经济的重要组成部分，必然受到整个国民经济和地区经济状况的制约。房地产市场的现实状况包括：房地产开发投资状况、市场供给状况、市场需求状况、各类房地产的结构比例状况、供求均衡状况，以及土地和建筑材料等可供资源状况、生态环境状况等。此外，还要掌握房地产市场特有的供求变动规律、房地产供给弹性、房地产需求弹性等影响调控效应的因素。这样才能使调控力度掌握在适当的范围内，以避免出现过紧、过松而引起房地产业发展中出现大起大落的不稳定状态。以货币政策为例，在经济过热、房地产开发过热时，采取从紧的货币政策，减少对房地产投资的贷款，利用信贷机制抑制房地产业的发展；而当经济不景气、房地产市场需求疲软时，则采取宽松的货币政策，增加对房地产的开发投资贷款和住房消费贷款，扩大货币供应量以启动房市。

为了实现房地产经济宏观调控的目标，政府必须运用适当的政策手段进行有效的调节和控制。房地产经济宏观调控的主要政策手段有：房地产产业政策、货币政策、财政政策、行政手段和计划手段等。

第一节　房地产宏观调控政策

一、房地产产业政策

1. 房地产产业的调控目标

产业政策一般包括政策目标和政策手段两个方面。房地产产业的调控目标，是政府根据经济发展需要和房地产业的现实状况所制定的发展目标。主要有以下三个方面：

（1）房地产业的经济发展水平。房地产业作为重要的产业部门，既可以带动相关产业的发展，促进国民经济的增长，又可能由于过快发展形成泡沫而对经济整体运行产生重大风险。正是由于房地产业的发展与经济建设、环境建设和居民生活关系密切，因此房地产业的经济调控应平衡经济目标、社会目标和环境目标。所以，在确定房地产业发展规模和水平时，一要以国民经济整体水平和一定时期的发展规划为依据；二要以社会上相关经济资源的可供量为限度，例如土地资源、能源、建材资源等等；三要以房地产商品的市场需求为依托；四要根据各个地区的实际情况而有所不同。

（2）房地产业内部结构调控。房地产业内部存在着各种类型的房地产，例如工业用房（厂房）、商业用房、办公用房、居住用房（住宅）、文化娱乐用房以及其他各类用房等。

（3）房地产业市场行为调控。包括劳动生产率、投资回报率和资本利润率等，政府有责任防止市场出现垄断和暴利行为。

2. 房地产产业政策的实施手段

房地产产业政策的目标是通过一定的产业政策手段实现的。由于房地产产业政策是一种方向性、导向性的政策措施，因而其实施的方法主要是运用间接的经济性的调控手段，并辅之以必要的行政控制手段。具体来说，包括：（1）间接的经济调节手段。政府通过财政政策、货币政策、投资政策、技术政策等调节市场，由市场影响企业，引导房地产业按政府设定的方向和目标进行经济活动。如按房地产经济运行的现实状况，运用税收政策、信贷政策，支持或抑制房地产业的发展速度，使其与相关产业和整个国民经济的发展相适应，稳定健康地发展。（2）信息引导手段。政府可以定期发布所掌握的产业发展现状、房地产开发建设总量和结构、市场销售情况、需求变化方向等信息，使房地产企业获得正确的信息资源；同时，还可以公布中长期的房地产产业政策，使企业明确发展方向。科学的经济信息，可以诱导房地产企业进行正确的投资决策，及时调整内部结构，稳定市场，促使房地产业的正常发展。（3）直接的行政控制手段。针对房地产业发展中的倾向性问题，政府还可以运用行政权力，对房地产业的发展方向进行直接的行政控制，如城市规划控制、土地供应量控制，以及实施住房制度改革，调整住房政策等，使房地产业的发展符合国民经济发展的整体要求。

二、房地产经济宏观调控中的货币政策

货币政策对房地产经济宏观调控的作用是通过一定的金融工具来实现的。主要有：

1. 利率政策

利率是货币信贷政策最重要的杠杆。国家可以通过银行运用利率杠杆来调节流入房地产业的货币投放量。当信贷规模过大、资金供应紧张时，提高贷款利率，使房地产开发融资成本上升，抑制开发量；同时使住房消费信贷利息负担加重，减少住房消费贷款，抑制住房需求量。反之，降低贷款利率，则作用相反。2010—2011 年，央行已多次提高存贷款利率，不但增加了房地产开发企业的资金成本负担，为降低房价创造了条件，而且增加了运用消费信贷购房者的利息支出，遏制了居民贷款投资住房，对促进住房消费和住宅市场的健康发展，起到了良好的推动作用。

2. 公开市场业务

公开市场业务，是指中央银行在公开市场上，通过买卖有价证券的办法来调节货币供应量，从而调节社会总供给和总需求的金融业务活动。当国民经济出现衰退时，中央银行可以在公开市场上买进有价证券，增加货币供应量，从而刺激投资和消费，促进经济复苏。而当出现经济过热、通货膨胀时，则卖出有价证券，回笼货币，减少货币供应量，从而抑制投资和消费需求，促进经济稳定。公开市场业务不仅从总体上调节着房地产供给和需求，而且通过买卖住宅债券，直接调节投入房地产开发和消费的货币供应量，达到促使房地产经济总供给和总需求趋向平衡的目的。

3. 法定存款准备金率

这是指政府规定的商业银行向中央银行交存的存款准备金占总存款量的比例。中央银行通过提高或降低存款准备金的数量，影响商业银行的贷款能力，从而控制信贷总量。提高存款准备金率，提高商业银行向中央银行交存的法定准备金，可以使商业银行收缩信贷，从而紧缩货币供应量，抑制投资和消费增长。反之，降低存款准备金率，减少商业银行向中央银行交存的法定准备金，使商业银行可贷资金量增加，扩大货币供应量，鼓励投资，刺激消费。存款准备金率的高低通过商业银行的信贷投放量发挥作用，使房地产信贷收缩或扩张，从而使房地产总供给和总需求得以有效控制。

4. 再贴现利率

再贴现利率是指中央银行对商业银行及其他非银行金融机构的再贷款利率。各商业银行主要通过两种方式向中央银行贷款：一是持各种票据如国库券等政府公债，向中央银行再贴现；二是以自己所拥有的政府债券和其他财产为担保，向中央银行贷款。中央银行运用提高或降低贴现利率的办法来调节货币投放量。当经济过热时，中央银行通过提高再贷款标准和利率，限制商业银行的融通资金量，紧缩信贷；反之，当经济衰退时，中央银行则通过降低再贷款标准和下调再融资利率，扩大商业银行的融通资金量，扩张信贷。再贷款利率的高低直接影响商业银行的信贷规模，从而也调节其对房地产开发投资和消费的贷款总量。

上述金融工具所体现的货币政策对整个国民经济都发挥着关键性的调节作用。作为国民经济重要组成部分的房地产业，它的开发建设和消费都离不开金融业的信贷支持。政府运用货币政策，合理安排流入房地产业的资金总量，就可以达到控制和调节房地产经济发展水平的目的。

三、房地产经济宏观调控中的财政政策

财政政策，就是政府运用财政收支的各种工具，通过调节国民收入分配、再分配的方向和规模，以达到经济总量平衡和结构平衡目的的政策手段。在宏观调控中，财政政策具有最直接、最有效的作用。对房地产经济的宏观调控，财政政策也同样起着十分重要的作用。

财政政策的主要内容包括两个方面：一是政府的财政收入政策；二是政府的财政支出政策。

1. 税收政策

财政收入政策主要是税收政策，通过税种和税率的变动，来调节社会总供给和总需求。税收对房地产经济宏观调控的作用主要体现在以下两方面：

(1) 税收对房地产市场消费需求的调节作用。在房地产市场交易中，税种增加、税率提高，将使市场需求减少；反之亦然。

(2) 税收对房地产市场供给的调节作用。对房地产开发企业的税种增加、税率提高，导致开发成本上升，使投资的预期收益减少，抑制房地产投资的增长率，促使其下降；反之，税种减少，税率下降，使投资的预期收益增加，促进房地产开发投资增长率的上升。

例如，近年来，我国对二手房交易恢复5%的营业税，对新房购买按3%的税率全额征收契税，对房地产企业逃税漏税行为从严检查、征收，这大大增加了商品房的交易成本，压缩了中小型房地产企业的生存空间，对房地产市场的供给和需求都产生了重大影响。所以，正确实施税收政策，合理调节税费，是对房地产经济实施宏观调控的重要手段。

2. 财政支出政策

财政支出对调节国民收入的分配和再分配，调节社会总需求，调节生产和供给，调整产业结构等都有重要作用。从对房地产经济的调节和控制来讲，首先，在财政支出中，增加或减少对房地产的开发投资量，会直接影响投资品的需求和房地产商品供给量。如近年来国家提出1 000万套保障房建设计划，由政府采购作为经济适用房和廉租房向全社会有偿提供，这将极大地增加房地产的供给，对于平抑房价有重大影响。其次，如果政府在财政支出中大幅增加贫困家庭和中低收入家庭的住房消费补贴，那么将增强居民的购房能力，扩大住房消费，直接拉动住房消费需求。

四、房地产行业的行政管理

1. 土地供给与流通政策

土地政策是宏观调控的重要手段。为了保证土地特别是城市土地的合理利用和节约使用，发挥土地资源的最大效能，政府必须通过行政立法、行政手段等措施，加强土地管理。为此各国政府都制定了《土地法》，我国也颁布了《土地管理法》，各省市也颁布了一些地区性的土地行政管理条例。针对我国人多地少的国情，我们更应节约土地，防止滥占耕地等浪费土地资源的情况发生。土地的利用不仅要满足当代人的需要，而且必须考虑后代人的土地需求，以不损害后代人的利益为原则。因此，必须坚定地实施可持续发展

战略。

但是目前“土地财政”导致各级地方政府采用大量卖地的方式来补充财政收入，直接的后果就是各级政府有大量卖地的冲动，并且采用“招拍挂”的形式由价高者拿地，这种制度使得土地供给日益成为稀缺产品，在资源有限的情况下，使商品房供给形成一个畸形垄断市场和信息不对称市场，这对于抑制房价上涨是不利的。

【知识要点提醒】 在货币政策、财政政策和行政管理措施中，对房地产市场影响最大的是：对第二套房提高首付比例，限制多套房的贷款，开征物业税或房产税，政府保障房计划，土地“招拍挂”制度。前三项主要影响商品房的需求，后两项主要影响商品房的供给。

2. 制定房地产开发建设计划，协调与国民经济发展的关系

由于房地产业对国民经济和居民生活的重大影响，各级政府和相关部门要根据实际情况制定房地产开发建设计划，把房地产投资纳入社会总投资规模之中，控制投资增长速度和开发建设规模。各级政府一般可以通过土地供给、指令性开发计划来控制商品房的供给。但由于“土地财政”的弊端以及地方政府的“惰症”现象，房地产开发建设计划并没有得到很好的执行。目前只有1 000万套保障房计划由于受到中央政府的关注，执行情况稍好。

3. 搞好城市规划，保证房地产开发符合城市发展的方向

城市规划是政府行使对房地产业的行政管理、调控房地产开发的重要手段。世界各国的中央政府和地方政府都运用《城市规划法》或《城市规划条例》来规范房地产开发行为。城市规划是城市建设发展的整体布局，而房地产综合开发则是其中的一个局部，房地产开发应服从于城市规划的管理，必须坚持从全局出发的原则，政府通过城市规划对房地产开发进行控制，引导房地产开发向健康的方向发展。我国的城市规划滞后、朝令夕改的现象比较严重，这一调控手段尚未得到有效的发挥。因此要进一步搞好城市规划，强调城市规划的严肃性和全面性，真正发挥其对房地产开发的调控作用。

【应用实例】

2010年房地产市场调控政策回顾

2010年1月10日，国务院发布了《关于促进房地产市场平稳健康发展的通知》，明确规定增加保障性住房和普通商品住房的有效供给，执行差别化信贷政策，对已利用贷款购买住房而又申请第二套及以上住房的，贷款首付比例不得低于40%。4月17日又发布了更为严厉的《关于坚决遏制部分城市房价过快上涨的通知》，加大抑制不合理购房需求的力度，规定首套自住房建筑面积90平方米以上的贷款首付比例不得低于30%，第二套房的贷款首付比例提高到50%，且贷款利率不低于基准利率的1.1倍。要求商业银行可根据风险状况暂停发放第三套及以上住房贷款，对不能提供一年以上当地纳税证明或社会保险缴纳证明的非本地居民暂停发放购房贷款。

2010年9月，有关部委出台了对房地产的“二次调控”政策，在强调对此前政策贯彻执行的基础上，明确要求住房贷款首付比例一律不得低于30%，各商业银行一律暂停发放第三套及以上住房的购房贷款。此后，陆续有16个城市出台了“限购政策”。10月20日

中国人民银行调高存贷款利率，5年期以上住房贷款利率上调了0.2个百分点。11月4日住房和城乡建设部（简称住建部）和外汇管理局又出台了境外机构和个人的“限购政策”。2010年一系列房地产调控政策的实施已经初步遏制了房价的过快上涨，10月全国70个大中城市房屋销售价格、新建住宅销售价格和二手住宅销售价格的同比和环比涨幅相比9月均有所缩小，房地产调控政策已经初现成效。

与以往相比，本轮房地产调控政策有四个明显的特点：一是主要针对房价上涨过快的地区。对房价上涨过快的地区，允许商业银行停贷，甚至出台限购规定。可以说，新政对房价热点地区调控的严厉程度是历史上没有过的。二是主要目的是遏制投资投机性购房行为，信贷、税收等限制措施均指向第二套及以上购房行为。三是加大了供给力度。在抑制不合理住房需求的同时，本次调控十分注重加大土地供给，增加保障性住房和小户型普通住房建设。四是加强了对地方政府的问责，各省级人民政府要签订住房保障工作目标责任书，建设和监察部门加大了对地方政府稳定房价的工作进行监督检查的力度。

【即学即用】 请回顾最近一年国内对房地产市场的调控措施。

第二节　房地产金融

房地产金融是指与房地产开发、生产、流通、消费相联系的资金融通活动和金融资产的投资活动。它是房地产业与金融业的互相融合和渗透，是在房地产生产、流通和消费过程中通过货币流通和信用渠道进行的集资、筹资和融资等一系列经济活动。如果说金融是货币资金的融通，那么，我们也可以把房地产金融简称为房地产货币资金的融通。房地产金融的具体业务包括房地产企业存贷款、生产性开发贷款、证券（股票、债券）融资、住房消费信贷即购房抵押贷款、住房公积金和房地产保险等方面的资金融通活动，它是整个金融业的重要组成部分。

一、房地产金融的特点

房地产金融与一般金融相比，具有下面四个鲜明的特点。

1. 房地产金融资金融通量的巨额性

房地产价值量巨大，开发企业从事房地产开发活动需要大量资金投入，这就要金融机构提供巨额信贷资金。同时，住房在所有消费品中，也是价值量最大的消费品，对大多数居民来说，购买一套价值几十万元的住宅，一次性支付也是难以承受的，住房消费信贷额也是很大的。所以，同一般企业的信贷额相比，房地产金融融通的资金量要大得多。

2. 房地产金融期限结构的长期性

这主要是由于房地产开发周期长，资金周转慢，回收期长。一幢高层大厦的建造需要三四年的时间，普通多层住宅建设也需要一两年的时间，加上销售时期就更长，因此，回收资金、偿还贷款的时间也就相对较长。居民的住房抵押贷款，在一次性贷进以后，也需要用个人收入逐年归还本息。在一些发达国家和地区，住房消费信贷的还款期长达30年，而我国有关条例也已规定偿还期可达30年。所以，房地产信贷具有偿还期长的特点。

3. 房地产金融债权的可靠性

房地产信贷是以房地产作为抵押担保品的贷款，由于房地产是不动产，其本身具有较强的抵御通货膨胀、保值增值的特点，一方面，贷款单位和个人的信用度强，另一方面，一旦发生违约，可以用拍卖担保房地产的手段，收回违约贷款的本息，因此使信用贷款的可靠性和安全性大大增强。特别是个人住房抵押贷款安全性更强。以我国为例，自实施以来还款率高达 99%以上。

4. 房地产金融债权的流动性较弱

资产的流动性是指在必要的时候，所投资产转让兑换成现金的能力、速度和成本，当速度较快或成本较低时，称这种资产的流动性较强；也指所投资产作为抵押品交给债权人保管的难易程度，当保管较为容易时，资产的流动性就较强。房地产作为不动产，在传统的资产形态下，属于一种缺乏流动性的资产，主要体现在两个方面，一方面，房地产只能成套出售或转让，它不像股票、债券那样持有者可随时将其分割售出以兑换成现金，而是持有者所投的资金可能被固定在某一房地产上，难于变现，因而不得不较长时间地持有它，这是房产持有者急需现金时常常遇到的棘手问题；另一方面，房地产用作抵押品时，不能移动，不易分割，在一些场合又不易交给债权人保管和处置。房地产金融这种传统运行中的缺陷呼唤着新的变革，于是发达国家从 20 世纪 60 年代起出现了房地产证券化的趋势，大大提高了它的流动性。我国实践中也已开始出现房地产证券化的趋势。

上述特点说明，房地产金融具有独特的优势，拓展房地产金融是促进金融业发展的新的增长空间。

二、房地产融资的主要形式

筹集资金和运用资金是每一个企业资金运行的主要环节。房地产投资由于资金需求量巨大，资金占用时间长，客观上要求房地产企业建立多样化的筹资渠道。因此房地产投资企业的资金筹措和资金管理工作异常复杂，其中资金组合、资金结构包括合理配置资金的时间结构是企业财务管理的核心问题。追求最优资金结构是财务管理的一个重要目的，其中确定合理的负债比率又是一个关键性的问题。

企业负债的一个根本出发点在于利用财务杠杆提高企业权益资本的利润率。在力学上，“杠杆作用”是指通过某一个支点，以一个较小的作用力移动一个较大的物体。在财务上，“杠杆作用”则是指通过改变负债比率这一“支点”，以较小的权益资本去投资较大的项目，从而达到提高权益资本利润率的目的，这就是通常所谓的负债经营。就目前我国房地产企业的筹资渠道来看，银行贷款仍然是主渠道，而一些大型房地产企业在通过证券市场筹集资金方面也已获得明显的发展。

1. 银行贷款融资

银行贷款是房地产企业解决资金需求最普遍、最主要的一种融资形式。房地产企业在从事房地产开发之前，必须拥有一定数额的股本金（或称“自有资金”）。股本金可以来源于企业的自有资金、合资股东的注入资金和通过发行股票从资本市场上募集的资金。根据目前金融管理部门的规定，房地产开发企业在具备一定股本金之后才可以向银行申请贷款。贷款类型主要有三种：

第一种是“房地产开发流动资金贷款”。这种贷款主要用于补充企业为完成计划内土地开发和商品房建设任务所需要的流动资金，使用范围包括材料设备等的储备、在建工程的各项开支、售前成品资金的占用、结算资金的占用以及企业在银行的存款和必备库存现金等。

第二种是“房地产开发项目贷款”，这是金融机构为具体的房地产开发项目提供的生产性流动资金贷款。这类贷款只能用于贷款项目的土地征用、动拆迁补偿、前期工程、基础设施建设、建筑安装、公建配套等发生的费用支出。

第三种是“房地产抵押贷款”，包括“土地开发抵押贷款”和“房屋开发抵押贷款”。前者是土地开发企业以其拟开发的土地使用权作抵押而向银行取得的贷款。后者是房屋开发企业以其开发的房屋产权作抵押而向银行取得的贷款。

任何一种形式的贷款，都是采用逐笔核贷、存款户与贷款户分别设立的方法。逐笔核贷是企业贷款时逐笔提出申请，银行逐笔审批，逐笔核定贷款期限和额度，到期回收。企业在银行的存款户和贷款户必须分设，即借款企业必须在开户银行设立结算账户和专用基金存款户，同时设立流动资金贷款户等贷款账户。企业从银行取得贷款时，相应增加贷款账户余额，同时将这笔贷款转入企业存款账户，然后再从存款户中支用。归还贷款时，从存款户中取出，抵消相应贷款户的余额。

2. 证券市场融资

证券融资是指通过房地产债券、股票等证券的发行和流通来融通房地产资金的一种金融活动，它是房地产企业融资的重要形式。

房地产业利用证券市场融资的方式概括起来主要有三种：

（1）房地产企业直接发行股票（或债券）进入证券市场，这是企业提高信誉等级、改善财务状况、降低财务风险的重要渠道。根据目前国内有关政策，房地产上市公司的数量将维持现状，所以短期内房地产企业争取直接上市的机会不大，目前主要通过迂回的办法借壳上市或买壳上市。

（2）房地产企业通过收购、兼并、控股上市公司，从而实现进入证券市场的目的。房地产企业一般注册资本和资产都较大，具有收购、兼并企业的资金优势，同时《证券法》将收购企业公告条件放松之后，大大降低了企业的收购成本和风险。近年来的经验证明，收购兼并是房地产企业达到上市目的的极佳渠道，而且可能也是今后房地产企业上市的主要方式。

（3）一般上市公司通过收购、兼并、控股、投资房地产企业的方式来达到上市公司与房地产业融合的目的。这种方式的采用与房地产企业本身的经营状况和房地产行业的大背景密切相关。在房地产业的高潮时期，许多上市公司通过成立房地产公司或者投资参股其他房地产公司等方式进入房地产领域。而在房地产业的低谷时期，上市公司往往通过出售房地产企业的股份、转让房地产子公司等形式撤离房地产业。

3. 房地产投资信托

所谓房地产投资信托，是指货币所有者或房地产所有者，委托金融机构代理购、建、租赁、经营房地产及其证券，从而达到投资目的的一种形式。房地产信托的产生和发展具有必然性。社会上的财产拥有人，包括货币持有者和房地产所有者，都期望自己的财产能得到妥善管理和充分增值，但在市场经济条件下经营充满着风险，特别是房地产领域决不是人人都可以直接插足的，于是财产所有人就产生了由信托专门机构来建房、购房、租房、修房等的需求，进而又产生了由信托专门机构来发行和买卖房地产证券的需求，于是房地产信托就应运而生了。

一般来说，投资信托可以根据其所提供的金融服务的项目或范围来分类，但由于投资信托的项目繁多、范围宽广，所以一般分为公司型或契约型，前者根据公司的性质及其经营内容来认定，后者则根据契约的状况来判断。经验表明，房地产的投资宜采用契约型的投资信托，即以信托契约的形态，汇集投资者的资金，并成立基金，再以房地产投资信托机构为委托人，确定基金的保管银行为受托人，受托人利用基金投资于房地产，所得利润在扣除必要费用之后，再分发给委托人。所以房地产投资信托机构包含三部分：投资者（收益人）、房地产投资信托机构（委托人）和保管银行（受托人），三部分的权益通过契约形式确定。

发行受益凭证是房地产投资信托筹集资金的主要方式。受益凭证又因投资者是否可以要求发行单位买回而被划分为“开放式受益凭证”和“封闭式受益凭证”，前者是指投资者可以随时请求受益凭证的发行单位，依据其净资产价格买回其持有的受益凭证；后者是指投资者只能在证券交易所集中交易，不得请求受益凭证的发行单位买回的受益凭证。

通过发行受益凭证取得资金之后，既可以将资金直接投资于房地产开发、出租和出售，创造收益，也可以以融资方式间接参与房地产的开发。无论以何种方式参与房地产投资，投资收益在扣除契约规定的有关费用后，都应依据契约规定分配给投资者。可以预料，随着我国居民收入的增加，以房地产投资信托为代表的房地产证券化投资将成为房地产融资的一个重要渠道。

【知识要点提醒】 除了以上三种形式之外，委托贷款也是目前市场上应用比较普遍的房地产融资形式。在我国，公司间直接贷款是被明令禁止的，但委托贷款并没有违反企业间借贷的禁令，它使得企业有效地集中化管理现金成为了可能。委托贷款是指由委托人提供有合法来源的资金，委托业务银行根据委托人确定的贷款对象、用途、金额、期限、利率等代为发放、监督使用并协助收回贷款的业务。委托人包括政府部门、企事业单位及个人等。

【小思考】 在本课程中，房地产企业的融资方式有哪些？

三、购房抵押贷款

由于房地产价格昂贵，不论是商业房地产还是住宅物业，对于大多数购房者来说一次性支付购房款都是难以承受的，所以通过金融手段，帮助购房者实现消费或投资，是房地产金融业务的重要方面。其中，住房抵押贷款是迄今为止国内外最普遍的金融工具。

购房抵押贷款是购房者以所购买的房地产为抵押物，在支付一定数量的款项（即所谓的首期付款）后，向金融机构申请的长期贷款，购房者承诺以年金形式定期偿付贷款本息。当借款人违约时，贷款人有权取消借款人对抵押房地产的赎回权，并将抵押房地产拍卖，从中获得补偿。购房抵押贷款可以分为单位或机构购房抵押贷款和个人住房抵押贷款两种，其中以个人住房抵押贷款（又称住房消费信贷）为主。目前我国银行开通的个人住房商业性贷款和个人住房公积金贷款是两种典型的购房抵押贷款。个人住房抵押贷款近年来在我国获得迅速发展。住房消费信贷的发展，有力地支持了居民买房，扩大了住宅市场的有效需求。

1. 购房抵押贷款的种类

抵押贷款品种繁多，但是从本质上来看，可以根据贷款期间的贷款利率是否参照市场利率指数进行调整，将抵押贷款分为固定利率抵押贷款和可调利率抵押贷款两大类。

（1）固定利率购房抵押贷款。

顾名思义，固定利率购房抵押贷款是指贷款利率在整个贷款期内固定不变。这是国外房地产金融领域中最流行的方式。其中，最为普遍的品种是等额本息还款方式。

【实用小窍门】 每月等额本息还款的具体计算公式如下：

$$MP=P\times\frac{\frac{R_N}{12}}{1-\left(1+\frac{R_N}{12}\right)^{-12\times N}}$$

其中：

MP＝每月付款额

M＝抵押常数

P＝贷款总额

N＝贷款年限

R_N＝年利率

由于借款人的情况千变万化，因此贷款人为了适应市场要求，将贷款方式从本金均摊发展到本息均摊，从分级付款发展到双周付款，各种创新方式层出不穷。而这些创新，目的只有一个，那就是迎合市场的需求。在赢得市场份额的同时，由于贷款利率固定不变，因此贷款人不得不承担整个贷款期间的全部利率风险。如果市场利率波动不大，则利率风险可以被控制在有限的可以预见的范围内，但是如果市场利率波动过大，则利率风险就有可能超出贷款的承受能力，甚至导致破产倒闭的严重后果。为了转移部分利率风险，房地产金融市场上出现了可调利率购房抵押贷款。

（2）可调利率购房抵押贷款。

所谓可调利率购房抵押贷款是指将贷款利率参照某些利率指数，根据预先确定的调整方式对贷款利率和每月付款额进行调整。这是20世纪80年代以来美国市场上的重要方式。贷款利率定期进行调整，使得借贷双方能够共同承担市场的利率风险，对于推动购房抵押贷款市场的发展有着积极的意义。

2. 购房抵押贷款证券化

由于抵押贷款在房地产市场的普遍性和长期性，金融机构迟早要面临“有限的可贷资金与几乎无限的贷款需求之间的矛盾”，而解决这一矛盾的成功办法便是发展抵押贷款证券化。目前国内讨论的房地产证券化也主要是指抵押贷款的证券化。

所谓购房抵押贷款证券化，又称房地产按揭证券化，是将商业银行或其他金融机构发放的购房抵押贷款集中起来作为担保，依此发行证券并通过二级抵押贷款市场机构将其转卖给投资者的金融活动。从本质上讲，这是一种抵押贷款发放机构的债权转让行为，是一种资产证券化形式。其过程主要包括：证券化资产的发起与标准化，证券的发行、投资与管理。

购房抵押贷款证券化对于发展房地产金融市场有着十分重大的作用，具体表现在：

(1) 拓宽房地产金融渠道。抵押贷款证券化有利于银行将资产负债表中的"死"资产变为表外"活"资产，既缓解了《巴塞尔协议》所规定的银行资本充足率最低8%的要求所带来的压力，又使银行有足够的资金释放用于再次发放住房抵押贷款。而个人购房将得到更有力的金融支持，有利于促进住房消费成为经济发展新的增长点。

(2) 提高抵押贷款的流动性，规避和转移银行风险。实行购房抵押贷款证券化可增强按揭贷款的流动性，使得银行能在需要时及时将抵押贷款变现，降低了银行的筹资风险、流动风险，并在市场的基础上根治了银行信贷过于集中的风险；而且证券化还提供了一条长期资金的来源，使得银行能经受住市场利率的短期波动，同时由于来自证券的负债与来自按揭贷款的固定利率收入相匹配，因而使银行避免了固定利率风险。

(3) 增加社会小额投资者的投资品种，减轻巨额储蓄滞留在金融机构的压力。我国城乡居民储蓄余额非常高，且基本上保持着较大幅度的增长，远高于同期经济增长速度。如何使房地产需求稳定、分流存款是金融界的一个重要课题。大力发展购房抵押贷款证券化，将为投资者提供新的投资方向，使得投资者在承受较小的风险下能获得高于银行存款利息的收益。

【实例分析】

房地产市场调控对商业银行的挑战

我国企业的融资绝大多数以间接融资为主，中国房地产业的资金来源同样主要依靠银行贷款，商业银行发展与房地产业息息相关，房地产市场调控必然会对商业银行经营带来很大挑战。

1. 商业银行房地产贷款不良率面临上升压力

房地产市场调控从房地产业对公贷款和个人住房按揭贷款两方面给商业银行带来不良贷款反弹压力。

后金融危机时代，伴随我国房地产市场的繁荣和开发投资增速的加快，房地产业贷款余额不断增加，从2009年6月末的2.4万亿元增加到2010年9月末的3.1万亿元。2010年四大上市银行的半年报显示，房地产业对公贷款余额占公司贷款余额的比例均在10%以上，2010年6月底各银行房地产开发贷款余额的占比均高于2009年末的水平。房地产调控政策实施后，虽然目前整体房价并没有明显松动，但是一线城市的新建房屋成交量有所下降，楼市观望气氛浓厚，由于房地产销售收入是开发商还款的主要来源，因此成交量持续下降将延缓房地产开发商资金的回笼，加之目前银行对房地产的贷款条件也明显收紧，今后不排除部分开发商资金链断裂的情况，商业银行开发贷款的资产质量面临恶化风险。

房价调整幅度还会影响个人住房按揭贷款的违约率。如果房价大幅下跌导致抵押房产现值低于购房贷款余额，那么购房者可能出现断供违约现象，住房消费贷款的不良率也面临上升压力。截至2009年末，全国金融机构个人住房按揭贷款余额约4.8万亿元，占全部贷款余额的11.9%，其中2009年新增1.8万亿元，年末余额同比增长43.1%，增速比2008年末加快32.6个百分点，这表明2009年个人住房按揭贷款呈猛增态势。在2009年房价快速上涨过程中发放的这些住房贷款，一旦房价下跌，出现风险的概率就比以往的贷款要大，原因有三点：一是2009年发放的个人住房贷款总价相对较高、首付相对较低，从而贷款人违约的机会成本也就相对较小；二是在2009年贷款天量增长及利率普遍为七折的大背景下，贷款人的信用情况和偿付能力被高估，银行的贷款审查工作也难以完全到位，这也会增加房价下跌时的断供风险；三是2009年发放的个人住房贷款中，投资性购房贷款占比明显高于以往，与自住型购房者相比，房价下跌时投资性购房者违约断供的可能性更大。

2. 影响相关行业的信贷需求和信贷质量

房地产行业的下游产业链较长，涉及建筑建材、工程机械、钢铁、有色金属、家具家电等多个行业，房地产行业对这些关联度较强的行业的生产和消费的拉动作用较大。有关研究显示，2009年来自房地产行业的建筑业产值占建筑业全部产值的47.8%；房地产行业水泥需求量占全国水泥销量的35%以上；直接和间接用在房地产行业的平板玻璃占其总销量的65%以上；房地产行业贡献了工程机械约30%的收入；对钢铁（主要是螺纹钢和线材）的需求占比超过60%；对铝的需求量占比在40%左右；对洗衣机和彩电销量的拉动占比分别为29%和22%。但是，房地产调控政策使如火如荼的房地产市场快速降温，新屋开工面积、施工面积、竣工面积和房屋销售面积均出现下滑，直接导致房地产行业对建筑机械、水泥和金属、玻璃和装潢、家具家电等相关行业的生产和消费需求下降，对这些行业的信贷投放从质量和需求两方面产生了不利影响：一是相关企业的收入和税后利润下降，不利于企业回笼资金，使企业的还款能力下降，信贷的质量有所降低，从而有可能导致银行的不良贷款率上升；二是房地产调控使相关行业的工业生产和消费需求下降，导致企业贷款需求增速有所下降，减少银行信贷向这些企业的投放量，商业银行的利润空间缩小。

与房地产密切相关的另外一个贷款领域是地方政府融资平台，房地产是地方政府融资平台贷款的最重要抵押担保物和资金来源，如果出现房价大幅下降的情况，则7万多亿元的地方政府融资平台贷款的资产质量显然将面临很大压力。

3. 商业银行较多依赖房地产的传统信贷模式面临挑战

自从2003年房地产被确定为我国经济发展的支柱行业后，房地产作为抵押物的价值不断升高，房地产贷款成为银行业信贷的最重要增长极之一。2004年末商业性房地产贷款余额占金融机构贷款余额的比重为13.4%，此后除金融危机期间外这一比例呈稳步上升趋势，2010年9月末达到19.7%；而且，除2008年第三季度—2009年第三季度外，全国房地产贷款余额的季度同比增速均超过银行业信贷的增速，且均超过名义GDP的同比增速。不仅如此，房地产还是最重要的贷款抵押担保品，是商业银行在进行信贷审查时最为看重的第二还款来源。但是2010年以来的新一轮房地产市场调控政策出台之后，银行这种较多依赖房地产的传统信贷模式遭到很大挑战。在新的形势下，如何寻找新的信贷增长点，建立不再依赖房地产的信贷增长模式，成为摆在商业银行面前的全新课题。

【本章小结】

1. 政府至少可以通过三种手段调控房地产市场：货币政策、财政政策和行政管理措施。其中货币政策包括利率政策、公开市场业务、法定存款准备金率和再贴现利率。财政政策包括税收政策和财政支出政策。行政管理措施包括土地供给与流通政策、房地产开发建设计划以及城市规划。

2. 房地产金融是房地产运营的重要组成部分，其具体业务包括房地产企业存贷款、生产性开发贷款、证券（股票、债券）融资、住房消费信贷即购房抵押贷款、住房公积金和房地产保险等方面的资金融通活动。

3. 房地产融资包括银行贷款融资、证券市场融资、房地产投资信托、委托贷款等方法。

【关键术语】

房地产产业政策；房地产投资信托；购房抵押贷款

Real Estate Policy；Real Estate Investment Trust；Home Mortgage Loan

【习题】

一、简答题

请判断以下政策属于财政政策、货币政策还是行政管理措施。

1. 取得土地满 2 年未动工的建设用地，无偿收回。

2. 2010 年度全国土地供应计划为 18 万公顷，其中保障房、棚户区改造、中小套型商品房用地超过 70%。

3. 银监会规定，不对投机投资购房发放贷款，如无法判断购房者真实意图，应大幅度提高贷款首付比例和利率水平。

4. 对个人购买 90 平方米及以下普通住房，且该住房属于家庭唯一住房的，减按 1%的税率征收契税。

5. 对出售自有住房并在 1 年内重新购房的纳税人不再减免个人所得税。

6. 2010 年，各地政府与住建部签订责任书，国家财政下拨 600 亿元配套资金建设公共租赁房和廉租房，当年已开工 580 万套保障住房，住建部计划 2011 年建设 1 000 万套保障房。

二、分析题

2009 年，我国政府为了抵御国际金融危机对我国的影响，采取了超常规的信贷投放，请根据以下的统计数据分析这种超常规信贷投放对房价的影响。

从 2007 年和 2008 年的信贷情况看，信贷规模月度平均在 3 000 亿～4 500 亿元之间，但为了应对全球金融危机，我国从 2008 年 11 月开始实施适度宽松的货币政策，信贷增长情况出现了井喷：2008 年 11 月的新增信贷为 4 700 多亿元，12 月为 7 600 多亿元，至 2009 年第一季度月均信贷增加到 1.52 万亿元，2009 年第二季度月均信贷为 9 279 亿元，2009 年上半年信贷增长为 7.37 万亿元，月均超过 1 万亿元，是正常年份的三倍。从 2009 年 7 月开始信贷增速有所放缓，但还是超过了正常的水平。从官方公布的统计数据看，2009 年全年信贷增长 9.5 万亿元，如果加上表外信贷数据，则实际信贷总量应该在 12 万亿元以上。其中，在 2009 年新增加的 9.5 万亿元贷款中，有 5 万多亿元贷给了地方政府的融资平台。同时，随着信贷的高速增长，2009 年广义货币供应增长已经接近 30%，即在不到一年的时间里我国货币数量增加了三成。货币供应的增长速度已经大大超过了 GDP 的增长速度，使市场上的通货膨胀预期明显加强。明显的标志是：狭义货币供应量迅速上升，M1 增速已经从 2008 年底的 10%增长到 2009 年底的 33%，上升了 20 多个百分点。存款活期化说明老百姓将资金选择存为定期储蓄的意愿快速下降。

【答案】

一、简答题

1. 行政管理措施
2. 行政管理措施
3. 货币政策
4. 财政政策
5. 财政政策
6. 财政政策

二、分析题

信贷的超常规增长通过供给与需求两个方面影响房价。

从供给的因素看，宽松的信贷政策助长了开发商捂盘惜售的行为。2008 年初之所以出现以万科为代表的房地产开发企业大幅度降价促销行为，主要原因是这些企业存货多、资金周转紧张。自 2008 年 11 月中央开始实施适度宽松的货币政策以来，房地产开发商的资金紧张情况很快得到了缓解。在房地产市场，开发商是主动定价者，买房者是价格的被动接受者，当开发商有了信贷资金的支持，在市场定价过程中处于更加有利的地位时，楼市价格必然上升。

开发商有了资金的支持，在楼价上涨的刺激下会出现强烈的囤积土地的冲动，截至 2010 年 6 月底，在土地储备前 10 位的公司中，有 7 家公司的土地储备超过 3 000 万平方米，排名第一的公司拥有 5 000 多万平方米的土地储备。土地闲置增加了楼市的供求矛盾，刺激了楼价上涨。

土地的供给同样与信贷政策有关。在宽松的信贷政策刺激下，商业银行与地方政府形成融资默契：将各种国有资产打包成融资平台。从资产总量看，这些融资平台数量巨大，从财务指标看，这些融资平台基本符合商业银行的贷款条件，加上各地方财政的隐性担保，商业银行愿意将巨额的资金贷给这些融资平台，根据有关部门的统计，在 2009 年新增加的 9.5 万亿元贷款中，有 5 万多亿元贷给了地方政府的融资平台。由于地方政府有融资的便利，因此地方财政对土地出让金的依赖程度降低。于是，我们看到了一个反常的现象，在楼市火爆的 2009 年，全国的土地出让面积下降了 18%，有些城市的土地出让面积只完成了年初计划的 50% 左右。由于土地需求增加而供应减少，因此土地价格迅速上升，各地都出现了所谓的“地王”现象。而土地价格的上升必然助力于房价的上升。

从需求的角度看，宽松的货币政策增加了住房的需求，尤其是当按揭贷款的优惠利率下调到历史最低水平时，买房者的还款负担大大降低。另外，需要强调的是，宽松的货币政策已经唤起了市场对于货币贬值的预期，买房成为一种无奈甚至是恐慌性的选择。

第五篇

实训相关规则与要求

第十五章 实训相关规则与要求

第一节 基本规则

一、团队的具体设置

(1) 商业银行团队：六支商业银行团队，每队均由三至四人组成，建议设行长、会计主管、信贷员和综合柜员岗位。

(2) 房地产企业团队：六支企业团队，每队均由三至四人组成，建议设总经理、运营总监和财务总监岗位，总经理负责投资与融资，运营总监负责运营与记录，财务总监负责报表的编制。

(3) 监管团队（包括央行和银监会）：由六人组成，建议设央行行长、消费市场监管局长、原料市场监管局长、银监会主席、银监局局长和主任科员岗位。

二、商业银行的相关规则

(1) 商业银行的初始资本金均为人民币1亿元（即手中掌握钞票1亿元），初始状态无其他资产和任何负债。

(2) 商业银行暂不设定各种对个人业务。

(3) 商业银行吸收存款和发放贷款的利率可根据央行公布的基准利率在规定范围内自行浮动。

(4) 商业银行吸收存款只有活期一个品种，初始基准存款利率为1%，以后各年度存款利率的变更由央行根据前一年度货币供给总量决定。

(5) 商业银行发放贷款的品种可自行设定，但贷款期限设定如下：前四年发放贷款的期限均为三年，第五年发放贷款的期限为两年，第六年发放贷款的期限为一年。初始基准贷款利率为 6%，以后各年度贷款利率的变更由央行根据前一年度货币供给总量决定。

(6) 商业银行必须开展中间业务，否则视为违规。可以自行确定是否开展表外业务，品种可自行设定，但需经银监会审批备案。中间业务的具体收费如下所示，各商业银行不得擅自变更收费标准：结算类业务每笔收费 50 万元、代理类业务每笔收费 100 万元、担保类业务每笔收费 200 万元、交易类业务每笔收费 180 万元、投资银行业务每笔收费 200 万元、咨询顾问类业务每笔收费 100 万元。

(7) 商业银行可发行金融债券来补充附属资本，但只有上一年盈利且没有违规记录者能发行。金融债券的品种和金额需经银监会审批后确定并备案，金额不得超过其核心资本的 1 倍，期限一律为 1 年，附息由市场供求关系决定。金融债券的发行必须经另一家银行承销，只有银行能购买金融债券。

(8) 商业银行每个会计年度末以利率招标方式进行下一年中央国库现金管理商业银行定期存款招投标，利率招标的上下限分为当年基准贷款利率和存款利率，利率越高，得到的存款越多。此种存款均为定期存款，期限为一年。

(9) 商业银行可投资国债，可认购国债数量视当年货币供给总量而定，国债期限均为 1 年，利率为 2%～3%。

(10) 商业银行可视自己的情况开展票据贴现业务，贴现利率由银行与企业自行协商。

(11) 商业银行每年的管理费用为 1 000 万元。

(12) 商业银行不提取公积金，不分配普通股及优先股股利。

(13) 商业银行的所得税税率为 25%。

(14) 若某企业资产负债率高于 70%（资产负债率＝期末负债总额/期末资产总额），则各银行不得再为该企业提供贷款，银行可决定是否提前催还贷款，直到该企业资产负债率降到 70%以下为止。如果企业资产负债率超过 90%，则银行可委任特派员进驻企业，此时企业所有决策需经特派员同意。

三、房地产企业的相关规则

(1) 企业均为房地产开发企业。

(2) 景观设计投资：每亩地的基础景观投资为 100 万元，以后每亩地每增加投入景观费 50 万元，将提升项目档次，在不增加其他成本的情况下增加该项目收入 5 个百分点（当年生效）。每亩地景观投入最多为 300 万元。

(3) 每套商品房的土地成本为 0.1 亩，其他建安成本为 20 万元。每套别墅土地成本为 0.5 亩，其他建安成本和装修成本为 60 万元。以后各年度产品的不同报价不影响各项成本的构成。各房地产企业应根据当年订单决定土地、建安成本投入。企业可以根据市场情况和自身资金实力事先购买土地。

(4) 每一块土地必须在两年内开工，由于房地产可预售，因此本实训忽略建筑时间，即当年建安成本发生，当年即可实现销售收入。两年前获得的，但未投入建房的剩余土地将被政府没收。

(5) 各企业的现金为1亿元。除此外企业无任何其他资产，无负债和利润，固定资产不提折旧。

(6) 企业所有收入均为应收账款，需经过贴现才能获得现金，应收账款不计提坏账准备，贴现利率由企业和银行双方协定确定。

(7) 企业的所有支付结算业务往来均需通过银行转账进行。

(8) 企业的资产负债率一般为70%，超过此指标申请额外贷款会受到处罚。

(9) 企业之间不可以进行资金借贷，但可以发行债券。只有连续盈利一年以上且无任何违规记录者才有资格发行债券，期限一律为1年，金额不得超过企业上年净资产的2倍，附息由市场供求关系决定。企业债只能由企业购买，并通过一家商业银行承销。

(10) 企业之间买卖土地和商品房时，可以采用定金或应收款方式交易，但资金受益方需支付履约担保费100万元/笔。

(11) 企业每个会计年度的管理费用为2 000万元，其中支付的员工工资为1 000万元，工资必须经银行代发。

(12) 企业所得税和增值税的税率均为25%。

(13) 企业不提取公积金，不分配普通股及优先股股利。

(14) 企业在每个会计年度须根据项目的经营情况完成企业的现金流量表和损益表，以此为依据向商业银行申请贷款。

四、央行的相关规则

(1) 央行手中的调控资金为100亿元(即手中掌握钞票100亿元)。

(2) 初始年度的存款准备金率为20%，央行不向各商业银行支付存款准备金利息和超额准备金利息，以后各年度存款利率的变更由央行根据前一年度货币供给总量决定。

(3) 初始年度的再贷款利率为1%，期限设定如下：前四年央行发放再贷款的期限均为三年，第五年发放再贷款的期限为两年，第六年发放再贷款的期限为一年。以后各年度存款利率的变更由央行根据前一年度货币供给总量决定。

(4) 初始年度的再贴现利率为4%，期限均为一年，以后各年度存款利率的变更由央行根据前一年度货币供给总量决定。

(5) 初始年度的同业拆借利率为1%，期限均为一年，以后各年度存款利率的变更由央行根据前一年度货币供给总量决定，可在允许的范围内自由上下浮动。

(6) 初始年度的央行票据利率为2%，期限均为一年，以后各年度的发行规模由央行需根据前一年度货币供给总量决定。

(7) 央行于每个会计年度末统计并公布当年的信贷规模总量。

(8) 商业银行由于流动性危机而主动向央行申请再贷款时，申请一次扣3分。但央行出于救助目的向所有商业银行同时发放再贷款的情况除外。

五、银监会的相关规则

(1) 贷款损失准备的提取标准：一般准备的提取比例为1%；专项准备的提取比例分别为2%、2%、25%、50%、100%。由银监会检查准备金的提取情况。

（2）五级贷款分类的标准：

• 正常类贷款：借款人能够履行合同，没有足够理由怀疑贷款本息不能按时足额偿还。

• 关注类贷款：尽管借款人目前有能力偿还贷款本息，但存在一些可能对偿还产生不利影响的因素。

• 次级类贷款：贷款的缺陷已经很明显，正常经营收入已不足以保证还款，需要通过出售、变卖资产或对外融资，乃至执行抵押担保来还款，预期损失比率在20%（含）以下。

• 可疑类贷款：肯定要发生一定的损失，只是因为存在借款人重组、兼并、合并、抵押品处理和诉讼未决等待定因素，损失金额还不能确定，预期损失区间在大于20%并小于等于90%之间。

• 损失类贷款：预期损失比率在90%以上的贷款。

（3）银监会对商业银行的评级标准：

• 商业银行资本充足状况评价标准　20分
  ➢资本充足率（10分）
  ➢核心资本充足率（10分）
• 商业银行资产安全状况评价标准　20分
  ➢不良贷款率（10分）
  ➢拨备覆盖率（10分）
• 商业银行盈利状况评价标准　20分
  ➢资本收益率（10分）
  ➢资产收益率（10分）
• 商业银行流动性状况评价标准　20分
  ➢存贷比（10分）
  ➢超额准备金率（10分）
• 商业银行态度状况评价标准　20分
  ➢团队合作水平（10分）
  ➢资料齐备程度（10分）
• 各银行若出现违规行为，除归还违规操作款项外，另罚款500万元，总分扣3分。

第二节　实训流程

一、初始状态

（1）各商业银行公布自己的名称、经营理念与重点业务。

（2）各企业公布自己的名称、经营理念与重点业务，并自行选择基本存款账户的开户行以及日后业务的往来行。

（3）央行宣布需要各商业银行提交的年度资料（如存款准备金是否足额缴存、各行的信贷总量及比例数据等），以及具体的监管目标（如控制本年内商业银行新增贷款的总量等）。

（4）银监会宣布需要各商业银行提交的年度资料（如各行的资本金充足率、不良贷款总量、不良贷款率、拨备覆盖率等）、对银行的评级依据以及相应的监管手段。

二、第一会计年度

（1）企业与商业银行的经营、中央银行与银监会的监管、中央银行根据宏观经济环境调控市场。

（2）本年经营资料与监管数据的汇总、商业银行的利率招标。

三、第二会计年度

（1）当年监管政策的公布。

（2）企业与商业银行的经营、中央银行与银监会的监管、中央银行根据宏观经济环境调控市场。

（3）本年经营资料与监管数据的汇总、商业银行的利率招标。

四、第三会计年度

（1）当年监管政策的公布。

（2）企业与商业银行的经营、中央银行与银监会的监管、中央银行根据宏观经济环境调控市场。

（3）本年经营资料与监管数据的汇总、商业银行的利率招标。

五、第四会计年度

（1）当年监管政策的公布。

（2）企业与商业银行的经营、中央银行与银监会的监管、中央银行根据宏观经济环境调控市场。

（3）本年经营资料与监管数据的汇总、商业银行的利率招标。

六、第五会计年度

（1）当年监管政策的公布。

（2）企业与商业银行的经营、中央银行与银监会的监管、中央银行根据宏观经济环境调控市场。

（3）本年经营资料与监管数据的汇总、商业银行的利率招标。

七、第六会计年度

（1）当年监管政策的公布。

（2）企业与商业银行的经营、中央银行与银监会的监管、中央银行根据宏观经济环境调控市场。

（3）六个会计年度经营资料与监管数据的汇总。

（4）总结经验教训，各团队排名并评分。

第三节　各团队资料的提交

一、商业银行团队

（1）本行名称、经营理念与职务分工。

（2）本行的经营重点与产品。

（3）本行超额准备金的比率。

（4）本行的信贷业务的品种、流程、定价规则。

（5）本行中间业务开展的种类以及收取的手续费率。

（6）本行的创新业务和产品。

（7）本行与企业业务往来的所有相关凭证与资料。

（8）本行与其他商业银行往来的所有相关资料。

（9）本行与央行往来的所有相关资料。

（10）本行三大财务报表。

二、房地产企业团队

（1）企业名称、主营业务与经营理念。

（2）每期的现金流量表、资产负债表、损益表、现金流量、贷款量以及各项财务指标。

三、监管团队

（1）每个经营年度的宏观经济形势报告及调控的具体方案。

（2）每个经营年度商业银行的评级排名结果。

（3）每个经营年度对银行的检查报告（包括违规记录和整改意见）。

第四节　各团队评分标准

一、商业银行团队

（1）按相关资料的完备性：0～40 分。

（2）对抗过程中，以央行和银监会对各商业银行的排名以及各商业银行的利润总额进行综合排名，分别得 0～60 分。对抗过程的评分依据比例为：

• 央行和银监会监管部门的评价排名　(60%)
• 利润总额　(40%)

二、房地产企业团队

（1）按相关资料的完备性：0～40 分。
（2）六个会计年度企业的利润总额：0～60 分。

三、监管团队

（1）按相关资料的完备性：0～40 分。
（2）根据宏观经济环境采用定量分析来确定总额信贷量并调整流动性：0～20 分。
（3）根据对抗过程中对商业银行的监管质量：0～40 分。

第五节　各团队应准备的工作

一、商业银行团队

（1）确定本行名称、经营理念与职务分工。
（2）确定本行预计的经营重点与产品。
（3）熟悉央行及银监会对商业银行的调控和监管手段。
（4）熟悉资金本充足率的计算。
（5）确定本行的超额准备金率。
（6）确定本行的贴现利率。
（7）确定本行的同业拆借率。
（8）确定本行的信贷业务的品种（如流动贷款、银团贷款、票据贴现贷款等）、流程、定价规则。
（9）确定本行的中间业务开展的种类以及收取的手续费率。
（10）确定本行的创新业务和产品（均需要上报银监会审批）。

二、房地产企业团队

（1）确定本企业的名称、主营业务与经营理念。
（2）编制好初始年度的资产负债表、损益表及现金流量表。
（3）熟悉本企业申请技术改造或科技开发等项目贷款的可行性报告文本。
（4）熟悉本企业的借款申请报告文本。

三、监管团队

（1）熟悉央行的基本特征和银监会的监管重点。
（2）确定六个会计年度内宏观经济调控的依据及具体方案（放松银根或紧缩银根，如调整存款准备金率、存贷款利率、中央银行票据的规模、定向票据的规模、窗口指导等)。

(3) 确定六个会计年度期间每年商业银行的信贷规模(新增贷款总量及增速)。

(4) 确定再贷款利率和再贴现利率的变更。

(5) 确定考评商业银行的标准(如根据资本充足率、不良货款率、拨备覆盖率和估计贷款损失率、资产收益率和资本收益率等指标设计相应的权重,以得出综合加权平均值)及评级结果。

(6) 熟悉对银行的分类监控手段(如责令限期改正、责令暂停部分业务或停止开办新业务等)。

(7) 熟悉存款准备金检查表。

(8) 对房地产企业的土地竞标费用进行检查。

第六节 各团队所用表格

一、商业银行团队

(一) 商业银行每一年的运营步骤

序号	步 骤	第一年	第二年	第三年	第四年	第五年	第六年
1	支付全部存款利息,交纳上一年所得税。						
2	进行中央国库现金管理商业银行定期存款招投标,商业银行定期存款的分配由利率投标决定,以各银行所报的利率高低为依据进行分配,归还上一年招标的定期存款,并支付全部存款利息。						
3	上缴法定存款准备金=总存款×法定准备金率-已上缴准备金。						
4	计算并公布各企业授信额度(各企业本年最高贷款额度=各企业总资产×70%-各企业存量贷款),同时公布贴现利率(贴现利率由各商业银行自定)。						
5	更新并归还同业拆借、央行再贷款、金融债的本金及利息。						
6	更新并回收企业贷款及利息。						
7	吸收企业活期存款(由各银行在规定范围自行商定利率)。						
8	发放企业贷款、办理票据贴现以及转贴现业务。						
9	更新并回收企业债券投资、国债投资及利息。						
10	承接企业债券、国债的发行。						

续前表

序号	步 骤	第一年	第二年	第三年	第四年	第五年	第六年
11	认购国债。						
12	回收本行上一年所发行的金融债并支付利息。						
13	支付管理费（每年管理费用为 1 000 万元）。						
14	催收本年度中企业与本行业务往来所发生的各类中间业务的收入：结算类业务 50 万元/笔，代理类业务 100 万元/年，担保类业务 200 万元/笔，交易类业务 180 万元/笔，投资银行类业务 200 万元/笔，咨询顾问类业务 100 万元/笔。 （其中，结算类业务是指企业之间资金往来的结算费，由买家支付；代理类业务包括银行代发工资和代理国债买卖业务的费用；担保类业务包括企业应付款时使用汇票或信用证担保业务的费用；投资银行类业务是指企业发行债券或进行重组时的费用；咨询顾问类业务在本实训中包括银行进行经济形势分析和完成财务报表的费用。）						
15	按当年首付比例与各房地产企业确定消费信贷金额及利息收入。						
16	盘点，做报表，计算并上交监管部门所要求的各指标，按 25%的税率交所得税，关账。						
17	老师指定每家银行交叉检查两家企业的财务报表（一家为往来企业，一家为非往来企业），判断其真实性，并评价其贷款风险。						

（二）商业银行存款业务回单

__________商业银行存款业务回单

户名：
顺序号：
交易日期：
存期：
存款金额：
账户余额：

请客户妥善保管
（银行盖章）

__________商业银行存款业务回单

户名：
顺序号：
交易日期：
存期：
存款金额：
账户余额：

请客户妥善保管
（银行盖章）

（三）商业银行贷款调查评估报告

（1）借款人概况。

（2）经营者素质评价。

（3）借款人的生产经营及经济效益情况。

（4）财务分析。

1）现金流量＝

2）财务指标分析：

财务分析总汇表

项　　目		企业一	企业二	企业三	企业四	企业五	企业六
偿债能力分析	流动比率						
	速动比率						
盈利能力分析	销售利润率						
负债能力分析	净资产债务比率						
	资产负债率						
资产管理水平分析	固定资产周转率						
	应收账款周转率						
	存货周转率						
保障比率分析	利息保障比率						

（5）信用状况评价。

（6）市场竞争能力和发展前景分析。

（7）项目贷款综合评价。

项　　目		企业一	企业二	企业三	企业四	企业五	企业六
信用状况	高管道德						
	还款能力						
经营者素质	公司治理规范性						
	经营风格						
市场竞争能力和发展前景	公司的行业地位						
	行业发展前景						
生产经营及经济效益	利润总额						
	利润增长						
	现金流量						
	现金流量增长率						
	主营业务收入						
	主营业务收入增长率						

综上所述，评估认为：________有限公司的____________________项目贷款暂被我行

评定为____级，具备（不具备）一定的抗风险能力，在考虑贷款风险和采取相应避险措施的情况下可给予（不可给予）该企业贷款________亿元，贷款期限____年，贷款利率为基准利率的________。

____________银行

年　　月　　日

（四）商业银行借款合同

借款合同

订立合同单位：

______________________________（简称借款方）

____________银行____________行（简称贷款方）

根据国家规定，借款方进行基本建设所需的贷款，经贷款方审查同意发放。为明确双方责任，恪守信用，特签订本合同，共同遵守。

第一条　借款方向贷款方借款人民币（大写）________元，用于________________。预计用款为______年______元；______年______元；______年______元；______年______元；______年______元。

第二条　自支用贷款之日起，按实际支用数计算利息，并计算复利。在合同规定的借款期内，年息为______%。借款方如果不按期归还贷款，逾期部分加收利息______%。

第三条　借款方保证从______年______月起至______年______月止，用国家规定的还贷资金偿还全部贷款。预定为：______年______元；______年______元；______年______元；______年______元；______年______元；______年______元；______年______元；______年______元。逾期不还的，贷款方有权限期追回贷款，或者商请借款单位的其他开户银行代为扣款清偿。

第四条　因国家调整计划、产品价格、税率，以及修正概算等原因，需要变更合同条款时，由双方签订变更合同的文件，作为本合同的组成部分。

第五条　贷款方有权检查、监督贷款的使用情况，了解借款方的经营管理、计划执行、财务活动和物资库存等情况。借款方应提供有关的统计、会计报表及资料。

第六条　贷款方保证按照本合同的规定供应资金。因贷款方责任，未按期提供贷款，应按延期天数，以违约数额的______%付给借款方违约金。

第七条　借款方应按合同规定使用贷款。否则，贷款方有权收回部分或全部贷款，对违约使用的部分按原定利率加收罚息______%。

第八条　本合同经过双方签字，盖章后生效，贷款本息全部清偿后生效。合同正本一式 2 份，借、贷双方各执 1 份；副本______份，报送__________、__________、__________等部门各执一份。

借款方：（公章）　　　　　　贷款方：（公章）

地址：　　　　　　　　　　　地址：

法人代表：（签字）　　　　　法人代表：（签字）

开户银行及账号：

签约日期：　　年　　月　　日

（五）商业银行客户信用评级总汇表

商业银行客户信用评级总汇表

客户名称	信贷金额	贷款期限	是否逾期	违约风险	风险评级

（六）商业银行不良贷款情况表

商业银行不良贷款情况表

20____年	第一年度末		第二年度末		第三年度末		第四年度末		第五年度末		第六年度末	
	余额（亿元）	所占比例（%）	余额（亿元）	所占比例（%）	余额（亿元）	所占比例（%）	余额（亿元）	所占比例（%）	余额（亿元）	所占比例（%）	余额（亿元）	所占比例（%）
正常类贷款												
关注类贷款												
次级类贷款												
可疑类贷款												
损失类贷款												

（七）商业银行贷款损失准备提取表

行名：		第一年度		第二年度		第三年度		第四年度		第五年度		第六年度	
A. 专项准备	比率	贷款总量	损失准备	贷款总量	损失准备	贷款总量	损失准备	贷款总量	损失准备	贷款总量	损失准备	贷款总量	损失准备
正常类贷款	2%												
关注类贷款	2%												
次级类贷款	25%												
可疑类贷款	50%												
损失类贷款	100%												
B. 一般准备	1%												
贷款损失准备总额													

会计主管：　　　　　　　　　　　　银行行长：

(八）商业银行损益表

____________商业银行损益表　　　　单位：亿元

项　　目	第一年	第二年	第三年	第四年	第五年	第六年
一、主营业务收入						
其中：利息收入						
金融企业往来收入						
手续费及佣金收入						
二、主营业务支出						
其中：利息支出						
金融企业往来支出						
手续费及佣金支出						
三、主营业务利润						
减：管理费用						
四、营业利润						
加：投资交易收入						
营业外收入						
减：营业外支出						
五、资产减值准备前利润						
减：资产减值准备						
六、税前利润						
减：所得税						
七、净利润						

注：利息收入＝贴现利息收入＋消费贷款利息收入＋企业贷款利息收入

金融企业往来收入(支出)＝同业拆借和同业存放的利息收入(支出)－ 向央行进行再贷款的利息支出

手续费及佣金收入＝中间业务收入

利息支出＝央行定期存款招标利息支出＋企业存款利息支出

投资交易收入＝商业银行投资国债以及金融债的利息收入

营业外收入＝奖金＋额外收入

营业外支出＝违规罚金＋操作风险损失

资产减值准备＝计提的贷款损失准备总量(包括一般准备和专项准备)

所得税＝利润总额×25%(当年亏损不交所得税，如有盈利则按弥补前三年亏损后的余额来交税)

（九）商业银行应向央行提交的指标总汇表

＿＿＿＿＿商业银行	第一年	第二年	第三年	第四年	第五年	第六年
吸收存款总量						
法定存款准备金率						
超额存款准备金率						
发放贷款总量						

会计主管：　　　　　　　　　　　　　　银行行长：

（十）商业银行应向银监会提交的指标总汇表

商业银行名称：＿＿＿＿＿＿＿＿　　　　　　　　　　　编号：＿＿＿＿＿＿＿＿

	第一年	第二年	第三年	第四年	第五年	第六年
资本充足率（≥11.5%）						
核心资本充足率（≥10.5%）						
不良贷款率（<3%）						
拨备覆盖率（≥220%）						
资本收益率（≥11%）						
资产收益率（≥0.6%）						
存贷比（≤75%）						
超额准备金率（4%～5%）						

注：资本充足率、超额准备金率一定与资本收益率成反比，依此可追查各银行是否做假账。

拨备覆盖率＝(一般准备＋专项准备＋特种准备)/(次级类贷款＋可疑类贷款＋损失类贷款)

不良贷款率＝(次级类贷款＋可疑类贷款＋损失类贷款)/贷款余额

超额准备金率＝(超额准备＋库存现金)/各项存款

存贷比＝贷款总额/存款总额

（十一）商业银行与往来企业开展中间业务的收入总汇表

商业银行名称	第一年	第二年	第三年	第四年	第五年	第六年	总收入
A银行	X企业2亿元 Y企业3亿元						

（十二）各商业银行与往来企业的信贷分配总汇表

商业银行名称	第一年	第二年	第三年	第四年	第五年	第六年
A 银行	X 企业 2 亿元 Y 企业 3 亿元					

（十三）公司类客户信用评级办法

信用等级分为 AAA、AA、A、BBB、BB、B、CCC、CC、C、D 等十个等级，风险逐级递增。特征描述及核心定义如下：

信用等级	特征描述	核　心　定　义
AAA	极佳	原则上规模为特大型或大型，在国内同行业中具有很强的竞争优势； 原则上成立时间 3 年（含）以上，管理层专业经验丰富，结构合理，综合素质很高； 经营管理和财务管理严谨规范，各类信用记录良好； 经营实力和财务实力雄厚，能够抵御和承受重大的内外部不利变化，负债适度，现金流量非常充足，具有很强的偿债能力和盈利能力，发展前景很好； 融资能力强，已经进入资本市场或者是多家银行积极营销的优质客户。
AA	优秀	原则上规模为中型以上，在国内同行业中具有较强的竞争优势； 原则上成立时间在 2 年（含）以上，管理层有较高的专业知识和经验，结构合理，综合素质较高； 经营管理和财务管理健全规范，各类信用记录良好； 经营实力和财务实力强，能抵御和承受较大的内外部不利变化，负债适度，现金流量充足，偿债能力和盈利能力强，发展前景良好； 融资能力较强，是多家银行积极营销的客户。
A	良好	在国内同行业中具有一定竞争优势； 管理层具有一定的专业知识和经验，结构基本合理，素质良好； 经营管理和财务管理基本健全规范，各类信用记录良好； 经营实力和财务实力强，能抵御和承受一定的内外部不利变化，负债比较适度，现金流量比较充足，偿债能力和盈利能力较强，发展前景稳定，但有潜在的经营风险或财务风险。
BBB	较好	在国内同行业中竞争地位基本稳定； 管理层素质较好； 经营管理和财务管理基本健全，但个别方面不够规范，银行信用和商业信用较好； 经营实力和财务实力中等偏上，能够承受一定的内外部不利变化，财务状况稳定，负债中等，流动性基本能够保证，具有一定的偿债能力和盈利能力，发展前景基本稳定，但有一定的经营风险或财务风险因素。

续前表

信用等级	特征描述	核　心　定　义
BB	一般	管理层素质一般； 经营管理和财务管理在某些方面不是很规范，银行信用和商业信用一般； 经营实力和财务实力一般，没有明显的竞争优势，难以承受较大的内外部不利变化，财务状况基本稳定，但部分指标不令人满意，对银行信贷有一定依赖性，负债略高，流动性偏紧，偿债能力和盈利能力一般，具有较明显的经营风险或财务风险因素，发展前景一般。
B	可接受	管理层素质一般； 经营管理和财务管理不完整或存在缺陷，但银行信用和商业信用目前尚可接受； 经营实力和财务实力中等偏下，在市场中处于不利地位，难以承受一般的不利变化，财务状况不稳定，部分财务指标较差，对银行信贷依赖性较强，负债偏高，现金流不足，偿债能力有限，具有明显的经营风险或财务风险因素，发展前景不稳定。
CCC	关注	管理层的专业知识和经验难以适应企业发展需要，管理水平有限； 经营管理和财务管理存在明显缺陷，银行信用和商业信用欠佳； 经营实力和财务实力弱，抗风险能力差，财务状况欠佳或有恶化的可能，对银行信贷依赖性强，负债较高，偿债能力不足，经营风险或财务风险较大，发展前景不乐观。
CC	预警	管理层素质较差； 经营管理和财务管理存在严重缺陷，银行信用和商业信用较差； 经营实力和财务实力低下，财务状况恶化，对银行信贷的依赖性极强，负债很高，现有债务的偿还已不能保证，经营风险或财务风险因素大，发展前景暗淡。
C	判断性违约	银行有充分证据认定客户不准备或不能全额履行其到期偿债义务。
D	实际违约	客户已经处于实际违约状态。

（十四）商业银行表内资产风险权重表

项　　目	权重
a. 现金类资产	
aa. 库存现金	0%
ab. 黄金	0%
ac. 存放中国人民银行款项	0%
b. 对中央政府和中央银行的债权	
ba. 对我国中央政府的债权	0%
bb. 对中国人民银行的债权	0%
bc. 对评级为AA－及以上国家和地区的政府与中央银行的债权	0%
bd. 对评级为AA－以下国家和地区的政府与中央银行的债权	100%

续前表

项　　目	权重
c. 对公用企业的债权（不包括下属的商业性公司）	
ca. 对评级为 AA－及以上国家和地区政府投资的公用企业的债权	50%
cb. 对评级为 AA－以下国家和地区政府投资的公用企业的债权	100%
cc. 对我国中央政府投资的公用企业的债权	50%
cd. 对其他公用企业的债权	100%
d. 对我国金融机构的债权	
da. 对我国政策性银行的债权	0%
db. 对我国中央政府投资的金融资产管理公司的债权	
dba. 金融资产管理公司为收购国有银行不良贷款而定向发行的债券	0%
dbb. 对金融资产管理公司的其他债权	100%
dc. 对我国商业银行的债权	
dca. 原始期限四个月以内（含四个月）	0%
dcb. 原始期限四个月以上	20%
e. 对在其他国家或地区注册的金融机构的债权	
ea. 对评级为 AA－及以上国家和地区注册的商业银行或证券公司的债权	20%
eb. 对评级为 AA－以下国家和地区注册的商业银行或证券公司的债权	100%
ec. 对多边开发银行的债权	0%
ed. 对其他金融机构的债权	100%
f. 对企业和个人的债权	
fa. 对个人的住房抵押贷款	50%
fb. 对企业和个人的其他债权	100%
g. 其他资产	

二、房地产企业团队

（一）企业每一年的运营步骤

序号	步　骤	第一年	第二年	第三年	第四年	第五年	第六年
1	土地投标获得项目用地。						
2	更新并归还到期的长期贷款，未到期的长期贷款支付利息。						
3	选择本年度业务往来银行。						
4	做本年度财务计划，申请长期贷款（本年最高贷款额度＝总资产×70%－存量贷款）。						
5	更新、归还应付款。						

续前表

序号	步　骤	第一年	第二年	第三年	第四年	第五年	第六年
6	对每一年的项目进行基础景观投资，增加投资规则见本章第一节“三、房地产企业的相关规则”第2条。						
7	购买钢材原料/付款预订下一年钢材原料。						
8	投入建安费用，开始修建住房；按本章第一节“三、房地产企业的相关规则”第3条，同等比例扣减土地资产。已完工住房放入完工产品项。						
9	更新应收款。						
10	进行产品报价和广告投资以获得订单。						
11	按订单交货，同时根据本章第一节“三、房地产企业的相关规则”第2条景观投资金额追加销售收入。收入现金，在各银行分配消费信贷。						
12	更新并回收已购买的企业债和国债，计利息收入。						
13	更新并归还已发行的企业债券，支付利息；委托银行发行企业债券。						
14	支付管理费（每年管理费用为1 000万元），并按销售收入的10%计提并上交营业税。						
15	支付本年度与银行往来的所有费用（买家支付结算费用50万元/笔，代发工资业务100万元/年，国债买卖业务100万元/笔，汇票或信用证担保业务200万元/笔，发行企业债券200万元/笔，经济形势分析100万元/次，请银行帮忙做平财务报表100万元/次）。 （其中，结算类业务是指企业之间资金往来的结算费，由买家支付；代理类业务包括银行代发工资和代理国债买卖业务的费用；担保类业务包括企业应付款时使用汇票或信用证担保业务的费用；投资银行类业务是指企业发行债券或进行重组时的费用，咨询顾问类业务在本实训中包括银行进行经济形势分析和完成财务报表的费用。）						
16	盘点，做报表，按25%的税率交本年所得税，关账。						

（二）企业贷款项目可行性分析报告

公司贷款项目可行性分析报告

____________商业银行：

因业务发展需要，本公司（____________）拟向贵行申请______年期到期一次还本付息的______借款______人民币整，用于________________________。

公司基本情况：

企业名称		成立时间	
注册地		办公地址	
注册资本		生产地址	
法人代表		身份证号码	
联系人		职务	
电话/传真		电子邮件	
开户银行		账号	

产品市场调查与分析：

投资估算方案和融资说明：

综合效益分析：

可行性分析结论：

综上所述，____________有限公司偿债能力较强，未来盈利空间比较大，发展前景良好，具有按期偿还贷款的能力。因此，该贷款方案可行。请批准我公司的贷款申请。

____股份有限公司

年　　月　　日

（三）企业借款申请书

借　款　申　请　书

<table>
<tr><td colspan="2">借款申请人</td><td colspan="6"></td></tr>
<tr><td colspan="2">借款金额</td><td colspan="2"></td><td colspan="2">借款种类</td><td colspan="2"></td></tr>
<tr><td colspan="2">借款用途</td><td colspan="2"></td><td colspan="2">借款期限</td><td colspan="2"></td></tr>
<tr><td colspan="8">分期还款计划</td></tr>
<tr><td>年</td><td>月</td><td>日</td><td colspan="5">金　额（大写）</td></tr>
<tr><td></td><td></td><td></td><td colspan="5"></td></tr>
<tr><td rowspan="11">担
保
方
式</td><td rowspan="4">抵押
担保</td><td colspan="2">抵押物名称</td><td colspan="3">数　量</td><td>价　值</td></tr>
<tr><td colspan="2"></td><td colspan="3"></td><td></td></tr>
<tr><td colspan="3">抵押品是否设定过其他抵押</td><td colspan="3">抵押物权属证明</td></tr>
<tr><td colspan="3"></td><td colspan="3"></td></tr>
<tr><td rowspan="4">质押
担保</td><td colspan="2">质押物名称</td><td colspan="3">数　量</td><td>价　值</td></tr>
<tr><td colspan="2"></td><td colspan="3"></td><td></td></tr>
<tr><td colspan="3">质押品是否设定过其他质押</td><td colspan="3">质押物权属证明</td></tr>
<tr><td colspan="3"></td><td colspan="3"></td></tr>
<tr><td rowspan="3">保证
担保</td><td colspan="3">保证人意见和签章</td><td colspan="3">保证人资信证明</td></tr>
<tr><td colspan="3"></td><td colspan="3"></td></tr>
<tr><td colspan="3">保证人开户行及账号</td><td colspan="3"></td></tr>
</table>

现将我（单位）的有关情况说明于后，请审查：我（单位）经________批准成立，属________所有制企业，由________主管，现自有流动资金________元，固定资产净值________元。并已经工商行政管理局登记注册，法人（个体工商户）营业执照号码为________________，注册资金________元，经营范围是________________，法定代表人是________。现在________开户，账号及户名为________________。

信贷员调查意见		信贷员： 年　月　日
上级行审批意见		审批人： 年　月　日

（四）综合管理费用明细表

项　目	第一年	第二年	第三年	第四年	第五年	第六年
广告费						
管理费用						
结算费						
代理费						
担保费						
咨询费						
投行费用						
景观设计费用						
订单违约罚金						
违规操作罚金						
合计						

（五）资产负债表

科目	年初数	第一年	第二年	第三年	第四年	第五年	第六年
资产：							
现金	1亿元						
应收账款							
原材料							
产成品							
国债投资							
企业债投资							
金融债投资							

续前表

科目	年初数	第一年	第二年	第三年	第四年	第五年	第六年
预付款							
流动资产合计							
土地净值							
固定资产合计							
资产总计	1亿元						
负债：							
高利贷							
应付账款							
应交税金							
贷款							
预收款							
发行的企业债							
负债合计							
股东资本	1亿元						
以前年度利润							
当年净利润							
所有者权益合计							
负债及权益总计	1亿元						

注：股东资本每年不变。

以前年度利润＝本年之前的历年利润之和。

（六）损益表

	科　　目	第一年	第二年	第三年	第四年	第五年	第六年
(1)	一、主营业务收入						
(2)	减：主营业务成本（所售房屋土地费）						
(3)	主营业务成本（所售房屋建安费）						
(4)	二、毛利＝(1)－(2)－(3)						
(5)	减：综合费用						
(6)	折旧						
(7)	财务净损益						
(8)	营业税＝(1)×10％						
(9)	三、营业利润＝(4)－(5)－(6)－(7)－(8)						
(10)	加：营业外净收益						
(11)	四、利润总额＝(9)＋(10)						

续前表

	科　目	第一年	第二年	第三年	第四年	第五年	第六年
(12)	减：所得税						
(13)	五、净利润=(11)−(12)						

注：主营业务收入=本年度实际交货的收入（包括企业景观设计投资所带来的额外收益）

主营业务成本=本年度实际销售房屋所花费的土地、钢材、建安费用

折旧不计

财务净损益=本期利息和贴现支出−本期国债、企业债和委托贷款的利息收入

营业税=本年度销售收入的10%

营业外净收益=本期土地买卖的损益+对外担保收入

所得税=利润总额的25%，当年利润总额为负时不交所得税，如有利润则按弥补前三年亏损后的余额来交税。

（七）企业关于银行中间业务的支出的总汇表

企业名称	第一年	第二年	第三年	第四年	第五年	第六年	总支出
A企业	X银行2亿元 Y银行3亿元						

（八）企业的信贷分配总汇表

企业名称	第一年	第二年	第三年	第四年	第五年	第六年
A企业	X银行2亿元 Y银行3亿元					

三、监管团队

（一）央行和银监会每一年的运营步骤

监管团队承担着央行宏观调控职责、银监会监管职责、铁矿石供给、调节消费市场总需求职责的，运行步骤如下：

序号	步　骤	第一年	第二年	第三年	第四年	第五年	第六年
1	根据上一年度运营情况，采取宏观调控措施。						
2	收回各商业银行上年度的到期的定期存款本金与利息，并重新进行本年度中央国库现金管理商业银行定期存款的招投标。						
3	收取各商业银行的法定存款准备金。						
4	检查并确认各行信贷额度，存贷比不得超过75%。						
5	确定房地产行业的总需求，并进行需求招标，分配各企业订单。						
6	与各企业结算钢材款项。						
7	发行国债，国债的数量视当年货币供给总量而定，国债期限均为1年。						
8	检查各企业是否无法完成本年度订单，如当年订单未交付，可累加到下一年，但对未交货的订单按金额罚30%的违约金。						
9	收回再贷款本金及利息。						
10	检查各银行各企业的操作与报表是否违规，并填写相应的检查表格（见各团队所用表格）。						
11	对各银行经营情况进行排名评级。						

（二）央行调控的价格基础总汇表

	第一年	第二年	第三年	第四年	第五年	第六年
房地产平均价格（元）						
房地产价格涨幅（%）						
房地产首付比例（%）						
国内钢材报价（元）						

（三）央行宏观调控指标总汇表

	第一年	第二年	第三年	第四年	第五年	第六年
信贷总量（亿元）						
存款利率（%）						
贷款利率（%）						
存款准备金率（%）						
再贴现利率（%）						
再贷款利率（%）						
同业拆借利率（%）						
央票发行规模（亿元）						
定向央票规模（亿元）						

（四）各商业银行贷款额度

银行名称	第一年	第二年	第三年	第四年	第五年	第六年
A银行	X企业2亿元 Y企业3亿元					

（五）银监会对商业银行风险监管核心指标总汇表

商业银行名称：＿＿＿＿＿＿＿＿＿＿　　　　编号：＿＿＿＿＿＿＿＿＿＿

	第一年		第二年		第三年		第四年		第五年		第六年	
	比率	分数	比率	分数	比率	分数	比率	分数	比率	分数	比率	分数
（1）商业银行资产充足状况评价标准　20分												
资本充足率（≥11.5%）												
核心资本充足率（≥10.5%）												
（2）商业银行资产安全状况评价标准　20分												
不良贷款率（<3%）												
拨备覆盖率（≥220%）												
（3）商业银行盈利状况评价标准　20分												
资本收益率（≥11%）												
资产收益率（≥0.6%）												
（4）商业银行流动性状况评价标准　20分												
存贷比（≤75%）												
超额准备金率（4%～5%）												
（5）商业银行态度状况评价标准　20分												
团队合作水平												
资料齐备程度												

注：资本充足率、超额准备金率一定与资本收益率成反比，银监会可重点追查各银行是否做假账。

拨备覆盖率＝（一般准备＋专项准备＋特种准备）/（次级类贷款＋可疑类贷款＋损失类贷款）

不良贷款率＝（次级类贷款＋可疑类贷款＋损失类贷款）/贷款余额

超额准备金率＝（超额准备＋库存现金）/各项存款

存贷比＝贷款总额/存款总额

（六）银监会对商业银行的现场检查情况

（1）现场检查情况表。

	第一年	第二年	第三年	第四年	第五年	第六年
银行业务审批情况						
处罚违规银行数						
查处违规金额						

注：如企业和商业银行出现违规行为，则除归还违规操作款项外，另罚款 500 万元，扣 3 分。

（2）对违规商业银行的整改意见和要求 ：

第一会计年度 ：

____

第二会计年度 ：

____

第三会计年度 ：

____

第四会计年度 ：

____

第五会计年度 ：

____

第六会计年度 ：

____

（七）央行和银监会对各商业银行的评分表

（先由各商业银行自己计算《银监会对商业银行风险监管核心指标总汇表》，然后由监管团队进行复核。）

银行名称		资产充足状况得分	资产安全状况得分	盈利状况得分	流动性状况得分	态度状况得分	总得分
	得分						
	排名						
	得分						
	排名						
	得分						
	排名						
	得分						
	排名						
	得分						
	排名						
	得分						
	排名						

注：如企业和商业银行出现违规行为，则除归还违规操作款项外，另罚款 500 万元，流动性得分扣 3 分。以上各单项指标排名第一的为 20 分，排名第二的为 18 分，依此递减 2 分进行类推。

（八）各商业银行与往来企业开展中间业务的收入总汇表

企业名称	第一年	第二年	第三年	第四年	第五年	第六年	总收入
A 企业	X银行 2 亿元 Y银行 3 亿元						

（九）各商业银行与往来企业的信贷分配总汇表

企业名称	第一年	第二年	第三年	第四年	第五年	第六年
A 企业	X银行 2 亿元 Y银行 3 亿元					

（十）各企业评分表

企业名称	剩余权益 60%		团队合作 20%		资料完备性 20%		总得分
	权益值	得分	排名	得分	排名	得分	

注：权益得分=(企业权益值/最高企业权益值)×60

团队合作和资料完备性按第一名 20 分，第二名 18 分，依此递减 2 分进行类推。

（十一）银监会和央行得分表

	是否督促银行和企业每年按时完成（50%）	银行报表纠错数（15%）	企业报表纠错数（15%）	资料完备性（20%）	总得分
第二年					
第三年					
第四年					
第五年					
第六年					

注：是否督促银行和企业每年按时完成：每年如在老师规定时间内完成，计 10 分。否则，每延迟 5 分钟扣 1 分。

报表纠错得分：如由老师发现银行或企业报表有错，或未按时完成，则每家银行扣银监会 3 分，每家企业扣央行3 分。

资料完备性得分：每年由老师检查央行和银监会各表格，未正确填写，每个表扣 1 分。

参考文献

[1] [美]罗斯，[美] 赫金斯．商业银行管理．刘园译注. 北京：机械工业出版社，2008
[2] 戴国强主编. 商业银行经营学（第三版）. 北京：高等教育出版社，2007
[3] 庄毓敏. 商业银行业务与经营. 北京：中国人民大学出版社，2007
[4] 朴明根主编. 银行经营管理学. 北京：清华大学出版社，2007
[5] 付一书. 中央银行学学习指导. 上海：复旦大学出版社，2009
[6] 孟钊兰主编. 中央银行学. 西安：西安交通大学出版社，2009
[7] 马忠主编. 企业投融资财务规划与运作技术. 北京：中国经济出版社，2005
[8] 任淮秀. 投资经济学. 北京：中国人民大学出版社，2005
[9] 杨大楷主编. 投融资学. 上海：上海财经大学出版社，2009
[10] 丁芸，武永春. 房地产经济学. 北京：首都经济贸易大学出版社，2008
[11] 李莉，付兵涛. 房地产市场调控对商业银行的影响分析. 中国金融，2010（24）
[12] 尹中立. 从金融角度看房地产宏观调控政策. 中国金融，2010（4）

图书在版编目（CIP）数据

商业银行经营模拟实训/宋坤主编．—北京：中国人民大学出版社，2012.5
经管类创新型实验实训系列教材
ISBN 978-7-300-15747-4

Ⅰ.①商　Ⅱ.①宋　Ⅲ.①商业银行—经营管理—高等学校—教材　Ⅳ.①F830.33

中国版本图书馆 CIP 数据核字（2012）第 090862 号

经管类创新型实验实训系列教材
商业银行经营模拟实训
主　编　宋　坤
副主编　张之明
Shangye Yinhang Jingying Moni Shixun

出版发行	中国人民大学出版社		
社　　址	北京中关村大街 31 号	**邮政编码**	100080
电　　话	010－62511242（总编室）		010－62511398（质管部）
	010－82501766（邮购部）		010－62514148（门市部）
	010－62515195（发行公司）		010－62515275（盗版举报）
网　　址	http://www.crup.com.cn		
	http://www.ttrnet.com（人大教研网）		
经　　销	新华书店		
印　　刷	三河市汇鑫印务有限公司		
规　　格	185mm×260mm 16 开本	**版　　次**	2012 年 6 月第 1 版
印　　张	21.25	**印　　次**	2012 年 6 月第 1 次印刷
字　　数	472 000	**定　　价**	39.80 元

教学支持说明

为秉承中国人民大学出版社对教材类产品一贯的教学支持，我们将向采纳本书作为教材的教师免费提供教学课件。为确保此资源仅为教师教学所使用，烦请填写（字迹清晰）如下信息调查表，并寄至北京市中关村大街甲 59 号文化大厦 1506 室中国人民大学出版社经济分社收，邮编：100872；或传真至（010）62514775，我们收到后将尽快发送教学课件。

证　明

兹证明________________大学________________系/院________学年（学期）开设的课程，采用中国人民大学出版社出版的________________（作者/书名）为主要教材。任课教师为________，学生________个班，共________人。

学生层次：

本科低年级　本科高年级　研究生　MBA　EMBA　在职培训

联系电话：

E-mail：

联系地址：

邮政编码：

系/院主任：________（签字）

（系/院办公室章）

____年____月____日

中国人民大学出版社经济分社

北京市中关村大街甲 59 号文化大厦 1506 室　100872

联系电话：010-62515807

传真：010-62514775

E-mail：gaoxiaofei11111@sina. com

教学支持说明

中国人民大学出版社经济分社与人大经济论坛（www.pinggu.org）于2007年结成战略合作伙伴后，一直以来都以种种方式服务、回馈广大读者。

为了更好地服务于教学一线的任课教师与广大学子，现中国人民大学出版社经济分社与人大经济论坛做出决定，凡使用中国人民大学出版社经济分社教材的读者，填写以下信息调查表后，发送电子邮件、邮寄或者传真给我们，经过认证后，我们将会向教师读者赠送人大经济论坛论坛币200个，向学生读者赠送人大经济论坛论坛币50个。

教师信息表	学生信息表
姓名：	姓名：
大学：	所读大学：
院系：	所读院系：
教授课程：	所读专业：
联系电话：	入学年份：
Email：	QQ等联系方式：
论坛id：	Email：
使用教材：	论坛id：
论坛识别码（请抄下面的识别码）：	使用教材：
	论坛识别码（请抄下面的识别码）：

我们的联系方式：

Email：gaoxiaofei11111@sina.com

邮寄地址：北京市中关村大街甲59号文化大厦1506室中国人民大学出版社经济分社，100872

传 真 号：010－62514775

附：人大经济论坛（www.pinggu.org）简介

人大经济论坛依托中国人民大学经济学院，于2003年成立，致力于推动经济学科的进步，传播优秀教育资源。目前已经发展成为国内最大的经济、管理、金融、统计类在线教育和咨询网站，也是国内最活跃和最具影响力的经济类网站：

- 拥有国内经济类教育网站最多的关注人数，注册用户以百万计，日均数十万经济相关人士访问本站
- 是国内最丰富的经管类教育资源共享数据库和发布平台
- 提供学术交流与讨论的平台、经管类在线辞典、数据定制和数据处理分析服务、免费的经济金融数据库、完善的经管统计类培训和教学相关软件

论坛识别码：pinggu_com_1545967_4210768